Georg Eckardt

Kernprobleme in der Geschichte der Psychologie

Georg Eckardt

Kernprobleme in der Geschichte der Psychologie

VS VERLAG

Bibliografische Information der Deutschen Nationalbibliothek
Die Deutsche Nationalbibliothek verzeichnet diese Publikation in der
Deutschen Nationalbibliografie; detaillierte bibliografische Daten sind im Internet über
http://dnb.d-nb.de abrufbar.

1. Auflage 2010

Alle Rechte vorbehalten
© VS Verlag für Sozialwissenschaften | Springer Fachmedien Wiesbaden GmbH 2010

Lektorat: Kea S. Brahms

VS Verlag für Sozialwissenschaften ist eine Marke von Springer Fachmedien.
Springer Fachmedien ist Teil der Fachverlagsgruppe Springer Science+Business Media.
www.vs-verlag.de

Umschlaggestaltung: KünkelLopka Medienentwicklung, Heidelberg
Satz: Jens Ossadnik; www.rundumtext.de
Gedruckt auf säurefreiem und chlorfrei gebleichtem Papier

ISBN 978-3-531-17372-6

Die Gegenwart verführt ins Übertriebne,
Ich halte mich vor allem ans Geschriebne.

Goethe: Faust II

Inhaltsverzeichnis

Einleitung

In der Geschichte des psychologischen Denkens under Psychologie als Wissenschaft geht es von Anfang an bis in unsere Zeit hinein um bestimmte ‚Kernprobleme'. Diese zu beleuchten ist das Anliegen des vorliegenden Buches. Die Fokussierung auf ‚Kernprobleme' ist notwendigerweise verbunden mit dem Verzicht auf den Versuch einer enzyklopädischen Darstellung. Dieser Verzicht schließt eine Beschränkung auf ausgewählte, für wesentlich gehaltene Entwicklungslinien ein. Freilich ist die Auswahl dessen, was für ‚wesentlich' gehalten wird, ein schwieriges Unterfangen. Michael Wertheimer sagte einmal, dass das, was berichtenswert ist, im Grunde genommen „von den Neigungen des Historikers" abhänge (Wertheimer, 1971, 13), also eine Sache des subjektiven Ermessens sei. Diese Subjektivität resultiert aus einer bestimmten Standortgebundenheit. Standortgebundenheit meint zum einen die Abhängigkeit des Wissenschaftshistorikers von der historischen Situation, in der er lebt. Eine psychologiegeschichtliche Darstellung am Anfang des 21. Jahrhunderts (z. B. Lück, 2002) wird sich in vielem von einer Darstellung am Anfang des 20. Jahrhunderts (z. B. Dessoir, 1911) und diese von einer Darstellung am Anfang des 19. Jahrhunderts (z. B. Carus, 1808) unterscheiden, wobei die Unterschiede nicht nur aus den im jeweils neueren Zeitraum hinzugekommenen Erkenntnissen und Entwicklungstrends resultieren. Schon Francis Bacon (1561-1626) sprach davon, dass „die Wahrheit eine Tochter der Zeit" sei. Standortgebundenheit heißt zum anderen: Abhängigkeit von der Auffassung über Gegenstand, Methodologie und möglicherweise metadisziplinäre Prämissen der jeweiligen Wissenschaftsdisziplin. Für streng experimentell orientierte Psychologen werden andere Daten für ‚wesentlich' gehalten als beispielsweise für tiefenpsychologisch orientierte oder für geisteswissenschaftlich-hermeneutisch fundierte. Und schließlich ist drittens die wissenschaftshistorische Analyse bestimmt durch die Fragestellung des Wissenschaftshistorikers. An ein und dem selben Faktum kann ich unterschiedliche Seiten ‚entdecken', verbunden mit unterschiedlichen Wertungen, je nach dem, in welche spezifische Erkenntnisbeziehung ich zu diesem Faktum eintrete. Die Bewertung der Herbartschen Psychologie-Konzeption wird bei demjenigen, der nach potentiellen Vorläufern einer Psychologie des Unbewussten fragt, anders ausfallen als bei demjenigen, der die Tragfähigkeit bzw.

Zukunftsträchtigkeit der diversen Mathematisierungsversuche dieses Autors untersucht.

Im Wissen um diese dreifache Standortgebundenheit tut der Wissenschaftshistoriker gut daran, seine Leserinnen und Leser über seinen ‚Standpunkt' zu informieren, seine Auswahlkriterien, seine Vernachlässigungen bzw. Auslassungen, seine Akzentuierungen kenntlich zu machen und gegebenenfalls zu begründen.

Der vorliegende Abriss orientiert sich an dem, was man gemeinhin als Mainstream-Auffassung der akademischen Psychologie am beginnenden 21. Jahrhundert über ihren Gegenstand und ihre Methodik bezeichnen könnte. Teil I des Abrisses ist der Vorgeschichte und Geschichte vorwiegend der Allgemeinen Psychologie gewidmet. Eine der zentralen theoretischen bzw. philosophischen Bezugspunkte dieses Bereiches der Psychologie war von Anfang an und ist faktisch bis in die Gegenwart hinein das *Leib-Seele-Problem*. Dieses ‚Kernproblem' wird daher in unserer Darstellung eine besondere Akzentuierung erfahren. Indes dürfte eine Beschränkung auf die Allgemeine Psychologie und auf das Leib-Seele-Problem der historischen Entwicklung der Psychologie *in ihrer Gesamtheit* nicht gerecht werden.

Neben dem Leib-Seele-Problem werden – ebenfalls von der Antike bis in die Gegenwart – zwei Verhältnisbestimmungen diskutiert, denen aus wissenschaftshistorischer Perspektive der Rang von ‚Kernproblemen' zukommt: *das Verhältnis von Anlage und Umwelt* sowie *das Verhältnis von Individuum und Gesellschaft*. Diese ‚Kernprobleme' bilden den Gegenstand der Teile II und III der Darstellung.

Das Anlage-Umwelt-Problem bezieht sich auf die genetische Dimension des Psychischen und fungiert in unserer Darstellung als konzeptioneller ‚Aufhänger' für die Skizzierung einer Geschichte der Entwicklungspsychologie. In ähnlicher Weise bildet das Verhältnis von Individum und Gesellschaft den konzeptionellen Hintergrund für Ausführungen zur Geschichte der Sozialpsychologie.

Man kann natürlich einwenden, dass mit der Festlegung auf die genannten drei ‚Kernprobleme' keineswegs die Gesamtheit aller möglichen problemgeschichtlichen Aspekte und Nuancen berücksichtigt wurde. So hat etwa der amerikanische Psychologiehistoriker R. I. Watson (1977) eine 18-gliedrige, in Gegensatzpaaren angeordnete Zusammenstellung von Grundpositionen (‚prescriptions') als operative Orientierung für eine umfassende Psychologiegeschichtsschreibung vorgeschlagen (zum Beispiel die Gegensatzpaare determinism vs. indeterminism, empiricism vs. rationalism, functionalism vs. structuralism, inductivism vs. deductivism, mechanism vs. vitalism usw.). Zweifellos liefert dieser Themenkatalog dem Psychologiehistoriker ein differenziertes psychologiegeschichtliches Analyseinstrument. Im vorliegenden Abriss geht es aber nicht darum, das Gesamtspektrum der in der Geschichte der Psychologie jemals aufgeworfenen Problemstellungen abzuarbeiten, sondern darum, ein komprimiertes repräsentatives Gesamtbild von der Entwicklung des Faches zu gewinnen. Von dieser Intention her hielten wir es für erforderlich, neben der Allgemeinen Psychologie auch einige andere Teildisziplinen (Entwicklungspsychologie, Sozialpsychologie) in die Darstellung einzubeziehen. Sowohl Entwicklungs- als auch Sozialpsychologie haben ihre ,eigene Geschichte', die sich nicht auf ,psychologische Quellen' reduzieren lässt. Beispielsweise sind Pädagogik bzw. Soziologie für diese ,eigenen Geschichten' von prägender Bedeutung.

Eine weitere Begrenzung besteht in der Akzentuierung der Entwicklungen im deutschsprachigen Bereich. Selbstverständlich schließt dieses nicht aus, dass nicht-deutschsprachige Strömungen, die auf die Gesamtentwicklung der Psychologie im internationalen Maßstab prägenden Einfluss nahmen (Beispiel: Behaviorismus), angemessen behandelt werden.

Einige Bemerkungen zu dem in diesem Buch bevorzugten methodischen Vorgehen sollen hier angefügt werden: Aus der Nennung von Namen im Titel einer Reihe von Kapiteln und Unterkapiteln könnte der Eindruck entstehen, der Autor verfolge in erster Linie eine personzentrierte Strategie (etwa im Sinne der Treitschkeschen Formel ,Große Männer machen die Geschichte'). Tatsächlich geht es aber nicht um Schilderungen biographischer Art, sondern Namen stehen für bestimmte theoretische und/oder methodische Auffassungen, spezifische Erkenntniszugänge, originäre Problemsichten, neuartige Gegenstandsverständnisse usw.

Am ehesten könnte die in diesem Buch verfolgte Strategie als eine Kombination von problem- und theoriegeschichtlichen Herangehensweisen be zeichnet werden. Die Entscheidung für eine problem- und theoriegeschichtliche Herangehensweise ist jedoch keinesfalls als ein Zugeständnis an eine sog. ,internalistische' Wissenschaftsgeschichtsschreibung zu missdeuten. Bekanntlich geht der ,Internalismus' davon aus, a) dass Wissenschaft ein System von Erkenntnissen, ein „sprachliches und kognitives Gebilde", das eine Menge von „symbolischen Abbildern, begrifflichen Konstruktionen etc." umfasst, kurzum „ein System sprachlicher Aussagen" (Breuer, 1991, 67) sei und sonst nichts, und b) dass demzufolge Wissenschaftsgeschichte ein autonomer Entwicklungsprozess sei, der einer eigengesetzlichen inneren Logik folgt und die Einbeziehung außerwissenschaftlicher Variablen, wie z. B. historische, ökonomische, soziale, kulturelle Bedingungen, überflüssig macht. Wir betrachten hingegen Wissenschaft als eine spezifische, menschlich-gesellschaftliche Tätigkeit, die auf die Gewinnung von Kenntnissen, Erkenntnissen, Wissen usw. gerichtet ist. Wissenschaftsgeschichte ist somit als ein Bestandteil der gesamtgesellschaftlichen Entwicklung zu betrachten. Dieses generelle Prinzip schließt aber nicht die Berechtigung einer problem- und theoriegeschichtlichen Analyse aus, die von den historischen Bedingungen der Erkenntnistätigkeit weitgehend abstrahiert. Nur muss man sich darüber im Klaren sein, dass Problem- und Theoriegeschichte lediglich ein *bestimmter Aspekt* wissenschaftsgeschichtlicher Analyse neben anderen ist. Die Spezifität dieses Aspektes besteht darin, dass es in erster Linie um die logischen Beziehungen zwischen den *Produkten* der Erkenntnistätigkeit geht und die Tätigkeiten und Tätigkeitsbedingungen selbst, die diese Produkte hervorbringen, relativ vernachlässigt werden. In diesem Sinne ist ein problem- und theoriegeschichtlicher Zugang eine Art freiwillige, aber legitime, auch pragmatischen Zwecken (Verknappung der Darstellung) geschuldete Selbstbeschränkung des Wissenschaftshistorikers.

Bleibt die Frage nach dem Grund für die Bevorzugung einer problem- und theoriegeschichtlichen Darstellungsform. Wir antworten mit Pongratz (1984, 14): „Keine andere Berichtsform [als die problemgeschichtliche, G.E.] kann so klar zeigen, worum es in einer Wissenschaft letztlich geht."

Die Entscheidung für diese Darstellungsform hängt auch zusammen zum einen mit den *Adressaten*, an die sich das Buch wenden will, zum anderen mit der *Zielstellung*, die der Autor verfolgt. Zu den Adressaten: Der Abriss wurde im Wesentlichen für drei Lesergruppen geschrieben: Psychologinnen, Psychologen und Studierende der Psychologie; Vertreter von Nachbardisziplinen, insbesondere Philosophie, Pädagogik, Soziologie sowie Biologie, Neurowissenschaften, Kognitionswissenschaften; last but not least der große Kreis der unter dem Sammelbegriff ‚interessierte gebildete Laien' oder ‚Bildungsbürger' zusammengefassten Leserinnen und Leser.

Zur Zielstellung: Die Hauptintention des Buches besteht darin, zur Ausbildung eines historisch fundierten fachspezifischen Problembewusstseins einen Beitrag zu leisten. Erst ein fachspezifisches Problembewusstsein befähigt zu interdisziplinärer Arbeit. Interdisziplinäre Zusammenarbeit setzt disziplinäres Selbstverständnis voraus. Von diesem disziplinären Selbstverständnis aus wird der spezifische Beitrag der Einzelwissenschaft zur Bearbeitung komplexer Problemstellungen bestimmbar. Man kann natürlich die Frage stellen, ob dieses disziplinäre Selbstverständnis unbedingt einer historischen Fundierung bedarf. Genügt es nicht, die fachspezifische Methodologie und Methodik zu handhaben, die fachspezifische Terminologie zu beherrschen und die heutige fachspezifisch-inhaltliche Perspektive auf eine Problemkonstellation einzunehmen? Ist nicht der Blick für die spezifisch-psychologische Relevanz einer theoretischen oder praktischen Fragestellung auch ohne wissenschaftshistorisches Hintergrundwissen erkennbar? Bei der Antwort auf diese Fragen sollte man bedenken, dass das Selbstverständnis des Einzelwissenschaftlers das Ergebnis disziplinärer

Sozialisation ist, die ihrerseits aus historischen Entwicklungen des Faches resultiert. Betrachten wir etwa – um ein aktuelles Beispiel für die interdisziplinaritäts-fördernden Potenzen wissenschaftsgeschichtlicher Analysen anzuführen – das heutzutage viel diskutierte Verhältnis zwischen Neuro- und Kognitionswissenschaften. Ein Blick in die Wissenschaftsgeschichte zeigt, dass es müßig ist, eine psychologische oder eine physiologische ‚Erklärung' von Kognitionen gegeneinander auszuspielen und dass die Konstruktion eines Gegensatzverhältnisses von Neuro- und Kognitionswissenschaften oder die Geltendmachung eines ‚Alleinvertretungsanspruches' der einen oder anderen Seite keinen Sinn macht (vgl. Eckardt, 2001, 129).

In diesem Sinne will auch der vorliegende Abriss nicht nur wissenschaftshistorisches Hintergrundwissen vermitteln, sondern auch Orientierungshilfen anbieten und relativierende Einsichten erzeugen für eine fruchtbare Forschungs- und angewandte Berufspraxis in Gegenwart und Zukunft.

Bei der Erarbeitung des ‚Abrisses' habe ich vielfältige Unterstützung und Hilfe erfahren. Für fachliche Beratung und wertvolle konstruktiv-kritische Hinweise möchte ich mich bei den kollegial- freundschaftlich verbundenen Emeriti Prof. Dr. Dr. Gerd Lüer und Prof. Dr. Helmut E. Lück ganz herlich bedanken. Die schreibtechnische Unbedarftheit des Autors hatte notwendigerweise zur Folge, dass andere, nämlich Familienangehörige und Verwandte, sich am PC durch die handschriftlichen Manuskripte bzw. die auf Band gesprochenen Zitate hindurchkämpfen mussten. Allen voran hat sich hierbei meine Frau, Bärbel Eckardt, stark engagiert; aber auch Elisabeth Erfurt, Thomas Giese, Dorothea Eckardt, Annette und Isabell Roscher haben sich aktiv eingebracht. Ihnen allen gebührt ein großes Dankeschön. Für das freundliche Wohlwollen, das seitens des Verlages, insbesondere durch Frau Dipl.-Psych. Kea Sarah Brahms, dem Projekt entgegengebracht wurde, bin ich aufrichtig dankbar.

I.

Das Leib-Seele-Problem und die
Geschichte der Allgemeinen Psychologie

1 Psychologisches Denken in der griechischen Antike

1.1 Das Vorstadium der ,Psychosophie'

Psychologie versteht sich im allgemeinen als eine empirisch orientierte Einzelwissenschaft. In neuerer Zeit wird zugleich immer nachdrücklicher geltend gemacht, dass eine in enge Grenzen eines definierten Gegenstandes eingepferchte Psychologie keine Zukunftsperspektive hat, sondern dass sie notwendigerweise in interdisziplinäre Vernetzungen einzubinden ist. Voraussetzung für Interdisziplinarität ist aber das Bestehen von jeweils spezifischen disziplinären Identitäten. Sofern ,disziplinäre Identität' an ein Selbstverständnis als eigenständige, mit definiertem Gegenstand, bereichsspezifischen Methoden und Begriffen operierende Einzelwissenschaft gebunden ist, kann für die Psychologie gesagt werden, dass sie diesen Status in der 2. Hälfte des 19. Jahrhunderts erreichte. Kann man demzufolge den Beginn der Geschichte der Psychologie auf das 19. Jahrhundert datieren? Eine solche Folgerung wäre höchst problematisch, da mit ihr zum einen die lange Geschichte des Reflektierens psychologischer Grundprobleme und Einzelfragen ausgeblendet würde und zum anderen der Umstand unberücksichtigt bliebe, dass die Disziplinbildung möglicherweise ein zufälliges, historisch zu relativierendes Produkt der Moderne sein könnte. Wir tun also gut daran, bei einer Darstellung der historischen Entwicklung der Psychologie nicht erst mit der 2. Hälfte des 19. Jahrhunderts zu beginnen, sondern den breiten Strom psychologischen Denkens in der Geschichte der Menschheit einzubeziehen. Bekanntlich hat schon Ebbinghaus (1908) die „lange Vergangenheit" der Psychologie von ihrer „kurzen Geschichte" unterschieden. Wenn wir uns mit der „langen Vergangenheit" beschäftigen, gelangen wir freilich in eine nach Jahrtausenden zählende Zeitspanne. In der Tat gibt es in altägyptischen, altchinesischen und altindischen Kulturen Begriffe für das, was in etwa mit ,Seele' gemeint ist, und ebenso sind vereinzelte schriftliche Zeugnisse überliefert, in denen vielleicht als ,psychologisch' bezeichenbare Themen erörtert werden. Dankenswerterweise haben z. B. Benesch et al. (1990) in ihrem ,Psychologie-Lesebuch' einige solcher eindrucksvollen Zeugnisse in einer für den heutigen Leser verständlichen Form aufbereitet, etwa das von einem unbekannten altägyptischen Autor aus dem 3. Jahrtausend vor Christus stammende ,Zwiegespräch eines Lebensmüden mit seiner Seele', dem ,Ba' (Benesch et al., 1990,

17-20), oder Ausschnitte aus dem ‚Buch vom Tao' des altchinesischen Weisen Laotse aus dem 6. Jahrhundert vor Christus (a.a.O., 20-23). Ob man diesen Texten das Etikett ‚psychologisch' umhängen soll oder kann, ist hier nicht zu entscheiden. Kein Zweifel scheint jedoch daran zu bestehen, dass sie profunde ‚psychologische Weisheiten' enthalten. Von daher kann die von einigen Autoren für derartige Texte verwendete Wortmarke ‚Psychosophie' durchaus als eine angemessene Kennzeichnung gelten.

Die Frage nach einer zeitlichen Fixierung des Beginns der Psychologiegeschichte ist damit freilich noch keineswegs geklärt. Vielleicht sollte man auf eine punktuelle zeitliche Fixierung generell verzichten. Wollte man Zeugnisse, die wir im genannten Sinne provisorisch einer ‚Psychosophie' zuordnen, zum Beginn der Geschichte der Psychologie deklarieren, stieße man unversehens bis an die Uranfänge menschlicher Kultur vor und müsste letztlich beim Erwerb von Denken, Sprache, Schrift und Selbstreflexivität in der Anthropogenese ansetzen. Das aber hieße: Wir würden in prähistorische Dimensionen geraten. Den Beginn der *historischen* Entwicklung der Psychologie auf *prähistorische* Zeiten vorzuverlegen, ergibt indes keinen Sinn.

Eine pragmatische Orientierungshilfe, um aus den geschilderten Datierungsschwierigkeiten herauszukommen, bietet der amerikanische Psychologiehistoriker Robert I. Watson an. Er unterscheidet zwischen „speculations on psychological problems made within a non-psychological context" und „speculations ... within a psychological context" (Watson, 1978, 43). Psychologische Reflexionen im psychologischen Kontext heißt so viel wie: Psychologie ist ein systematischer Gegenstand des Reflektierens und weist spezifische thematische Konturen auf. Diese Orientierungshilfe verwendend, ordnet Watson die Vorsokratiker, Sokrates und Platon dem Cluster „before Psychology" bzw. „nonpsychological context" zu, während er als den ersten, der psychologische Überlegungen in einem systematischen psychologischen Kontext anstellt, Aristoteles nennt.

„Plato lived and worked before psychology began to emerge as a separate field. [...] The first to develop a systematic psychology was Aristotle, who may therefore be regarded as the first philosophical psychologist" (Watson, 1978, 40, 43).

Watsons Anregungen aufgreifend, werden wir unsere Darstellung mit Aristoteles beginnen. Um aber Aristoteles angemessen verstehen und bewerten zu können, ist es notwendig, sein psychologisches Gedankengebäude mit den ‚before-Psychology'-Reflexionen seines 43 Jahre älteren Lehrers Platon zu kontrastieren. Entgegen der chronologischen Reihenfolge beginnen wir mit Aristoteles, für dessen Verständnis wir die Auffassungen seines Lehrers zum Vergleich heranziehen. Der Vergleich wird zeigen (um das Ergebnis andeutungsweise vorwegzunehmen), dass die Bipolarität der psychologischen Grundauffassungen, die sich durch die gesamte Vorgeschichte und Geschichte unseres Faches hindurchzieht, bei diesem Autorenpaar der griechischen Antike in klaren Konturen vorgezeichnet ist.

1.2 Aristoteles

Die erste uns bekannte systematische Abhandlung über Psychologie stammt von Aristoteles (384-322 v. Chr.). Der Titel lautet ‚Peri psyches‘ (‚Über die Seele‘; lat.: De anima)[1]. Aristoteles referiert in dieser Schrift zunächst die vor und in seiner Zeit vertretenen Auffassungen über die Seele, um dann sein eigenes System zu entwickeln. Sein Ausgangspunkt ist der Satz: „Die Seele ist anzusehen als das Prinzip für das Leben" (De anima I, 402a). Seele fungiert somit als Unterscheidungskriterium zwischen Lebendigem (Organischem) und Leblosem (Anorganischem); Lebendiges ist beseelt, Lebloses nicht. Unter dem Aspekt, dass allen Lebewesen das Prädikat der Beseeltheit zukommt, könnte man folgern, dass die Lehre von der Seele auch als Lehre von den Lebewesen, mithin als Biologie gelten kann. Wir werden zu prüfen haben, ob man diesen Schluss ziehen darf.

Mit der Bestimmung der Seele als Unterscheidungskriterium zwischen Lebendigem und Leblosem ist noch nichts darüber gesagt, was Seele eigentlich sei, worin ihr ‚Wesen‘ bestehe. Um dies zu klären, fragt Aristoteles, ob man sich Seele als eine Substanz vorstellen könne. Zur Beantwortung dieser Frage baut er eine komplizierte Argumentationskette auf, die hier verkürzt nachvollzogen werden soll:

> „Wir behaupten, dass eine Gattung von dem, was ist, die Substanz sei und dass diese einerseits Materie sei, die noch kein bestimmtes Einzelwesen ist, andererseits Form und Gestalt, wonach das bestimmte Einzelwesen benannt wird, und drittens die Verbindung von beiden. Die Materie ist aber nur potentielles Sein, die Form dagegen aktuelles (Entelechie). [...] Substanzen sind nun offenbar vor allem die körperlichen Dinge und unter ihnen (in erster Linie) die natürlichen. [...] Von den natürlichen Körpern haben nun die einen Leben, die anderen nicht. Unter Leben verstehen wir aber das, dass ein Körper sich selbst ernährt, wächst und wieder abnimmt. Und so werde denn jeder natürliche Körper, der am Leben teilhat, eine Substanz. [...] Da nun aber der Körper solcher Art ist, nämlich Leben in sich hat, so ist offenbar der Körper nicht Seele; denn der Körper ist nicht ein Prädikat des Substrats, sondern

---

[1]   Die Literaturhinweise (Seiten- und Zeilenangaben) zu den Schriften des Aristoteles orientieren sich an der üblicherweise verwendeten Zählung der von I. Bekker herausgegebenen Gesamtausgabe der Aristoteles-Texte.

vielmehr selbst Substrat und Materie. Es muss also Seele eine Substanz sein als Form eines natürlichen Körpers, der potentiell Leben hat. Die Substanz aber ist Entelechie. Also ist die Seele die Entelechie eines solchen Körpers. [...] Damit wäre nun im allgemeinen gesagt, was die Seele ist: dem Begriffe nach eine Substanz, d. h. sie ist das begriffliche Wesen dieses bestimmten Körpers" (De anima B I, 412 a-b, Übersetzung Nestlé, 1934, 150 f.).

Diese lange Textpassage bedarf einiger erläuternder und zusammenfassender Bemerkungen:

1. Alles Seiende ist Substanz. Substanz konstituiert sich als Materie (Stoff), Form (Gestalt) und Verbindung von Materie und Form. Materie ist nur potentielles Sein; erst indem sie eine bestimmte Form annimmt, wird sie aktuelles Sein. Zur Veranschaulichung der Materie-Form-Relation bedient sich Aristoteles mehrerer Beispiele, u. a. dem folgenden: Das Auge ist erst insofern Auge (dem Wesen nach), als ihm das ‚Vermögen' der visuellen Wahrnehmung zukommt. Das Auge, das dieses Vermögen nicht besitzt, z. B. ein gemaltes Auge oder ein aus Stein angefertigtes Auge, ist gewissermaßen nur ein Pseudo-Auge. M. a. W.: Das Auge wird erst durch sein ‚Vermögen' – d. h. durch seine Funktionen – zum wirklichen (aktuellen) Auge. Das Sehen macht das ‚Wesen' des Auges aus.
2. Für das Leib-Seele-Verhältnis heißt dies: Der der Möglichkeit nach existierende Körper wird erst dadurch zu einem aktuellen, d. h. mit Lebensfunktionen ausgestatteten Körper, dass er durch die Seele seine bestimmte Form (Gestalt) erhält. Seele ist somit das formgebende Prinzip des Körpers (principium formans).
3. Die Seele als sich im Stoff verwirklichende Form ist Entelechie (entelécheia). Mit der Beschreibung der Seele als Entelechie verknüpft ist die Auffassung von der durchgängigen *Zweck*gebundenheit der Lebensfunktionen. Aristoteles' psychologischem Denken liegt somit ein teleologischer Ansatz zugrunde (télos = das Ziel).
4. Das Kriterium für die Bestimmung eines Körpers als lebendiger Körper (Organismus) ist seine Beseeltheit. Die verschiedenen Arten von lebendigen Körpern zeichnen sich durch qualitativ unterscheidbare Stufen der Beseeltheit aus.

In Anknüpfung an den letztgenannten (4.) Punkt kann nunmehr Aristoteles' Lehre von den Seelenvermögen erörtert werden. Das elementarste seelische Vermögen ist das Ernährungsvermögen (to threptikón), das Wachstum und Fortpflanzung einschließt. Auf dieses Vermögen beschränkt sich die Lebenstätigkeit

der Pflanzen. Bei Tieren kommt zum Ernährungsvermögen das Empfindungs-
bzw. Wahrnehmungsvermögen (aisthesis) als zweite Hierarchiestufe des Seelischen hinzu. Das Empfindungs- bzw. Wahrnehmungsvermögen umfasst die fünf
Sinne Sehen, Hören, Riechen, Schmecken, Tasten; hinzu kommen als sog. höhere Sinne der Gemeinsinn und die Fantasie (i. S. von Vorstellungsvermögen). Die
zentrale, allen Tieren gemeinsame Sinnesqualität ist der Tastsinn. Aus der
Fähigkeit der Tiere zu empfinden bzw. wahrzunehmen leitet Aristoteles weitergehende psychologische Folgerungen ab. Er argumentiert etwa folgendermaßen:
Sinneseindrücke können als angenehm oder unangenehm empfunden werden.
Sie sind also mit emotionalen Qualitäten verknüpft. Je nach emotionaler Qualität
können Sinnesempfindungen anstrebenswert oder vermeidenswert sein. Mithin
können Sinnesempfindungen ‚Begierde(n)‘ auslösen. In ‚De anima‘ wird dieser
Gedankengang auf eine kurze Formel gebracht: „Denn wo Empfindung ist, da ist
auch Unlust- und Lustgefühl, und wo dies ist, notwendig auch Begierde" (De
anima, B 2, 413 b 16, Übersetzung Lasson, 1924). Fazit: Empfinden bzw. Wahrnehmen impliziert emotionale und volitive Prozesse.

Auf der höchsten Stufe der Seelenhierarchie steht die Vernunft (nūs).
Dieses Vermögen kommt nur dem Menschen, der natürlich auch über die vorhergehenden Stufen verfügt, zu. Erhebliche philosophische Probleme ergaben
sich durch die Zweiteilung des nūs in einen passiven (erleidenden) und einen
aktiven (schaffenden) Teil. Während die erleidende Vernunft (nūs pathetikós)
ebenso wie die anderen seelischen Vermögen an den Körper gebunden und somit
sterblich ist, ist die schaffende Vernunft (nūs poietikós) ‚ohne Materie‘, also
nicht an den Körper gebunden und unsterblich. Die erleidende Vernunft ist
rezeptiv und auf sinnliche Wahrnehmung angewiesen, die schaffende Vernunft
ist ‚reine Vernünftigkeit‘. Aristoteles räumt also dem nūs poietikós eine Sonderstellung ein und begibt sich damit in einen schwer auflösbaren Widerspruch zu
seinem als allgemeingültig behaupteten Prinzip der Leibgebundenheit des
Seelischen. Das Seelenleben erhält gewissermaßen einen transzendenten Überbau und zwar im wörtlichen Sinne, denn der nūs poietikós ist von außen gegeben
(thyrathen), ist nicht durch Zeugung vererbt. Obwohl er selbst nichtkörperlicher
Art ist, wirkt er auf den Körper ein. Faktisch konstruiert Aristoteles damit neben
dem Leib (Körper) und der leibgebundenen Seele noch eine dritte und zwar
metaphysische Kategorie: den Geist.

Angesichts des beschriebenen Dilemmas diskutieren Philosophiehistoriker,
ob dem nūs poietikós überhaupt der Status einer psychologischen Kategorie
zuzumessen sei oder ob es sich letztlich um eine metaphysische Kategorie
handle. Windelband (1957, 129) etwa meint, es sei „klar, daß es sich hier [beim
Begriff ‚nūs poietikós‘, G. E.] nicht mehr um empirische Psychologie handelt,
sondern um Lehren, welche ihr [der Psychologie, G. E.] [...] aufgepfropft

werden". In ähnlicher Weise ist es für Rapp & Horn (2001, 754) „fraglich [...], welche Rolle diesem Nūs innerhalb der menschlichen Seele zukommt und ob es sich beim wirklichen Nūs überhaupt um eine menschliches Vermögen handelt oder ob er nicht mit dem Bewegergott [...] identisch ist".

Die philosophiehistorische Interpretation des nūs poietikós als metaphysische, mithin nicht psychologische Kategorie wird dadurch gestützt, dass Aristoteles in anderen Schriften (außer ‚De anima'), in denen er sich zu psychologischen Fragen äußert, durchgängig die wesensmäßige Verknüpfung von Leib und Seele behauptet, auf den Begriff nūs poietikós dagegen verzichtet. In der ‚Ersten Analytik' (‚Analytikon proteron'), einer Abhandlung über logische Schlussformen, wird sogar mit logischen Argumenten die Möglichkeit physiognomischer Erkenntnisgewinnung begründet:

> „Das Betreiben von Physiognomik ist möglich, wenn man zugibt, dass Leib und Seele gleichzeitig eine Veränderung erfahren, alles, was so natürliche Vorgänge sind. [...] Wenn also das zugegeben würde und dass es für e i n e n (derartigen Zustand) e i n Anzeichen gibt, und wenn wir für eine jede Gattung (von Lebewesen) davon den eigentümlichen Vorgang und das Anzeichen dafür zu fassen bekämen, dann werden wir in der Lage sein, (aus Gesichtsausdruck, Körperhaltung usw.) auf den vorliegenden Gemütszustand zu schließen" (Aristoteles, 1998, 303 = Erste Analytik II/27, 70 b, Übersetzung Zekl).

In exzessiver Weise wird dann in der aus zwei Traktaten bestehenden Abhandlung ‚Physiognomik' (‚Physiognomonika')[2] die wechselseitige Korrelation von Leib und Seele behandelt. In Traktat A dieser Abhandlung wird zunächst eine generelle Aussage über die wechselseitige Abhängigkeit zwischen somatischem und psychischem Zustand gemacht:

> „Der seelische Zustand ist vom Körper abhängig und besteht nicht für sich, unbeeinflusst von den Bewegungen des Körpers. [...] Dass Leib und Seele so miteinander verwachsen sind, dass sie wechselweise ihre jeweiligen Zustände verursachen, sieht man noch deutlicher an den Geschöpfen der Natur. Denn noch nie ist ein lebendes Wesen entstanden, das die Gestalt des einen, aber die seelische Art eines anderen lebenden Wesens gehabt hätte, sondern immer hat es Leib und Seele der gleichen Art, woraus notwendig folgt, dass zu einem Körper von bestimmter Art auch ein

---

2   Nach Vogt (1999, 196) lässt sich in bezug auf die ‚Physiognomonika' „weder für noch gegen die Autorschaft des Aristoteles ein stringenter Beweis führen". Vogt kommt zu dem folgenden abschließenden Urteil: „Zumindest in grundlegenden Anregungen geht die Schrift auf Aristoteles zurück. Ohne damit eine Festlegung auf einen Verfassernamen – Aristoteles oder Pseudo-Aristoteles – treffen zu wollen, ist es daher gerechtfertigt, diese Schrift in ihren beiden Teilen als ‚aristotelisch' zu bezeichnen. Der Entstehungszeitraum darf wohl mit den Dekaden um 300 v. Chr. angegeben werden" (Vogt, 1999, 197).

seelisches Wesen von bestimmter Art gehört" (Aristoteles, Physiognomonika, 805 a, Übersetzung Nestlé, 1934, 201f.).

Dann folgt eine Reihe von somatischen Indikatoren, von denen auf den psychischen Zustand geschlossen werden kann: u. a. Bewegungen (Motorik), Farbigkeit, Gesicht (Gestik), Haarwuchs, Haut, Stimme, Muskulatur, Extremitäten, Körperkonstitution insgesamt. Einige Kostproben physiognomischer Schlüsse sollen dem geneigten Leser nicht vorenthalten werden:

„Die Farben also, und zwar die lebhaften, deuten auf Heiß- und Vollblütigkeit, die weiß-rötlichen dagegen auf gute geistige Begabung, zumal wenn sie sich auf einer glatten Haut zeigen. Weicher Haarwuchs bezeichnet den Feigling, rauher den tapferen Mann. [...] Was die Muskulatur betrifft, so deutet sie, wenn sie von Natur fest und kräftig ist, auf Gefühllosigkeit; ist sie dagegen fad, auf geistige Begabung und Unbeständigkeit. [...] In den Bewegungen weist Langsamkeit auf sanftes, Raschheit auf ein feuriges Gemüt. Eine tiefe und vollständige Stimme zeigt Mut, eine hohe und schwache Ängstlichkeit an. Die Gebärden und der Ausdruck, der sich auf dem Antlitz zeigt, sind nach ihrer Ähnlichkeit mit den entsprechenden Affekten aufzufassen" (Physiognomonika, 806 b, Übersetzung Nestlé, 1934, 202 wie auch im Folgenden).

Analog gilt auch für Tiere die Entsprechung von somatischen und psychischen Merkmalen. Beispiel Haarwuchs:

„Dieses Merkmal [= Haarwuchs, G. E.] ist allen Tieren entnommen. Denn die furchtsamsten von ihnen, Hirsch, Hase und Schaf, haben den weichsten Haarwuchs, während die mutigsten, Löwe und Eber, den rauesten Haarwuchs haben, im allgemeinen gilt dies auch von den Vögeln: diejenigen mit steifem Gefieder sind mutig, die mit weichem furchtsam, was man im einzelnen an den Wachteln und Hähnen beobachten kann" (a.a.O., 806 e).

Wird im Traktat A der ‚Physiognomik' der Schwerpunkt auf die Relation somatisches Merkmal → psychischer Zustand gelegt, so wird im Traktat B die umgekehrte Richtung (psychischer Zustand → somatisches Merkmal) hervorgehoben:

„Leib und Seele scheinen miteinander den gleichen Einwirkungen zu unterliegen: ändert sich der Zustand der Seele, so ändert dies zugleich auch das Aussehen des Körpers. [...] Betrübnis und Freude sind seelische Affekte: es ist aber offenbar, dass die Betrübten einen düsteren, die Fröhlichen einen heiteren Blick haben" (a.a.O., 808 b, Nestlé, 1934, 203).

Aristoteles geht noch einen Schritt weiter. Ausgehend von der Wechselwirkung von Leib und Seele gibt er in den ‚Problemata Physika' eine Art natürliche Erklärung psychopathologischer Phänomene. Die als ‚heilige Krankheit' geltende Epilepsie beispielsweise komme zustande durch einen überproportional hohen Anteil der ‚schwarzen Galle' an den vier Körpersäften. Bei dieser Interpretation stützt er sich auf die von Hippokrates (460-377 v. Chr.) vorbereitete und von Theophrast (372-287 v. Chr.) ausgearbeitete Temperamentenlehre, der zufolge ein natürlicher Zusammenhang zwischen der Konzentration der Körpersäfte (Blut, Schleim, schwarze Galle, gelbe Galle) und den Temperamentstypen (Sanguiniker, Phlegmatiker, Melancholiker, Choleriker) bestehe. Über die Melancholiker sagt Aristoteles beispielsweise, sie seien „abnorme Menschen, weil bei ihnen die Wirkung der schwarzen Galle eine abnorme ist" (Problemata Physika, 955 a, Übersetzung Nestlé).

Im Zusammenhang mit den Wirkungen der Körpersäfte stellt Aristoteles in den ‚Problemata Physika' weitergehende Erörterungen an, die einer heiteren Randbemerkung wert sind: Durch den Genuss von Getränken kann nämlich die individuelle Säftemischung künstlich (quasi-experimentell!?) verändert werden. Durch Weingenuss z. B. könne man psychische Zustandsveränderungen herbeiführen, die von den gewohnten Verhaltensstandards einer Person abweichen, wobei Art und Weise sowie Grad der Zustandsänderungen a) vom individuellen Ausgangsniveau der Säftemischung, b) von der Menge des getrunkenen Weines abhängen:

> „Offenbar führt starker Weingenuß am ehesten solche Zustände herbei, wie wir sie bei den Melancholikern feststellen, und lässt häufig solche Charaktereigenschaften hervortreten, wie z. B. Jähzorn, Menschenliebe, Mitleid, Verwegenheit. [...] Wenn man nun beobachtet, wie der Wein die Trinkenden verändert, so wird man bemerken, wie verschiedenartig seine Wirkungen sind: Leute, die vorher, im nüchternen Zustand, schüchtern und schweigsam waren, macht er, wenn sie mehr davon zu sich nehmen, bald redselig und, wenn sie weiter trinken, geradezu beredt und keck; schreiten sie zu einer Handlung, verwegen und, bei fortgesetzten Genuß, gewalttätig und toll. Wird das Maß gar zu weit überschritten, so macht er sie auch schlapp und stumpfsinnig, wie Leute, die von Kindheit an epileptisch oder einem Übermaß von Melancholie verfallen sind" (Problemata Physika, 953 a, b, Übersetzung Nestlé, 1934).

1.3 Platon

Die psychologischen Auffassungen Platons (427-347 v. Chr.) bilden in mancher Hinsicht ein Kontrastprogramm zur aristotelischen Seelenlehre. Im umfangreichen Corpus der platonischen Schriften gibt es keine, die speziell der Seelenfrage gewidmet ist. Da Seele göttlichen Ursprungs sei, sei es auch schwierig, sie streng zu definieren. Nur mit göttlicher Hilfe sei es möglich, näherungsweise zu erahnen, was Seele ist. Eine ‚menschliche' Annäherung an den Seelenbegriff sei nur in Form eines Gleichnisses möglich. Dieses Gleichnis ist das vom Wagenlenker und den beiden Pferden im ‚Phaidros'[3]

> „Verglichen soll sie [die Seele, G. E.] werden der zusammengewachsenen Kraft eines geflügelten Wagengespanns und seines Lenkers. Die Rosse der Götter sind wie deren Lenker sämtlich edel und aus edlem Stamm; dagegen bei den andern [= den Menschen, G. E.] haben wir verwickelte Verhältnisse. Fürs erste ist es ein Zwiegespann, das unser Führer zu lenken hat. Und dann ist von seinen Rossen nur das eine schön und edel und auch entsprechend verzückt, das andere aber von entgegengesetzter Zucht und Beschaffenheit. So ist denn mit Notwendigkeit bei uns die Lenkung schwierig und verdrießlich" (Platon, 1998b, 58 = Phaidros, 246 a, b).

Die Differenz zwischen Aristoteles und Platon wird sogleich deutlich: Während Aristoteles ‚Seele' als konstituierendes Prinzip des Lebendigen betrachtet und die *menschliche* Seele aus der Perspektive ‚von unten her', d. h. aus der Kontrastierung zur Pflanzen- und Tierseele beschreibt, nimmt Platon eine Perspektive ‚von oben her' ein: die Referenzkategorie zur menschlichen Seele sind die Götterseelen. Bei der Menschenseele ist ein Pferd gut, das andere schlecht; bei den Götterseelen sind beide ‚aus edlem Stamm'.

Die Symbolik des Gleichnisses bezieht sich vermutlich auf die drei Seelenteile des Menschen: Der Wagenlenker symbolisiert den vernünftigen Teil (logistikón), das gute Pferd den mutartigen (wollenden) Teil (thymoeidés), das garstige Pferd den begehrlichen (sinnlichen) Teil (epithymetikón). Diese Dreigliederung der Seele leitet Platon in der ‚Politeia' von der Gliederung des Staates in drei Stände ab:

> „Auch von dem Einzelnen [Menschen, G. E.] werden wir eben so dafür halten, dass eben diese drei Arten [die drei Stände im Staat, G. E.] in seiner Seele sich finden" (Platon, 1998c, 157 = Politeia, 435 b). Die Bauern und Handwerker sind zuständig für die Sicherung elementarer Existenzbedingungen und repräsentieren den sinnlichen Bestandteil der Seele; die Krieger sichern das Wohl des Staates und seiner

---

3   Die Literaturverweise (Seiten- und Zeilenangaben) zu Platons Dialogen orientieren sich an der Zählung der von H. Stephanus besorgten Gesamtwerkausgabe.

Bürger und stehen für die mutartige Seele; den Regenten (Archonten) obliegt die Führung und Gestaltung des Gemeinwesens, ihnen korrespondiert der vernünftige Teil.

Die im Gleichnis vom Wagenlenker und dem Pferdegespann eingeführte Seele ist die dem menschlichen Individuum innewohnende Erscheinungsform von Seele im allgemeinen. In der dem Gleichnis unmittelbar vorher gehenden Textpassage wird dieser allgemeine Seelenbegriff expliziert (Phaidros, 245 a ff.). Seele wird dort als *das sich selbst Bewegende* beschrieben. Als das sich selbst Bewegende hat es keinen Anfang (ist unentstanden) und kein Ende (ist unsterblich):

„Alles was Seele ist, ist unsterblich. Denn das von sich aus Bewegte ist unsterblich. [...] Was sich selbst bewegt, hört, weil es sich selbst nie verlässt, niemals auf bewegt zu sein, und dies ist auch für alles andere, was bewegt wird, Quelle und Anfang der Bewegung. Was Anfang ist, ist unentstanden. [...] Wenn nun offenbar das von sich selbst Bewegte unsterblich ist, so wird man unbedenklich gerade darin das Wesen und die Begriffsbestimmung der Seele suchen dürfen. [...] Ist also das sich selbst Bewegende nichts anderes als Seele, dann dürfte die Seele mit Notwendigkeit unentstanden und unsterblich sein" (Platon, 1998 b, 57f. = Phaidros, 245 b, 246 a).

Das Zitat macht deutlich, dass der Seelenbegriff Platons im Vergleich zu dem des Aristoteles einen wesentlich breiteren Bedeutungsumfang hat. War bei Aristoteles Seele Attribut des Lebendigen und damit der Organismenwelt (Pflanze, Tier, Mensch), so avanciert sie bei Platon als das sich selbst Bewegende zu einer dem gesamten Weltgeschehen zugrunde liegenden Wirkungsgröße. Der Seelenbegriff Platons wird somit in einen *kosmologischen* Kontext eingebettet. Explizit wird dieser kosmologische Bezug im ‚Timaios' (Platon, 1998d, 52ff., 34. 35) hergestellt. Hier wird Seele als ‚Weltseele' verstanden. Platon gelangt damit zu einer Position, die man als *Panpsychismus* bezeichnet. (Wir werden dieser Position noch mehrfach in der Geschichte der Psychologie begegnen, z. B. bei dem Begründer der Psychophysik, G. Th. Fechner.)

H. Gaus (1958, 246) bringt in seinen ‚Kommentaren' die Botschaft Platons auf den Punkt:

„‚Seele' ist [...] nicht ein ‚Sein', sondern eine dem Sein gegenüber ‚transzendente' Ursache".

Neben der Einbettung des Seelenbegriffs in einen kosmologischen Kontext ist es erforderlich, kurz noch auf eine andere Betrachtungsebene einzugehen: die *ethische*. Im o. g. Gleichnis gibt es einen positiv bewerteten und einen negativ bewerteten Seelenteil. Das Streben der mutartigen Seele nach Gutem steht den von Sinnlichkeit und biologischer Triebhaftigkeit bestimmten Tätigkeiten der begehrenden Seele gegenüber. In der Fortführung des Gleichnisses ist z. B. auch die Rede von Seelen, die nur schwache Schwingen haben und deshalb nicht die Höhen des Himmels zu erklimmen vermögen.

Nach der Skizzierung der kosmologischen und der ethischen Dimension des platonischen Seelenbegriffs können wir uns nunmehr *der* zentralen Fragestellung zuwenden: der Stellung Platons zum sog. Leib-Seele-Problem. Zwischen dem sterblichen Leib und der unsterblichen Seele besteht ein unaufhebbarer Gegensatz. Der Leib ist lediglich ein vorübergehender Aufenthaltsort der Seele. Durch ihre zeitlich begrenzte Gebundenheit an den Leib mit seinen Affekten und Begierden wird das der Seele zukommende Streben nach Wesenserkenntnis und Wahrheit gestört. Die einzige Möglichkeit einer Befreiung der Seele aus ihrem Kerkerdasein im Leib ist der Tod. Die Disharmonie zwischen Leib und Seele wird insbesondere im ‚Phaidon' eindrucksvoll beschrieben:

> „Solange wir mit dem Körper behaftet sind und unsere Seele mit diesem Übel verwachsen ist, werden wir niemals in vollem Maße erreichen, wonach wir streben; es ist dies aber, wie wir behaupten, die Wahrheit. Denn tausenderlei Unruhe verursacht uns der Körper schon durch die notwendige Sorge für seine Ernährung; stellen sich aber außerdem noch Krankheiten ein, so hindern sie uns in der Jagd nach dem Seienden. Ferner erfüllt uns der Körper mit allerlei Liebesverlangen, mit Begierden und Ängsten und allerhand Einbildungen und vielerlei Tand, kurz er versetzt uns in einen Zustand, in dem man sozusagen gar nicht recht zur Besinnung kommt. [...] Das Schlimmste aber von allem ist, daß, wenn uns der Körper einmal Ruhe gönnt und wir uns der wissenschaftlichen Betrachtung einer Sache zuwenden, er sich im Verlaufe dieser Untersuchungen doch allenthalben wieder störend und verwirrend dazwischen drängt und uns außer Fassung bringt, so daß wir durch ihn verhindert werden die Wahrheit zu erkennen; es ist also für uns in der Tat eine ausgemachte Sache, daß, wenn wir jemals eine reine Erkenntnis erlangen wollen, wir uns von ihm frei machen und allein mit der Seele die Dinge an sich betrachten müssen. Und nicht eher, wie es scheint, wird uns das zuteil werden, wonach wir streben und was der Gegenstand unserer Liebe ist, nämlich die Vernünftigkeit, als bis wir gestorben sind, [...] solange wir leben aber nicht" (Platon, 1998 a, 42 f. = Phaidon 66 b).

Fassen wir zusammen: Während bei Aristoteles ein enges Wechselwirkungsverhältnis zwischen Leib und Seele besteht (Ausnahme: nūs poietikós), ist bei Platon der Leib der Kerker, in dem auf Zeit die Seele gefangen gehalten und an ihrer eigentlichen Mission gehindert wird. Pongratz (1984) bringt diesen Gegensatz auf die prägnante Formel ‚Leibseele vs. Geistseele'. Beide Axiome, einerseits die psychophysische Wechselwirkung, andererseits der Urkonflikt zwischen Geist und Trieb, haben über Jahrtausende hinweg das psychologische Denken geprägt.

1.4 Die lang andauernde nacharistotelische Stagnation

Welche Entwicklung nahm das psychologische Denken in den nacharisto-
telischen Jahrhunderten der Antike und des Mittelalters? Zweifellos bleiben für
diesen langen Zeitraum von fast zweitausend Jahren Platon und Aristoteles die
beherrschenden Figuren. Ein substantieller ‚Fortschritt‘ im psychologischen
Denken ist nicht auszumachen. Pongratz (1984, 25) konstatiert: „Das Christen-
tum hat keine von Grund auf neue Seelenlehre entwickelt. Es hat das platonische
und aristotelische Gedankengut übernommen und es nach christlichem Geiste
umgeformt"; kurz gesagt: Platon und Aristoteles wurden ‚christianisiert‘.[4] Diese
Situation dauerte bis zum Beginn der Neuzeit an.

Wie kam es zu dieser lang andauernden Stagnation? Ein wesentlicher Grund
wird wohl darin zu sehen sein, dass für das mittelalterliche Denken der Bezug
auf das Jenseits im Mittelpunkt stand. Der übermächtigen Jenseits-Bezogenheit
korrespondierte ein abgeschwächtes Interesse für die Dinge des Diesseits, für die
Vergänglichkeit und Unzulänglichkeit des Erden- und Menschenlebens. Wenn
überhaupt Probleme thematisiert wurden, die wir im nachhinein als psychologisch relevant charakterisieren würden, dann waren das allenfalls abgeleitete
Nebenfragen theologischer Diskurse.[5] Dessoir entwirft ein plastisches Bild vom
‚Zeitgeist‘ des Mittelalters: „ Die allgemeine Bewußtseinsstellung der Zeit [= des
Mittelalters; G.E.] ruhte auf der Überzeugung, daß die Wissenschaft jener
höheren Ordnung dienstbar sein solle, die in der Kirche mit ihren Heilsgütern
verkörpert sei. Daraus ergab sich für die Beschäftigung mit dem Seelenleben von
selbst die Folgerung, sein natürliches Dasein bis zu seiner übernatürlichen Aufgabe hin zu verfolgen, zu zeigen, wie der Geist des Menschen allmählich zum
Reich der Gnade emporwächst" (Dessoir, 1911, 58).

Vor diesem Hintergrund brauchen wir uns nicht zu wundern, dass später der
maßgebliche Beförderer einer einzelwissenschaftlichen Psychologie nach natur-
wissenschaftlichem Vorbild, W. Wundt, als junger Mann in der Einleitung zu
einem seiner Erstlingswerke ‚Beiträge zur Theorie der Sinneswahrnehmung‘
(1862) die etwas flapsige Bemerkung gemacht hat, die Psychologie „sei seit

---

4   Man sollte allerdings nicht übersehen, dass es außerhalb dieser ‚Christianisierung‘ eine ara-
     bisch-islamische Denktradition gab, der eine bemerkenswert eigenständige Platon- und be-
     sonders Aristoteles-Rezeption zugeschrieben werden muss. Zu erwähnen sind hier insbeson-
     dere Ibn Sina (Avicenna, 980-1037) und Ibn Ruschd (Averroes, 1126-1198).

5   Beispielsweise macht sich der Kirchenvater Tertullian (um 160-220) in einer theologischen
     Abhandlung (De baptismo), in der er die Auffassung vertritt, dass die Taufe erst dann voll-
     zogen werden könne, wenn der Täufling eine gewisse spirituelle Reife erreicht habe, darüber
     (alltagsempirische) Gedanken, ab welchem Alter das Kind bewusstseinsfähig ist in dem Sinne,
     dass es ein elementares Verständnis für die christliche Lehre, d. h. einschlägige kognitive Vor-
     aussetzungen, besitzt (vgl. Aland, 1967).

Aristoteles nicht um einen Schritt weiter gekommen", sie sei sogar „vielfältig zurückgegangen" (Wundt, 1862, 1); es seien zwar diverse metaphysische Spekulationen über die Seele angestellt worden, aber den „Erscheinungen des Seelenlebens in ihrem ursprünglichen Zusammenhang" (ebda.) sei man nicht nachgegangen. Folgte man dieser Argumentation des jungen Wundt, könnte man – bei unserer erklärtermaßen auf wesentliche Entwicklungslinien konzentrierten Darstellung – bedenkenlos einen großen Sprung von Aristoteles bis zur Wundtschen Gegenwart (2. Hälfte 19. Jh.) machen, ohne irgend etwas in Sachen psychologischer Erkenntnisfortschritt verpasst zu haben. Allerdings ist anzumerken, dass der reifere Wundt in späteren Jahren seine einst radikale Abwertung philosophischer Bemühungen um psychologische Fragen revidierte und dass er sehr wohl um die in der Vergangenheit erbrachten philosophischen Voraussetzungen für die Begründung der Psychologie als Wissenschaft wusste und diese Voraussetzungen auch gebührend würdigte (Jahnke, 1996, 7-24).

So richtig die Feststellung ist, dass in Spätantike und Mittelalter die Erörterung psychologischer Fragen keinen Gegenstand sui generis bildete und dass keine über Platon und Aristoteles hinaus gehende substantielle Beiträge erbracht wurden, so irrig ist die Annahme, diese Zeitspanne sei eine tabula rasa in Sachen Psychologie gewesen. Auf eine differenzierte Erörterung der in kirchlich-theologischen Texten enthaltenen psychologisch relevanten Reflexionen kann aber im Rahmen eines ‚Abrisses' verzichtet werden. Der interessierte Leser/die interessierte Leserin sei aber zumindest – pars pro toto – auf zwei Schriften verwiesen, die in der Tat auch aus psychologischer bzw. psychologiegeschichtlicher Perspektive lesenswert sind: aus der Spätantike die ‚Confessiones' (‚Bekenntnisse') des Kirchenvaters Augustinus Aurelius (354 – 430) und aus dem Hochmittelalter einschlägige Kapitel aus der ‚Summa theologiae' des Thomas von Aquin(o) (1225-1274).

2 Philosophische Voraussetzungen für die Entstehung der Psychologie als Wissenschaft

2.1 Descartes

Mit der systematischen Ausformung der Kritik an den Erstarrungen eines scholastisch-theologischen Dogmatismus leitet der französische Gelehrte René Descartes (1596-1650) den Beginn der neuzeitlichen Philosophie ein. Philosophie versteht sich nun nicht mehr als eine ‚Magd der Theologie' (‚ancilla theologiae'), sondern beansprucht Eigenständigkeit, indem sie sich nicht an überlieferten kanonischen Glaubenssätzen orientiert, sondern sich spezifischer Denkmethoden bedient. Als den entscheidenden Ausgangspunkt eines emanzipierten philosophischen Denkens bestimmt Descartes in seiner Abhandlung ‚Von der Methode des richtigen Vernunftgebrauchs und der wissenschaftlichen Forschung' von 1637 den *Zweifel.*

Der Zweifel ist für ihn sowohl das Mittel zur Befreiung des Denkens von Vorurteilen als auch das Mittel, um den Wirklichkeitsgehalt der durch unsere Sinne vermittelten Erfahrungen zu hinterfragen. Der ‚Nutzen' des Zweifels bestehe darin, dass „er uns von allen Vorurteilen befreit und den geeignetsten Weg ebnet, unser Denken von den Sinnen abzulenken" (Descartes, 1992, 13 = Meditatio: Synopsis). Akzeptiere ich den Zweifel als „ersten Grundsatz der Philosophie" (Descartes, 1990, 53 = Méthode IV/1), kann ich mir im Prinzip einbilden, „ich hätte keinen Körper und es gäbe keine Welt noch einen Ort, an dem ich mich befinde" (ebda.). Den Schluss, dass ich überhaupt nicht existiere, kann ich aber nicht ziehen, denn daran, dass ich zweifle, kann ich nicht zweifeln. M. a. W.: Aus der Fähigkeit zu zweifeln gewinne ich die Gewissheit, dass ich bin. Descartes fasste diesen Schluss in die berühmte Formel ‚Cogito ergo sum' (Ich habe Bewusstsein, folglich bin ich). Aus der Begründung der Gewissheit, *dass* ich bin, leitet Descartes eine Aussage darüber ab, *was* bzw. *wer* ich bin:

> „Daraus [= aus den oben genannten Gründen, G. E.] erkannte ich, daß ich eine Substanz bin, deren ganzes Wesen oder deren Natur nur darin besteht, zu denken und die zum Sein keines Ortes bedarf, noch von irgendeinem materiellen Dinge abhängt, so daß dieses Ich, d. h. die Seele, durch die ich das bin, was ich bin, völlig verschieden ist vom Körper" (Descartes, 1990, 55 = Méthode IV/2).

Körper und Seele sind somit entgegengesetzte Seinsformen. Diese Weltsicht bezeichnet man als ontologischen Dualismus. Die materielle Seinsform (Körper) ist räumlich-ausgedehnte Substanz: res extensa (pl.: res extensae); die immaterielle Seinsform ist denkende Substanz: res cogitans (pl.: res cogitantes). Die Reduktion des Ichs auf Denken bzw. Bewusstsein wird in den ‚Meditationen' von 1644 nochmals wortreich bekräftigt:

> „Das Denken ist's, es allein kann von mir nicht getrennt werden. Ich bin, ich existiere, das ist gewiß. Wie lange aber? Nun, solange ich denke. Denn vielleicht könnte es sogar geschehen, daß ich, wenn ich ganz aufhörte zu denken, alsbald auch aufhörte zu sein. [...] Ich bin aber ein wahres und wahrhaft existierendes Ding, doch was für ein Ding? Nun, ich sagte es bereits – ein denkendes" (Descartes, 1992, 47 ff. = Meditationes II/6).

Das Ich bzw. die Seele (beide Begriffe werden promiscue verwendet) ist res cogitans.

Der heutige Leser könnte Gefahr laufen, den Begriff ‚cogitans' bzw. ‚cogitatio' mit dem modernen Begriff ‚Kognition' zu assoziieren. Um dem cartesianischen Sprachgebrauch gerecht zu werden, ist es aber angezeigt, ‚cogitans' (‚cogitatio') einen breiteren Bedeutungsumfang zuzuordnen, etwa ‚bewußt' (‚Bewußtsein'). In der Meditatio II/8 heißt es ausdrücklich:

„Ein denkendes Wesen! Was heißt das? Nun – ein Wesen, das zweifelt, einsieht, bejaht, verneint, will, nicht will und das sich auch etwas bildlich vorstellt und empfindet" (a.a.O., 51). Res cogitans umfasst also die Gesamtheit psychischer Funktionen.

Man kann sich natürlich fragen, welche Gründe Descartes bewogen haben, z. B. Empfindungen (sensus) oder Willensprozesse (voluntas) unter den Begriff der cogitatio zu subsumieren. Descartes' Begründung ist ganz einfach: Das Entscheidende sei, dass ich beim Empfinden ein Bewusstsein davon habe, etwas zu empfinden, und beim Wollen das Bewusstsein. etwas zu wollen. Urteile, Willensprozesse, Vorstellungen, Wahrnehmungen und Empfindungen sind gleichsam Modi des Bewusstseins.

Man kann sich weiterhin fragen, ob Descartes mit seiner radikalen Disjunktion von res extensa und res cogitans angesichts der nicht leugbaren und auch von ihm nicht geleugneten Wechselwirkung zwischen Leib und Seele in Erklärungsschwierigkeiten kommt. In seinem Spätwerk von 1649, das vorwiegend psychologische Themen aufgreift, ‚Die Leidenschaften der Seele', hat es zunächst den Anschein, Descartes wolle auch bei der Behandlung psychologischer Fragen sein dualistisches Konzept konsequent durchhalten. In den einleitenden Abschnitten des Buches nimmt er eine strenge Trennung von seelischen und körperlichen Funktionen vor:

„Weil wir nun keineswegs begreifen können, daß der Körper in irgendeiner Weise denkt, haben wir Grund zu glauben, daß alle Arten von Gedanken, die in uns sind, der Seele zukommen"; ebenso „müssen wir glauben, daß alle Wärme und Bewegungen, die in uns sind, [...] allein dem Körper zukommen" (Descartes, 1996, 7 = Artikel 4). Also Wärme und Bewegungen hier, Gedanken dort. Erstaunlicherweise wird aber im weiteren Verlauf seiner Erörterungen die Position, dass Körper und Seele nichts miteinander zu tun haben, zunehmend aufgeweicht und schließlich aufgegeben. Schon der Titel des 30. Artikels lässt aufhorchen: „Daß die Seele mit allen Teilen des Körpers insgesamt verbunden ist" (a.a.O., 51), ebenso Artikel 34 „Wie Seele und Körper aufeinander einwirken" (a.a.O., 57). Ferner wird die Seele, die als res cogitans angeblich keines Ortes bedarf, im Gehirn lokalisiert. Im Artikel 31 heißt es: „Der Körperteil, über den die Seele ihre Funktionen ausübt", ist „eine sehr kleine Drüse, die inmitten der Hirnsubstanz liegt" (a.a.O., 53). Diese Drüse, die sog. Zirbeldrüse (glandula pinealis), hält er für die zentrale Schalt- und Koordinationsstelle von Leib und Seele. Sie wird explizit als „Hauptsitz der Seele" („principal siège de l' âme") bezeichnet (a.a.O., 52 f). Warum ausgerechnet die Zirbeldrüse? Sie sei der einzige unpaarige Gehirnteil (a.a.O., 55).

Wie kann man eine strenge ontologische Trennung von Körper als res extensa und Seele als res cogitans vornehmen und gleichzeitig von einer Wechselwirkung zwischen Leib und Seele sprechen? Descartes dürfte die mangelnde Kompatibilität seiner Aussagen über die Verbindung von Leib und Seele zu früheren Aussagen über eine radikale Trennung zwischen beiden nicht entgangen sein. Um die Berechtigung beider Aussagen zu retten, bedient er sich formallogischer Argumente: Aus der Tatsache, dass wir beide Substanzen als sich ausschließend begreifen, ergebe sich logisch nicht die Notwendigkeit, ihre reale Verbindung zu negieren. Im übrigen sei der reale Zusammenhang der beiden Substanzen durch Gott hergestellt worden. Es ist nicht sehr verwunderlich, dass schon zu Lebzeiten Descartes'die Zirbeldrüsen-Hypothese sowohl von philosophischer als auch von medizinischer Seite mit scharfer Kritik und spöttischer Abwertung bedacht wurde (vgl. Hammacher, 1996, XXXVIII u. LXXX f.).

Die Berufung des Skeptikers Descartes auf Gott ist noch in bezug auf einen anderen philosophischen Zusammenhang für uns relevant. In der dritten seiner ‚Meditationen' stellt Descartes die Frage, „in welcher Weise ich jene Idee von Gott erhalten habe" (Descartes, 1992, 93 ff.). Ich habe sie weder „aus den Sinnen geschöpft" noch „habe ich sie mir ausgedacht", sondern sie ist „mir eingeboren" (ebda.); auch die „Vorstellung von mir selbst" („idea mei ipsius") ist „eingeboren" (ebda.). Die hier in Rede stehende Lehre von den eingeborenen Ideen besagt, dass es Begriffe, Vorstellungen, Erkenntnisse gibt, die nicht auf sinnlicher Erfahrung beruhen bzw. nicht aus dem Bereich der Sinne ableitbar sind.

Außer den Begriffen ‚Gott' und ‚Ich' zählen zu solchen eingeborenen Ideen etwa auch mathematische und logische Axiome, ethische Prinzipien, Begriffe wie ‚Unendlichkeit', ‚Vollkommenheit' usw. . Diese Überzeugung Descartes' von einem gewissermaßen apriorischen Intellekt bildete in der philosophischen Kritik den Ausgangspunkt für eine radikale Umkehrung des Verhältnisses von Vernunft und Erfahrung: Dem Primat der Vernunft im Rationalismus (Descartes) wurde die Lehre vom Primat der Erfahrung im Empirismus (Locke) gegenübergestellt.

2.2 Locke

Einen wirkungsvollen Gegenentwurf zum Rationalismus Descartes' legte der englische Philosoph der Aufklärung, John Locke (1632-1704), vor. In seinem ‚Essay concerning human understanding' (1690) bestreitet er, dass es ‚eingeborene Ideen', ‚primäre Begriffe' und dergleichen gebe. Selbst wenn es allgemein anerkannte Wahrheiten gäbe, müssten sie nicht an- bzw. eingeboren (‚innate') sein (Locke, 2000, 30). Es sei doch „offensichtlich, dass alle Kinder und Idioten von diesen Sätzen [= eingeborene Ideen, G. E.] nicht im geringsten eine Vorstellung oder einen Gedanken haben" (a.a.O., 31). Die von Descartes unterstellte Voraussetzung eines der gesamten Menschheit eigenen Besitzes von ‚ideas' (consensus gentium) treffe nicht zu. Vor der Explikation des Gegenentwurfes ist zunächst zu fragen, was Locke unter ‚ideas' versteht. ‚Ideas' seien „das, womit sich der [menschliche] Geist beim Denken befasst" (a.a.O., 107). Als Beispiele für ‚ideas' werden die Vorstellungen von Weiße, Härte, Süßigkeit, Bewegung usw. genannt. Von daher scheint es sinnvoller zu sein, ‚ideas' nicht – wie häufig praktiziert – mit ‚Ideen', sondern mit ‚Vorstellungen' zu übersetzen. Gestützt wird diese Version durch Locke selbst: „having ideas, and perception being the same thing" (Ideen haben und Wahrnehmen ist ein und dasselbe) (a.a.O., 108).

Auf die Frage nach dem Ursprung der ‚ideas' gibt Locke eine im Vergleich zu Descartes diametral entgegengesetzte Antwort: Am Anfang seiner Existenz ist der ‚Geist' (‚mind') des Menschen ein „weißes Papier ohne irgendwelche Merkmale, ohne jegliche Vorstellungen" („a white paper, void of all character, without any ideas" [107]), m. a. W. eine sog. tabula rasa.

Auf welche Weise wird dieses Papier beschrieben? Anders gefragt: Woher stammt das Material, um zu Vernunft (reason) und Erkenntnis (knowledge) zu gelangen? Aus der Erfahrung (experience)!

Die weiterführende Frage lautet: Woher stammt die Erfahrung? Sie stammt aus zwei Quellen:

1. die durch die Sinne vermittelte Wahrnehmung (sensation),
2. die Selbstwahrnehmung (reflection).

Zu 1: Die Objekte wirken auf die Sinne ein und erzeugen im Geist/in der Seele („mind') Vorstellungen („ideas'), wie etwa weiß, gelb, heiß, kalt etc. (a.a.O., 30).
Zu 2: „Die andere Quelle, aus der die Erfahrung den Verstand mit Vorstellungen speist", ist „die Wahrnehmung der Operationen des eigenen Geistes in uns" („the perception of the operation of our own minds within us") (a.a.O., 31). Locke nennt sie ‚reflection'.
      Mit ‚reflection' ist das Gewahrwerden der Tatsache, dass ich wahrnehme, Vorstellungen habe, denke usw., gemeint. Gelegentlich wird ‚reflection' auch als ‚innere Wahrnehmung' der ‚sensation' als ‚äußere Wahrnehmung' gegenübergestellt.
      Nach dieser groben Skizzierung des Lockeschen Erfahrungsbegriffs bzw. der empiristisch-sensualistischen Kernannahmen sind noch zwei weiterführende Punkte zu erörtern: 1. die Klassifikation der ‚ideas', 2. ihre erkenntnistheoretische Bewertung.
      Zu 1: Locke unterscheidet zwischen einfachen und komplexen ‚ideas'. Bei einfachen ‚ideas', die dem ‚mind' zugeführt werden, verbleibt dieser passiv. Bei komplexen ‚ideas' hingegen ist der ‚mind' in verschiedener Weise aktiv, z. B. in Form des Kombinierens mehrerer ‚ideas' zu einer komplexen, der Herstellung von Relationen zwischen einfachen und/oder komplexen ‚ideas', der Abstraktion und Bildung allgemeiner ‚ideas' (z. B. Raum, Zeit, Unendlichkeit etc.). ‚Ideas' sind gewissermaßen eine Art Bausteine, aus denen sich der Verstand zusammensetzt. ‚Ideas' sind also das, was man später Elemente des Psychischen nannte. Der Verstand schafft zwischen diesen Elementen vielfältige Kombinationen, jedoch nichts Neues. Zweifellos kann man Locke als Vorbereiter eines elementen- und assoziationspsychologischen Denkansatzes bezeichnen (vgl. Boring, 1957, 171).
      Zu 2: Locke bestimmt die ‚ideas' als „Modifikation der Materie in den Körpern, [...] die in uns derartige Wahrnehmungen verursachen" (Locke, 2000, 146). Negativ ausgedrückt heißt dies: Die ‚ideas' sind *nicht* „die genauen Abbilder und Ebenbilder von etwas dem Gegenstand Inhärierenden" (ebda.). Beispiel: Der Schneeball wird als Schneeball wahrgenommen, weil er in sich „die Kraft (‚power') besitzt, in uns die Vorstellungen (‚ideas') von weiß, kalt und rund zu erzeugen" (ebda.). Unsere Wahrnehmung liefert uns kein reales Abbild der Objekte. Die primäre Voraussetzung der Wahrnehmung ist nicht die Tätigkeit der Sinnesorgane, sondern die von den Objekten ausgehende Kraft, in uns Wahrnehmungen zu erzeugen. Bei der Frage, wie es den Körpern (Objekten) möglich ist, Vorstellungen von ihnen in uns zu erzeugen, bemüht sich Locke um

eine quasi-physiologische Erklärung: Es sei offensichtlich, dass sich von den Objekten aus „eine gewisse Bewegung durch unsere Nerven oder Lebensgeister (‚spirits') durch bestimmte Teile unseres Körpers bis hin zum Gehirn bzw. Sitz der sensation fortpflanzen muss, um hier in unserem Geist die besonderen Vorstellungen zu erzeugen, die wir von jenen äußeren Objekten haben" (a.a.O., 149). Auch im Kontext dieser Argumentation wird der Unterschied zu Descartes deutlich: Beim Lockeschen Erklärungsversuch über das Zustandekommen von ‚ideas' bzw. ‚experience' erübrigt sich letztlich die Annahme eines Ichs. Erfahrung wird induziert durch die Kraft der Gegenstände; die Sinnesorgane sind lediglich Vermittlungsinstanz für die Gewinnung von Erfahrung. Das Descartessche Ich (ego sum) wird faktisch überflüssig.[6]

2.3 Leibniz

Eine direkte Replik auf Lockes ‚Essay concerning human understanding' sind die von dem deutschen Universalgelehrten Gottfried Wilhelm Leibniz (1646-1716) in den Jahren 1703-1705 verfassten ‚Nouveaux essais sur l'entendement humain' (‚Neue Abhandlungen über den menschlichen Verstand'), ein Werk, das allerdings erst 1765 postum erschien und demzufolge von Locke (gest. 1704) nicht zur Kenntnis genommen werden konnte. Die Korrektur, die Leibniz an den Auffassungen Lockes vornimmt, besteht in einer Ergänzung des Leitsatzes des Empirismus: Die Formel ‚Nihil est in intellectu quod non fuerit in sensu' (‚Nichts ist im Intellekt, was nicht in den Sinnen gewesen ist') müsse mit dem Zusatz ‚... nisi ipse intellectus' (‚... außer dem Intellekt selbst') versehen werden (Leibniz, 1996 [1702], 309). Die antiempiristische (antisensualistische) Stoßrichtung des Zusatzes ‚... nisi ipse intellectus' wird in den deutschsprachigen Erläuterungen dieser Formel deutlich: Es gebe „in der Seele in der Tat bestimmte Materialien des Denkens, bestimmte Objekte des Verstandes [...], die durch die äußeren Sinne nicht geliefert werden, nämlich die Seele selbst mitsamt ihren Tätigkeiten" (ebda.). Indes lässt sich die Vermutung, dass Leibniz damit ein Plädoyer für Descartes' rationalistische Lehre von den eingeborenen Ideen abgebe, nicht bestätigen, denn im Grunde genommen ist für Leibniz der Streit zwischen Empirismus (Sensualismus) und Rationalismus (Apriorismus) gegenstandslos. Um diese Aussage zu belegen, ist ein kurzer Exkurs in Leibniz' philosophische Gesamtkonzeption, die Monadologie, erforderlich. Leibniz versteht die Welt als ein wohlgeordnetes System von Monaden. Monaden sind eigendynamische Kräfte, die von sich aus keine Wirkungen auf andere Monaden aus-

---

6   Zur Bedeutung des Lockeschen Empirismus für ein Denken in Kategorien der Entwicklung vgl. Abschnitt 9.1.

üben und auch keine Wirkungen seitens anderer Monaden erleiden; sie sind – metaphorisch gesprochen – ‚fensterlos'. Der geordnete Zusammenhang zwischen den Monaden ist das Werk göttlichen Wirkens (‚prästabilierte Harmonie'). Alles, was in der Welt ist, ist (körperliche oder körperlose) Monade, so auch die Seele. Die Grundeigenschaft der eigendynamischen Seele als Monade ist ‚Perzeption'. Was versteht Leibniz unter ‚Perzeption'? Sie ist „das erste Vermögen der Seele" (Leibniz, 1986 a, 153). Als solches ist sie graduell vom Denken zu unterscheiden: Denken sei die (aktive) „Beschäftigung des Geistes mit seinen eigenen Ideen" und erfordere „willentliche Aufmerksamkeit" (‚attention volontaire'); bei der Perzeption dagegen ist „der Geist normalerweise passiv, indem er nicht vermeiden kann, das wahrzunehmen, was er wirklich wahrnimmt" (ebda.). Zwischen Perzeption und Denken besteht aber kein qualitativer Gegensatz. Perzeption ist vielmehr die unvollkommene Vorstufe des Denkens, also nur graduell vom Denken verschieden. Insofern ist für Leibniz die Frage nach dem genetischen Primat entweder der sinnlichen Erfahrung (Locke) oder der eingeborenen Ideen (Descartes) nur ein Scheinproblem. Soweit Leibniz' Stellungnahme zur Kontroverse zwischen Empirismus und Rationalismus.

Die Monadenlehre ist – wie bereits angedeutet – ein universales Weltbild. Im Rahmen dieses universalen Weltbildes werden detaillierte psychologische Fragestellungen zugegebenermaßen relativ randständig behandelt. Dennoch sind einige Facetten dieses philosophischen Systems psychologisch bzw. psychologiegeschichtlich außerordentlich belangvoll. Nach Schönpflug (2000, 126) sind die folgenden Punkte zu nennen:

1. „die Begriffe der Perzeption und Apperzeption,
2. die Annahme der Einheit von Erkennen und Begehren,
3. die Annahme von Bewusstseinsstufen,
4. die Lehre von der Synchronizität[7] von Körper und Geist,
5. die Annahme der Individualität".

Die Punkte 1 (zusammen mit 3) und 4 sollen im Folgenden näher erläutert werden.

---

7   Da der Begriff ‚Synchronizität' sich lediglich auf die Dimension der Zeit bezieht, liegt es eher nahe, den bedeutungsmäßig umfassenderen Leibnizschen Originalbegriff ‚Parallelismus' zu verwenden.

Zu 1 (mit 3): Perzeption, petites perceptions, Apperzeption
Perzeption bezeichnet bei Leibniz sowohl den Prozess als auch den Inhalt der Wahrnehmung. Perzeptionen sind Vorstellungen, deren Klarheit und Deutlichkeit unterschiedliche Stufen aufweisen können. „In jedem Augenblick [gibt es] in uns eine unendliche Menge von Perzeptionen ohne bewusste Wahrnehmung und Reflexion" (Leibniz, 1986 a, XXI). Die Perzeptionen, die einen besonders niedrigen Grad an Klarheit und Deutlichkeit haben, nennt er ‚petites perceptions' (‚kleine Vorstellungen') oder ‚perceptions insensibles' (‚unmerkliche Vorstellungen'). Klassisches Demonstrationsbeispiel für das Vorhandensein von petites perceptions ist das Phänomen des Meeresrauschens: „Um diese kleinen Perzeptionen, die wir in der Menge nicht unterscheiden können, noch besser zu fassen, bediene ich mich gewöhnlich des Beispiels vom Getöse oder Geräusch des Meeres, welches man vom Ufer aus vernimmt. Um dieses Geräusch, wie es tatsächlich geschieht, zu hören, muß man sicherlich die Teile, aus denen sich das Ganze zusammensetzt, d. h. das Geräusch einer jeden Welle hören, obgleich jedes dieser geringen Geräusche nur in der verworrenen Gemeinschaft mit allen übrigen zusammen, d. h. im Meeresbrausen, faßbar ist und man es nicht bemerken würde, wenn die Welle, von der es herrührt, die einzige wäre" (a.a.O., XXIII).

Die ‚Eindrücke', die die petites perceptions hinterlassen, seien „entweder zu gering und zu zahlreich oder zu gleichförmig", um als distinkte Größen aufgefasst zu werden (a.a.O., XXI). Auch die Vorgänge, die sich beim Schlaf abspielen, werden als Beleg für das Vorhandensein von petites perceptions herangezogen: „Man schläft niemals so tief, daß man nicht immer noch eine schwache und verworrene Empfindung hätte" (a.a.O., XXIII). Diese und andere Beispiele machen deutlich, dass Leibniz mit dem Begriff ‚petites perceptions' unter der Bewusstseinsschwelle ablaufende, unbewusste psychische Prozesse meint, ein Phänomen, das weder vom Rationalismus noch vom Empirismus thematisiert wurde. Inwieweit man daraus die Berechtigung ableiten kann, Leibniz euphorisch als ‚Entdecker des Unbewußten' zu würdigen, ist eine andere Frage.

Am anderen Pol der Klarheits- und Deutlichkeitsstufung der Perzeptionen steht die *Apperzeption*. Apperzeptionen sind die zur größten Klarheit und Deutlichkeit des Bewusstseins gekommenen Perzeptionen. Während die gewöhnliche Perzeption „der innere Zustand der die äußeren Dinge darstellenden Monade" ist, macht die Apperzeption „das Bewusstsein [conscience] oder die reflexive Erkenntnis dieses inneren Zustandes" aus (Leibniz,. 1986 b, 421). Apperzeptionen stellen in diesem Sinne eine kognitive Bearbeitung der Perzeptionsinhalte dar. Sie erfordern gezielte geistige Aktivitäten (‚connoisance reflexive') des Subjekts. Auch von diesem Apperzeptionsbegriff her eröffnet Leibniz ein Problemfeld, das psychologischer Bearbeitung harrte: das Problem der Aufmerksamkeit.

Zu 4: Synchronizität bzw. Parallelismus von Körper und Geist
Leibniz' Stellungnahme zum Leib-Seele-Problem erfolgt vor dem Hintergrund
seiner Annahme einer göttlichen prästabilierten Harmonie. Zufolge dieser prästabilierten Harmonie verlaufen psychische und physische Prozesse parallel
nebeneinander, ohne dass ein Kausalzusammenhang zwischen beiden besteht.
Leibniz meint, es gebe „keinen abstrakten Gedanken, der nicht von irgendwelchen materiellen Bildern oder Spuren begleitet wäre" (Leibniz, 1996, 309).
Er geht davon aus, „dass zwischen den Vorgängen der Seele und den materiellen
Ereignissen ein vollkommener Parallelismus besteht" und „dass die Seele mitsamt ihren Tätigkeiten zwar etwas von der Materie Verschiedenes, dass sie aber
nichtsdestoweniger stets von den Organen der Materie begleitet ist, somit auch
ihre Funktionen stets von solchen der materiellen Organe begleitet sind, die
ihnen entsprechen müssen" (a.a.O., 309 f.). Diese wechselseitige Entsprechung
von Leib und Seele, der sog. psychophysische Parallelismus, wird von Leibniz
den „Gesetzen der Gnade" (ebda.) zugeordnet.

Psychologiegeschichtlich erwies sich die Parallelismus-These insofern als
bedeutsam, als sie die philosophische Begründung bzw. Rechtfertigung für die
Annahme einer reziproken Entsprechung von Reiz (auf der körperlichen Seite)
und Empfindung (auf der psychischen Seite) lieferte – eine Annahme, die in der
Psychophysik G. Th. Fechners (1860) einer experimentellen Prüfung unterzogen
wurde und zur Ableitung einer quantitativen Maßformel, des psychophysischen
Grundgesetzes (auch Weber-Fechnersches Gesetz), führte.

2.4 Kant

Es mag vielleicht verwundern, dass ausgerechnet Immanuel Kant (1724-1804),
der die Möglichkeit einer Psychologie als Wissenschaft ausschloss, von uns
unter den Philosophen genannt wird, die für die Geschichte der Psychologie
zentrale Bedeutung haben. Um diese Merkwürdigkeit aufzuklären, sind

1.   die prinzipiell-erkenntniskritische Stellungnahme Kants zur Philosophie-
     Psychologie seiner Zeit zu skizzieren,
2.   Kants Vorschläge, wie Psychologie zu betreiben ist, zu diskutieren.

Zu 1: Zentraler Gegenstand der fundamentalen Kritik Kants ist die im bisherigen
psychologischem Denken fast durchgängig vertretene Auffassung von der Seele
als einer wie auch immer gearteten (materiellen oder immateriellen) Substanz.
Kant spricht in der ‚Kritik der reinen Vernunft' (1781) von den Fehlschlüssen,
den Paralogismen, der ‚reinen' (‚transzendentalen', ‚rationalen') Psychologie.

Als ersten Paralogismus nennt er den der Substantialität. Der „dialektische Schein in der rationalen Psychologie" bestehe darin, dass sie „die mögliche Abstraktion von meiner empirisch bestimmten Existenz" mit dem „vermeinten Bewußtsein einer abgesondert möglichen Existenz meines denkenden Selbst" verwechsle (Kant, 1998a, 358). Der Fehlschluss, der dem Satz ‚Die Seele ist Substanz' zugrunde liegt, bestehe darin, dass der Substanzbegriff, der an *Anschauung* gebunden ist und nur für *Erscheinungsobjekte* zutrifft, auf ein *transzendentales* Objekt angewendet werde. Vereinfacht ausgedrückt heißt dies: Die Tatsache, dass ich mein Ich bzw. mein Bewusstsein zum Objekt der Betrachtung machen kann, berechtigt nicht zu dem Schluss, dass dieses Ich bzw. Bewusstsein ein für sich selbst bestehendes Wesen oder eine Substanz (im ontologischen Sinne) ist. Ich kann zwar gedanklich „meine Existenz als denkendes Wesen" unterscheiden von „anderen Dingen außer mir" (inklusive von meinem Körper); diese gedankliche Unterscheidung berechtige aber nicht zu der Annahme einer „abgesonderten Existenz meines denkenden Selbst" (a.a.O., 363). Kurzum: Die Auffassung der Seele als einer Substanz ist das hinterfragensbedürftige Ergebnis einer „vernünftelnden Seelenlehre" (ebda.). Es ist also nicht möglich, von Phänomenen (psychische Prozesse) auf transphänomenale Entitäten (Seele als Substanz) zu schließen.

Zu 2: Nachdem Kant den in der Psychologie bislang verwendeten substantialisierten Seelenbegriff als eine transphänomenale Fiktion abgewiesen hat, erhebt sich die Frage, welchen Gegenstand und welche Vorgehensweise er selbst der Psychologie empfiehlt. Zu den Möglichkeiten und insbesondere Grenzen äußert er sich in den ‚Metaphysischen Anfangsgründen der Naturwissenschaft' von 1786. Er meint, dass in der Psychologie als „empirischer Seelenlehre" erstens keine Mathematik anwendbar, zweitens kein Experiment durchführbar sei. Ergo müsse die Psychologie – im Gegensatz zur Chemie – „jederzeit von dem Range einer eigentlich so zu nennenden Naturwissenschaft entfernt bleiben" (Kant, 1998 b, 15). Betrachten wir die zwei Begründungen, die Kant zur Verneinung der Möglichkeit einer Psychologie als Naturwissenschaft anführt.

Erstens: Die Überzeugung von der Nichtanwendbarkeit der Mathematik resultiert aus der Gegenstandsbestimmung der Psychologie. Gegenstand sind die „Phänomene des inneren Sinnes" (ebda.), „die reine innere Anschauung" (a.a.O., 16). Diese Phänomene – so argumentiert er weiter – haben nur eine Dimension, die der Zeit. Um Mathematik anwenden zu können, müssen aber zwei Dimensionen gegeben sein: Raum und Zeit. Streng genommen ist damit Mathematik nur auf die „Körperlehre" anwendbar. Eine Konkretisierung erfährt die Frage nach den Dimensionen der ‚reinen inneren Anschauung' in der Stellungnahme Kants zu Lokalisierungen psychischer Vorgänge. Wie zu erwarten, hält Kant

lokale Zuordnungen für psychische Vorgänge oder die Suche nach einem ‚Sitz'
oder ‚Organ' der Seele für abwegig, da bei ‚Phänomenen des inneren Sinnes' die
Dimension des Raumes nicht gegeben sei. Genau solche Lokalisierungsversuche
wurden aber zu Kants Lebzeiten von Naturforschern und Medizinern unternommen. Der Mediziner S. Th. Soemmerring (1755-1830) z. B. hatte in seiner
große Beachtung findenden Schrift ‚Über das Organ der Seele' (1796) die Hypothese aufgestellt, dass die Ventrikelflüssigkeit im Gehirn das sensorium
commune (gemeinsames Sinnesorgan) sei und somit als Sitz der Seele bezeichnet werden könne. Da Soemmerring seine Schrift ausgerechnet dem von ihm
verehrten Kant widmete, lag dessen Stellungnahme nahe. Natürlich hält Kant die
Frage nach einem Sitz oder Organ der Seele für falsch gestellt. „Eigentlich ist es
aber der Begriff von einem Sitz der Seele, [...] den man daher besser tut ganz aus
dem Spiel zu lassen"; wenn man nach einem ‚Sitz der Seele' frage, setze man
„eine lokale Gegenwart" voraus und lege „dem Dinge, was bloß Objekt des
inneren Sinnes und so fern nur nach Zeitbedingungen bestimmbar ist, ein Raum-
verhältnis bei" (Kant, 1998 c, 256). Kants Stellungnahme zu Soemmerring
schließt mit folgendem Fazit: „Nun kann die Seele sich nur durch den inneren
Sinn [...] wahrnehmen, mithin sich selbst schlechterdings keinen Ort bestimmen,
weil sie sich zu diesem Behuf zum Gegenstand ihrer eigenen äußeren Anschauung machen und sich außer sich selbst versetzen müßte; welches sich
widerspricht" (a.a.O., 259).

Was soll dann aber aus der Psychologie nach Maßgabe der Kantschen Einwände werden? „Sie kann [...] niemals etwas mehr als eine historische, und, als
solche, so viel möglich systematische Naturlehre des inneren Sinnes, d. i. eine
Naturbeschreibung der Seele, aber nicht Seelenwissenschaft, ja nicht einmal
psychologische Experimentierlehre werden" (Kant, 1998 b, 16). M. a. W.:
Psychologie kann nur subjektiv gegebene Phänomene beschreiben, aber keine
objektiv überprüfbaren Kausalzusammenhänge nachweisen.

2.5 Herbart

Noch in der ersten Hälfte des 19. Jahrhunderts galt die Psychologie fast unwidersprochen als eine Domäne der Philosophie. Das Kantsche Diktum von der Unmöglichkeit der Psychologie als Wissenschaft mag diesen Status der Unselb-
ständigkeit noch befördert haben. Dennoch gab es im Rahmen der Philosophie
selbst (z. T. in Abgrenzung zu Kant) wirkungsvolle Bestrebungen, die Psychologie auf eine wissenschaftliche Basis zu stellen bzw. sie als eine Wissenschaft
zu etablieren. Ein bereits vor der Wende vom 18. zum 19. Jahrhundert liegender
Versuch dieser Art ist beispielsweise das methodisch ausgefeilte Programm einer

‚empirischen Psychologie' des Kantianers (!) C. Ch. E. Schmid (1762-1812) – ein Programm, das auf die Begründung einer Psychologie als Wissenschaft abzielte (vgl. Eckardt/John/van Zantwijk/Ziche, 2001). Den wirkungsstärksten psychologischen Ansatz zur Begründung einer Psychologie als Wissenschaft im ersten Viertel des 19. Jahrhunderts lieferte Johann Friedrich Herbart (1776-1841), ausgerechnet der Nachfolger Kants auf dem philosophischen Lehrstuhl in Königsberg. Auf sein ‚Lehrbuch zur Psychologie' (1816, 2. Aufl. 1834, hier zitiert als Herbart, 1989 b) folgten 1824 und 1825 zwei Bände mit dem anspruchsvollen Titel ‚Psychologie als Wissenschaft neu gegründet auf Erfahrung, Metaphysik und Mathematik' (hier zitiert als Herbart, 1989 d + e). Die Kontextvariablen, die wir für die mit diesen Werken verfolgten Intentionen in Rechnung zu stellen haben, sind zum einen die Kritik an Kants Verdikt über die Psychologie als Wissenschaft, zum anderen die Anziehungskraft der von der aufstrebenden Naturforschung beanspruchten Wissenschaftlichkeitsideale. Was den erstgenannten Punkt anlangt, ist zu konstatieren, dass Herbart deutlich die seit alters her tradierten Lehren von der Seele als einer Substanz reanimieren will (und zwar im Gegensatz zu Kant): „Die Seele ist die erste Substanz, auf deren bestimmte Annahme die Wissenschaft führt" (Herbart, 1989 a, 217). Er fordert, dass „der von einigen Systemen mit Unrecht verdächtig gemachte Begriff der Seele zurückgerufen" werden müsse (Herbart, 1989 b, 363). Sie sei „nicht irgendwo" und müsse „in den Raum [...] gesetzt werden" (ebda.). Wenn aber die Dimension des Raumes für die Seele als Substanz geltend zu machen ist, dann ist auch die Frage nach dem Sitz der Seele legitim. Die Stoßrichtung gegen Kant, der die Dimension des Raumes und demzufolge auch die Frage nach dem Sitz der Seele ausschließt (vgl. Korrespondenz mit Soemmerring), ist offensichtlich. Demonstrativ verkündet er: „Daß die Seele einen Ort in dem Leibe einnehmen muß, ist gewiß" (Herbart, 1989 e, 290); es sei nur zu entscheiden, ob sie „einen festen Sitz" oder „einen veränderlichen Aufenthalt" habe; beides seien „Hypothesen" (ebda.); Herbart plädiert für die zweitgenannte Hypothese.

So sehr Herbart einerseits an einem substantiellen Seelenbegriff und an einem Verständnis von Psychologie als angewandter Metaphysik festhält, so stark ist er andererseits von dem Wissenschaftsideal der Naturforschung, insbesondere von deren Auffindung von Gesetzen und quantitativ bestimmbaren Regelhaftigkeiten beeindruckt. Das Hauptwerk ‚Psychologie als Wissenschaft ...' beginnt mit dem programmatischen Satz „Die Absicht dieses Werkes geht dahin, eine Seelenforschung herbeizuführen, welche der Naturforschung gleiche" (Herbart, 1989 d, 185). Als Vergleichsdisziplin zur Psychologie dient ihm die Physiologie: „Die Psychologie hat einige Ähnlichkeit mit der Physiologie; wie diese den Leib aus Fibern, so construirt sie den Geist aus Vorstellungsreihen. Und wie dort die Reizbarkeit der Fibern ein Hauptproblem, so ist hier die Reizbarkeit der

Vorstellungsreihen gerade das, wovon alle weitere Erkenntniß der geistigen Thätigkeiten abhängt" (a.a.O., 180). Die Annäherung an die Wissenschaftlichkeit der Physiologie hindert ihn freilich nicht, physiologische Parameter aus der Untersuchung psychischer Prozesse auszuschließen. Auch die Herbartsche Begrifflichkeit weist deutlich auf eine Orientierung an der Naturwissenschaft hin: ‚Mechanik des Geistes‘, ‚Statik des Geistes‘, ‚Hemmungssumme‘ etc.. An der Psychologie seiner Zeit bemängelt er, dass sie „keine Ähnlichkeit mit der Naturwissenschaft" habe und dass der „rasche Gang" der Naturforschung „die träge Schwester [= Psychologie, G. E.] gänzlich hinter sich zurückließ" (Herbart, 1989 e, 332). Schließlich sind die großen Anstrengungen, Mathematik in die Psychologie einzuführen, an dieser Stelle zu erwähnen.

Das Spannungsverhältnis zwischen dem Rückgriff auf Metaphysik einerseits und Orientierung an den Naturwissenschaften andererseits spiegelt sich im bereits genannten Titel des psychologischen Hauptwerkes wider: ‚Psychologie als Wissenschaft neu gegründet auf Erfahrung, Metaphysik und Mathematik‘. Wir werden zu prüfen haben, welche Gewichtungen diesen drei divergenten ‚Säulen‘ zukommen. Das Ergebnis der Prüfung sei schon vorweggenommen: Der Metaphysik kommt eindeutig das Hauptgewicht zu; Erfahrung und Mathematik sind nicht viel mehr als schmückendes Beiwerk. Betrachten wir das komplizierte Gedankengebäude im Detail! Theoretischer Ausgangspunkt der Psychologie sind nach Herbart metaphysische Axiome. Eines dieser Axiome lautet: Was sich widerspricht, kann nicht wahrhaft wirklich sein. Dieses auf die Eleaten zurückgehende Axiom hat bei Herbart folgenden Wortlaut: „Die Qualität des Seyenden ist schlechthin einfach; und darf auf keine Weise durch innere Gegensätze bestimmt werden" (Herbart, 1989 a, 181). Kommentierend fügt er hinzu, dieser Satz bedeute, „daß die gewöhnlichen Erfahrungsbegriffe vom Scyn müssen abgehalten werden" (ebda.). Die Begriffe, in denen wir die Erfahrung denken, sind aber in sich widerspruchsvoll. Beispielsweise verändern sich Erscheinungen (Wahrnehmungen, Denkvorgänge, Gefühle) in der Zeit. Zustand A zum Zeitpunkt t_0 ist ein anderer zum Zeitpunkt t_1, steht zu ihm im Widerspruch. Das in der Erfahrung Gegebene ist folglich nicht das Wirkliche, nicht das Sein, sondern nur Erscheinung. Zum Sein (Wesen, Wirklichen) gelangen wir nur dadurch, dass wir die Erfahrungsbegriffe metaphysisch bearbeiten. Diese metaphysische Bearbeitung geht davon aus, dass der mit Widersprüchen behafteten Erscheinung ein widerspruchsfreies Wirkliches zugrunde liegt. Dieses Wirkliche nennt Herbart die ‚Realen‘. Eine der zentralen ‚Realen‘ ist die Seele. Seele ist damit eine metaphysische Kategorie, und die Psychologie hat ihren wesentlichen Bezugspunkt in der Metaphysik.

Von der ‚Seele‘ als metaphysischer ‚Reale‘ sagt Herbart, a) sie sei „ohne irgend eine Vielheit", sondern „ein einfaches Wesen" (Herbart, 1989 b, 363), ergo ein widerspruchsfreies Wirkliches, b) sie sei „das Einfache im Raume, oder das Nichts im Raume, ein mathematischer Punkt" (ebda.), ergo eine metaphysische *Substanz*. Und schließlich leistet Herbart den ‚Offenbarungseid': „Das Was der Seele ist völlig unbekannt, und bleibt es auf immer; es ist kein Gegenstand der speculativen so wenig, als der empirischen Psychologie" (a.a.O., 364). Der erstaunte (vielleicht auch nur naive) Leser mag sich mittlerweile die Frage stellen, wie man dann, wenn man weder auf ‚speculativem' noch auf empirischem Wege zu Aussagen über die Seele gelangt, gleichzeitig eine Psychologie als Wissenschaft propagieren kann. Sind die Herbartschen Argumente nicht in Wirklichkeit eine Kapitulation vor der Möglichkeit einer Psychologie als Wissenschaft?

Die Frage ist, wie Herbart von seinen metaphysischen Höhen herunterkommt in die Niederungen der Erfahrung, der erstgenannten ‚Säule' im Titel seines Werkes, d. h. auf die Ebene der Erscheinung. Der – lax gesagt – ‚Trick', dessen er sich bei diesem Herabsteigen bedient, besteht darin, dass er einfach die spekulativ erdachten Relationen zwischen den ‚Realen' in Analogie setzt zu den Relationen auf der Erscheinungsebene. Eine empirische Analyse wird damit überflüssig. Die vielen ‚Realen' oder ‚realen Wesen' stehen in bestimmten mechanischen Verhältnissen zueinander. Jedes einfache ‚reale Wesen' versucht sich zu erhalten. Es ist dem Druck anderer einfacher ‚realer Wesen' ausgesetzt, ebenso wie es seinerseits Gegendruck auf andere einfache ‚reale Wesen' ausübt, um sich zu erhalten usw. usf.. Die Verhältnisse auf der Erscheinungsebene sind nun analog zu den Verhältnissen zwischen den einfachen ‚realen Wesen'. Das heißt: Es gibt Druck und Gegendruck, Verknüpfung, Verschmelzung, Verdichtung, Hemmung usw. usf.. Die Manifestationen – Herbart spricht von ‚Selbsterhaltungen' – der metaphysischen Seele auf der Erscheinungsebene sind die ‚Vorstellungen': „Die Selbsterhaltungen der Seele sind [...] Vorstellungen und zwar einfache Vorstellungen" (Herbart, 1989 b, 364). ‚Vorstellungen' sind also eine Art psychische Elemente. Zwischen den ‚einzelnen Vorstellungen' gibt es nun die o. g. Vielfalt von Beziehungsarten. Einige Beispiele: Zwischen disparaten (d. h. verschiedenen Sinnesmodalitäten zugehörigen) Vorstellungen gibt es ‚Komplikationen' bzw. ‚Verknüpfungen'. Bei der Vorstellung von Zitrone werden die Empfindungen länglich, gelb, sauer usw. miteinander verknüpft. ‚Verschmelzung' liegt vor, wenn zwei gleichartige Vorstellungen zueinander in Beziehung treten; beim Erkennen eines Gegenstandes als ‚Zitrone' verschmilzt das aktuelle Wahrnehmungsgeschehen mit dem ‚Erinnerungsbild' (dem reproduzierten Wissen, das ich von der Zitrone habe). ‚Hemmung' entsteht beim Aufeinandertreffen von entgegengesetzten Vorstellungen. Je nach Intensität der entgegengesetzten Vorstellungen entsteht eine bestimmte ‚Hemmungssumme'. Die stärkere Vorstellung tendiert dazu, die schwächere gegebenenfalls unter die

‚Bewusstseinsschwelle' zu drücken. Die unter die Bewusstseinsschwelle ge-
drückte Vorstellung hört jedoch nicht auf zu existieren, sondern bleibt als
‚Streben' erhalten. (Ebenso wie bei den petites perceptions bei Leibniz liegt auch
bei dieser Konstruktion Herbarts die gedankliche Assoziation zur Thematisierung des Unbewussten in der Psychoanalyse Freuds nahe.)

Ohne auf weitere Details der Statik und Mechanik des Vorstellungslebens
einzugehen, können wir fürs erste konstatieren, dass die von Herbart in seinem
Hauptwerk an erster Stelle angekündigte Berufung auf ‚Erfahrung' ein leeres
Versprechen geblieben ist. Er versteht Psychologie explizit als angewandte
Metaphysik. Der Vorwurf einer ‚metaphysischen Vergewaltigung der Tatsachen'
seitens seiner Kritiker dürfte nicht ganz von der Hand zu weisen sein.

Nach dem Aufweis der Ungleichgewichtigkeit zwischen Metaphysik und
Erfahrung bleibt nun noch der Stellenwert der dritten ‚Säule', der Mathematik,
aufzuklären. Herbart hat bereits 1822 in einem vor der ‚Königlichen Deutschen
Gesellschaft' gehaltenen Vortrag zum Thema ‚Über die Möglichkeit und Notwendigkeit, Mathematik auf Psychologie anzuwenden' (Herbart, 1989 c, 91-122)
diese Problematik aufgegriffen. In diesem Vortrag gibt er in allgemeinverständ-
licher Form einige Beispiele für die Möglichkeit „quantitativer Bestimmungen
des Geistigen": „Unsere Vorstellungen sind stärker, schwächer, klärer, dunkler;
ihr Kommen und Gehen ist schneller oder langsamer, ihre Menge in jedem
Augenblick größer oder kleiner, unsere Empfänglichkeit für Empfindungen,
unsere Reizbarkeit für Gefühle und Affecten schwebt unaufhörlich zwischen
einem Mehr oder Weniger. Diese und unzählige andere Größenbestimmungen,
welche bei den geistigen Zuständen augenscheinlich vorkommen, hat man sehr
mit Unrecht für Nebenbestimmungen des Wesentlichen gehalten"; aber „die
vermeinten Nebenbestimmungen" seien „gerade die Hauptsache" (Herbart, 1989
c, 98). In ‚Psychologie als Wissenschaft ...' nehmen denn auch „mathematische
Untersuchungen über den Zusammenhang und den Lauf der Vorstellungen"
(Herbart, 1989 d, 179) einen breiten Raum ein. Insbesondere in den Kapiteln
‚Grundlinien der Statik des Geistes' und ‚Grundlinien der Mechanik des Geistes'
im ersten Band wimmelt es nur so von komplizierten mathematischen Formeln.
Die Einführung der Mathematik in die Psychologie wird damit begründet, dass
die Vorstellungen als *Kräfte* wirksam sind. Kräftewirkungen hat man aber in der
physikalischen Mechanik mathematisch dargestellt. Herbart war davon überzeugt, dass die Beziehungen zwischen den Vorstellungen Gesetzen unterliegen
(Determinismus-Axiom), wie sie von der Physik her bekannt sind. Allerdings
kommt den kunstvoll konstruierten mathematischen Formeln keinerlei wissenschaftlicher Wert zu, da die mathematischen Größen, mit denen Herbart operiert,
nicht – wie in der Physik – das Ergebnis von *Messungen* sind, sondern das Ergebnis willkürlicher metaphysischer Spekulationen.

Insofern sind gegen eine Würdigung von Herbart als ‚Pionier der mathematischen Psychologie' erhebliche Vorbehalte angebracht. Auch dürfte es schwer fallen, die Herbartsche Ausgestaltung der Psychologie mit mathematischen Formeln angesichts ihrer Fruchtlosigkeit „wissenschaftsgeschichtlich [...] hoch zu veranschlagen" (Pongratz, 1984, 88). Eher zustimmen kann man der Bewertung der Herbartschen Mathematisierungsversuche als „willkürlich axiomatische Annahme" und „Verfehltheit des ganzen ‚psychologischen Kalküls'" (Windelband & Heimsoeth, 1950, 505, Anm. 83).

3 Naturwissenschaftliche Voraussetzungen für die Entstehung der Psychologie als Wissenschaft

3.1 Johannes Müller

Die Psychologie galt weit bis ins 19. Jahrhundert hinein nahezu unbestritten als ein Teilgebiet der Philosophie. Nur vereinzelte Stimmen stellten diesen Anspruch der Philosophie in Frage. Hier ist vor allem eine Disziplin zu nennen, die von ihrem Gegenstandsbereich her besonders enge Berührungspunkte zu psychologischen Fragestellungen hatte: die Physiologie. Die Infragestellung des Besitzanspruches der Philosophie wurde noch dadurch begünstigt, dass nach Hegels Tod (1832) das Ansehen der Philosophie sowohl auf akademischer Ebene als auch in der allgemeinen öffentlichen Meinung im Sinken begriffen war, wogegen die Naturwissenschaften nicht zuletzt durch die praktisch-technische Effizienz ihrer Ergebnisse zunehmende Wertschätzung erfuhren. Im Kontext dieser ‚Zeitgeist'-Bedingungen konnte es schon 1824 ein junger Privatdozent in seiner Antrittsrede vor einem ehrwürdigen akademischen Auditorium wagen, der Philosophie in Sachen Naturforschung mangelnde Kompetenz vorzuwerfen. Ironischerweise gab der Referent, der 23-jährige Physiologe Johannes Müller (1801-1858), seiner Antrittsrede den Titel ‚Von dem Bedürfnis der Physiologie nach einer philosophischen Naturbetrachtung' (Müller, 1947 [1824]). Die Grenzen, die Müller der spekulativen Philosophie in Sachen Naturforschung aufzeigte, sind deutlich:

> „Die Philosophie, welche nur die allgemeinen verständigen Denkbestimmungen der Objekte enthält, kann von der Natur nicht als von einer Lebenden handeln. Ich werde behaupten müssen, daß es eine philosophische Naturlehre, eine Metaphysik in diesem Sinne nicht gibt, [...] daß sie [die Philosophie, G.E.] nur die Bedingungen des Lebens erörtern, nicht aber mit dem Lebendigen selbst sich befassen könne" (Müller, 1947, 13).

Ein möglicher Einwand gegen die Lossagung von der Philosophie hätte darin bestehen können, dass die Physiologie aufgrund ihrer inhaltlichen Beziehung zur Psychologie zwangsläufig mit der Philosophie verbunden sei, da die Psychologie ein philosophisches Teilgebiet sei. Müller begegnet diesem hypothetischen Ein-

wand, indem er die „innige Verbindung" der Untersuchungsgegenstände von
Psychologie und Physiologie – nämlich „Tatsachen der sinnlichen Erkenntnis" –
hervorhebt:

> „Es ist eine ziemlich geläufige Vorstellung, wenn man glaubt, der Physiologie sei
> etwas philosophisches mitgeteilt durch die Verbindung mit der Psychologie. Diese
> Vorstellung pflegt auch wohl die Physiologie und die Psychologie in einem Gegen-
> satz zu betrachten. [...] In dieser Vorstellung von Gegensätzen, welche nicht
> existieren, ist die Physiologie so gut wie die Psychologie eine empirische und es
> kann, was darin Physiologie heißt, nicht durch die Gesellschaft der Psychologie
> philosophisch werden, indem in der einen sowohl als in der anderen nur Tatsachen
> der sinnlichen Erkenntnis auf eine verständige Weise geordnet werden. Die Physio-
> logie und höhere Psychologie sind so wenig getrennt, als die Philosophie den
> Gegensatz von Geist und Körper anerkennt" (a.a.O., 14 f.).

Zwei Jahre später, in der Abhandlung ‚Über die phantastischen Gesichtserscheinungen' (1826), präzisiert Müller seine Argumente für eine Zusammengehörig-
keit von Physiologie und Psychologie in folgender Weise: Psychische Erscheinungen (‚Seele') sind eine spezifische Form der Lebenstätigkeit. Die
Physiologie untersucht die Lebenstätigkeit in ihrer Gesamtheit. Folglich ist die
Psychologie der Physiologie zuzuordnen. Wir zitieren den Originaltext:

> „Dem Verfasser ist die Seele nur eine besondere Form des Lebens unter den
> manigfachen Lebensformen, welche Gegenstand der physiologischen Untersuchung
> sind. Er hegt daher die Überzeugung, daß die physiologische Untersuchung in ihren
> letzten Resultaten selbst psychologisch seyn müsse. Die Lehre von dem Leben der
> Seele als einer besondern Lebensform des Organismus ist daher nur ein Theil der
> Physiologie im weitern Sinne des Wortes. Dieser Theil heißt im Gegensatz der
> Physiologie im engern Sinne Psychologie" (Müller, 1826, III f.).

Aus diesen Worten ist unschwer zu erkennen, dass Müller die Einordnung der
Psychologie in das System der Wissenschaften gegenüber den traditionellen
Zuordnungen radikal zu verändern gedenkt. Ein schematischer Vergleich der
wissenschaftsklassifikatorischen Verortungen der Psychologie bei Herbart und
bei Müller verdeutlicht dies:

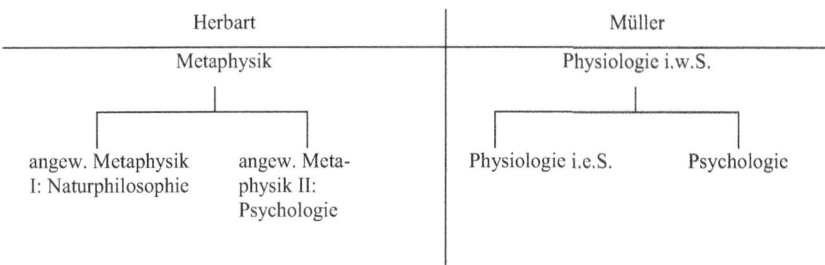

Diese schematische Gegenüberstellung könnte vermuten lassen, dass es nur darum geht, die Vereinnahmung der Psychologie seitens der Philosophie durch eine Vereinnahmung seitens der Physiologie abzulösen. Letztgenannte Vereinnahmungsvariante wird üblicherweise als ‚physiologischer Reduktionismus‘ bezeichnet. Wir werden an späterer Stelle prüfen, ob Müller tatsächlich solche reduktionistischen Tendenzen zeigt.

Zunächst aber soll dargestellt werden, von welchen konkreten Forschungs-fragestellungen Müller einen sachlich bedingten Zugang zur Psychologie fand. Müller führte in jungen Jahren äußerst intensive Selbstbeobachtungsstudien zu sog. ‚phantastischen Gesichtserscheinungen‘ durch. Mit dieser Thematik hatte sich einige Jahre zuvor bereits der tschechische Physiologe J. E. Purkinje (1787 – 1869) beschäftigt. In mühsamen Selbstversuchen ‚entdeckt‘ er die nach ihm benannte ‚Aderfigur‘. In seinen ‚Beiträgen zur Kenntnis des Sehens in subjek-tiver Hinsicht‘ (1819) schreibt er:

„Wenn ich eine Kerzenflamme einige Zoll vor dem rechten Auge langsam vom Äußeren des Gesichtsfeldes nach den entgegengesetzten Seiten in verschiedenen Richtungen, wohl auch im Kreise, herumführe, so erscheint mir in dem durch den Lichthof matt beleuchteten Grund ein schwarzes Adergeflecht, welches von der Ein-trittsstelle der Gesichtsnerven ausgeht, zwei Hauptzweige nach oben und zwei nach unten abbiegt, von denen wieder zwei quer und bogenförmig nach innen gehen und sich gegen die Mitte des Gesichtsfeldes verzweigen. Hier in der Mitte ist ein kreis-förmiger dunkler Fleck, der bei verschieden einfallendem Licht als eine Grube er-scheint, was aber nur seiner Verdoppelung zuzuschreiben ist, indem jede Partie der Figur an den dem Lichte entgegengesetzten Seiten ein matt leuchtendes Nebenbild zeigt, welches sich von dem Schattenbilde nur halb getrennt hält“ (zit. nach Roth-schuh, 1968, 220).

Die aus systematischen Selbstbeobachtungsstudien gewonnenen Einsichten methodologisch verallgemeinernd, fordert Purkinje von der Physiologie, sie müsse „zu ihrer gegenwärtigen, bloß objektiven Sphäre auch eine subjektive zugewinnen" (zit. nach Rothschuh, ebda.). In der Purkinjeschen Tradition systematisch-planvoller Selbstbeobachtung stand auch der junge Müller. Er berichtet:

> „Es ist selten, daß ich nicht vor dem Einschlafen bei geschlossenen Augen in der Dunkelheit des Sehfeldes manigfache leuchtende Bilder sehe. Von früher Jugend auf erinnere ich mich dieser Erscheinungen. [...] Ich konnte oft lange Zeit noch vor dem Einschlafen über sie reflektieren. Vielfache Selbstbeobachtung hat mich denn auch in den Stand gesetzt, ihre Erscheinung zu befördern, sie festzuhalten. [...] Wenn ich diese leuchtenden Bilder beobachten will, sehe ich bei geschlossenen, vollkommen ausruhenden Augen in die Dunkelheit des Sehfeldes; mit einem Gefühl der Abspannung und größten Ruhe in den Augenmuskeln versenke ich mich ganz in die sinnliche Ruhe des Auges oder in die Dunkelheit des Sehfeldes. Allen Gedanken, allem Urteil wehre ich ab, ich will bei einer vollkommenen Ruhe des Auges wie des ganzen Organismus in Hinsicht der äußeren Eindrücke nur beobachten, was in der Dunkelheit des Auges als Reflex von inneren organischen Zuständen in anderen Teilen erscheinen wird" (Müller, 1826, 64).

Die ‚leuchtenden Bilder‘ seien die „eigenen Geschöpfe meines Auges" (ebda.) und werden damit der ‚subjektiven Sphäre‘ der Physiologie im Sinne Purkinjes zugeordnet.

Anknüpfend an die Interpretation der subjektiven Gesichtsempfindungen als „Reflex von inneren organischen Zuständen", nimmt Müller generalisierend an, dass prinzipiell die Sinnesorgane auf äußere und innere Reize in einer ihnen spezifischen Weise reagieren: Die (äußeren oder inneren) ‚Einflüsse‘ „bewirken in dem Lichtnerven, was sein ist, Lichtempfindung, in dem Hörnerven, was dessen ist, Tonempfindung. [...] Die verschiedensten Sinnesorgane, auf die gleiche Art erregt, antworten jedes in seiner eigenen Art" (Müller, 1826).

Dieses vorläufige Fazit seiner Selbstbeobachtungsstudien verdichtet Müller später in seinem ‚Handbuch der Physiologie des Menschen‘ (1833 – 1838, 4. Aufl. 1840) zu einer systematischen Lehrformel, dem ‚Gesetz der spezifischen Sinnesenergien‘. Müller hat das Gesetz in 10 jeweils unterschiedliche Aspekte akzentuierenden Textvarianten formuliert. Die m. E. umfassendste Textfassung ist die fünfte:

> „Die Sinnesempfindung ist nicht die Leitung einer Qualität oder eines Zustandes der äusseren Körper zum Bewusstseyn, sondern die Leitung einer Qualität, eines Zustandes des Sinnesnerven zum Bewusstseyn, veranlasst durch eine äussere Ursache, und diese Qualitäten sind in den verschiedenen Sinnesnerven verschieden, die Sinnesenergieen" (Müller, 1840, 254).

Unterschiedliche Reizarten erzeugen am Rezeptor immer nur *eine* Empfindungsqualität.

Beispielsweise erzeugen Lichtwellen, Druck, chemische, elektrische Reize usw. am Sinnesorgan Auge immer nur optische Empfindungen.

Eine mögliche erkenntnistheoretische Interpretation des ‚Gesetzes' in dem Sinne, dass die uns umgebende Außenwelt lediglich ein subjektives Erzeugnis der Tätigkeit unserer Sinnesorgane ist, schließt Müller explizit aus, wie aus der 8. Textvariante deutlich hervorgeht:

> „Die Sinnesorgane empfinden zwar *zunächst* nur ihre eigenen Zustände, oder das Sensorium empfindet die Zustände der Sinnesnerven; *aber* die Sinnesnerven [...] zeigen bei ihrer Veränderung durch äussere Ursachen dem Sensorium ausser ihrem Zustande *auch Eigenschaften und Veränderungen der Außenwelt* an, in jedem Sinne verschieden nach dessen Qualitäten oder Sinnesenergieen" (a.a.O., 262; Sperrungen G.E.).

Die Deutung des Müllerschen ‚Gesetzes' als Bestätigung des Kantschen Apriorismus erfolgte erst in späterer Zeit.

Im Zusammenhang mit der bereits angesprochenen Problematik ‚physiologischer Reduktionismus' sind die Textvarianten 9 und 10 von Interesse.

Variante 9: „Es liegt nicht in der Natur der Nerven selbst, den Inhalt ihrer Empfindungen ausser sich gegenwärtig zu setzen; die unsere Empfindungen begleitende, durch Erfahrung bewährte *Vorstellung* ist die Ursache dieser Versetzung" (a.a.O., 268).

Variante 10: „Die *Seele* nimmt nicht bloss den Inhalt der Empfindungen auf, und legt sie vorstellend aus, sie hat auf den Inhalt der selben Einfluss indem sie der Empfindung Schärfe ertheilt. [...] Sie [die Seele, G.E.] kann auch einem Sinne ein Übergewicht über den anderen ertheilen" (a.a.O., 272).

Der Nerventätigkeit als *physiologischem* Prozess wird als ‚begleitendem' Vorgang die ‚Vorstellung' – im damaligen Sprachgebrauch eine zentrale *psychologische* Kategorie (Herbart) – zugeordnet. Und in Textvariante 10 ist dann sogar von der ‚Seele' als einer auf den Inhalt der Empfindungen Einfluss nehmenden Wirkungsgröße die Rede. Die ‚Seele' verfahre bei der Verarbeitung der Sinneseindrücke selektiv oder akzentuierend. Bestimmten ‚Eindrücken' werde ‚Aufmerksamkeit' (eine psychologische Kategorie!) entgegengebracht. Andere Sinneseindrücke werden „gar nicht bemerkt" bzw. nicht „ins Bewusstseyn des Ichs gebracht" (a.a.O., 272; die Anleihen bei Leibniz und Herbart sind unüberhörbar). Zum Problem ‚physiologischer Reduktionismus' können wir somit resümieren: Müller ist zutiefst von der ‚innigen Verbindung' von Physiologie und Psychologie, zugleich aber von der Eigenqualität psychischer Erscheinungen überzeugt. Er ist weit davon entfernt, Psychisches auf physiologische Prozesse reduzieren zu wollen.

Obwohl Müller wegen seiner Verdienste um die Begründung einer experimentellen Physiologie im allgemeinen eine positive Würdigung erfährt, wird ihm gelegentlich schon zu Lebzeiten, aber besonders in der späteren Sekundärliteratur vorgeworfen, die sich seit den 40er Jahren des 19. Jahrhunderts ereignenden fundamentalen Neuentwicklungen in seinem Fachgebiet verpasst zu haben. Zusne attestiert ihm, in mancher Hinsicht ‚old fashioned‘ gewesen zu sein (Zusne, 1984, 309), und nach Rothschuh (1968, 332) hat er „nicht mehr den Anschluss an die neue apparative, kausalanalytische Richtung" gefunden. Diese kritischen Einwände werden damit begründet, dass Müller zeitlebens am Begriff der ‚Lebenskraft‘ als qualitativer Besonderheit organischer Materie festgehalten habe. In der Tat nimmt Müller eine qualitative Unterscheidung zwischen anorganischen und organischen ‚Körpern‘ hinsichtlich deren Struktur und Funktionsweise vor. Während ‚unorganische Körper‘ nur eine „zufällige Verbindung von Elementen" seien, wirken bei ‚organischen Körpern‘ die „Gesetze eines vernünftigen Planes mit Zweckmäßigkeit, indem die Theile *zum Zwecke eines Ganzen* angeordnet werden" (Müller, 1840, I, 17; Sperrung: G.E.). Den Tätigkeiten der ‚organischen Körper‘ liege eine Lebenskraft, auch ‚organisierende Kraft‘ oder ‚vernünftige Schöpfungskraft‘ genannt, zugrunde: „Die organischen Körper bestehen [...] aus Materien, welche eine eigene, in der unorganischen Natur nicht vorkommende [...] Combination ihrer Elemente zeigen" (a.a.O., 26).

Zweifellos haben die Kritiker Müllers recht, wenn sie ihm vorwerfen, einerseits der ‚falschen Naturphilosophie‘ den Kampf ansagen zu wollen, andererseits aber mit dem ‚Lebenskraft‘-Begriff Anleihen bei einer teleologisch-vitalistischen Naturphilosophie aufzunehmen. Indes steckt hinter Müllers Überlegungen möglicherweise ein bemerkenswertes Kalkül, nämlich die Überzeugung, dass die organische Natur nicht einer mechanischen Kausalität unterliegt, sondern dass sich organische Natur durch das Merkmal der Ganzheitlichkeit auszeichnet. Der Ganzheitlichkeit im Bereich des Organischen werden die Gesetze der physikalischen Mechanik im Bereich des Anorganischen gegenüber gestellt. Mit dieser Polarisierung stellte er sich in eine Gegenposition zur seit den 40er Jahren dominierenden sog. ‚physikalischen Physiologie‘.

3.2 H. v. Helmholtz

Das für Johannes Müller charakteristische Nebeneinander von teleologischen ‚Lebenskraft‘-Auffassungen und der bedingungslosen Berufung auf ‚Beobachtung und Versuch' in der physiologischen Forschung wurde von der nach-folgenden Generation, vor allem von den prominenten Schülern Müllers, nicht mehr akzeptiert. Naturphilosophische Axiome und Prinzipien exakter natur-wissenschaftlicher Forschung galten als unvereinbar. Es war ein Müller-Schüler, der Physiologe Theodor Schwann (1810-1882), der bereits 1839 die Gegensätz-lichkeit der „Ansichten über die Grundkräfte des Organismus" treffend charakterisierte: Nach der *einen* Ansicht liegt dem Organismus eine Kraft zu-grunde, die „sich einen bestimmten Zweck setzt. [...] Eine solche Kraft würde wesentlich von allen Kräften der organischen Natur verschieden sein" (Schwann, 1910 [1839], 183 f.). Diese Ansicht gehe von einer „Idee gesetzter Zwecke" (ebda.) aus. Nach der *anderen* Ansicht stimmen „die Grundkräfte des Organis-mus dadurch wesentlich mit den Kräften der anorganischen Natur überein [...], dass sie durchaus nach Gesetzen der Notwendigkeit ohne Rücksicht auf einen Zweck blind wirken, dass es Kräfte sind, die ebenso mit der Existenz der Materie gesetzt sind wie die physikalischen Kräfte" (ebda.). Die erstgenannte Ansicht nennt Schwann die „teleologische", die zweitgenannte die „physikalische". Schwann selbst nimmt entschieden für die ‚physikalische' Ansicht Partei:

„Wir gehen also von der Voraussetzung aus, einem Organismus liegt keine nach einer bestimmten Idee wirkende Kraft zugrunde, sondern er entsteht nach blinden Gesetzen der Notwendigkeit, durch Kräfte, die ebenso durch die Existenz der Materie Gesetz sind, wie die Kräfte der anorganischen Natur" (a.a.O., 188).

Die These, dass in der anorganischen und organischen Natur die gleichen Kräfte wirksam sind, wird dann 1847 durch das von Hermann von Helmholtz (1821-1894) mit mathematischer Beweisführung aufgestellte Gesetz ‚Über die Erhaltung der Kraft' (heute kurz als ‚Energiesatz' bezeichnet) bekräftigt. In der Formulierung von 1862/63 lautet dieses Gesetz: „Die Quantität der in dem Naturganzen vorhandenen wirkungsfähigen Kraft ist unveränderlich" (Helm-holtz, 1903 a [1862/63], I, 192). Helmholtz betont wiederholt, dass dieses Gesetz universelle Gültigkeit habe: „ Ist aber das Gesetz von der Erhaltung der Kraft auch für die lebenden Wesen gültig, so folgt daraus, dass die physikalischen und chemischen Kräfte der zum Aufbau ihres Körpers verwendeten Stoffe ohne Unterbrechung und ohne Willkür fortdauernd tätig sind, und dass ihre strenge Gesetzlichkeit in keinem Augenblicke durchbrochen wird" (Helmholtz, 1903 b [1869], , 386 f.). ‚Lebende Wesen' schließt selbstverständlich den Menschen ein. Die Existenz von Kräften außerhalb der anorganischen oder organischen Natur wird konsequent ausgeschlossen. In polemischer Zuspitzung fordert daher der Helmholtz-Kollege und -Mitstreiter E. du Bois-Reymond (1818-1896): „Dieses Gespenst [Annahme einer ‚Lebenskraft', G.E.] muss endlich gebannt werden". Und weiter: „Der Satz von der Erhaltung der Energie ist mit der Existenz einer

Lebenskraft unvereinbar" (du Bois-Reymond, 1848, zit. nach Rothschuh, 1968, 258).

Mit dem Gesetz von der ‚Erhaltung der Kraft' glaubte man, den Schlüssel für die „Erklärung aller Phänomene durch Zurückführung auf organisch bewegte Materie" (Schiemann, 1994, 149) gefunden zu haben. Physiologische Funktionen wurden nunmehr als physikalische und/oder chemische Prozesse, die den Gesetzen mechanischer Kausalität unterliegen, verstanden. In diesem Sinne deklarierte E. du Bois-Reymond die Physiologie zur „organischen Physik". Damit verbunden war die Überzeugung, dass man ebenso wie physikalische Prozesse auch physiologische a) mit Hilfe des Experiments auf Ursache-Wirkung-Relationen hin untersuchen und b) die mechanische Determiniertheit physiologischer Prozesse quantitativ erfassen könne.

Einen eindrucksvollen Beleg für diese Untersuchungsmöglichkeiten lieferte Helmholtz mit der Messung der Nervenleitgeschwindigkeit im Jahre 1850. Für seine Untersuchungen benutzte er Froschschenkel. Die Nervenleitgeschwindigkeit maß er, indem er die Zeitdifferenzen, in denen eine muskelferne und eine muskelnahe Nervenreizung zum Beginn der Muskelzuckung führen, bestimmte (vgl. Rothschuh, 1968, 264). Helmholtz berichtet über die Ergebnisse seiner Experimente:

> „Wenn zwei verschiedene Stellen eines motorischen Nervs von einem momentanen Reiz getroffen werden und die Größe der Reizung für beide gleich ist, so ist es auch der zeitliche Verlauf der darauf erfolgenden Muskelzuckung, nur treten sämtliche Stadien derselben um ein gleiches später ein, wenn der Reiz die entferntere Stelle des Nervs getroffen hat. Wir schließen daraus, dass die Fortpflanzung der Reizung durch den Nerv bis zum Muskel hin einer messbaren Zeit bedürfe" (Helmholtz, 1850, 363).

Bei systematischer Variation der experimentellen Bedingungen (z. B. kalte oder erwärmte Nervenfasern) verändern sich die Messergebnisse. Nach Helmholtz liegt die Nervenleitgeschwindigkeit im Streuungsbereich 30-50 m/sec.

Den Prinzipien einer ‚physikalischen Physiologie' bzw. ‚organischen Physik' verpflichtet, legte Helmholtz in den 50er und 60er Jahren des 19. Jahrhunderts zwei Standardwerke vor, die eine mustergültige Zusammenfassung des reichen Schatzes an experimentellen Forschungsergebnissen und theoretischen Ansätzen zur optischen und akustischen Sensibilität enthalten: das ‚Handbuch der physiologischen Optik' (1856-1867) und die ‚Lehre von den Tonempfindungen als physiologische Grundlage für die Theorie der Musik' (1863). Im erstgenannten Werk wird eine Fülle von Phänomenen beschrieben, die noch heute zum Grundwissensbestand der Wahrnehmungspsychologie gehören: Konstanzphänomene (Größen-, Form-, Farbkonstanz), Kontrastphänomene usw.

Exemplarisch beschränken wir uns hier auf die Erörterung a) des Farbsehens und b) des Tiefensehens.

Zu a): Gemäß der Helmholtzschen Farbentheorie gibt es – wie schon Th. Young 1802 annahm – auf der Retina drei Rezeptorengruppen, deren Absorptionsmaxima bei rot, grün und blau/violett liegen; jede Farbempfindung ist eine jeweils spezifische Mischung dieser drei Grundfarben: „Alle Verschiedenheiten der Farbe [sind] darauf zurückzuführen, dass sie verschiedenen Mischungsverhältnissen von drei Grundfarben entsprechen" (Helmholtz, 1903 b, 308 f.). Farbe sei keine objektive physikalische Größe, sondern ein im Sinnesapparat durch Lichteinwirkungen verschiedener Wellenlänge erzeugtes subjektives Phänomen: „Es lässt sich [...] keinerlei Art von physikalischer Ähnlichkeit nachweisen, welche die genannten Lichtgemische haben" (a.a.O., 305). Theoretisch schließt diese Interpretation an Müllers ‚Gesetz der spezifischen Sinnesenergien' an. Die Modifizierung dieses Gesetzes besteht darin, dass nicht das Sinnesorgan insgesamt, sondern einzelne Gruppen von Sinneszellen ihre ‚spezifischen Energien' haben: Jede der drei retinalen Rezeptorengruppen reagiert in spezifischer Weise auf optische Reize (Lichteinwirkung). In diesem Sinne spricht Boring von einer Erweiterung des Müllerschen Gesetzes zu einem Gesetz der spezifischen Nerven*faser*-Energien durch Helmholtz: „If Müller's theory is a doctrine of specific *nerve* energies, then Helmholtz's extension of the doctrine is a theory of specific *fiber* energies" (Boring, 1957, 91).

Zu b): Um das Sehen insgesamt einer umfassenden wissenschaftlichen Behandlung zu unterziehen, sind nach Helmholtz drei Schritte erforderlich: erstens die Analyse der „physikalischen Leistungen des Auges", zweitens die Untersuchung der „physiologischen Vorgänge der Erregung und Leitung in den dem Auge zugehörigen Teilen des Nervensystems", drittens die Erörterung der „psychologischen Frage, wie nämlich aus den Nervenerregungen Wahrnehmungen entspringen" (Helmholtz, 1903 b, I, 269). Zur ‚psychologischen Frage' bemerkt er: „Wahrnehmungen äußerer Objekte sind [...] Akte unseres Vorstellungsvermögens, die vom Bewusstsein begleitet sind; es sind psychische Tätigkeiten" (a.a.O., 267). Wahrnehmung als psychologische Kategorie wird der Empfindung als physiologischer gegenüber gestellt. Das Problem, das Helmholtz zu lösen versucht, besteht darin zu klären, wie Wahrnehmungen aus Empfindungen hervorgehen. Bezogen auf die Raumwahrnehmung heißt dies: Wie entsteht eine *drei*dimensionale Wahrnehmung aus *zwei*dimensionalen Netzhautprojektionen? Helmholtz' vorläufige Antwort: Beim binokularen Sehen kommen „gleichzeitig zwei unterscheidbare Empfindungen unverschmolzen zum Bewusstsein, [...] ihre Verschmelzung zu dem einfachen Anschauungsbilde der körperlichen Welt [geschieht] nicht durch einen vorgebildeten Mechanismus der Empfindung, sondern durch einen Akt des Bewusstseins" (a.a.O., 351 f.). Die

‚Umwandlung' der Empfindung in eine Wahrnehmung sei das Ergebnis ‚unbewusster Schlüsse'. Die ‚unbewussten Schlüsse' sind aus der Erfahrung gebildete Vorstellungsverknüpfungen. Helmholtz spricht von „unbewussten Vorgängen der Assoziation von Vorstellungen, die im dunklen Hintergrund unseres
Gedächtnisses vor sich geht" (Helmholtz, 1867, 449), beim räumlichen Sehen
etwa die Kopplung von optischen und taktilen Empfindungseindrücken. ‚*Unbewusst*' heißen diese Schlüsse, weil sie „uns so zwingend entgegentreten wie eine
äußere Naturgewalt, und [...] ihre Resultate uns deshalb durch unmittelbare
Wahrnehmung gegeben zu sein scheinen ohne alle Selbsttätigkeit von unserer
Seite" (Helmholtz, 1903 a, 361). ‚*Schlüsse*' liegen insofern vor als es sich hierbei
um die logische Form von Induktionen handelt. Die Prämissen, die diesen unbewussten Induktionsschlüssen zugrunde liegen, hat Helmholtz später (1878)
explizit erläutert: Die erste Prämisse (‚Major') sind früher gemachte „Erfahrungen [...], die einzeln längst dem Gedächtnis entschwunden sind"; die
zweite Prämisse (‚Minor') ist ein gegenwärtig „eintretender neuer sinnlicher
Eindruck" (Helmholtz, 1903 c, 233).

Aus den Prämissen 1 und 2 ergibt sich als conclusio die Wahrnehmung, im
hier diskutierten Fall die Raumwahrnehmung. Mithin lässt sich das folgende
formallogische Schema nachzeichnen:

Prämisse 1 „früher gemachte Erfahrungen"
Prämisse 2 aktuelle Sinnesempfindungen
conclusio „Raumanschauung" (Wahrnehmung) (vgl. Graumann & Sommer,
1983, 63).

Während Helmholtz das *Zustandekommen* der Wahrnehmung aus Empfindung
und Erfahrung eindeutig als eine psychologische Fragestellung behandelt, betritt
er mit der weitergehenden Frage nach den *Leistungen* der Wahrnehmung ein in
erster Linie erkenntnistheoretisches Feld. Wir wollen uns hier nur kurz fassen.
Die Wahrnehmung liefert nach Helmholtz *kein* Abbild: „Insofern die Qualität
unserer Empfindungen uns von der Eigenthümlichkeit der äußeren Einwirkung,
durch welche sie erregt ist, eine Nachricht gibt, kann sie als ein Zeichen derselben gelten, aber nicht als ein Abbild" (Helmholtz, 1913, 222). Die Wahrnehmung liefert uns aber – wie gesagt – ‚Zeichen', die auf Beschaffenheiten der
Außenwelt hinweisen: Das, worauf die Zeichen hinweisen, ist kein „leerer
Schein", sondern „sie sind eben Zeichen von *Etwas*, sei es etwas Bestehendem
oder Geschehendem" (a.a.O., 223). Die Zeichen geben gesetzmäßig Informationen für angemessene handlungsrelevante Beziehungen des Individuums zur
Außenwelt. Von seinem empiristischen Standpunkt aus betont Helmholtz, dass
der Grad der Realitätsangemessenheit der Zeichen erfahrungs- bzw. lern-

abhängig ist: Man müsse „eingestehen, dass die eigentliche Vollendung und Verfeinerung der sinnlichen Anschauung auf der Erfahrung beruht" (Helmholtz, 1867, 364).

Wir können nunmehr abschließend versuchen, den Stellenwert Helmholtz' in der Entstehungsgeschichte einer einzelwissenschaftlichen Psychologie zu bestimmen. Dabei werden wir auf einige Probleme der Helmholtz-Rezeption eingehen. In allgemeinen wird in der einschlägigen psychologiegeschichtlichen Literatur (z. B. Boring, 1957; Klix, 1979 a; Pongratz, 1984; Mausfeld, 1994) Helmholtz eher als ‚Wegbereiter' denn als ‚Gründungsvater' eingestuft. Zu Einzelfragen gibt es allerdings z. T. gegensätzliche Interpretationen bzw. Bewertungen. Exemplarisch sollen diese Gegensätze anhand zweier Gedenkartikel, die anlässlich des 100. Todestages Helmholtz' im Jahre 1994 erschienen (Heidelberger, 1994, 168-185; Mausfeld, 1994, 133-147), beleuchtet werden. Heidelberger beginnt seinen Artikel mit folgenden Worten: „Durch seinen physiologischen Reduktionismus stellte sich Helmholtz in Gegensatz zu philosophischen und naturwissenschaftlichen Strömungen, die eine Lebenskraft oder spezielle nichtmechanische organische Gesetze für die Erklärung der Organismen annahmen" (Heidelberger, 1994, 168). Richtig an diesem Statement ist zwar, dass Helmholtz sich klar von Lebenskraft-Lehren distanzierte; dass diese Distanzierung „durch seinen physiologischen Reduktionismus" zustande kam, muss allerdings bezweifelt werden. Helmholtz – ein physiologischer Reduktionist? Die obige Darstellung der Theorie des räumlichen Sehens hat gezeigt, dass dies nicht der Fall ist. Eine umfassende Erforschung des Sehens hat – wie bereits erwähnt – eine physikalische, eine physiologische und eine psychologische Dimension. Wahrnehmungen werden als „psychische Tätigkeiten" beschrieben und damit von einer nur physikalischen und nur-physiologischen Betrachtungsweise abgehoben. Vor allem wird man Helmholtz mit der Etikettierung als ‚physiologischer Reduktionist' nicht gerecht, wenn man seine Lehre von den ‚unbewussten Schlüssen' und seine Zeichentheorie in Augenschein nimmt.

Nach Mausfeld hat Helmholtz „– besonders deutlich mit seinen Untersuchungen zum Konzept der unbewussten Schlüsse – die Eigenständigkeit psychologischer Untersuchungen vor Augen geführt" (Mausfeld, 1994, 145); generalisierend meint er zum Reduktionismus-Vorwurf: „Eine naturwissenschaftliche Psychologie [kann] die Strukturen des Geistes theoretisch zu erfassen suchen, ohne dabei einem Neuroreduktionismus auf das vorliegende neurophysiologische Wissen der jeweiligen Zeit zu verfallen" (a.a.O., 146). Helmholtz habe – so fasst Mausfeld zusammen – „durch seine Betrachtungen zur Natur perzeptueller und kognitiver Codes und Repräsentationen einen genuin psychologischen Beitrag" geleistet (ebda.). Problematisch an der Mausfeldschen Aussage scheint mir allerdings die Charakterisierung Helmholtz' als „Vorläufer der Kognitionsforschung" (a.a.O., 145) zu sein. Es ist zwar einzuräumen, dass Helmholtz bei der Erörterung von Wahrnehmungsprozessen verschiedentlich auf Denkprozesse Bezug nimmt, aber die ‚unbewussten Schlüsse' sind keinesfalls Denkprozesse, sondern finden – wie bereits erwähnt – „ohne alle Selbsttätigkeit von unserer Seite" statt. Möglicherweise ist die Titulierung Helmholtz' als „Vorläufer der Kognitionsforschung" eher als die einer tendenziell präsentistischen Betrachtungsweise geschuldete Überinterpretation der Helmholtzschen Forscherperspektive zu bewerten. Die überragende Bedeutung Helmholtz' für die Anbahnung einer naturwissenschaftlich betriebenen eigenständigen Psychologie steht indes außer Frage.

3.3   G. Th. Fechner

Wie wir in den beiden vorangehenden Abschnitten gesehen haben, stand um die Mitte des 19. Jahrhunderts eine naturwissenschaftliche, insbesondere experimentell betriebene Physiologie in hoher Blüte. Von dieser Prosperität profitierte auch und vor allem die Sinnesphysiologie. Von der Sinnesphysiologie ihrerseits gingen starke Impulse auf die Behandlung psychologischer Fragestellungen aus, wie am Beispiel Helmholtz' gezeigt werden konnte. Im ganzen handelte es sich dabei aber nur um Impulse. Der systematische Schritt von der physiologischen zur genuin psychologischen Untersuchungsebene wurde noch nicht vollzogen. Derjenige Gelehrte, der de facto diesen Schritt zu tun wagte, war Gustav Theodor Fechner (1801 – 1887). Ihm ging es expressis verbis um ein „psychisches Maß" (Fechner, 1860, II, 1 ff.). Um bei der wissenschaftlichen Behandlung psychologischer Probleme zumindest näherungsweise der Physiologie vergleichbare Standards zu erreichen, mussten zwei wesentliche Voraussetzungen erfüllt sein: die Anwendung des Experiments und die Einführung von Maß und Zahl. Diese Voraussetzungen konnten aber nicht erfüllt werden, wenn man das Psychische als Binnenpsychisches, als separierte ‚innere Erfahrung' oder gar als Tätigkeit einer wie auch immer gedachten metaphysischen Seele betrachtete, sondern nur dann, wenn man Psychisches von seiner Gebundenheit an physische Prozesse, mithin als psychophysische Einheit verstand. Warum? Weil es nur unter der Voraussetzung dieser Einheit möglich war, von ‚Maßen', über die man für den Bereich des Physischen verfügte, auf ‚Maße' für psychische Vorgänge zu schließen. Fechner hat in der Einleitung der ‚Elemente der Psychophysik' (1860) diese Prämisse deutlich formuliert: Es bestehe „eine constante oder gesetzliche Beziehung zwischen beiden" [=Physisches und Psychisches, G.E.], in der Weise, „dass von dem Dasein und den Veränderungen des Einen auf die des Anderen

geschlossen werden kann" (Fechner, 1860, I, 8). Die Überzeugung, dass
Psychisches prinzipiell messbar ist bzw. der Messbarkeit erschlossen werden
kann, stützt sich auf eine Vielfalt sowohl forschungsmethodischer Anregungen
als auch naturphilosophischer Axiome. Wir wollen hier lediglich auf drei, m. E.
wesentliche Anregungen und Axiome, die als historische Wurzeln der Psychophysik gelten können, eingehen: a) die sinnesphysiologischen Schwellenunter-
suchungen E. H. Webers, b) der Energiesatz H. v. Helmholtz', c) das Axiom des
psychophysischen Parallelismus bei Leibniz (zur Entstehungsgeschichte und den
Begründungszusammenhängen der Psychophysik vgl. etwa Gundlach, 1993;
Brauns, 1997).

Zu a: Die unmittelbarste Anregung, aus der Kenntnis physischer Maße auf
psychische Maße zu schließen, erhielt Fechner – seinem Selbstzeugnis zufolge –
von dem Physiologen Ernst Heinrich Weber (1795-1878), den er als „Vater der
Psychophysik" (Fechner, 1860, I, S. VIII) bezeichnet. Insbesondere sind hier
Webers Untersuchungen über das Verhältnis zwischen Reizzuwachs und
Empfindung sowie über absolute und Unterschiedsschwellen der Empfindung zu
nennen (Weber, 1834; Weber, 1846). Weber stellte anhand der Untersuchung
von Empfindungsunterschieden (beidhändiges Schätzen unterschiedlich schwe-
rer Gewichte) fest, dass der Zuwachs eines Reizes, der nötig ist, um ihn als
solchen zu empfinden, keine absolute Größe hat, sondern der Intensität des ursprünglichen Reizes proportional ist.

Beispiel: Wenn eine Versuchsperson zwei Gewichte von 40 und 41 g als unterschiedlich schwer empfindet, dann wird sie zwischen 80 und 82 g, 120 und 123
g, 400 und 410 g usw. ebenfalls unterscheiden, nicht aber zwischen 80 und 81,
120 und 121, 400 und 401 g usw.

Das sog. Webersche Gesetz besagt also, dass der eben merkliche Reizzuwachs
im Vergleich zum Ausgangsreiz konstant ist; mathematisch formuliert als
Quotient $\Delta R/R = c$
(R = Grundreiz, ΔR = Reizzuwachs, c = Konstante).

Bezogen auf unser Beispiel: Die Konstante der Unterschiedsempfindlichkeit für
die taktile Beurteilung von Gewichten beträgt $c = {}^1/_{40} = 0,025$.

Klassisch geworden sind Webers Stechzirkelversuche, mit denen er die Größe
des Abstandes zwischen zwei Berührungsreizen auf der Haut, um als örtlich
verschieden empfunden zu werden, ermitteln wollte. Er fand heraus, dass die
sog. ‚Unterschiedsschwelle' für verschiedene Körpergegenden stark variierte;
zudem konnte er erhebliche interindividuelle Unterschiede nachweisen. Die

Einführung eines metrisch bestimmbaren Schwellenbegriffs war für die spätere Begründung der Psychophysik von entscheidender Bedeutung.

Zu unterscheiden ist zwischen absoluten und Unterschiedsschwellen. Die absoluten Schwellen geben die obere und untere Grenze der Empfindungsfähigkeit auf einem wesentlich ausgedehnteren Reizkontinuum an, z. B. Empfindlichkeit des Auges für Wellenlängen zwischen 400 und 700 nm. Die Unterschiedsschwelle bezeichnet den Grad der sensorischen Diskriminationsleistung.

Zu b: Ein weiterer Anstoß zu Fechners Überlegungen zur prinzipiellen Messbarkeit nicht nur physikalischer und physiologischer, sondern auch psychischer Prozesse dürfte von dem im vorigen Abschnitt bereits erwähnten, von Helmholtz mathematisch begründeten Energiesatz (,Über die Erhaltung der Kraft', 1847) ausgegangen sein. Bekanntlich betraf der Geltungsanspruch dieses Prinzips von der Erhaltung und Umwandlung der Energie alle Naturprozesse. Genau in diesem Sinne äußerte sich Fechner in seinen ,Elementen ...':

> „Die ganze Natur ist ein einziges, in sich zusammenhängendes System von wechselwirkenden Theilen, in dem aber verschiedene Partialsysteme die lebendige Kraft unter verschiedenen Formen erzeugen, verwenden, auf einander übertragen, unter Wahrung allgemeiner Gesetze, wodurch der Zusammenhang beherrscht und erhalten bleibt. Insofern in der exacten Naturlehre alle physischen Vorgänge, Thätigkeiten, Processe [...] auf Bewegungsvorgänge [...] reducirt werden, können auch alle einen Massstab ihrer Lebendigkeit oder Stärke in der lebendigen Kraft finden, welche, wenn nicht überall direct, aber nach davon abhängigen Wirkungen, jedenfalls überall principiell, messbar ist" (Fechner, 1860, I, 26).

Schreier (1979, 65) kommentiert: „Fechner brachte hier klar die durch den Energiesatz erkannte prinzipielle Meßbarkeit aller physischen Vorgänge zum Ausdruck. Die Tatsache, daß nun durch die Äquivalenzzahlen für die verschiedenen Energieformen für alle Naturprozesse ein gemeinsames Maß gefunden war, darf man als starken Impuls für Fechners weitergehende Überlegungen werten".

Zur drastischen Veranschaulichung der Allgemeingültigkeit des Energiesatzes bedient sich Fechner folgenden Vergleichs:

„Die lebendige Kraft, die zum Holzhacken verwandt wird, und die lebendige Kraft, die zum Denken das ist zu den unterliegenden psychophysischen Processen verwandt wird, sind [...] quantitativ umsetzbar, und hiemit beide Leistungen selbst nach körperlicher Seite durch einen gemeinsamen Massstab messbar" (Fechner, 1860, I, 43).

Messbarkeit – das war die entscheidende Botschaft. Was aber messbar ist – so die weitere Folgerung -, unterliegt Gesetzen und ist kausal erklärbar.

Zu c: Für Fechner ist die Auffindung des ‚psychischen Maßes' „keine blosse Sache des Studirtisches oder philosophischer Aperçus", sondern sie erfordere „eine breite erfahrungsmässige Unterlage" (a.a.O., V). Er grenzt sich z. B. explizit von den Mathematisierungsbemühungen Herbarts ab. Seine (Fechners) eigene „mathematische Auffassung der psychologischen Verhältnisse" unterscheide sich von der Herbartschen grundsätzlich durch „wesentlich [...] abweichende Gesichtspuncte" (a.a.O., XI). So sehr er beim empirischen Nachweis des ‚psychischen Maßes' ‚Studirstube' und ‚philosophische Apercus' für überflüssig hält, um so offensichtlicher begibt er sich auf philosophisches Terrain, wenn er die Psychophysik als „eine exacte Lehre von den Beziehungen zwischen Leib und Seele" (a.a.O., V) definiert.

Es ist unabweisbar, dass Entstehung und Fragestellung der Psychophysik vor dem Hintergrund eines breiten Stromes philosophischer Traditionslinien – des Leib-Seele-Problems – betrachtet werden muss. Ohne diese weitverzweigten Bezüge hier im einzelnen zu verfolgen, beschränken wir uns auf einen Referenz-Philosophen, den Fechner selbst benennt: G. W. Leibniz. Leibniz habe das Problem des Zusammenhangs von Leib und Seele in der Weise zu lösen versucht, dass er annahm: „Der Änderung im Einen correspondirt eine Änderung im Anderen" (a.a.O., 5). Die Lehre vom psychophysischen Parallelismus bietet also eine Art philosophische Plattform, von der aus die 1:1-Kongruenz von Physischem und Psychischem behauptet wird. Fechner relativiert aber sogleich seine Berufung auf Leibniz, denn dieser habe „eine Ansicht vergessen, und zwar die einfachstmögliche" (ebda.). In Anspielung auf die Metapher von den ‚Uhren', nach denen der Leib auf der einen und die Seele auf der anderen Seite gehen, fährt Fechner fort: „Sie [die ‚Uhren' von Leib und Seele, G.E.] können auch harmonisch mit einander gehen, ja gar niemals aus einander gehen, weil sie gar nicht zwei verschiedene Uhren sind" (ebda.). Mit Aussagen dieser Art bezieht Fechner die Position eines ontologischen Monismus. Wir fragen: Wie kann man vom Standpunkt eines ontologischem Monismus, d. h. der Annahme einer Identität von Physischem und Psychischem, zugleich Physisches und Psychisches voneinander unterscheiden, indem man bestimmt geartete Beziehungen zwischen beiden statuiert? Fechner beantwortet diese (vielleicht auf einen Widerspruch hinauslaufende?) Frage, indem er eine Unterscheidung zwischen Physischem und Psychischem lediglich unter erkenntnistheoretischem Aspekt gelten lässt. In der Schrift ‚Zend-Avesta' (1851), in der die Grundzüge der Psychophysik bereits auf naturphilosophischer Ebene entworfen werden, wird dieses Problem angesprochen:

„Körper und Geist oder Leib und Seele oder Materielles und Ideelles oder Physisches und Psychisches [...] sind nicht im letzten Grund und Wesen, sondern nur nach dem Standpunct der Auffassung oder Betrachtung verschieden"

(Fechner, 1851, II, 321). Fechner vollzieht also den Spagat einer Verknüpfung von ontologischem Monismus und epistemologischem Dualismus; „... letzter Grund und Wesen" (Ontologie) wird dem „Standpunct der Auffassung oder Betrachtung" (Epistemologie) gegenübergestellt (vgl. Gundlach, 1993, 90-101). Auf dem Hintergrund dieser Verknüpfung wird dann auch verständlich, warum Fechner in der Einleitung seiner ‚Elemente ...' so nachdrücklich betont, die Psychophysik beschäftige sich ausschließlich mit der „Erscheinungsseite der körperlichen und geistigen Welt" (Fechner, 1860, I, 8). In der Psychophysik geht es also (nur) um Phänomene, nicht um metaphysische Kategorien. Mit der begründeten Ausklammerung der Metaphysik wurde der Weg frei für eine sich ausschließlich mit empirischen, nach Möglichkeit messbaren Phänomenen befassende Psychologie.

Nach der selektiven Darlegung wissenschafts- und philosophiehistorischer Voraussetzungen können wir nun die konkreten Schritte nachzeichnen, die Fechner bei der Aufstellung eines ‚psychischen Maßes' vollzogen hat. Ausgangspunkt war die Webersche Konstante $\Delta R/R = c$.

Diese Konstante war eine physiologische Maßbeziehung, noch keine psychophysische. Fechner spricht im Zusammenhang mit Webers Konstante von einem „Maßprincip der Empfind*lichkeit*" (= physiologisch) und grenzt dieses von einem „Maßprincip der Empfin*dung*" (= psychophysisch) ab (Fechner, 1860, I, 45 ff., 69 ff.). Zufolge des Parallelismus-Axioms müsste der Quotient $\Delta R/R$ dem Quotienten $\Delta E/E$ entsprechen (E = Empfindung, ΔE = Empfindungsunterschied). Dann wäre $\Delta E = c \times \Delta R/R$. Mittels Integralrechnung kann aus dieser Gleichung eine Formel für E abgeleitet werden:

$E = c \times \log R$. Verbal ausgedrückt besagt diese Formel in der Fechnerschen Urfassung:

„Die Größe der Empfindung (γ) steht im Verhältnis nicht zu der absoluten Größe des Reizes (β), sondern zu dem Logarithmus der Größe des Reizes, wenn dieser auf seinen Schwellenwerth (b), d. i. diejenige Größe als Einheit bezogen wird, bei welcher die Empfindung entsteht und verschwindet, oder kurz, sie ist proportional dem Logarithmus des fundamentalen Reizwerthes" (Fechner, 1860, II, 13).

Die heute gängige, stilistisch vereinfachte Formulierung der psychophysischen Maßformel lautet: Dem Ansteigen der Empfindungsintensitäten in arithmetischer Reihe entspricht ein Ansteigen der Reizgrößen in geometrischer Reihe. Die Intensität der Empfindung ist dem Logarithmus des Reizes proportional.

Fechner betont, dass wir „die Größe der Empfindung [...] direct nicht zu bestimmen vermögen", sondern: „principiell [...] wird unser Maß der Empfindung darauf hinauskommen, jede Empfindung in gleiche Abtheilungen, d. s. die gleichen Incremente, aus denen sie vom Nullzustande an erwächst, zu zerlegen, und die Zahl dieser gleichen Abtheilungen als wie durch die Zolle eines Maßstabes durch die Zahl der zugehörigen variabeln Reizzuwüchse bestimmt zu denken, welche die gleichen Empfindungszuwüchse hervorzubringen im Stande sind" (Fechner, 1860, I, 60).

Vor und nach der Veröffentlichung seiner ‚Elemente ...' hat Fechner eine Vielzahl experimenteller Untersuchungen auf verschiedenen Sinnesgebieten durchgeführt, die der Überprüfung der in der Maßformel behaupteten Relation von Reiz und Empfindung dienten. Mess-‚Instrumente' waren faktisch Versuchspersonen, die Schätzurteile über die Unterschiedlichkeit von Empfindungen abgaben. Um einen möglichst hohen ‚Bewährungsgrad' der Messungen zu erreichen, wurden auf den gleichen Untersuchungsgegenstand verschiedene methodische Verfahren angewendet:

1. die Methode der eben merklichen Unterschiede (Herstellungsmethode),
2. die Methode der richtigen und falschen Fälle (Konstanzmethode),
3. die Methode der mittleren Fehler (Grenzmethode)

(Fechner, 1860, I, 71 ff.; Erläuterung der Methoden bei Schreier, 1979, 69).

Der Gültigkeitsbereich der ‚Maßformel' erstreckte sich auf die jeweiligen Mittelabschnitte der sensorisch relevanten Reizkontinua, nicht auf die oberen und unteren Ränder.

Die ‚Maßformel' betrifft – wie gesagt – die Relation Reiz – Empfindung. Für Fechner war die Relation keine unmittelbare, sondern eine vermittelte. Das Vermittlungsglied, das zwischen Reiz und Empfindung tritt, nannte er ‚psycho physische Tätigkeit'. Zufolge dieser Überlegungen unterschied er zwei Arten von Psychophysik: die äußere und die innere. Die ‚Maßformel' bezieht sich auf die äußere Psychophysik, in der das Vermittlungsglied ‚psychophysische Tätigkeit' gewissermaßen übersprungen wird und nur die Verbindung zwischen dem ‚input' Reiz und dem ‚output' Empfindung hergestellt wird. Die innere Psychophysik dagegen untersucht die unmittelbare Beziehung zwischen einem „unbekannten Mittelglied" (Fechner, 1860, I, 11), nämlich der ‚psychophysischen Tätigkeit', und der Empfindung. Was die ‚psychophysische Tätigkeit' tatsächlich ist, wird nur vage beschrieben: „gewisse Thätigkeiten in unserem Gehirn" (a.a.O., 10), „lebendige Nerven, welche die Wirkung des Reizes zum Gehirne überpflanzen" (ebda.) und ähnliche Formulierungen. Die innere Psychophysik befasst sich also mit der Beziehung des „Geistigen" (= Psychischen, G.E.) zu der „körperlichen Innenwelt, mit welcher das Geistige in nächster Beziehung steht" (ebda.). Die Kenntnisse über diese ‚körperliche Innenwelt' seien noch sehr unzureichend. Einstweilen sei es aber möglich, von der äußeren Psychophysik „Schlüsse auf Verhältnisse dieser inneren körperlichen Thätigkeit" zu ziehen (a.a.O., 12). In diesem Sinne spricht er von den „fundamentalen Thatsachen und Gesetzen, die von der äußeren Psychophysik in die innere übergreifen" (ebda.). Der beklagte geringe Entwicklungsstand der Kenntnisse über die „Thätigkeiten in unserem Gehirne", d. h. über neurophysiologisch-neuropsychologische Regulationsmechanismen, war in der Tat eine empfindliche Schwachstelle der physiologischen Forschung zur Zeit Fechners. Nach Poggi habe sich zwar eine „elaborierte Sinnesphysiologie" entwickelt, aber das Interesse an neurologischen Themen sei ausgesprochen schwach gewesen. „Die Untersuchungen des Nervensystems und insbesondere des Gehirns werden zunehmend vernachlässigt. Der Zeitraum von 1830 bis 1870 ist in Deutschland von einem fast allgemeinen Stillstand der Forschung auf diesem Gebieten gekennzeichnet"; erst nach 1870 habe es eine „Erneuerung der Nerven- und Hirnforschung in Deutschland" gegeben (Poggi, 2005, 123. 125).

Fechner betrachtete die innere Psychophysik als das eigentliche Kernstück seiner Konzeption. Die äußere Psychophysik sei „nur die Unterlage und Vorbereitung für die tiefer führende innere Psychophysik" (Fechner, 1860, II, 377). Zum Zeitpunkt ihrer Konzipierung (1850 – 1860) verblieb die innere Psychophysik jedoch noch auf der Ebene einer Zukunftsvision. Die Vision bestand in der Annahme, dass eines Tages psychische Prozesse durch Gehirnprozesse erklärt werden können. Unbeabsichtigt hat damit Fechner die Kantsche These von der Unmöglichkeit, Psychologie als exakte Wissenschaft zu betreiben, widerlegt. Die Grundlage dieser Widerlegung war eine grundsätzlich veränderte Bestimmung des Gegenstandes der Psychologie: Psychisches wurde nicht mehr auf den separaten Binnenbereich ‚innere Erfahrung' beschränkt, sondern aus seiner Eingebundenheit in Wechselbeziehungen mit physikalisch-physiologischen Parametern verstanden. Darin bestand die entscheidende Initialleistung auf dem Weg der Psychologie zu einer originären Wissenschaft.

Die nur-wissenschaftshistorische Perspektive überschreitend, fragen wir abschließend, was aus der Fechnerschen Vision einer inneren Psychophysik bis zur Gegenwart hin geworden ist. Zweifellos hat sich unser Wissen über die neurophysiologischen Funktionsmechanismen dank eines enormen Aufschwungs der kognitiven Neurowissenschaften wesentlich erweitert. Den Vergleich zwischen der klassischen Psychophysik und den modernen Neurowissenschaften anstellend, gelangen Prinz und Müsseler dennoch zu einem Bescheidenheit anmahnenden Fazit: „Nach wie vor sind wir [...] mit einer Situation konfrontiert, in der die Gehirnprozesse, die wir zur Erklärung psychischer Prozesse heranziehen, keineswegs besser verstanden werden als die kognitiven und psychischen Prozesse, die wir erklären wollen. Nach wie vor verstehen wir sehr wenig darüber, wie die Aktivität von Nervenzellen und Nervenzellverbänden in psychische Vorgänge umgesetzt wird. [...] Und nach wie vor verstehen wir ebenso wenig, wie – umgekehrt – kognitive Leistungen und andere psychische Vorgänge durch Gehirnprozesse realisiert werden. In der Konsequenz sind wir noch immer weit davon entfernt, die Rätsel des Erlebens durch Wissen über Gehirnprozesse zu lösen" (Müsseler & Prinz, 2002, 9). So gesehen, wurde mit der Psychophysik eine Aufgabe gestellt, deren ,Lösung' noch zu leisten sein wird. Psychophysik ist somit eine noch heute bestehende Herausforderung.

4 Die Begründung der Psychologie als Wissenschaft – W. Wundt

4.1 Erste Schritte zu einer einzelwissenschaftlichen Psychologie

Die bisher skizzierten Entwicklungen in der Physiologie (insbesondere Sinnesphysiologie) und in Teilen der Physik in den ersten zwei Dritteln des 19. Jahrhunderts ließen produktive Annäherungen an die Möglichkeit erkennen, sich in einer künftigen Psychologie naturwissenschaftlicher Methoden zu bedienen oder gar Psychologie als Naturwissenschaft zu betreiben. Bereits für J. Müller waren die ‚Lebensvorgänge' ein Untersuchungsgegenstand sowohl der Physiologie als auch der Psychologie, und er beschäftigte sich intensiv in zermürbenden Selbstversuchen mit sog. ‚subjektiven' physiologischen Phänomenen. Helmholtz glaubte mit seinem Energiesatz universelle Wirkungsgesetze gefunden zu haben, die für anorganische und organische Vorgänge gelten. Er plädierte für eine physikalische, physiologische und psychologische Befassung mit den Phänomenen des Sehens und des Hörens und versuchte zu erklären, auf welche Weise eine Empfindung in eine Wahrnehmung transformiert wird. Fechner hat mit seiner Psychophysik de facto „die ersten Verfahren des ‚mental measurement'" entwickelt und angewendet und damit „zu einer quantitativen Psychologie den Grund gelegt" (Metzger, 1960, 18). Ohne dies beabsichtigt zu haben, hat er – wie bereits gesagt – Kants These von der Unmöglichkeit einer experimentell arbeitenden wissenschaftlichen Psychologie widerlegt. Trotz dieser zahlreichen Impulse und realen Ergebnisse fehlte aber noch eine ausgearbeitete systematische Konzeption einer Selbständigkeit beanspruchenden einzelwissenschaftlichen Psychologie. Das entscheidende Verdienst, diese Leistung erbracht zu haben, gebührt vor allem einem Gelehrten, der gewissermaßen ‚auf den Schultern' der drei genannten Persönlichkeiten (und natürlich nicht nur dieser) stand: Wilhelm Wundt (1832-1920). Die schrittweise Erarbeitung eines nach Gegenstand und Methode bestimmbaren Systems einer wissenschaftlichen Psychologie lässt sich insbesondere an drei Publikationen Wundts rekonstruieren:

- Beiträge zur Theorie der Sinneswahrnehmung (1862)
- Vorlesungen über die Menschen- und Thierseele (1863)
- Grundzüge der physiologischen Psychologie (1873/74).

In den ‚Beiträgen zur Theorie der Sinneswahrnehmung' macht der 30-jährige Wundt mit Emphase geltend, dass das A und O für die Begründung einer wissenschaftlichen Psychologie die Entwicklung einer gegenstandsspezifischen Methodik sei. Prinzipiell müsse die Methode der Psychologie eine induktive sein. Die Induktion müsse „in viel weiterm Umfang als bisher geschehen ist in den psychologischen Untersuchungen zur Anwendung kommen" (Wundt, 1862, XXIV); als diesem Zweck dienende „Hülfsmittel" nennt er Statistik, Entwicklungsgeschichte und Experiment (vgl. Graumann, 1980, 63-77). Was das Experiment betrifft, war er der Meinung, dass es „auch in das Bereich der höheren Seelenthätigkeiten [...] vordringen" könne (a.a.O., XXVII). „Sobald man einmal die Seele als ein Naturphänomen und die Seelenlehre als eine Naturwissenschaft auffasst, muss auch die experimentelle Methode auf diese Wissenschaft ihre volle Anwendung finden können" (ebda.). Wundts Enthusiasmus für die experimentelle Methode war also 1862 noch so ungebrochen, dass er deren generelle Anwendbarkeit in der Psychologie propagierte. Freilich war er sich darüber im klaren, dass dies ein Zukunftsprogramm ist. Aber immerhin ist er zuversichtlich, „dass man von der experimentellen Psychologie bald nicht mehr sagen könne was ich oft gehört habe: sie sei nichts als ein Name" (a.a.O., VI).

Auch in den ein Jahr später erscheinenden ‚Vorlesungen über die Menschen- und Thierseele' (2 Bände) unterstreicht Wundt den programmatischen Charakter seiner Bemühungen: „Ich weiß, daß mein Unternehmen noch weit hinter dem Ziel zurückgeblieben ist, das eine wissenschaftliche Psychologie [...] sich stecken muß" (Wundt, 1863, Bd. I, S. VII); zugleich aber ist er fest davon überzeugt, „daß der Ausbau der Psychologie nur auf demjenigen Wege geschehen kann, den ich zu betreten versucht habe" (ebda.).

Was die schrittweise Annäherung an seine spätere systematische Psychologie-Konzeption betrifft, ist in den ‚Vorlesungen' auf drei Punkte aufmerksam zu machen.

Zum einen weist er überzeugend auf die essentielle Wechselwirkung zwischen Gegenstand und Methode in der Psychologie hin: Zunächst stellt er die rhetorische Frage: „Wie ist es möglich [...], an der Seele, die sich ja ganz unserer sinnlichen Anschauung entzieht, Experimente anzustellen?" (a.a.O., VI). Die Antwort lautet: „Durch die Sinne, durch die Körperbewegungen steht die Seele in fortwährender Verbindung mit der Außenwelt. Auf die Sinne und auf die Bewegungen können wir nach Willkür äußere Einwirkungen anwenden, die Erfolge beobachten und aus diesen Erfolgen Rückschlüsse machen auf die Natur der psychischen Prozesse" (a.a.O., VII). M. a. W.: Psychisches ist kein separiertes Binnenphänomen (wie bei Kant), sondern ein durch die Wechselwirkung von innen und außen sich konstituierendes Geschehen; als solches ist es experimentell untersuchbar.

Zweitens: Das Experiment ist das Mittel, um Gesetzesaussagen über das psychische Geschehen zu gewinnen: „So leitet uns immer und überall erst das Experiment zu den Naturgesetzen, weil wir nur im Experiment gleichzeitig die Ursachen und die Erfolge zu überschauen vermögen" (a.a.O., VI).

Drittens: Die in den ‚Beiträgen' noch proklamierte generelle Anwendbarkeit auf die Untersuchung aller psychischen Prozesse wird aufgegeben. Bei der Untersuchung solcher Prozesse wie ‚Begriffsbildung', ‚Fühlen' und ‚Begehren' könne „das Experiment keine Stelle mehr finden" (a.a.O., Bd. II, S. III) und werde „durch eine historische Beweisführung" ersetzt (Bd. I, S. IX). Angesichts des noch ein Jahr zuvor proklamierten Universalanspruchs des Experiments klingen die einschränkenden Bemerkungen fast wie eine Verlegenheitsaussage:

„Wo das absichtliche Experiment aufhört, da hat die Geschichte für den Psychologen experimentirt" (ebda.). Wundt weiß natürlich genau, dass dann, wenn vom Experimentieren der Geschichte die Rede ist, dies nur metaphorisch gemeint sein kann, und dass die strengen Kriterien, die an das ‚absichtliche Experiment' anzulegen sind, vom vermeintlichen Experimentator ‚Geschichte' keinesfalls erfüllt werden können.

In den ‚Grundzügen der physiologischen Psychologie', die in 1. Auflage in den Jahren 1873 und 1874 erschienen, spricht Wundt mit einem ausgeprägten Sendungsbewusstsein von der physiologischen Psychologie als einem „neuen Gebiet der Wissenschaft" (Wundt, 1908 a [1874], V), das eine fundamentale ‚Umwälzung' einleite: „Als experimentelle Wissenschaft erstrebt [...] die physiologische Psychologie eine Reform der psychologischen Forschung, die der Umwälzung, welche die Einführung des Experiments in dem naturwissenschaftlichen Denken verursachte, an Bedeutung nicht nachsteht" (a.a.O., 5).

Im Gegensatz zu den Publikationen von 1862 und 1863 erhebt Wundt mit diesem Werk von Anfang an einen systematischen Anspruch. In seiner Autobiographie ‚Erlebtes und Erkanntes' erklärt er rückblickend, dass er „darauf abzielte, die gesamte Psychologie bis zu den höheren Erscheinungen des menschlichen Bewußtseins in eine innere Verbindung zu bringen" (Wundt, 1921, 195). Ausgehend von der bereits in den ‚Beiträgen' genannten Induktion als Methode der Psychologie, beginnt er mit den ‚einfachsten' Vorgängen und geht dann schrittweise zu den zunehmend ‚verwickelteren' psychischen Vorgängen über. Nach der Behandlung der neurophysiologischen Grundlagen (1) werden zunächst die ‚Elemente des Seelenlebens' (2), d. h. die Empfindungen, erörtert. Daran schließt sich die Darstellung der bereits komplexeren ‚Vorstellungen' (3) an. Eine Vorstellung ist nach Wundt „jeder als ein relativ selbständiges Ganzes wahrgenommene Bewußtseinsinhalt, der [...] objektiviert wird, gleichgültig ob ihm ein wirkliches Objekt entspricht oder nicht" (Wundt, 1908 a, Bd. I, 406). Als Beispiel für Vorstellungen nennt er ‚Sinneswahrnehmungen' (wirkliches Objekt), ‚Erinnerungs- und Phantasiebilder' (kein wirkliches Objekt) (a.a.O., 384). Von noch ‚verwickelterer Zusammensetzung' sind die ‚Gemütsbewegungen und Willenshandlungen' (4). Den erstgenannten, semantisch schillernden Begriff verwendet Wundt als „Kollektivausdruck für komplexe Gefühle, Stimmungen, Affekte und Willensvorgänge" (a.a.O., 406). Das letzte Sachkapitel schließlich handelt „von dem Verlauf und den Verbindungen der seelischen Vorgänge" (6). In diesem Kontext werden in heutigen Klassifikationen weit auseinander liegende Problembereiche erörtert, wie z. B. Aufmerksamkeit, Gedächtnis, Temperament, Charakter. In späteren Auflagen (ab der 5., 1902) wird den Sachabschnitten noch ein „philosophisches Schlußkapitel" (Wundt, 1902, IX) beigefügt unter dem Titel ‚Von den Prinzipien der Psychologie' (7).

Mit den ‚Grundzügen ...' wurde ein wichtiger Meilenstein für die Vollendung des Verselbständigungsprozesses der Psychologie gesetzt. Die ‚neue Wissenschaft' besaß nun ein Standardwerk, auf das sich weiter aufbauen ließ. Das Buch wurde mit solchen ehrenvollen Attributen wie „Vademecum der psychologischen Laboratorien der ganzen Welt" (Hall, 1914, 220) oder „Bibel der Experimentalpsychologen" (Flugel, 1950, 148) gewürdigt.

4.2 Wundts Einordnung der Psychologie in das System der Wissenschaften

Bevor wir die Wundtsche Psychologie-Konzeption im einzelnen erörtern, soll ein Exkurs über den beanspruchten Platz der ‚neuen Wissenschaft' im System der Wissenschaften, insbesondere über das Verhältnis zur Philosophie und zur Physiologie, eingeschoben werden. Auf einen kurzen Nenner gebracht, kann die einzelwissenschaftliche Verselbständigung der Psychologie als ein Wechselspiel von Bezugnahme auf und Abgrenzung von einerseits Philosophie, andererseits Physiologie beschrieben werden. Kennzeichnet man schematisch die Bezugnahmen mit +, die Abgrenzungen mit -, ergibt sich folgende Vierfeldertafel:

1 {Psychologie: Philos}$^+$	3 {Psychologie: Physiol}$^+$
2 {Psychologie: Philos}$^-$	4 {Psychologie: Physiol}$^-$

Die vier Felder sollen inhaltlich erläutert werden, zunächst a) generell, sodann b) bezogen auf Wundt.

Feld 1: (a) Die Philosophie ist – wissenschaftshistorisch betrachtet – die Mutterwissenschaft der Psychologie. Die entscheidenden Weichenstellungen für die Findung und begriffliche Fixierung des Gegenstandes sowie der methodologischen Prinzipien einer künftigen wissenschaftlichen Psychologie erfolgten im Schoß der Philosophie. Exemplarisch sei nochmals an Kant erinnert, der mit erkenntniskritischen Argumenten geltend machte, dass man in der Psychologie nicht von einem metaphysischen Seelenbegriff ausgehen dürfe (da Schlüsse von den Phänomenen [psychische Prozesse] auf transphänomenale Entitäten [,Seele'] Fehlschlüsse sind), sondern die Phänomene selbst untersuchen müsse.

(b) Eingedenk der nicht nur historischen Verflechtungen hielt es Wundt bei aller prinzipiellen Verschiedenheit der Arbeitsweise (Methoden, Denkstile) von Psychologie und Philosophie für legitim, die Psychologie immer noch als Teilgebiet der Philosophie zu betrachten. Bezeichnend ist in diesem Zusammenhang der Titel, den er der von ihm herausgegebenen ersten psychologischen Fachzeitschrift gab: „Mit dem Titel ,Philosophische Studien' sollte […] unzweideutig ausgedrückt werden, daß diese neue Psychologie den Anspruch erhebe, ein Teilgebiet der Philosophie zu sein" (Wundt, 1921, 313). Wundt glaubte, von einer empirischen Psychologie aus eine Empirisierung der Philosophie in die Wege leiten zu können. Die Psychologie sei „gegenüber der Philosophie die vorbereitende empirische Wissenschaft" (Wundt, 1897, 20).

Feld 2: (a) Mit der Bestimmung eines definierten spezifischen Untersuchungsgegenstandes und der Anwendung fachspezifischer Methoden lief die Entwicklung der Psychologie auf eine einzelwissenschaftliche Verselbstständigung und damit auf eine Herauslösung aus der Philosophie hinaus.

(b) Wundt distanziert sich bei seinen Bemühungen um die Begründung der Psychologie als Wissenschaft insbesondere von der ,spekulativen' und ,metaphysischen' Philosophie. Bereits in den ,Vorlesungen' (1863) artikuliert er scharf die Gegensätzlichkeit der Ausgangspunkte, Erkenntnisziele und Methoden zwischen Philosophie und Psychologie:

„Aber vom Standpunkt der psychologischen Untersuchung aus müssen wir am allermeisten gegen die Lässigkeit Protest erheben, der die Methode gleichgültig ist, wenn ihr nur die Resultate gewiß sind. [...] Wäre die Anschauung, von welcher die spekulativen Philosophen ausgiengen, begründet, so würden die psychologischen Thatsachen von vonherein als ein festes Besitzthum in der Seele gelegen sein, es könnte sich nirgends eigentlich um ihre Herleitung und Erklärung handeln" (Wundt, 1863, I, 9).

Im Kontext einer Legitimation des Experiments in der Psychologie und der Sicherung einer institutionellen Basis der ‚neuen Wissenschaft' schlägt Wundt später ausgesprochen polemische Töne gegen philosophische Bevormundungen an:

„Die Herzensmeinung unserer Philosophen kommt ziemlich deutlich in der Entrüstung zum Vorschein, mit der sie gelegentlich von der ‚Erniedrigung' der Psychologie zu einem Zweige der Biologie sprechen, oder in dem Eifer, mit dem sie die experimentelle Methode höchstens bei gewissen untergeordneten, halb und halb der Physiologie zugehörigen Gebieten, wie der Sinneswahrnehmung, als zulässig anerkennen, wobei übrigens auch hier ohne die höhere Weihe irgendwelcher metaphysischer Leitmotive nichts Rechtes zu Stande komme. Die übrigen Wissenschaften stehen zu fest in ihrem Ansehen, als daß es räthlich wäre, sie anzugreifen – die gescheiterten Versuche zu solchen Unternehmungen sind noch in allzu frischer Erinnerung. Hier aber wagt es eine ganz neue Wissenschaft, das Haupt zu erheben. Sie wird auch außerhalb der philosophischen Kreise mit zweifelhaften Augen betrachtet, und bis dahin stand sie in der ziemlich unbestrittenen Dienstbarkeit der Philosophie – warum sollte es nicht erlaubt sein sie todtzuschlagen, ehe ihr die Flügel gewachsen sind?" (Wundt, 1885, 133f.).

Feld 3: (a) Neuro- und Sinnesphysiologie lieferten im Laufe des 19. Jahrhunderts eine große Anzahl von Kenntnissen über elementare Strukturen und funktionelle Zusammenhänge, die für die Aufklärung der sog. ‚Außenseite' des Psychischen von enormer Bedeutung waren. Der Zugang zur Untersuchung psychischer Prozesse erfolgte von ihren physiologischen Korrelaten her. Zudem gingen von den in der Physiologie erfolgreich angewendeten experimentellen Untersuchungstechniken starke Impulse auf adäquate methodische Bemühungen in der Psychologie aus.

(b) Die inhaltliche Nähe zwischen Physiologie und Psychologie ergibt sich für Wundt daraus, dass beide den gleichen Untersuchungsgegenstand haben, nämlich die Untersuchung der menschlichen Lebensvorgänge. Zwar untersuchen Physiologie und Psychologie unterschiedliche Aspekte der ‚Lebenserscheinungen' (Physiologie: ‚körperliches Leben'; Psychologie: ‚Bewußtseinsvorgänge'),

aber: „an sich ist das Leben eines organischen Wesens ein einheitlicher Zusammenhang von Prozessen" (Wundt, 1908 a [1874], 1).

Feld 4: (a) Eine mechanistisch-kausale Zurückführung psychischer Vorgänge auf physiologische Prozesse bzw. die Gleichsetzung von Psychischem und
Physischem würde den Verlust eines spezifischen Untersuchungsbereiches der
Psychologie zur Folge haben. Der sog. ‚physiologische Reduktionismus' würde
sich kontraproduktiv auf die Verselbstständigung der ‚neuen Wissenschaft' aus-
wirken.

(b) Wundt bezeichnet die mechanistisch-kausale Zurückführung psychischer Prozesse auf physiologische als ‚psychophysischen Materialismus'. Bereits
in den ‚Vorlesungen' von 1863 wendet er sich entschieden gegen die Gleichsetzung von Psychischem und Physischem in bestimmten Bereichen der
‚Naturforschung', und zwar mit logischen Argumenten:

> „Indem aber der Naturforscher [...] Denken und Hirnverrichtung mit einander
> indentificirte, fehlte er offenbar selbst gegen die erste Regel naturwissenschaftlicher
> Logik, welche aussagt, daß nur ein Zusammenhang von Erscheinungen, der als
> nothwendig nachgewiesen werden kann, auch als ursächlich betrachtet werden darf.
> Ein ursächlicher Zusammenhang zwischen Hirnverrichtung und Gedankenthätigkeit
> ist noch nicht im Entferntesten dargethan" (Wundt, 1863, I, 16).

Was setzt nun Wundt der irrtümlichen Annahme eines Kausalverhältnisses zwischen Physischem und Psychischem positiv entgegen? Dazu äußert er sich explizit – wiederum an die Adresse ‚des Naturforschers' gewandt – in seinem
Essay ‚Gehirn und Seele':

> „Auch der Naturforscher [...] kann daher immer nur einen Parallelismus der
> geistigen und der sie begleitenden physiologischen Functionen annehmen"

(Wundt, 1885, 116). Bei den „Erscheinungen des geistigen Lebens" und denen
„der körperlichen Natur" handelt es sich „um *zwei* in sich geschlossene Causal-
verbindungen" (ebda.). Wie wir bei der detaillierten Darstellung seiner Psychologie-Konzeption noch sehen werden, leitet Wundt aus diesen Erwägungen
später die Notwendigkeit ab, die Sonderform einer ‚psychischen Kausalität'
anzunehmen.

Was den Verselbstständigungsprozess der Psychologie als Wissenschaft betrifft, sah Wundt im Reduktionismus (bzw. ‚psychophysischen Materialismus')
die „Hauptgefahr für den Fortschritt unserer Wissenschaft" (Wundt, 1908 a
[1874], 9). Er spricht dem ‚psychophysischem Materialismus' „eine die Psychologie zerstörende Tendenz" (ebda.) zu. „Die Behauptung, das geistige Leben
entbehre eines kausalen Zusammenhangs, und das eigentliche und nächste
Objekt der Psychologie sei daher gar nicht das geistige Leben selbst, sondern
dessen physische Grundlage, diese Behauptung richtet sich selbst" (ebda.).

4.3 Wundts ausgereifte Konzeption einer einzelwissenschaftlichen Psychologie

Eine relativ klare, ausgereifte und systematische Darstellung seiner Gesamt-konzeption gibt Wundt in seinem für Lehrzwecke verfassten ‚Grundriß der Psychologie' (1896; im folgenden wird die 2. Auflage, 1897, benutzt).

Ausgangspunkt der Wundtschen Konzeption ist der Begriff der Erfahrung. Es gebe nicht zwei Arten von Erfahrung (innere vs. äußere Erfahrung) als „ver-schiedener Objecte", sondern die Erfahrung ist „*an sich einheitlich*" (Wundt, 1897, 3). Die „an sich einheitliche Erfahrung" lasse „verschiedene Gesichts-punkte ihrer Bearbeitung" zu. Zum einen betrachtet die Naturwissenschaft die ‚Objecte der Erfahrung' „in ihrer vom Subject unabhängigen Beschaffenheit" (ebda.).

Der Biologe untersucht den Baum als quasi reines Objekt und abstrahiert dabei von seiner subjektiven Beziehung (Wahrnehmung, ästhetische Anmutung etc.) zu diesem Baum.

Zum anderen untersucht die Psychologie den „gesammten Inhalt der Er-fahrung in seinen Beziehungen zum Subject und zu den ihm von diesem un-mittelbar beigelegten Eigenschaften" (ebda.).

Insofern als ich von dem Baum eine Vorstellung habe, ist er Gegenstand der Psychologie.

Gegenstand der Psychologie ist somit die ‚unmittelbare Erfahrung'. Aus dem Postulat von der Einheitlichkeit der Erfahrung ergeben sich (a) methodische und (b) philosophische Konsequenzen.

Zu a (Methode): Da es Naturwissenschaften und Psychologie faktisch mit der gleichen, „an sich einheitlichen" Erfahrung zu tun haben, benutzen sie auch einheitliche Methoden; eine „prinzipielle Verschiedenheit der psychologischen und naturwissenschaftlichen Methoden" kann es nicht geben. Die Naturwissen-schaften benutzen „zwei Hauptmethoden: das Experiment und die Beobachtung" (a.a.O., 22). Folglich sind diese Methoden auch in der Psychologie zur An-wendung zu bringen. „Der Umstand, dass die Naturwissenschaft von dem Sub-ject abstrahirt, während die Psychologie dies nicht thut, (kann) zwar Modi-ficationen in der Anwendungsweise, nicht aber solche in der wesentlichen Be-schaffenheit der von beiden angewandten Methoden begründen" (ebda.). Die sich aus den sachlichen Erfordernissen der Untersuchungsgegenstände (z. B. Psychophysik) selbst ergebende Einführung des Experiments in die Psychologie erhält hier – gewissermaßen zusätzlich – ihre wissenschaftstheoretische Legi-timation.

Zu b (Philosophie): Die mit dem Postulat von der Einheitlichkeit verbun-denen ontologischen Konsequenzen liegen auf der Hand: „Endlich kommt für diesen Standpunkt die Frage nach dem Verhältniss der psychischen zu den physischen Objecten völlig in Wegfall. Beide sind ja in Wahrheit gar nicht verschiedene Gegenstände, sondern ein und derselbe Inhalt. [...] Alle metaphysischen Hypothesen über das Verhältniss der psychischen zu den physischen Objecten sind daher unter diesem Gesichtspunkt Lösungen eines Problems, das auf einer falschen Fragestellung beruht" (a. a. O., 11 f.). Ergo: Das Leib-Seele-Problem ist unter ontologischem Aspekt ein Scheinproblem. Wundt ist ontologischer Monist.

Ist demnach unter ontologischem Aspekt das psychophysische Problem (Leib-Seele-Problem) überflüssig, fragt man sich, warum dann Beziehungen zwischen physischen und psychischen Prozessen Gegenstand wissenschaftlicher Untersuchungen sein sollen und warum Wundt zugleich explizit das Prinzip des psychophysischen Parallelismus, also einen dualistischen Ansatz, vertritt. Liegt hier nicht ein Widerspruch vor? Um aus diesem (vermeintlichen?) Widerspruch herauszukommen, unterscheidet Wundt zwischen einer ontologischen und einer erkenntnistheoretisch-methodologischen „Betrachtungsweise" (a.a.O., 12): Wenn von physiologischen und psychologischen „Thatsachen" die Rede sei, so seien diese „*nicht* verschiedene Erfahrungs*objecte, sondern* nur verschiedene *Standpunkte* gegenüber einer und derselben Erfahrung" (a.a.O., 371). Dasselbe nochmals anders formuliert: Physiologische und psychologische „Thatsachen" sind „Bestandtheile einer einzigen, nur jedesmal von einem verschiedenen Standpunkte aus betrachteten Erfahrung" (ebda.).

Fassen wir zusammen: 1. Einem monistischen Ansatz auf ontologischer Ebene („an sich einheitliche Erfahrung') steht ein dualistischer auf erkenntnistheoretisch-methodologischer („psychophysischer Parallelismus') gegenüber.

2. Vom Prinzip des psychophysischen Parallelismus her wird eine psychophysische Wechselwirkung bzw. eine Interaktion von Physischem und Psychischem ausgeschlossen.

Aus dem Prinzip des psychophysischen Parallelismus ergeben sich weitgehende Folgerungen für Wundts Psychologie-Verständnis. Wir dürfen annehmen, dass für Wundt einer der Hauptgründe für seine These vom Parallelismus die Abwehr physiologisch-reduktionistischer Tendenzen war. Seine Erläuterung des Paralellismus-Begriffs legt diese Vermutung nahe:

„Ähnlich wie zwei parallele Linien ins Unendliche in ihrem Verlaufe einander entsprechen, aber niemals sich schneiden, so lassen sich nicht direkt die seelischen Vorgänge aus den sie begleitenden physiologischen oder diese aus jenen ableiten, sondern man kann nur nachweisen, dass gewissen Veränderungen hier gewisse Veränderungen dort entsprechen" (Wundt, 1907 a, II, 175).

Wie begründet nun Wundt die Unmöglichkeit einer Interaktion (Wechselwirkung) physischer und psychischer Vorgänge? Eine Wechselwirkung, sagt er, könne nicht stattfinden, weil physische und psychische Ereignisreihen „*von qualitativ abweichender Beschaffenheit*" seien (Wundt, 1894, 97). Im Gefolge dieser „qualitativ abweichenden Beschaffenheit" müsse man konzedieren, dass es „auf geistigem Gebiet" keine im Naturgeschehen wirkenden Kausalbeziehungen gebe, sondern eigenständige Kausalitätsformen existieren. M. a. W.: ‚Natur' und ‚Geist' (bzw. ‚Seele') unterliegen getrennten Kausalprinzipien: „Das Princip des psychophysischen Parallelismus (führt) in der ihm unbestreitbar zukommenden empirisch-psychologischen Bedeutung mit Notwendigkeit zugleich zur Anerkennung einer selbständigen psychischen Causalität, die zwar überall Beziehungen zur physischen Causalität darbietet und niemals im Widerspruch mit der selben gerathen kann, gleichwohl aber von ihr nicht minder verschieden sein muß" (Wundt, 1897, 374).

Worin besteht die essentielle Verschiedenheit bzw. der Gegensatz zwischen physischer und psychischer Kausalität?

„Die physischen Maßbestimmungen beziehen sich auf objective Massen, Kräfte und Energien. [...] Die psychischen Maßbestimmungen dagegen [...] beziehen sich auf subjective Werthe und Zwecke. [...] Die physische Messung hat es [...] mit quantitativen Größenwerthen zu thun. [...] Die psychische Messung dagegen bezieht sich in erster Instanz immer auf qualitative Werthgrößen" (a.a.O., 377).

Auf ein didaktisches Schema verkürzt, ergeben sich folgende bipolaren Relationen:

physische Kausalität	psychische Kausalität
‚objectiv'	‚subjectiv'
‚Massen, Kräfte, Energien'	‚Werthe und Zwecke'
‚quantitativ'	‚qualitativ'
A+B → A+B	A+B → C (‚schöpferische Synthese')
Mechanischer Determinismus	Indeterminismus

Die zwei letztgenannten Vergleichsebenen werden mit der nun folgenden Erläuterung der ‚Prinzipien der psychischen Kausalität' verständlich werden.

Wundt hat erstmals 1894 (später mit terminologischen und zum Teil auch inhaltlichen Modifikationen versehen) folgende drei ‚Principien der psychischen

Causalität' formuliert: die Prinzipien (später ,Gesetze') 1. der Resultanten, 2. der Relationen, 3. der Kontraste.

Mit dem erstgenannten Prinzip soll zum Ausdruck gebracht werden, dass ,psysische Gebilde' neue Eigenschaften aufweisen, die nicht auf die Summe der Eigenschaften ihrer Elemente zurückgeführt werden können. Wundt spricht in diesem Zusammenhang von einer ,schöpferischen Synthese'. ,Schöpferische Synthese' besagt: Psychische Prozesse haben (im Gegensatz zu physikalischen) die Eigenart an sich, dass ,zusammengesetzten Gebilden' im Verhältnis zu den Elementen, aus denen sie sich zusammensetzen, neue Eigenschaften zukommen, die sich nicht vorhersehen lassen. An anderer Stelle spricht Wundt einmal davon, dass es in der Psychologie keine Gesetze nach der Art der Keplerschen oder der Galileischen geben könne, m.a.W. keine mechanische Kausalität. Das klassische Demonstrationsbeispiel für die ,schöpferische Synthese' ist der bereits 1890 von Ch. von Ehrenfels beschriebene und später von der Gestaltpsychologie als Übersummativitätskriterium interpretierte Sachverhalt, dass „ein Zusammen-klang von Tönen [Akkord, G.E.] nach seinen Vorstellungs- und Gefühleigen-schaften mehr (ist) als eine Summe von Einzeltönen" (a.a.O., 375). Das heißt: Zu den Elementen kommt im Falle ihrer Zusammenfügung ein qualitatives Plus hinzu. (In Ansehung dieser Überlegungen dürfte es schwierig sein, Wundt vor-schnell in die Ecke des Elementarismus zu stellen, wie dies gelegentlich vor-kommt.)

Mit dem zweitgenannten Prinzip der Relationen macht Wundt geltend, dass „jeder einzelne psychische Inhalt seine Bedeutung empfängt durch die Be-ziehungen, in denen er zu anderen psychischen Inhalten steht" (a.a.O., 379). In seinem Kern nimmt dieses Prinzip den Hinweis auf die – in moderner Termino-logie ausgedrückt – Kontextabhängigkeit menschlicher Informationsverarbei-tungsprozesse vorweg.

Schließlich besagt das Prinzip der ,psychischen Contraste', dass „subjective Erfahrungsinhalte [...] nach Gegensätzen sich ordnen" (a.a.O., 379). Wundt er-läutert dieses Prinzip an einem Beispiel aus seiner Gefühlstheorie: Ein be-stimmter ,Gefühlston' ist bestimmbar als ein Punkt in einem dreidimensionalen Schema, das durch die Polaritäten Lust vs. Unlust, Erregung vs. Beruhigung sowie Spannung vs. Lösung gebildet wird (zur Gefühlstheorie insgesamt vgl. Wundt, 1897, 87-105 und 186-199).

In der ursprünglichen Fassung von 1894 wird das Theorem von der ,reinen Actualität des Geschehens' als übergreifendes Hauptprinzip den anderen oben beschriebenen Prinzipien vorangestellt. Aktualität besagt: Psychisches ist immer nur als prozesshaftes Geschehen aufzufassen. In keinem Falle habe es die Psychologie – wie dies im Bereich der physischen Kausalität möglich ist – mit ,ruhenden Objecten' zu tun. Der Aktualitätsbegriff wird explizit als Gegenentwurf zur Auffassung von der Seele als einer Substanz konzipiert. Seele sei „die unmittelbare Wirklichkeit der Vorgänge selbst" (a.a.O., 368). Nicht zuletzt diese (bereits von Kant vollzogene) Überwindung substantialistischer Seelenvorstellungen zugunsten der Betonung des Prozesscharakters psychischer Funktionen ermöglichte Wundt die Einführung des Experiments in die Psychologie.

Will man die psychologischen Auffassungen Wundts wenigstens in ihren Grundzügen darstellen, muss man zumindest noch auf zwei Problempunkte eingehen: a) das Apperzeptionskonzept, b) die Rolle der Gefühle. Der erstgenannte Problembereich (a) knüpft an das bereits oben angedeutete Thema des Elementarismus an. Betrachtet man die Gliederung des ‚Grundrisses', könnte man in der Tat meinen, psychische Prozesse seien das Ergebnis von Verknüpfungen, genannt ‚Assoziationen', auf unterschiedlichen Komplexitätsstufen. Erst werden die ‚Elemente' (= Empfindungen) abgehandelt; darauf folgen die ‚psychischen Gebilde', die in psychische Elemente „zerlegbar" (a.a.O., 107) sind. Die ‚psychischen Gebilde' ihrerseits bilden in ihrer Gesamtheit einen ‚Zusammenhang', den Wundt ‚Bewusstsein' nennt. Das Bewusstsein ist eine „allgemeine Verbindung der psychischen Vorgänge" (a.a.O., 238).

Indes trügt der Eindruck, Wundt reduziere das psychische Geschehen auf mechanische Verknüpfungen von Elementen unterschiedlichen Komplexitätsgrades, denn neben den ‚Assoziationen' gibt es Prozesse, die nicht passiv-mechanisch ablaufen, sondern die ein Subjekt erfordern, das diese ‚Verbindungen' aktiv herstellt. In diesem Kontext führt er (in Anlehnung an Leibniz) den Begriff der ‚Apperzeption' ein. Als ‚Apperzeption' bezeichnet Wundt den „Vorgang, durch den irgend ein psychischer Inhalt zu klarerer Auffassung gebracht wird" (a.a.O., 245). Wie wird der ‚psychische Inhalt' zu ‚klarerer Auffassung' gebracht? Dadurch, dass das apperzipierende Subjekt dem ‚psychischen Inhalt' aktiv seine ‚Aufmerksamkeit' zuwendet. Apperzeption impliziert also Aufmerksamkeit, d. h. ein aktives In-Beziehung-treten. In gewisser Weise könnte man den Apperzeptionsbegriff als die Wundt-spezifische Form des heute so genannten Tätigkeitsprinzips interpretieren. Allerdings versteht Wundt Tätigkeit als das Wirksamwerden einer inneren geistigen Kraft, nämlich des Willens. Den Willensvorgängen misst er „eine typische, für die Auffassung aller psychischen Vorgänge maßgebliche Bedeutung" (a.a.O., 17) zu. So gesehen hat die Zuordnung Wundts zum sog. Voluntarismus ihre Berechtigung.

Zwischenfazit zum Apperzeptionskonzept: Aus der Tatsache, dass Wundt psychische Vorgänge als Systeme von Verbindungen (‚Assoziationen') auf unterschiedlichen Komplexitätsstufen darstellt, kann nicht geschlossen werden, dass sie (diese ‚Verbindungen') durchweg passiv-mechanischen Regulationen unterliegen, sondern Wundt setzt mit seinem Apperzeptionskonzept ein (willensmäßig) agierendes Subjekt voraus.

Der zweitgenannte Punkt (b) steht inhaltlich mit dem ersten in enger Beziehung. Wenn Wundt die ‚unmittelbare Erfahrung' als den Gegenstand der Psychologie bestimmt, so schließt dies nicht nur die ‚objectiven Erfahrungsinhalte' (Empfindungen, Vorstellungen usw.) ein, sondern auch das erfahrende Subjekt. Infolge ihrer Gebundenheit an einen Träger, nämlich das Subjekt, erhält die Empfindung einen ‚Gefühlston'. Gefühle sind also die „subjectiven Elemente" (a.a.O., 34) der unmittelbaren Erfahrung. Solche ‚subjectiven' Elemente sind nach Wundt beispielsweise „das Gefühl, das irgend eine Licht-, Schall-, Geschmacks-, Geruchs-, Wärme-, Kälte-, Schmerzempfindung begleitet, oder das Gefühl beim Anblick eines wohlgefälligen oder missfälligen Objectes" usw. (ebda.). Ebenso wie bei den Empfindungen gibt es einfache und zusammengesetzte Gefühle. Jedes Gefühl sei zwar an eine Empfindung gebunden, das heiße aber nicht, „die Empfindungen seien die Ursachen der Gefühle" (a.a.O., 44); vielmehr seien „die Gefühlselemente nie aus den Empfindungen als solchen, sondern nur aus dem Verhalten des Subjects abzuleiten" (ebda.). Das heißt: Gefühle sind selbständige Faktoren des psychischen Geschehens. Das, was Wundt mit ‚Gefühlen' meint, könnte man als eine Art subjektiven Erlebens umschreiben. Pongratz weist in diesem Zusammenhang darauf hin, dass Wundt etwa ab 1900 zunehmend solche Begriffe wie ‚erleben', ‚Erlebnis' verwende (Pongratz, 1984, 275).

Zwischenfazit zum Problembereich ‚Gefühle': Wenn man Wundt – wie allgemein üblich – als Protagonist einer ‚Bewußtseinspsychologie' qualifiziert, so heißt dies nicht, dass er Psychisches auf Kognitionen einengt. Vielmehr sind bei ihm ‚Gefühle' ein konstitutives Moment des sog. ‚Seelenlebens'. Mit einem präsentistischen Seitenblick auf die Kognitionswissenschaften unserer Tage sollte dies als bedenkenswert hervorgehoben werden.

4.4 Wundts Konzeption als duales methodisches und gegenständliches Programm

Vergleichen wir die ausgereifte Psychologiekonzeption Wundts im ‚Grundriss' mit dem ersten Ansatz von 1862 aus der Heidelberger Zeit, so stellen wir erhebliche inhaltliche und methodologische Veränderungen der Positionen, z. T. auch Gegensätze zwischen ihnen, fest (vgl. dazu Graumann, 1980). War der junge Privatdozent noch davon überzeugt, dass das Experiment auch für die Untersuchung der „höheren Seelenthätigkeiten" geeignet sei und dass dann, wenn man „die Seele als ein Naturphänomen" auffasse, die „Seelenlehre als eine Naturwissenschaft" zu betreiben sei, so nimmt der Leipziger Philosophie-Ordinarius seinen Ausgangspunkt von dem philosophischem Axiom eines psychophysischen Parallelismus, zufolge dessen zwischen physischer und psychischer Kausalität streng zu unterscheiden sei. Im Bereich der psychischen Kausalität gehe es nicht um „Massen, Kräfte, Energien", sondern um „Werthe und Zwecke". Mit Werten und Zwecken kann man aber nicht experimentieren. Das heißt: Wundt gibt eine universale methodische Orientierung der Psychologie an den ‚exakten' Naturwissenschaften auf. Statt dessen gliedert er die Psychologie in zwei methodisch disparate Teile auf: die experimentelle physiologische Psychologie und die nichtexperimentelle Völkerpsychologie. Der experimentelle Teil diene „der Analyse der einfacheren psychischen Vorgänge", der nicht-experimentelle „der Untersuchung der höheren psychischen Vorgänge und Entwicklungen" (Wundt, 1897, 28). Faktisch fällt also der Völkerpsychologie die Aufgabe zu, die psychologischen Gegenstände zu untersuchen, die einer experimentellen Bearbeitung nicht zugänglich sind. Mit anderen Worten: Die Völkerpsychologie sollte die aus der Einschränkung des Anwendungsbereichs des Experiments entstehenden Leerstellen auffüllen. Welche Leerstellen waren das? Es waren – wie bereits gesagt – die sog. ‚höheren' oder ‚komplexen' psychischen Prozesse (Denken, ‚Gefühle', ‚Willensprozesse'); zugleich hoffte Wundt, mit der Völkerpsychologie der sozialen Dimension und dem Entwicklungsaspekt des ‚Seelenlebens' gerecht zu werden. Welche nichtexperimentelle methodische Strategie versuchte er auf diesem Felde anzuwenden? Wundt nennt sie ‚reine Beobachtung'. Er glaubte, aus den ‚geistigen Erzeugnissen' Sprache, Mythos und Sitte Rückschlüsse auf die ihnen vermeintlich zugrunde liegenden psychischen Prozesse Denken, Fühlen und Wollen ziehen zu können. Die methodische Strategie bestand also darin, von der Analyse von *Objektivationen* auf die sie konstituierenden *Prozesse* zu schließen. Die crux, vor der Wundt offenbar die Augen verschloss, bestand nun aber darin, dass die Analyse eines Ergebnisses keine gesicherten Schlüsse auf die Prozesse, die es zustande bringen, zulässt. Treffend charakterisierte Danziger (1983, 310) Wundts „historical failure": „... he had to leap constantly from the products of interaction to intraindividual processes, while the crucial mediating process never advanced beyond the status of a general theoretical postulate". Es ist aus den genannten Gründen nicht verwunderlich, dass es (im Gegensatz zum experimentellen Programm der physiologischen Psychologie, das rasch eine nachhaltige und breite internationale Resonanz fand) um die Völkerpsychologie nach Wundts Tod (1920) relativ ruhig wurde. Wirkungsgeschichtlich betrachtet, ist das Wundtsche Programm einer gleichberechtigten Nebenordnung von experimenteller physiologischer Psychologie und nichtexperimenteller Völkerpsychologie letztlich gescheitert.

Dennoch: Selbst wenn man vielleicht diese Nebenordnung als eine Gefährdung der gegenständlichen und methodischen Einheit der noch jungen Einzelwissenschaft befürchtete, so muss man – gewissermaßen zur Ehrenrettung

Wundts – doch auch sagen, dass er mit der Völkerpsychologie der Ausklammerung historischer und sozialer Variablen bei der Untersuchung psychischer Prozesse entgegenzuwirken bestrebt war. In diesem Sinne konnte man die Völkerpsychologie auch verstehen als einen Appell, die psychologische Untersuchung nicht auf das isolierte Individuum unter Laborbedingungen zu verkürzen, sondern der sozialen und historischen Dimension menschlichen Verhaltens und Erlebens gerecht zu werden. Freilich erwiesen sich die methodischen Strategien zur Untersuchung dieser Dimensionen als nicht hinreichend tragfähig.

4.5 Wundts Verdienste um die einzelwissenschaftliche Verselbständigung der Psychologie

In vielen psychologiegeschichtlichen Gesamtdarstellungen wird Wilhelm Wundt als *die* zentrale Figur im Rahmen der Verselbständigung der Psychologie als Einzelwissenschaft gewürdigt. Gelegentlich wird ihm sogar der Titel ‚Vater' oder ‚Begründer' der experimentellen Psychologie zuerkannt. Exemplarisch sei auf die emphatische Charakterisierung der Rolle Wundts bei Boring verwiesen: „Wundt is the senior psychologist in the history of psychology. He is the first man who without reservation is properly called a psychologist. [...] When we call him the 'founder' of experimental psychology, we mean both that he promoted the idea of psychology as an independent science and that he is the senior among 'psychologists'" (Boring, 1957, 316).

Unsere bisherige Darstellung der Entwicklungsprozesse, in deren Gefolge eine einzelwissenschaftliche Psychologie entstand, lässt eine derartige Fokussierung auf *eine* Gründungsperson fraglich erscheinen. Wir haben beispielsweise gesehen, dass eigentlich schon Fechner den de-facto-Nachweis erbrachte, dass das Experiment eine geeignete Methode zur Untersuchung psychologischer Fragestellungen ist; oder: wir erinnern daran, dass ein breiter Strom sinnesphysiologischer Forschung die Tür für die psychologische Untersuchung von Wahrnehmungsprozessen weit aufstieß. Die einzelwissenschaftliche Verselbständigung der Psychologie wird man also nicht nach der Treitschkeschen Devise ‚Große Männer machen die Geschichte' zum Werk *eines* Gründungsvaters deklarieren können; vielmehr ist sie das Ergebnis eines breiten Geflechts vielgestaltiger Forschungsaktivitäten.

Dessen ungeachtet ist es nicht nur legitim, sondern geradezu geboten, die Verdienste, die sich speziell Wundt in diesem Verselbständigungsprozess erworben hat, zu benennen. Seine wesentlichsten Beiträge sind die folgenden:

1. das erste systematische Standardwerk der experimentellen Psychologie, ,Grundzüge der physiologischen Psychologie' (1873/74); über den Stellenwert dieses Buches haben wir bereits berichtet;

2. die Gründung des weltweit ersten Instituts für experimentelle Psychologie an der Universität Leipzig 1879, zunächst finanziert aus privaten Mitteln, ab 1882 als staatlich anerkanntes Institut; die internationale Anziehungskraft dieses Instituts war beträchtlich. Die am Institut durchgeführten Arbeiten bestimmten den mainstream der jungen experimentalpsychologischen Forschung: „Wundt's laboratory [...] defined experimental psychology for the time being, because the work of the first laboratory was really the practical demonstration that there could be an experimental psychology and was thus an example of what an experimental psychology would be like in fact" (Boring, 1957, 339 f.);

3. die Herausgabe der ersten experimentalpsychologischen Fachzeitschrift unter dem (heute merkwürdig anmutenden) Titel ,Philosophische Studien' 1881 (erster Jahrgangsband 1883); Wundt berichtet, er habe diesen Titel als „Kampftitel" gegen Vorurteile philosophischer Fachkollegen gewählt (Wundt, 1921, 313); in der Zeitschrift wurden neben theoretischen Beiträgen in erster Linie die am Leipziger Institut erzielten Forschungsergebnisse publiziert; von 1906 bis 1917 erschien die Zeitschrift unter dem Titel ,Psychologische Studien';

4. die Ausbildung eines breiten, experimentell geschulten wissenschaftlichen Nachwuchses, der die internationale Entwicklung der Psychologie maßgeblich mitbestimmte. Viele der später prominenten Vertreter des Faches erwarben ihr methodisches Rüstzeug in Leipzig. Bemerkenswert groß war der Anteil US-amerikanischer Studenten, die nach der Rückkehr in ihre Heimat psychologische Institute gründeten. Die Liste der im Zeitraum 1875-1919 betreuten Dissertationen enthält 186 Titel (vgl. Tinker, 1980, 269-279). Die wichtigsten Schüler werden u. a. bei Boring (1957, 347) aufgeführt.

Wie tragfähig oder auch brüchig die Wundtsche Konzeption einer wissenschaftlichen Psychologie war, wird die Darstellung der weiteren Entwicklung erweisen.

4.6 Exkurs: Ein Alternativprogramm zu Wundt – Brentanos Aktpsychologie

Zweifellos spielt Wundt im Verselbständigungsprozess der Psychologie als Wissenschaft eine zentrale Rolle. Dennoch wäre es verfehlt, Wundt zum alleinigen Begründer oder ,Vater' einer wissenschaftlichen Psychologie zu erklären. Genau in dem Jahr, in dem seine ,Grundzüge der physiologischen Psychologie' veröffentlicht wurden, erschien ein Werk, das – zumindest partiell – als ein Alternativentwurf bezeichnet werden kann: F. Brentanos (1838-1917) ,Psychologie vom empirischen Standpunkte' (1874). Nach Sprung (2006, 185) müsse dieses Werk „für den Entwicklungsstand der Psychologie in jener Zeit als vergleichbar bedeutsam angesehen werden wie Wilhelm Wundts ,Grundzüge der physiologischen Psychologie'". Wirkungsgeschichtlich betrachtet, ist sicherlich der Einfluss Brentanos auf die Psychologieentwicklung durchaus nicht zu unterschätzen (z. B. Einflüsse auf Stumpf, Grazer Schule, Würzburger Schule, phänomenologische Psychologie, Handlungstheorie). Indes wurde das Ausmaß der Nachhaltigkeit des Wundtschen Programms, seiner Breitenwirkung und internationalen Resonanz bei weitem nicht erreicht.

Die Charakterisierung der Brentanoschen Monographie als ein „Konkurrenz"-Unternehmen (Traxel, 1995, 34) bzw. „zweite Kraft" (Scheerer, 1989, 1626) ist keine nachträgliche Konstruktion der Psychologiegeschichtsschreibung, sondern entspricht der Sichtweise Brentanos selbst.

Ein Beleg für diese Selbsteinschätzung sind aus dem Nachlass Brentanos überlieferte Aufzeichnungen aus dem Jahre 1904: „Auch wer die beiden Bücher [Brentano, 1874; Wundt, 1874; G.E.] vergleicht, wird ersehen, wie viel mehr ich als Wundt die Schwierigkeiten der einzelnen Probleme fühlte, der [=Wundt; G.E.] darum auch selbstzufrieden zu noch anderen Aufgaben weiter schreiten und nach der physiologischen Psychologie eine nicht minder umfassende Logik und eine Völkerpsychologie [...], ja die Ausarbeitung eines Gesamtsystems der Philosophie in Angriff nehmen konnte" (zit. bei Werle, 1989, 44). Während Wundt letztendlich der Vielschreiberei bezichtigt wird, hält Brentano sich selbst zugute, eine mehr in die Tiefe gehende und nach allen Seiten argumentativ abwägende Erörterung elementarer Probleme zu leisten. 1874 sei „die Zeit noch nicht reif [gewesen] für die Herstellung solcher [bezieht sich auf Wundt; G.E.] umfassender Werke" (ebda.).

Abstrahiert man von eher durch subjektive Befindlichkeiten gefärbten Aussagen, wird man beim Vergleich Brentano vs. Wundt sowohl auf Gemeinsamkeiten als auch auf substantielle Gegensätze stoßen. Gemeinsam ist beiden a) das Bestreben, die Psychologie zur Wissenschaft auf empirischer Grundlage, frei von metaphysischen Hypothesen, zu entwickeln, b) der Psychologie eine methodologische Orientierung an den Naturwissenschaften zu geben. Diesem Anspruch gibt der junge Brentano in der 4. These seiner Habilitationsschrift (1866) programmatischen Ausdruck: Vera philosophiae methodus nulla alia nisi scientiae naturalis est". („Die wahre Methode der Philosophie ist keine andere als die der Naturwissenschaften". Brentano, 1929, 136 f.). Im übrigen weist Brentano selbst auf die Gemeinsamkeit mit Wundt in diesem Punkt hin: „Wie Wundt, so hatte ich von allem Anfang die Überzeugung ausgesprochen, daß eine der naturwissenschaftlich wesentlich identische Methode in der Philosophie zur Anwendung gebracht werden müsse" (zit. nach Werle, 1989, 45).

Der fundamentale Gegensatz zwischen Brentano und Wundt hingegen wird bei der Bestimmung des Psychischen bzw. des Gegenstands der Psychologie sichtbar. Während Wundt die Aufgabe der Psychologie darin sieht, „den gesamten *Inhalt* der Erfahrung in seinen Beziehungen zum Subjekt ..." (Wundt, 1897, 3) zu untersuchen, spricht Brentano von „psychischen Phänomenen", die „intentional einen Gegenstand in sich enthalten" (Brentano, 1973, 125). „Jedes psychische Phänomen ist durch das charakterisiert [...], was wir [...] die Beziehung auf einen Inhalt, die Richtung auf ein Objekt [...] oder die immanente Gegenständlichkeit nennen würden" (a.a.O., 124 f.). Brentano illustriert das, was er mit ‚immanenter Gegenständlichkeit' oder (an anderer Stelle) ‚intentionaler Inexistenz' meint, anhand von Beispielen: „In der Vorstellung ist etwas vorgestellt, in dem Urteile ist etwas erkannt oder verworfen, in der Liebe geliebt, in dem Hasse gehaßt, in dem Begehren begehrt usw." (ebda.). Die Beziehung der psychischen Phänomene auf einen Inhalt bzw. ein Objekt wird verstanden als ein aktives In-Beziehung-Setzen durch das Subjekt: „Ich mache etwas zum Objekt" (a.a.O., 271). Für dieses In-Beziehung-Setzen verwendet er den Begriff ‚Akt'. ‚Akt' ist das Gegenstück zu ‚Inhalt': „Ich verstehe unter Vorstellung nicht das, was vorgestellt wird, sondern den Akt des Vorstellens. Also Hören eines Tones, das Sehen eines farbigen Gegenstandes, das Empfinden von warm und kalt" (a.a.O., 111).

Die Andersartigkeit der Fragestellung im Vergleich zu Wundt ist offensichtlich: Wundt geht es um die *Empfindung* und darum, wie Empfindung (psychophysiologisch) herleitbar ist (‚genetisches' Verfahren); Brentano geht es um das *Empfinden* und darum, wie es (phänomenal) beschreibbar ist (‚deskriptives' Verfahren). Gegenstand des ‚deskriptiven' Verfahrens sensu Brentano sind ‚psychische Akte' *als solche*: „das, was in der Erfahrung, der ‚inneren Wahrnehmung' unmittelbar gegeben ist" (a.a.O., 110). Aus dieser Perspektive erübrigt sich eine „Ableitung psychischer Gesetze aus physischen" bzw. „ein Hinweggeben der psychologischen Untersuchung für die physiologische" (a.a.O., 111 u. 118 f.). Empfindung ist für Brentano eine physiologische, aber keine psychologische Kategorie.

Diese kurzen Ausführungen machen deutlich: Brentanos Konzeption ist als Gegenentwurf zu Wundt zu bewerten: Der ‚Akt' bildet den Gegenpol zum ‚Inhalt'; die psychologische Untersuchung schließt bei Wundt den Zusammenhang mit dem physiologischen Korrelat ein, wohingegen Brentanos Fokus auf die ‚innere Wahrnehmung' (als evidenter, unmittelbarer Erlebens-Tatbestand) gerichtet ist. Der amerikanische Zeitzeuge E. B. Titchener bringt die Bipolarität auf den Punkt: „There is no middle way between Brentano and Wundt" (zit. bei Baumgartner & Baumgartner, 1999, 101).

Beim Versuch einer resümierenden Würdigung und Kritik der Aktpsychologie kann sich eine Empfehlung Traxels als hilfreich erweisen. Er schlägt vor, bei der Bewertung psychologischer Konzeptionen zu unterscheiden zwischen einem ‚programmatischen' und einem ‚faktischen' Gegenstand. Häufig bestehe zwischen „dem *erhobenen Anspruch* und dem Ausmaß seiner *faktischen Erfüllung* [...] eine Diskrepanz" (Traxel, 1995, 33 f.). Brentano liefert ein klassisches Beispiel für eine solche Diskrepanz. Auf der einen Seite fordert er, die Philosophie (und damit auch die Psychologie als ihr Bestandteil) müsse den Naturwissenschaften analoge Methoden verwenden (vierte Habilitationsthese), auf der anderen bestimmt er als Gegenstand die sog. ‚psychischen Phänomene', für deren Untersuchung die in den Naturwissenschaften gebräuchlichen Methoden eher weniger geeignet sind, weil es sich bei diesen ‚psychischen Phänomenen' um subjektive Erlebens-Tatbestände handelt, die in erster Linie ‚deskriptiv' zu erfassen sein sollen und die man allenfalls klassifizieren könne (Brentano unterscheidet die ‚Akte' des Vorstellens, des Urteilens und der Gemütsbewegungen).

Man würde es sich aber etwas zu leicht machen, wenn man Brentanos psychologisches Konzept einseitig aus einer methodenkritischen Perspektive bewerten würde. Das wesentliche, die Aspektivität des Faches betreffende Verdienst besteht darin, die *Intentionalität* des Bewusstseins explizit thematisiert und tiefgründig reflektiert zu haben. Pongratz (1984, 123) bezeichnet diese Leistung als „seinen großen Fund". Zweifellos ist Brentanosches Gedankengut in die weitere Entwicklung der Psychologie eingegangen, ob nun unmittelbar (Würzburger Schule) oder in quellenmäßig nur schwer rekonstruierbarer Weise (handlungstheoretische Konzeptionen, Protagonisten einer Psychologie als Subjektwissenschaft).

Der damalige ‚Zeitgeist' wehte freilich nicht zugunsten Brentanos. Beispielsweise schlossen sich die führenden akademischen Psychologen jener Zeit zu einer wissenschaftlichen Fachgesellschaft zusammen, der sie den Namen ‚Gesellschaft für experimentelle Psychologie' (1904) gaben (vgl. Lüer, 1991; Grundlach und Stöwer, 2004). Die Experimentalpsychologen aber konnten mit einer Psychologie der Inhalte mehr anfangen als mit einer Psychologie der Akte.

Boring zeichnet ein treffliches Bild der Lage: „It is easy to see why the actual experimentalists, the men who really used apparatus to determine the functional relations between two variables, preferred a psychology of content, whereas those who gave lip-service to experimentation and relied basically on argument and personal experience were apt to slip over into a psychology of act" (Boring, 1957, 361).

Wundt (allerdings der in erster Linie auf die ‚physiologische Psychologie' verkürzte Wundt) galt als die große Vaterfigur.

5 Das Spannungsverhältnis von Zurückweisung und Ausweitung des Experiments nach Wundts einzelwissenschaftlicher Begründung der Psychologie

Der Versuch Wilhelm Wundts, das methodische Instrumentarium seiner Psychologie als eine Synthese von induktiv-experimentellen Verfahren (für sog. ‚elementare' Prozesse) und von deduzierend-nichtexperimentellen Verfahren (für sog. ‚höhere, ‚komplexe' Prozesse) zu konzipieren, barg von vornherein die Gefahr in sich, die ‚Einheit' dieser ‚neuen Wissenschaft' zu sprengen. In der Tat zeichneten sich schon bald nach der Schaffung der konzeptionellen und institutionellen Grundpfeiler (1873/74 Lehrbuch, 1879 Institut, 1881/83 Fachzeitschrift) auseinander strebende Trends ab, die sich schließlich zu scharfen Gegensätzen verhärteten: auf der einen Seite die Zurückdrängung des Experiments und damit verbunden die Leugnung der Möglichkeit, gesetzmäßige Beziehungen im Bereich des Psychischen aufzufinden, auf der anderen die Sprengung der Grenzen, die Wundt dem Anwendungsbereich des Experiments setzte, und das Bestreben, auch die sog. ‚höheren' psychischen Prozesse der experimentellen Analyse zu erschließen. Prototypischer Vertreter der erstgenannten Option ‚Zurückdrängung des Experiments' ist W. Dilthey mit seiner Konzeption einer ‚geisteswissenschaftlichen' oder ‚verstehenden' Psychologie. Für die andere Option, die Ausweitung der Anwendungsbereiche des Experiments, sollen zwei Varianten vorgestellt werden: zum einen Ebbinghaus (Gedächtnis), zum anderen die Würzburger Schule (Denken).

5.1 Die Verstehende Psychologie

5.1.1 Diltheys Kritik an der ‚erklärenden Psychologie'

Es mag zunächst verwundern, dass sich W. Dilthey (1833-1911) bei seinen Überlegungen zum Ausgangspunkt der Psychologie auf den (formal) gleichen Begriff bezieht wie Wundt: das ‚Leben'. Während aber Wundt unter ‚Leben' das ‚Leben eines organischen Wesens' als ‚einheitlichen Zusammenhang von

Prozessen', nämlich ,körperliches Leben' und ,Bewusstseinsvorgänge' versteht (Wundt, 1908), ist für Dilthey ,Leben' eine ursprünglich und subjektiv gegebene, geistige ,Realität'. ,Leben' ist bei Wundt ein organisches, bei Dilthey ein ,geistiges' Leben. Nach Dilthey ist bei Leben „vor allem Erkennen da" (Dilthey, 1990, 196); auf das ,Seelenleben' könne demzufolge „der äußere Naturzusammenhang [...] nicht übertragen werden" (ebda.). Diese Entgegensetzung von Natur und Seele bringt er auf die griffige Formel: „ Die Natur erklären wir, das Seelenleben verstehen wir" (a. a. O., 144). Die experimentelle Psychologie, die das ,Seelenleben' ,erklären' will, ist deshalb zu bekämpfen. Entsprechend apodiktisch fällt das Vernichtungsurteil aus: „Die erklärende Psychologie als System kann nicht nur jetzt, sondern für alle Zeiten eine objektive Erkenntnis des Zusammenhanges der psychischen Erscheinungen nicht herbeiführen" (a.a.O., 193). Das ist natürlich eine grobschlächtige Polemik. Wir fragen: Welche (möglichen) kritischen Argumente hat Dilthey im einzelnen vorzubringen? Und weiter: Welche (mögliche) Alternative gegenüber der vielgescholtenen ,erklärenden' Psychologie hat er anzubieten? Zunächst zur Kritik, die sich m. E. in drei Punkten zusammenfassen lässt:

1. Die ,erklärende Psychologie' leite ihre Aussagen „aus einer begrenzten Anzahl von analytisch gefundenen *Elementen*" ab (a.a.O., 158).
2. Zu dem ursprünglich Gegebenen der ,inneren Erfahrung' werden *Hypothesen hinzugefügt*, mit deren Hilfe *Kausalzusammenhänge konstruiert* werden. Eine dieser Hypothesen sei z. B. die Annahme eines psychophysischen Parallelismus. Da die Hypothesen auf die psychischen Tatbestände gewissermaßen aufgepfropft werden, nennt Dilthey die ,erklärende' Psychologie gelegentlich auch ,konstruktive Psychologie' (ebda.).
3. Die Gegenstandsbereiche (,Geschäfte') der Psychologie seien „von der Physiologie in die Hand genommen" worden, was einem „Bankrott einer selbständigen erklärenden Psychologie" gleich komme (a.a.O., 166).

Elementarismus, Konstruieren von Kausalzusammenhängen mittels Hypothesen, Reduktion von Psychologie auf Physiologie – das waren die wesentlichen Vorwürfe Diltheys. (Es sei hier nur am Rande erwähnt, dass Ebbinghaus in seiner Replik von 1896 Dilthey vorwirft, ein völlig verzerrtes und veraltetes [insbesondere auf Herbart bezogenes] Bild von der seinerzeit ,modernen' Psychologie gezeichnet zu haben.)

5.1.2   Diltheys Alternative: Die ,beschreibende und zergliedernde Psychologie'

Nun aber die Diltheysche Alternative: die ,beschreibende und zergliedernde Psychologie'. (Erst später wurde die Bezeichnung ,geisteswissenschaftliche Psychologie' [Spranger] bzw. ,verstehende Psychologie' [Jaspers] eingeführt.) Dilthey definiert die ,beschreibende und zergliedernde Psychologie' als „die Darstellung der in jedem entwickelten menschlichen Seelenleben gleichförmig auftretenden Bestandteile und Zusammenhänge, wie sie in einem einzigen Zusammenhang verbunden sind, der nicht hinzugedacht oder erschlossen, sondern erlebt ist" (a.a.O., 152). Anknüpfend an die drei o. g. Kritikpunkte gegenüber der ,erklärenden' Psychologie, vertritt und begründet Dilthey die jeweils ,passenden' drei Gegenpositionen:

1. Da das Seelenleben ein ursprünglicher ,Strukturzusammenhang' sei, müsse der „Gang" der ,beschreibenden und zergliedernden Psychologie' notwendigerweise „von dem Ganzen zu den Gliedern" führen (a.a.O., 238); der „erlebte Zusammenhang" sei das erste; „das Distinguieren einzelner Glieder desselben" sei nachgeordnet (ebda.). Das ,entwickelte Seelenleben' sei „nicht aus elementaren Vorgängen [...] abzuleiten" (a.a.O., 169).

2. Das ,Seelenleben', das von Anfang an als einheitlicher ,Strukturzusammenhang' vorliegt (,ursprünglich gegeben'), kann nur „durch innere Wahrnehmung eindeutig verifiziert werden" (a.a.O., 152). Um die Erkenntnisleistung der ,inneren Wahrnehmung' zu charakterisieren, führt Dilthey den seinerzeit in der Geschichtswissenschaft (Droysen, 1868) etablierten Begriff ,Verstehen' ein. ,Verstehen' heißt so viel wie sich hineinversetzen, sich einfühlen, innerlich nachvollziehen, deuten. Bei Dilthey ist das ,Verstehen' *die* Erkenntnismethode der Geisteswissenschaften schlechthin. Die Methodologie des ,Verstehens' nennt man Hermeneutik. Vom Selbstverständnis Diltheys her ist ,Verstehen' nicht mit einem x-beliebigen Deuten oder ungeregelten Spekulieren zu verwechseln. Vielmehr werde das ,Verstehen' durch die „Intellektualität der inneren Wahrnehmung" (a.a.O., 172) bestimmt. Die ,Intellektualität der inneren Wahrnehmung' umfasse auch ,logische Operationen', wie z. B. „Unterscheiden, Gleichfinden, Grade der Verschiedenheit bestimmen, Verbinden, Trennen, Abstrahieren, mehrere Zusammenhänge zu einem verknüpfen, aus mehreren Tatsachen eine Gleichförmigkeit gewinnen" (a.a.O., 171). Aus alledem wird ersichtlich, dass die verstehende Psychologie nicht nur eine ,beschreibende', sondern auch – wenn auch methodisch nachgeordnet – eine ,zergliedernde' sein will; der analytische Anspruch wird nachdrücklich betont. Im Nachgang der Kontroverse mit Ebbinghaus skizziert Dilthey nochmals sein Anliegen: „Ich

war ganz von der besonderen Aufgabe der Abhandlung hingenommen, die Form einer vom Strukturzusammenhang ausgehenden analytischen Psychologie, welche sich bis zu einem gewissen Grade der Allgemeingültigkeit nähern könne, zu entwickeln" (a.a.O., LXIX).

3. Die ‚Strukturzusammenhänge' des ‚Seelenlebens' brauchen „nicht erschlossen" zu werden, da sie „ursprünglich gegeben" sind (a.a.O., 152); ‚nicht erschlossen' heißt unter anderem Verzicht auf Hypothesen über physiologische Korrelate psychischer Prozesse. Als Geisteswissenschaft müsse die Psychologie „ihre Methoden ihrem Objekt entsprechend selbständig bestimmen" (a.a.O., 143), d. h. in Abgrenzung gegenüber den Naturwissenschaften. Das Objekt der so verstandenen geisteswissenschaftlichen Psychologie sei „das von innen Erlebte". Dieses „von innen Erlebte" könne aber „nicht unter Begriffe gebracht werden, welche an der in den Sinnen gegebenen Außenwelt entwickelt worden sind" (a.a.O., 196).

Aus diesen in Kontraposition zur ‚erklärenden Psychologie' entwickelten theoretischen und methodischen Leitlinien der verstehenden Psychologie ergeben sich spezifische Interessen- und Arbeitsschwerpunkte, die sich in vielem von denen der experimentell orientierten Forschung unterscheiden. Dilthey benennt in seiner Abhandlung von 1894 drei thematische Schwerpunkte („Forschungsaufgaben") der ‚beschreibenden und zergliedernden Psychologie':

1) ‚Darstellung des Strukturzusammenhangs in ausgebildeten Seelenleben',
2) ‚Entwicklung des Seelenlebens',
3) ‚Studium der Verschiedenheiten des Seelenlebens' (a.a.O., 176 ff.).

Je ein typisches Arbeitsergebnis für jeden Schwerpunkt soll kurz vorgestellt werden:

Für den Schwerpunkt (1) ist eine Arbeit von Dilthey selbst zu nennen: die Monographie ‚Das Erlebnis und die Dichtung. Lessing, Goethe, Novalis, Hölderlin' (1906). Hier wird aus der hermeneutischen Analyse geistiger Objektivationen (Dichtwerke) der ‚Strukturzusammenhang' des ‚Seelenlebens' schöpferisch tätiger Personen (Dichter) zu ‚beschreiben' versucht. Wegen der Einmaligkeit und Unwiederholbarkeit der je individuellen ‚Strukturzusammenhänge' arbeitet Dilthey notwendigerweise kasuistisch. Die Arbeit kann als ein Beitrag zu einer psychologisch-deutenden Biographik betrachtet werden.

Das klassische Werk zum Thema ‚Entwicklung' (2) ist die viele Auflagen erreichende ‚Psychologie des Jugendalters' (1924) des Diltheys-Schülers E. Spranger. Bei der bevorzugten Orientierung der verstehenden Psychologie auf Sinn- und Motivationszusammenhänge lag die gezielte Beschäftigung mit dem

Jugendalter nahe (zum Beitrag der verstehenden Psychologie zur Entwicklungspsychologie vgl. Abschnitt 11.3).

Die bekannteste Studie der verstehenden Psychologie über die ‚Verschiedenheiten des Seelenlebens' (3) ist die ebenfalls von Spranger (1921)
stammende Persönlichkeitstypologie. Das Klassifikationskriterium dieser Typologie waren dominante subjektive Wertorientierungen: der theoretische, der
ökonomische, der ästhetische, der soziale, der religiöse und der Macht- (oder
politische) Typ.

5.1.3 Die verstehende Psychologie im Kontext der Gesamtentwicklung der Psychologie

Um eine wissenschaftshistorische Einschätzung bemüht, fragen wir: Welcher
Stellenwert kommt der verstehenden Psychologie im Gesamtkontext der Psychologieentwicklung an der Wende vom 19. zum 20. Jahrhundert zu? Zunächst ist
zu konstatieren, dass mit der verstehenden Psychologie eine Gegenstandsverschiebung gegenüber der Wundtschen Auffassung von Psychologie erfolgt. An
die Stelle des Bewusstseins bzw. der Bewusstseinsvorgänge bei Wundt tritt das
Erleben bei Dilthey. Diese Gegenstandsverschiebung korreliert mit einem abweichenden methodischen Konzept.

Pongratz (1984, 253 f.) hat die Interdependenz von Gegenstand und
Methode in der verstehenden Psychologie treffend charakterisiert: Einerseits
habe das Verstehen ein Erleben zur Voraussetzung, andererseits macht erst „das
Verstehen das Erleben bewusst, macht es zu einer Lebenserfahrung".

Aus der Fokussierung auf ‚Erleben' ergeben sich grundsätzliche Implikationen für das Verständnis von Psychologie:

(1)   ‚Erleben' ist ein ganzheitliches Geschehen. Es kann nicht induktiv aus (ge-
       dachten) Elementen erschlossen, sondern nur deduktiv ‚zergliedert' werden.
(2)   Erleben ist ein einzigartiges, individuelles Geschehen. Aufgrund dieses
       singulären Charakters von Erlebnisakten ist die Psychologie eine sog. idio-
       graphische Wissenschaft, d. h. eine Wissenschaft, die nur einzelne Vor-
       gänge beschreibt und analysiert; diese Vorgänge sind nicht gesetzmäßig de-
       terminiert und nicht kausal erklärbar.
(3)   Erleben ist ein geistiges Geschehen. Es ist nicht als Naturprozess beschreib-
       bar, sondern ein ‚ursprünglich gegebener' Zusammenhang, dem Sinnhaftig-
       keit zukommt.

Mit der polemischen Behauptung, die ‚erklärende Psychologie‘ könne diesen Wesensmerkmalen des ‚Erlebens‘ weder inhaltlich-gegenständlich noch methodisch gerecht werden, wird der Versuch unternommen, die einzelwissenschaftliche Verselbständigung der experimentellen Psychologie als verhängnisvollen Irrtum zu deklarieren und die Psychologie in den Schoß der Philosophie zurückzuholen. Dilthey fordert explizit: „Die erklärende und konstruktive Psychologie muß an Einfluß verlieren" (a.a.O., 167). Diese Kampfansage erhält durch die Einbringung weltanschaulich-ideologischer Argumente (Materialismus-Vorwurf) eine brisante politische Dimension: Dilthey warnt: „Die ganze weitere Entwicklung hat gezeigt, wie in politischer Ökonomie, Kriminalrecht, Staatslehre dieser verschleierte Materialismus der erklärenden Psychologie [...] zersetzend gewirkt hat" (zit. nach Klix, 1979 b, 106). Hinzu kommen gegen Protagonisten der ‚erklärenden Psychologie‘ gerichtete personalpolitische Aktivitäten: Ebbinghaus wird 1894 von Berlin aus in die ‚Provinz‘ (Breslau) abgeschoben.

Nachdem die von der verstehenden Psychologie initiierte Gegenstandsverschiebung (von ‚Bewusstsein‘ zu ‚Erleben‘) und ihre Implikationen (Kampfansage an die experimentelle Psychologie) dargestellt wurden, können nunmehr einige generell wertende Aussagen gemacht werden:

1. Zweifellos enthält die Kritik der verstehenden Psychologie an elementaristischen Auffassungen und Verfahrensweisen in der damaligen experimentell orientierten (‚erklärenden‘) Psychologie ihre historische Berechtigung. Das Insistieren auf den Ganzheitscharakter psychischer Prozesse war notwendig. Indes suggeriert Dilthey, dass die Anwendung des Experiments in der Psychologie notwendigerweise mit einem elementaristischen Untersuchungskonzept verknüpft sein muss. Faktisch schloss er die Möglichkeit aus, experimentelle Designs zu entwickeln, die der Ganzheitlichkeit psychischer Prozesse gerecht werden. Das Ausschließen dieser Möglichkeit erwies sich – historisch gesehen – als Irrtum, denn die bald auf den Plan tretende Gestaltpsychologie hat gezeigt, dass das Experiment sehr wohl mit einer ganzheitlichen Auffassung des Psychischen verknüpft werden kann.

2. Die aus der Einmaligkeit und Unwiederholbarkeit des Erlebens (Individualität des ‚Seelenlebens‘) gefolgerte nahezu ausschließliche Orientierung auf eine qualitativ-deutende Methodik (Hermeneutik) ist kritisch zu hinterfragen. Spätestens mit der Begründung einer objektiven wissenschaftlichen Kriterien genügenden Differentiellen Psychologie (Stern 1900, Stern 1911) zeigt sich, dass Einzelfallbeschreibung keineswegs die Anwendung quantitativer Methoden ausschließt.

3. Mit der Auffassung vom ‚Seelenleben' als dem der ‚inneren Wahrnehmung'
    ‚ursprünglich' Gegebenen wird das Psychische einseitig als das Subjektive
    bestimmt. Psychisches als objektives Phänomen und als Korrelat neuro-
    physiologischer Prozesse wird ausgeklammert. Obwohl die geisteswissen-
    schaftliche Hermeneutik nicht einfach als willkürliches Spekulieren und
    Deuteln abzutun ist, kann die Berufung auf die ‚Intellektualität der inneren
    Wahrnehmung' nicht darüber hinwegtäuschen, dass Verstehen ein sub-
    jektives Dafürhalten ist, das einer Überprüfung an objektiven Kriterien nicht
    zugänglich ist. Genau auf diesen entscheidenden Punkt hat Ebbinghaus in
    seiner Kritik an Dilthey aufmerksam gemacht: „Die gewissenhafteste Be-
    fragung der inneren Erfahrung liefert gleichwohl dem einen dieses, dem
    anderen ein anderes Ergebnis" (Ebbinghaus, 1896, 200).
4. Die in Wiederanknüpfung an Kant vertretene These, dass das Bewusstsein
    nicht in der Lage ist, hinter sich selbst zu kommen, läuft letztendlich auf
    eine agnostizistische Resignation vor der Möglichkeit einer Psychologie als
    Wissenschaft hinaus.

Das folgende Schema gibt eine stichpunktartige Zusammenfassung der Gegensätze zwischen der experimentellen (‚erklärenden') Psychologie (Ebbinghaus)
und der verstehenden Psychologie (Dilthey):

Fragestellung/ Kategorie	Experimentelle (‚erklärende') Psychologie	Verstehende Psychologie
Ausgangspunkte	Hypothesen	Erlebnisgegebenheiten
	Teile (‚Elemente')	Ganzes
Methodologie	experimentell	deutend (Hermeneutik)
	induktiv	deduktiv
	quantitativ	qualitativ
	operational	phänomenologisch
Erkenntnistheoretische Prinzipien	Kausalitätsaxiom	Erfassen von Wesenheiten
Erkenntnishaltung des Forschers	distanziert-beobachtend	einfühlend-teilnehmend
Erkenntnisziel	Gesetze, statistische Signifikanzen	Sinnzusammenhänge, Wesenheiten, Typen
Wissenschaftstyp	‚nomothetisch'	‚idiographisch'

5.2 Experimentelle Gedächtnispsychologie (Ebbinghaus)

Im schärfsten Gegensatz zur Diltheyschen Zuordnung der Psychologie zu den Geisteswissenschaften steht nicht etwa W. Wundt, der ja eigentlich das Abdriften in die Naturwissenschaften zumindest in methodischer Hinsicht (Experiment und Maß) wesentlich vorangetrieben hatte, sondern der weithin eigenständige und schulenunabhängige H. Ebbinghaus (1850-1909). Während Wundt sichtlich bemüht war, für die Psychologie ihren ursprünglichen Konnex mit der Mutterwissenschaft Philosophie zu sichern, arbeitete Ebbinghaus „darauf hin, die Psychologie von der Philosophie loszulösen. Psychologie hatte für ihn eine selbständige Wissenschaft zu sein, und zwar eine Naturwissenschaft, die sich des Experiments und der Messung bediente" (Traxel, 1986, 19). Was generell den Gegenstand der Psychologie betrifft, lagen freilich die Auffassungen Wundts und Ebbinghaus' dicht beieinander: Gegenstand ist das Bewusstsein. Ebbinghaus formuliert das so: „Psychologie ist die Wissenschaft von den Inhalten und den Vorgängen des geistigen Lebens, oder, wie man auch sagt, die Wissenschaft von den Bewusstseinszuständen und Bewusstseinsvorgängen" (Ebbinghaus, 1919, 1). Ähnliches könnte Wundt gesagt haben. In der Bestimmung des Gegenstandes der Psychologie bilden Wundt und Ebbinghaus gewissermaßen eine gemeinsame ‚Front' gegen Diltheys Favorisierung des Erlebens.

Nicht so klar sind die ‚Fronten' in bezug auf die Methodik. Nach Dilthey ist das Experiment für die Untersuchung der *eigentlichen* psychologischen Probleme ungeeignet; allenfalls für ‚Randprobleme' wird es zugelassen. Bei Wundt hingegen spielt das Experiment als psychologische Methode eine zentrale Rolle; allerdings wird der Anwendungsbereich begrenzt auf die sog. elementaren psychischen Prozesse, d. h. solche Prozesse, die „genügend sinnesnah verlaufen" (Lander, 2003, 153). Bekanntlich waren für die Untersuchung der ‚komplexen' oder ‚höheren' psychischen (‚geistigen') Prozesse die historisch-vergleichenden, nichtexperimentellen Methoden der Völkerpsychologie vorgesehen. Ebbinghaus steht in Fragen der Methodik nicht nur zu Dilthey – das war zu erwarten –, sondern auch zu Wundt im Widerspruch, denn er ist überzeugt, dass auch die höheren psychischen Prozesse einer experimentellen Untersuchung zugänglich sind. Deutlich formuliert er diese Überzeugung im Vorwort zu seiner berühmt gewordenen Studie ‚Über das Gedächtnis': Die „mächtigen Hebel der experimentellen Naturforschung, Experiment und Zählung", dürfe man nicht nur „auf das große Gebiet der Sinnesempfindungen und die psychologische Zeitmessung" beschränken, sondern man müsse „einen Schritt weiter in das Innere des psychischen Geschehens [...] thun" (Ebbinghaus, 1966 [1885], V). Ebbinghaus selbst geht diesen ‚Schritt', indem er sich vornimmt, exemplarisch „die Erscheinungen des Gedächtnisses [...] einer experimentellen und messenden Behandlung zu unterwerfen" (ebda.). Die Anwendung des Experiments auf die Untersuchung kognitiver Funktionen war der entscheidende innovative Beitrag, den Ebbinghaus zur Weiterentwicklung einer einzelwissenschaftlichen Psychologie leistete.

Wir wollen nunmehr darstellen, auf welche Weise es Ebbinghaus gelang, allgemeine, nachprüfbare und mathematisch beschreibbare Regeln über den Ablauf des Behaltens und des Vergessens aufzufinden. Eingebettet in ein assoziationstheoretisches Interpretationsschema, fasste Ebbinghaus Gedächtnisinhalte als ‚Vorstellungsreihen' auf. Da die Gedächtnisinhalte, um untersucht werden zu können, möglichst ‚assoziationsfrei' (wir würden sagen: erlebnisneutral) sein sollten, benutzte er sog. ‚sinnlose Silbenreihen'.

Es ist wichtig zu betonen, dass die Silben*reihen* assoziationsfrei bzw. sinnlos sein mussten; für jede einzelne Silbe konnte die Sinnfreiheit kaum garantiert werden. Die phonetische Struktur der Silben folgte dem Schema Konsonant-Vokal-Konsonant (KVK-Silben); Diphthonge und Umlaute (ä, ö, ü, au, ei, eu) wurden wie Vokale behandelt. Als Indikator für die Behaltensleistung galt die fehlerfreie Reproduzierbarkeit gelernter Silbenreihen: „Alle mit diesen Silbenreihen angestellten Versuche liefen schließlich darauf hinaus, die einzelnen Reihen durch wiederholtes lautes Durchlesen soweit einzuprägen, daß sie gerade eben willkürlich reproduciert werden konnten" (a.a.O., 31). Um quantitative Aussagen über den Lernaufwand, der zum Behalten führte, machen zu können, benutzte er die sog. ‚Erlernungsmethode': Er registrierte die Anzahl der Versuche (lautes Durchlesen) bis zur fehlerfreien Reproduktion einer mehrgliedrigen (7, 11, 13 usw.) Silbenreihe, gemessen in der dafür verbrauchten Zeit. Im assoziationstheoretischen Interpretationsschema hieß das: Die Assoziationsstärke, die zwischen den einzelnen Silben während des Einprägens (Auswendiglernens) gestiftet wurde, hatte einen so hohen Grad erreicht, dass die Silbenreihe als Ganzes reproduzierbar war.

Ebbinghaus interessierte nun weiter, wie diese Assoziationsstärke in Abhängigkeit von der Zeit abnimmt, sprich: wie der Vergessensprozess in der Zeit verläuft. Seine Fragestellung lautete: „Wenn Silbenreihen einer bestimmten Art auswendig gelernt und dann sich selbst überlassen werden, in welcher Weise werden sie, lediglich unter dem Einfluß der Zeit, respektive des diese erfüllenden alltäglichen Lebens, allmählich vergessen?" (a.a.O., 90). Um dies zu prüfen, wurden „die auswendig gelernten Reihen nach bestimmten zeitlichen Intervallen abermals auswendig gelernt und die in beiden Fällen erforderlichen Zeiten mit einander verglichen" (ebda.).

Dieses Verfahren wurde unter der Bezeichnung ‚Ersparnismethode' bekannt. Erwartungsgemäß war die Anzahl der Versuche beim Wiedererlernen (WL) nach relativ kurzem zeitlichen Abstand zum Ersterlernen (EL) deutlich geringer als beim Ersterlernen. Mit wachsendem zeitlichen Abstand näherte sich die Anzahl der Versuche beim Wiedererlernen derjenigen beim Ersterlernen, allerdings nur sehr allmählich. Die verminderte Zahl der Versuche beim Wiedererlernen gegenüber dem Ersterlernen nannte Ebbinghaus ‚Ersparnis'. Ein fiktives Beispiel: Wenn für die Ersterlernung einer Silbenreihe 10 Lernversuche erforderlich sind, beim Wiedererlernen der gleichen Silbenreihe nach 2 Stunden nur 6 Lernversuche ausreichen, dann beträgt die ‚Ersparnis' 40 % unter Zugrundelegung

der Formel $Q = \dfrac{EL - WL}{EL} \times 100$

Zur Veranschaulichung noch ein reales, von Ebbinghaus selbst angeführtes Beispiel: Beim Erlernen einer 13-gliedrigen Reihe sinnloser Silben erreichte Ebbinghaus im Selbstversuch folgende zeitabhängigen Ersparniswerte:

Verstrichene Zeit nach Ersterlernung	20 min	1 h	9 h	24 h	48 h	144 h	744 h (31 Tage)
Ersparnis in %	58	44	36	34	27	25	21

(vgl. Ebbinghaus, 1919, 721 f.)

Behalten und Vergessen werden also als Funktion der Zeit untersucht. Bereits nach kurzer Zeit (z. B. 1 Stunde) war die Behaltensleistung stark gemindert bzw. die Vergessensrate relativ hoch. Mit fortschreitendem zeitlichen Abstand nahm die Behaltensleistung zwar weiter ab, aber wesentlich langsamer. Eine graphische Darstellung des Verlaufs der zeitabhängigen Vergessensraten ist die sog. Ebbinghaussche Vergessenskurve (mitunter auch Behaltenskurve genannt). Näherungsweise ergibt sich folgende numerische Relation: Das Behalten ist dem Logarithmus der verstrichenen Zeit umgekehrt proportional.

Die Ebbinghaus-Kurve des Behaltens bzw. Vergessens

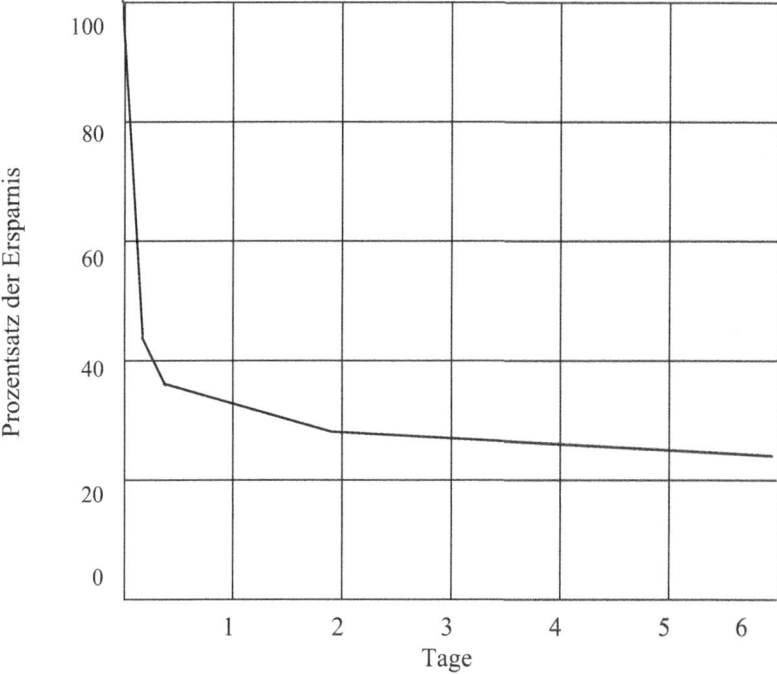

Ebbinghaus' Kurzform der Gleichung lautet: „Die Quotienten aus Behaltenem und Vergessenem verhielten sich umgekehrt wie die Logarithmen der Zeiten" (a.a.O., 107). Über die Allgemeingültigkeit und die Grenzen dieser mathematischen Beschreibung des Verlaufs von Behaltens- und Vergessensprozessen äußert sich Ebbinghaus nicht einheitlich. Einmal meint er, die Vergessenskurve habe „keinen anderen Wert als den einer kurzen Notierung [...von] einmaligen Resultaten" (ebda.); „bei dem speciellen, individuellen und noch dazu unsicheren Charakter unserer Zahlen wird man nicht gleich das ‚Gesetz' zu wissen verlangen, welches in ihnen zur Erscheinung kommt" (a.a.O., 105). Ein anderes Mal spricht er seinen Untersuchungsergebnissen eine weitreichende, wenn auch modifizierte Allgemeingültigkeit zu: „Es ist natürlich nicht glaublich, daß durch eine Caprice der Natur die Gültigkeit der gefundenen Sätze ausschließlich an das begrenzte Material gebunden sei, an dem sie gewonnen wurden, an sinnlose Silbenreihen; sie werden in analoger Weise von jeder Art von Vorstellungsreihen und deren Gliedern behauptet werden dürfen" (a.a.O., 148); freilich müsse man dabei verschiedene „Modifikationen und Komplikationen" berücksichtigen. Man geht wohl nicht fehl in der Annahme, dass Ebbinghaus' Unsicherheiten über die Reichweite seiner Untersuchungsergebnisse, das Schwanken zwischen kasuistischer Beschränkung und Anspruch auf Allgemeingültigkeit, mit inhaltlichen und methodischen Bedenken zu tun haben. Natürlich war er sich dessen bewusst, dass sinnlose Silbenreihen eine lebensferne Künstlichkeit des Lernmaterials mit sich brachten; und natürlich war ihm klar, dass er sich in eine methodisch fragwürdige Situation begab, als Versuchsleiter, Versuchsperson und Protokollant zugleich agieren zu müssen. Insofern sind seine widersprüchlichen Aussagen über die Verallgemeinerbarkeit seiner Untersuchungsergebnisse eher als Ausdruck einer methodenkritischen Selbsthinterfragung zu bewerten. Auch auf bestimmte philosophische Befangenheiten ist hinzuweisen: Obwohl Ebbinghaus „keine Vorliebe für große Systeme" (Traxel, 1986, 20) hatte, ist ein vom englischen Empirismus herkommender assoziationstheoretischer Hintergrund unverkennbar. In gewisser Hinsicht gibt es eine Analogie zu Fechner, den er sehr verehrte: Wie Fechner seine Psychophysik als einen wichtigen Beitrag zur ‚Klärung' des uralten philosophischen Leib-Seele-Problems verstand, so glaubte Ebbinghaus, mit seinen Untersuchungen die Allgemeingültigkeit des Assoziationsprinzips (räumlich-zeitliche Kontiguität) als Regulationsmechanismus zwischen den ‚Vorstellungen' als psychischer Elementareinheiten bestätigen zu können: „Jedenfalls aber, wie man nicht leugnen wird, würde durch eine allgemeinere Gültigkeit dieser Resultate die Lehre von der Association[8] eine wesentliche Abrundung und sozusagen eine größere Vernünftigkeit gewinnen" (a.a.O., 148).

Bei aller Relativierung der Ergebnisse und der Interpretationen dürfen wir nicht vergessen, dass Ebbinghaus mit seinen Untersuchungen absolutes Neuland betrat. Der euphorischen Würdigung der Ebbinghausschen Pionierarbeit durch Boring kann man sich insofern anschließen: „The study [...] was epoch-making, [...] because it was seen at once to be a breach by experimental psychology in the barrier about the ‚higher mental processes'. Ebbinghaus had opened up a new field" (Boring, 1957, 388).

---

8   In der Ebbinghausschen Formulierung lautet das ‚allgemeine Assoziationsgesetz': „Wenn beliebige Gebilde einmal gleichzeitig oder in naher Aufeinanderfolge das Bewußtsein erfüllt haben, so ruft hinterher die Wiederkehr einiger Glieder des früheren Erlebnisses Vorstellungen auch der übrigen Glieder hervor, ohne daß für sie die ursprünglichen Ursachen gegeben zu sein brauchen" (Ebbinghaus, 1919, 678).

5.3 Denken und ‚Selbstbeobachtung unter experimentellen Bedingungen' (Würzburger Schule)

Ein weiterer Gegenstandsbereich, den die nach-Wundtsche Psychologen-generation gegen den Willen des ‚Gründungsvaters' einer experimentellen Ana-lyse zu erschließen versuchte, war das Denken. Diejenigen Forscher, die sich um eine experimentelle Untersuchung bemühten (O. Külpe, N. Ach, K. Bühler, K. Marbe, A. Messer, H. J. Watt und andere), rechnet man zur sog. ‚Würzburger Schule'. Der Begriff ‚Schule' ist allerdings nicht ganz zutreffend, denn es handelt sich bei den genannten Autoren keineswegs um eine geschlossene Gruppe, die sich um einen Schulengründer schart und mehr oder minder einheit-liche theoretische und methodische Positionen vertritt. In der einschlägigen Sekundärliteratur[9] werden die ‚Würzburger' im Allgemeinen als Begründer bzw. Pioniere der experimentellen Denkpsychologie bezeichnet. Ob sie tatsächlich experimentell gearbeitet haben, wird zu prüfen sein. In einem ersten Schritt werden wir daher zunächst die Methodik der ‚Würzburger' beleuchten müssen, zumal diese im ersten Jahrzehnt des 20. Jahrhunderts Gegenstand einer umfang-reichen Kontroverse zwischen dem damals noch jungen Würzburger Privat-dozenten Karl Bühler (1879-1963) und dem Leipziger ‚Altmeister' W. Wundt war. In einem zweiten Schritt werden wir dann Ergebnisse und theoretische Auffassungen der ‚Würzburger' behandeln.

Zunächst also zum Untersuchungsaufbau: Ein Versuchsleiter stellt einer Versuchsperson eine Denk- bzw. Problemlöse-Aufgabe, verbunden mit der Instruktion, die während des Denkvorganges ablaufenden Erlebnisse nach der Aufgabenerledigung zu Protokoll zu geben. Es werden verschiedene Typen von Denkaufgaben vorgegeben. So werden etwa Fragen gestellt, die ein Ja- oder Nein-Urteil erfordern und die mit der Formel „Ist es richtig?" eingeleitet werden. Dann folgt die einen Denkprozess auslösende Sentenz, ein Aphorismus, ein Sprichwort oder ähnliches, z. B. „Jedem das Seine geben, das wäre die Ge-rechtigkeit wollen und das Chaos erreichen" (Bühler, 1907, 311). Die Vp. denkt nach, gibt gegebenenfalls die Antwort „Ja", begründet diese und gibt die Erleb-nisse während der Urteilsfindung zu Protokoll. Ein anderer Fragetyp betrifft das Verständnis des Sinnes einer Sentenz, eines Aphorismus usw., eingeleitet mit „Verstehen Sie?", z. B. „Das Denken ist so außerordentlich schwer, daß manche

---

9   Nach Gundlach ist die Bezeichnung ‚Würzburger Schule' eine irreführende Abstraktion: „Die Abstraktion ‚Würzburger Schule', wie sie in der Historiographie als Etikett für die experimen-telle Denkpsychologie eingebürgert wurde, kann [...] irreführend sein. Nicht zuletzt täuscht sie eine Ein-Lehrer-viele Schüler-Relation vor, und sie täuscht ein Maß an Geschlossenheit vor, das nicht angesetzt werden kann" (Gundlach, 1999, 117). Die Bezeichnung gehe nicht auf Kül-pe oder andere ‚Würzburger' zurück, sondern sei vermutlich von dem Belgier A. E. Michotte eingeführt worden (a.a.O., 114 f.).

es vorziehen, zu urteilen" (a.a.O., 312); danach wiederum Antwort, Begründung, Protokoll.

Wozu wendet Bühler diese Methode an? Sie (die Methode) „versucht die psychischen Tatsachen des Denkens *unmittelbar* selbst zu fassen. Sie hält sich an das hic et nunc beim Denken *Erlebte*, sucht es zu bestimmen und dadurch zu einer Kenntnis der Realgesetze zu gelangen, unter denen es steht. Ihr Instrument ist die Selbstbeobachtung" (a.a.O., 299; Hervorhebungen: G. E.)[10]

Insofern als die Selbstbeobachtung unter von einem Vl. vorgegebenen Bedingungen stattfindet, meinen die Würzburger, von einer ‚Selbstbeobachtung unter experimentellen Bedingungen' sprechen zu können. Die Kennzeichnung dieser Art von Selbstbeobachtung als experimentell unterzieht der an der strengen naturwissenschaftlichen Experimentauffassung orientierte Wundt einer scharfen Kritik: In Wirklichkeit handle es sich – meint er – bei den Würzburger Untersuchungen um „Scheinexperimente" (Wundt, 1907 b, 334) bzw. um „Selbstbeobachtung mit Hindernissen" (a.a.O., 358). In der Tat sind bei den Würzburgern die Untersuchungsbedingungen nicht hinreichend kontrollierbar und nicht willkürlich variierbar. ‚Störfaktoren' werden nicht zu vermeiden versucht, sondern bewusst zugelassen. Kurzum: Wesentliche Kriterien, denen das an den Naturwissenschaften orientierte Experiment genügen muss (in moderner Terminologie: Bedingungsvariation, Replizierbarkeit, Reliabilität der Ergebnisse), werden nicht erfüllt. Als ‚Störfaktoren' bemängelt Wundt z. B. die mangelnde räumliche Distanz, manchmal sogar der Dialog zwischen Vl. und Vp. oder – der Überraschungseffekt, der bei der Konfrontation der Vp. mit einer nicht vermuteten Aufgabenstellung entsteht. Was Wundt aber am meisten irritiert ist, dass die Vp. *gleichzeitig* Denkarbeit verrichten und das, was sie während der Denkarbeit erlebt, erfassen soll. Versuchspersonen, die dies zu leisten vermögen, hätten „mehr als Ausnahmemenschen, sie hätten Übermenschen sein müssen", spottet er (Wundt, 1908 b, 450). Die den Versuchspersonen vorgegebenen Aufgaben seien – so Wundt weiter – doch so kompliziert, dass sie die gesamte Aufmerksamkeit beanspruchen und dass die Vp. nicht auch noch „auf die das Denken begleitenden Umstände" (a.a.O., 451) achten könne. Es sei doch eher damit zu rechnen, dass die ‚begleitenden Bewußtseinsinhalte' „sofort nach Ablauf des Prozesses bereits gänzlich der Erinnerung entschwunden" oder „irgendwelchen Erinnerungstäuschungen anheimgefallen" seien (ebda.). Bühler wirft in seiner Entgegnung Wundt vor, sich ausgerechnet

---

10   Die Anklänge dieser Diktion an die Phänomenologie Husserls sind deutlich. In der Tat finden wir in thematisch einschlägigen Publikationen Bühlers, Messers und anderer ‚Würzburger' häufig Hinweise auf Husserl als Referenzautor. Cf. Ash (1999, 60): „Sowohl methodologisch als auch inhaltlich spielte die deskriptive Phänomenologie Husserls eine zunehmende Rolle in den Würzburger Arbeiten."

eines Scheinarguments des Positivisten Comte bedient zu haben, nämlich des sog. Verdopplungsarguments (auch Comtesches Paradoxon genannt). Das Comtesche Paradoxon besagt: „Das denkende Individuum kann sich nicht in zwei zerteilen, von welchem das eine nachdenkt, während das andere es nachdenken sieht. Das Organ, welches beobachtet, und das, welches beobachtet wird, sind in diesem Fall identisch; wie könnte also die Beobachtung stattfinden?" (Comte, 1864, zit. nach Koch, 1964, 56). In Wirklichkeit – so Bühler – sei von den Vpn. die Denkarbeit und die Selbstbeobachtung der Denkarbeit *niemals gleichzeitig* zu leisten. Vielmehr habe in den Versuchen eine Sukzession zwischen dem Vollzug der ‚Denkarbeit' und dem Bericht über das während der ‚Denkarbeit' Erlebte bestanden. Ironisch kontert Bühler: „Ist es denn Wundt nie in den Sinn gekommen sich zu überlegen, ob man nicht über seine Erlebnisse auch Aussagen machen könne, ohne sein Ich zu verdoppeln? Es gibt doch im Menschen auch etwas, was man Gedächtnis nennt, auch ein unmittelbares Gedächtnis. Hat er denn nie gehört, daß man erst etwas erleben und dann in rückschauender Betrachtung über das Erlebte Aussagen machen kann?" (Bühler, 1908 b, 99 f.).

Wundt ist auch gegenüber diesem Einwand um eine Antwort nicht verlegen. Wenn eine Gleichzeitigkeit von ‚Denkarbeit' und Selbstbeobachtung während der ‚Denkarbeit' nicht vorliegt, erhebe sich die Frage: „Wie kann man denn überhaupt an etwas sich erinnern, was man nicht zuvor beobachtet hat?" (Wundt, 1908 b, 450).

Es ist hier nicht der Ort, die Schlagkraft der Argumente und Gegenargumente zu bewerten. Wohl aber sollten die im Hintergrund der Kontroverse stehenden Intentionen der Kontrahenten beachtet werden: Wundt ging es darum, seine Überzeugung zu retten, dass höhere psychische Prozesse (im vorliegenden Fall das Denken) nur mittels der völkerpsychologischen Methode (im vorliegenden Fall die historisch-vergleichende Untersuchung der Sprache und ihrer Entwicklung) analysiert werden können. Bühler hingegen wollte – wie vorher schon Ebbinghaus bezüglich des Gedächtnisses – nachweisen, dass höhere psychische Prozesse einer experimentellen Untersuchung erschließbar sind. Freilich ging er bei diesem Versuch das Risiko ein, Ergebnisse zu gewinnen, deren Validität und Reliabilität zu wünschen übrig ließ.

Ungeachtet methodischer Einwände haben sich die von den Würzburgern erzielten Ergebnisse und deren Interpretation als außerordentlich fruchtbar und richtungsweisend für eine Theorie der kognitiven Prozesse erwiesen. Vor allem zwei Grundgedanken verdienen hervorgehoben zu werden:

1) das Theorem von der Unanschaulichkeit des Denkens,
2) der Begriff der ‚determinierenden Tendenzen'.

Ad 1: Bei der Auswertung der Protokolle seiner Vpn. über ihre ‚Denkerlebnisse‘ beim Aufgabenlösen fällt Bühler auf, dass mehrfach explizit über das Fehlen jeglicher ‚Vorstellungen‘ oder auch sprachlicher Fixierungen beim Denken berichtet wird. Verallgemeinernd konstatiert er: „Es gibt *Gedanken*, ohne jede nachweisbare Spur irgend einer Anschauungsgrundlage" (Bühler, 1907, 318). Der Begriff ‚Gedanke‘ fungiert hier als Gegenstück zu ‚Vorstellung‘: „ Als die wesentlichen Bestandstücke unserer Denkerlebnisse können nur die Gedanken angesehen werden" (a.a.O., 317). Diese Aussage bildet die Gegenthese zu Wundts „Forderung, ‚daß jeder Denkakt in der Form bestimmter Einzelvorstellungen unserem Bewußtsein gegeben sein muß‘" (a.a.O., 318). Wir sehen: Bühler vertritt einen pointiert antisensualistischen Standpunkt bei der psychologischen Interpretation von Denkprozessen. Es gebe Denkprozesse, die weder an Wahrnehmungen noch an Vorstellungen noch an Gefühle noch an Sprache gebunden seien. Diese Prozesse nennt er ‚unanschauliches Denken‘. Später prägt Külpe für das „Wissen um unanschauliche Gegebenheiten" den Begriff ‚Bewußtheit‘ (Külpe , 1912, 117). Mit ‚Bewußtheit‘ soll zum Ausdruck gebracht werden, dass wir „zu unseren Bewußtseinsinhalten Stellung nehmen" (ebda.). Damit wird eine Perspektive auf einen Problembereich eröffnet, den wir heute ‚Metakognition‘ nennen.

Im Übrigen ist der Wundt-Schüler Külpe trotz der schroffen Kritik seines Lehrers an den Methoden der Würzburger davon überzeugt, dass die kontrollierte Selbstbeobachtung ein legitimes und ergebnisträchtiges Untersuchungsverfahren ist: Die Selbstbeobachtung vermag etwas „festzustellen, was weder farbig noch tönend, was weder bildhaft noch gefühlsmäßig gegeben ist" (Külpe, 1922, 301). Es habe sich gezeigt, „daß auch Unanschauliches gewußt werden kann" (ebda.).

Külpe, der zwar nicht als Schuloberhaupt, aber doch als entscheidender Inspirator gilt, hat die Fronten, gegen die die Würzburger Stellung bezogen, benannt:

1. gegen den Sensualismus
    Die „neuere Denkpsychologie" könne „mit dem herkömmlichen Begriffsmaterial der Empfindungen, Vorstellungen und Gefühle nicht auskommen" (Külpe, 1912, 117),
2. gegen den Elementarismus
    „Die Annahme einer Mosaikstruktur des Seelenlebens [müsse] aufgegeben werden" (a.a.O., 118),
3. gegen mechanistische Assoziationslehren
    Es gebe keine „automatische Gesetzmäßigkeit im Kommen und Gehen der Bewußtseinselemente" (ebda.).

Ad 2: Als Alternative zu einer Interpretation von Denkprozessen als assoziativer Verknüpfung von Vorstellungen (Wundt) schlägt Külpe bereits in seinem ‚Grundriß der Psychologie' von 1893, also lange bevor es eine sog. ‚Würzburger Schule' gab, vor, Denken als einen Akt „innerer Willenshandlung" aufzufassen. Als „innerer Willensakt" kommt dem Denkprozess Zielgerichtetheit zu. Wodurch wird die Zielgerichtetheit induziert? Durch die Aufgabe. Denken ist Beschäftigung mit oder Lösen von Aufgaben. Mit der Bereitschaft des denkenden Subjekts zur Übernahme der Aufgabe werden Strukturierungstendenzen wirksam, die auf eine Lösung gerichtet sind. Bühler spricht vom „eminent teleologischen Charakter, den die Denkprozesse an sich tragen" (Bühler, 1907, 315). In der Terminologie der ‚Würzburger' hat sich zur Kennzeichnung dieser Strukturierungsvorgänge der von N. Ach (1905) geprägte Begriff ‚determinierende Tendenzen' durchgesetzt. Zur Veranschaulichung dessen, was ‚determinierende Tendenzen' sind, ist die von Humphrey (1951) gebrauchte Metapher hilfreich. „Die ‚determinierenden Tendenzen' scheuchen wie ein Schäferhund die sonst regellos weidende Herde der Gedanken in eine feste Ordnung" (zit. nach Koch, 1964, 68). Dem von dieser Metapher potentiell ableitbaren Missverständnis, dass es sich bei den ‚determinierenden Tendenzen' um einen passiven Wirkungsmechanismus handeln könnte, würden freilich die Würzburger entschieden entgegentreten. Külpe betont, dass die ‚determinierenden Tendenzen' als Aktivität des Subjekts zu begreifen seien: „Das Ich sitzt auf dem Thron und vollzieht Regierungsakte" (Külpe, 1922, 308).

Ideengeschichtlich betrachtet, kann man das Konzept der ‚determinierenden Tendenzen' als eine Art Vorläufer der Einstellungsforschung (Einstellung im Sinne von set) bewerten: Die Übernahme der Aufgabe löst beim Subjekt eine Einstellung (set) auf das Denkziel aus (vgl. Pongratz, 1984, 282 f.; Wertheimer, 1971, 107).

6 Schulenbildung in der Psychologie

Die bisherige grobe Skizzierung der Situation der Psychologie um die Jahrhundertwende (19./20. Jh.) ergibt folgendes Bild: Die über die Stationen Helmholtz – Fechner – Wundt angebahnte Entwicklung der Psychologie zu einer eigenständigen experimentell arbeitenden Wissenschaft sah sich von außen (Philosophie: Dilthey) wie auch bald von innen (Psychologie: Würzburger Schule) einem zentralen Vorwurf ausgesetzt: dem Vorwurf des *Elementarismus*. Das Ausgehen von und die Suche nach Bewusstseins*elementen* sei ein Irrweg, führe zu realitätsfernen Konstrukten und entleere das Psychische seiner lebendigen Komplexität. Dilthey verknüpfte diese Kritik am Elementarismus mit der Infragestellung einer auf Gesetz und Experiment gegründeten Psychologie schlechthin. Seiner Auffassung nach impliziert das Experiment als Methode per se eine elementenhafte Bestimmung des Gegenstandes der Psychologie. Im Umkehrschluss resultiert aus der Kritik der elementenhaften Bestimmung des Gegenstandes die Ablehnung des Experiments. Die Würzburger zogen diesen Schluss nicht. Sie haben mit ihrer Untersuchung von Denkverläufen den Beleg zu erbringen versucht, dass die Anwendung des Experiments (freilich eines modifizierten, nur ‚weicheren‘ Kriterien genügenden Experiments) einer nichtelementaristischen – sprich: ganzheitlichen – Auffassung psychischer Prozesse nicht entgegenstehen muss, ergo: Experiment und ganzheitliche Auffassung des Gegenstandes schließen sich nicht aus. Auf diese Weise wurde der Makel der frühen experimentellen Psychologie – das elementaristische Axiom – zu überwinden versucht, und zwar zunächst auf Teilgebieten (Denk- und Willenspsychologie). Ein ‚Paradigmenwechsel‘ wurde damit partiell vorbereitet, aber noch nicht vollzogen. Die Würzburger Schule war – wie bereits gesagt (5.3) – keine ‚Schule‘ im strengen Sinn, wohl aber eine wirkungsvolle Strömung. Die Voraussetzung für einen *generellen Paradigmenwechsel* war erstens die Zurückweisung zentraler theoretischer Positionen der Psychologie-Konzeption Helmholtz-Fechner-Wundtscher Prägung, nämlich die Annahme einer eineindeutigen Beziehung zwischen Einzelreiz und Einzelempfindung, wie sie in klassischer Form die Fechnersche Psychophysik, der Eckpfeiler der ‚neuen‘ Wissenschaft, vertrat, und zweitens die Präsentation eines theoretisch und empirisch tragfähigen *neuen Paradigmas*. Diejenigen Forscher, die diesen radikalen Wandel herbeizuführen sich berufen fühlten, schlossen sich zu einer

mit missionarischem Sendungsbewusstsein und hoher Binnenintegration auftretenden Gruppe zusammen: sie bildeten eine ‚Schule', die anstelle von
Bewusstseinselementen den Begriff ‚Gestalt' zu ihrem Leitprinzip erhob: die Gestaltpsychologie.

Auch von anderer (noch zu erörternder) Seite erfolgten Frontalangriffe auf
die Helmholtz-Fechner-Wundtsche Konzeption. Die Entwicklung der Psychologie in ihrer Gesamtheit geriet in ein Stadium, in dem konkurrierende Uni-
versalansätze (Gegenstand, Theorien, Methoden) nicht nur neben-, sondern
häufig auch gegeneinander agierten. Die Einheit der Psychologie schien zu zer-
brechen; man sprach von ihrer ‚Krise'; das Stadium der Schulenbildung war
erreicht.

Kurz nach dem Ur-Experiment der Gestaltpsychologie, den Untersuchungen
zum sog. phi-Phänomen (Durchführung 1910, Publikation 1912), erschien die
Programmschrift einer ‚Schule', die sich ebenfalls von der Art, wie bis dahin
Psychologie betrieben wurde, radikal distanzierte: der Behaviorismus 6.2). Faktisch warf der Behaviorismus der Psychologie Wundts vor, sie sei bei ihrer Entwicklung zu einer Naturwissenschaft auf halbem Wege stehen geblieben und
müsse, um eine reine objektive Wissenschaft zu werden, ihren Gegenstand neu
bestimmen: nicht Bewusstsein, sondern Verhalten müsse untersucht werden.

Eine weitere, bereits im ersten Jahrzehnt des 20. Jahrhunderts entstehende
und bald viel von sich reden machende Schule kritisierte an der akademischen
Psychologie, dass sie eine entscheidende Leerstelle aufweise: das Unbewusste
werde in ihr nicht thematisiert. Hier setzte die Psychoanalyse an (6.3).

Es gab noch weitere Schulen und Schulenableger. Wir wollen es bei der Darstellung der drei genannten, m. E. problemgeschichtlich relevantesten bewenden
lassen und beginnen mit der Gestaltpsychologie.

6.1 Gestaltpsychologie

6.1.1 *Wahrnehmungspsychologische Befunde als Ausgangspunkt*
gestalttheoretischer Interpretation

Das Unbehagen am Elementarismus bildete – wie einleitend bereits gesagt – den
Ausgangspunkt für die Bildung einer Reihe von ganzheitstheoretisch bzw.
holistisch orientierten Strömungen und Schulen, u. a. die Grazer (oder Österreichische) Schule (Benussi, Cornelius, v. Ehrenfels, Meinong, Witasek), die
(zweite) Leipziger Schule der Ganzheitspsychologie (auch Strukturpsychologie
genannt; F. Krueger) und die Berliner Schule der Gestaltpsychologie (Köhler,
Koffka, Wertheimer). Den unmittelbaren Impuls und die theoretische Weg-

bereitung dieser Ansätze gab der österreichische Philosoph Ch. v. Ehrenfels (1859-1932) mit einer in der ‚Vierteljahresschrift für wissenschaftliche Philosophie' 1890 erscheinenden Abhandlung mit dem Titel ‚Über Gestaltqualitäten'. v. Ehrenfels bestritt, dass man die ‚Verlaufsgestalt' einer Melodie als die Summe der sie bildenden Töne interpretieren könne. Vielmehr kämen der Melodie als ‚Gestalt' zwei gegenüber einer Summe von Tönen spezifische Kriterien zu, die sog. Gestaltkriterien. Das erste Gestaltkriterium, das der Übersummativität, besagt, dass das Ganze nicht nur anders, sondern mehr sei als die Summe seiner Teile. Das zweite Kriterium, das der Transponierbarkeit, wird wiederum am Beispiel einer Melodie erläutert. Wenn man alle Töne, die eine Melodie bilden, verändert, die Strukturbeziehungen zwischen diesen Tönen aber unverändert lässt, bleibt die Melodie als ‚Gestalt' erhalten. Eine Melodie in C-Dur, die nach D-Dur ‚transponiert' wird, wird als gleiches musikalisches Gebilde wahrgenommen. Wenn – wie am Beispiel der Melodie demonstriert – das Ganze mehr und anders ist als die Summe seiner Teile, dann kann man – so die generalisierende Folgerung für die Untersuchung psychischer Phänomene – nicht von den Teilen, sprich: Einzelempfindungen, zu komplexen Bewusstseinsphänomenen gelangen, sondern muss von den gegebenen Phänomenen selbst in ihrer ganzheitlichen Beschaffenheit ausgehen. Der logische und erkenntnistheoretische Primat des Ganzen gegenüber den Elementen wird somit zum Grundprinzip einer neuen Forschungsstrategie.

Ihre empirische Evidenz erhält diese Forschungsstrategie bei der Erklärung von Phänomenen, die der sog. ‚Konstanz-Annahme' Helmholtz', von der auch die Fechnersche Psychophysik ausging, widersprechen. Gemäß der ‚Konstanz-Annahme' erzeugt ein bestimmter Einzelreiz immer eine bestimmte Einzelempfindung; mithin bestehe zwischen Reiz und Sinneseindruck ein umkehrbar eindeutiger Zusammenhang (1:1-Zusammenhang); zwischen physikalischen und physiologisch-psychologischen Parametern wird in diesem Sinne ein streng mechanischer Determinismus unterstellt.

Insbesondere im Bereich der Wahrnehmung hat man Phänomene beschrieben, die diese Annahme einer generellen eineindeutigen Reiz-Empfindung-Beziehung nicht bestätigen und für die auch mit empirisch nicht verifizierten Zusatzannahmen keine befriedigende Erklärung gegeben werden konnte. Zu nennen sind hier geometrisch-optische Täuschungen (z. B. Müller-Lyer-Figur, Ebbinghaussche Kreistäuschung, Zöllnersche Täuschung), Kippfiguren (z. B. Rubinscher Becher) und die Wahrnehmung von Scheinbewegungen (z. B. phi-Phänomen). Bei geometrisch-optischen Täuschungen liegt keine Entsprechung zwischen physikalischer Reizkonfiguration und phänomenaler Wahrnehmung vor. Bei Kippfiguren entstehen bei gleichbleibender physikalischer Reizkonfiguration wechselnde Wahrnehmungseffekte. Von Scheinbewegungen wird gesprochen, wenn beim Applizieren nicht bewegter Reize phänomenal Bewegung wahrgenommen wird.

Zum letztgenannten Typ von Wahrnehmungstäuschungen, den Scheinbewegungen, veröffentlichte M. Wertheimer (1890-1943) 1912 eine umfangreiche Studie in der ‚Zeitschrift für Psychologie'. Bei sukzessiver tachistoskopischer Darbietung von zwei geraden Linien (in unterschiedlicher Winkelanordnung zueinander) in einem zeitlichen Abstand von ca. 60 Millisekunden zwischen den Einzelreizen wurden von den Versuchspersonen (Wolfgang Köhler und Kurt Koffka) nicht zwei ruhende Linien, sondern eine sich hin und her bewegende Linie gesehen, ähnlich einem Scheibenwischer. Physikalische Reizkonfiguration (zwei unbewegte Linien) und psychischer ‚Sinneseindruck' (eine sich bewegende Linie) entsprachen sich also nicht. Wertheimer sprach aber nicht von einer Wahrnehmungstäuschung, sondern bezeichnete das Bewegungssehen als phi-Phänomen (phi abgeleitet vom griechischem Wort phainomenon = Erscheinung). Seine generelle theoretische Folgerung war: Das, was wir wahrnehmen, ist nicht aus vorgegebenen Reizkonfigurationen ableitbar. Unsere Empfindungen sind nicht reizbestimmt. Das sind zunächst nur Negativaussagen. Der Begriff ‚Gestalt' kommt in dem Aufsatz noch nicht vor (vgl. Sarris & Mich. Wertheimer, 1987, 482). Wie gelangte man nun zu einer positiven Bestimmung? Wir wollen einen möglichen gedanklichen Weg, der schließlich zu dem Postulat ‚Gestalt' führte, zu rekonstruieren versuchen, indem wir zunächst die Relationen zwischen den drei ‚Stationen' physikalische Reizkonfiguration (1) – Rezeptormuster (2) – phänomenale Wahrnehmung (3) skizzieren. Zwischen 1 und 2 besteht insofern eine Irregularitätsbeziehung als ein (Wahrnehmungs-) Gegenstand in unabzählbar vielen Projektionen im Rezeptororgan repräsentiert sein kann. Für die optische Wahrnehmung etwa heißt dies: Das gesehene Objekt ist auf der Retina in mannigfaltigen Projektionen repräsentiert, abhängig von Abstand, Sehwinkel, Beleuchtung usw.. Koffka nannte diese Rezeptorprojektion ‚Nahreizmuster'. Zwischen dem ‚Nahreizmuster' (2) und dem, was der Wahrnehmende letztlich sieht, hört, schmeckt usw., dem sog. ‚phänomenalen Endzustand' (3), muss aber ebenfalls eine Irregularitätsbeziehung bestehen, denn bei der Annahme einer Entsprechung von Rezeptorprojektion und ‚phänomenalem Endzustand' dürfte beispielsweise ein und derselbe Gegenstand, den ich einmal aus der Entfernung von 1 m, ein anderes Mal aus der Entfernung von 10 m sehe, in meinem Wahrnehmungsurteil zu dem Ergebnis führen, dass der entferntere Gegenstand zehnmal kleiner ist als der näher gelegene. In Wirklichkeit wird aber der Gegenstand trotz seiner Wahrnehmung aus unterschiedlichen Entfernungen zumindest näherungsweise als gleich groß beurteilt (wie wir wissen – dank des Mechanismus der Größenkonstanz). Nun scheint es ja geradezu ein Wunder zu sein, dass trotz der Inkongruenzen zwischen 1 und 2 sowie 2 und 3 eine

Regularitätsbeziehung zwischen 1 und 3 zustande kommt. Wie kommt es, dass letztlich doch eine relative Übereinstimmung zwischen dem ‚Urbild' (Realbild) und dem wahrgenommenen ‚Abbild' erreicht wird, zumindest in der Weise, dass sich der Wahrnehmende in der von ihm wahrgenommenen Welt einigermaßen sach- und situationsgerecht zurechtfindet? Die Antwort der Gestaltpsychologie lautet: Diese relative Kongruenz wird gewährleistet durch interne Strukturierungstendenzen: die Gestaltfaktoren. Die Regeln, nach denen die Gestaltfaktoren wirksam werden, nannte man Gestaltgesetze. Die ‚Ordnung' im Wahrnehmungsgeschehen wird auf Gestaltgesetze zurückgeführt. Von den Gestaltfaktoren bzw. -gesetzen nahm man an, dass sie ‚autochthon' und von Anfang an, also als eine Art apriorische Naturprinzipien, wirken. (Damit im Zusammenhang steht, dass die Rolle der Erfahrung in der psychologischen Analyse zwar nicht ausgeblendet, aber eher vernachlässigt wird.) Die Vertreter der Berliner Schule verwendeten große Mühe darauf, insbesondere mit Hilfe wahrnehmungspsychologischer Untersuchungen, einzelne Gestaltgesetze aufzufinden. Die wichtigsten sind: das Gesetz (bzw. der Faktor) der Gleichartigkeit (bzw. der Gleichheit und Ähnlichkeit), der Nähe (bzw. größten Dichte), des gemeinsamen Schicksals (bzw. des übereinstimmenden Verhaltens), des Aufgehens ohne Rest, des glatten Verlaufs (bzw. der durchgehenden Kurve), der Geschlossenheit (Veranschaulichung und Erläuterung der Gestaltgesetze bei Metzger, 1975). Das allen diesen einzelnen Gestaltgesetzen übergeordnete Prinzip ist das ‚Prägnanzprinzip' bzw. ‚Gesetz der guten Gestalt'. Diesem Gesetz zufolge führen die Strukturierungstendenzen im phänomenalen Feld immer zu einfachen, prägnanten oder ‚guten' Ordnungen.

Die Alternative der Gestaltpsychologie gegenüber der Elementenpsychologie wird somit auf mehreren Ebenen deutlich, u. a. a) vom Ausgangspunkt her, b) vom Gesetzesbegriff her.

Zu a): Während die Elementenpsychologie von Empfindungen und Vorstellungen als Grundeinheiten der psychologischen Analyse ausgeht, sind für die Gestaltpsychologie die phänomenalen Gegebenheiten der Ausgangspunkt; Empfindungen seien keine phänomenalen Gegebenheiten, sondern Konstrukte einer elementaristischen Analyse.

Zu b): Die Elementenpsychologie verwendet einen Gesetzesbegriff, dem eine mechanistische Kausalauffassung zugrunde liegt, d. h. die Gesetze wirken ‚blind'. Die Gesetze, von denen die Gestaltpsychologie spricht, beruhen auf Prozessen dynamischer Selbststrukturierung, die ‚sinnvoll' (‚gute' Gestalt) sind. Metzger, ein Gestaltpsychologe der zweiten Generation, spricht später davon, dass die psychische Organisation des Menschen „nur ein geringes Maß an Sinnwidrigkeit" zulasse (Metzger, 1975). Mechanisch vs. dynamisch; blind vs. sinnvoll – das sind die Gegensätze.

Die Pioniere der Gestaltpsychologie waren von Anfang an von der Allgemeingültigkeit ihres neuen Forschungsansatzes überzeugt, sowohl was die Anwendbarkeit auf das Gesamtgebiet der Psychologie als auch was den Geltungsbereich der Gestaltgesetze betrifft. Gegenüber Kritikern, die die schmale empirische Fundierung des Gestaltansatzes in Untersuchungen zur Wahrnehmung bemängelten, mag den Gestaltpsychologen ein Zufall zu Hilfe gekommen sein, nämlich die Tatsache, dass im Jahre 1913 einer der Gründungsväter, Wolfgang Köhler (1887-1967), die Gelegenheit erhielt, Untersuchungen zu ‚Intelligenzleistungen von Schimpansen‘ auf der Anthropoiden-Station der Preußischen Akademie der Wissenschaften auf der Insel Teneriffa durchzuführen. Die „genial einfachen Experimente" Köhlers sind weltweit bekannt geworden, eines der Ergebnisse war: Schimpansen sind zu Intelligenzleistungen fähig, die auf ‚Einsicht‘ beruhen. Wodurch kommt Einsicht zustande? Köhler antwortet: Die einsichtige Lösung erfolgt „dem Artcharakter der optisch gegebenen Feldstruktur [...] gemäß" (Köhler, 1921, 193).

Das heißt: Einsicht ist das Ergebnis von dynamischen Selbststrukturierungen des Wahrnehmungsfeldes. Die relevanten Merkmale der ‚Feldstruktur‘ des hungrigen Schimpansen (mit Gittern begrenzter Käfig – Stock oder Stöcke – Banane außerhalb des Gitters) bilden einen Zusammenhang, der „unmittelbar", d. h. erfahrungsunabhängig , erfasst wird. Der wesentliche psychologiehistorisch relevante Ertrag der Arbeiten auf Teneriffa bestand darin, dass der Gestaltgedanke seiner vermeintlich einseitigen Fokussierung auf die Wahrnehmung enthoben wurde und komplexe Problemlösungsprozesse als zeitlich erstreckte Verlaufsgestalten beschrieben wurden.

6.1.2 Die Ausweitung des Gestaltbegriffs zum Universalprinzip des Naturgeschehens

Nach seiner Rückkehr aus Teneriffa (1920) versuchte Köhler, die theoretischen Interpretationen seiner empirischen Befunde in übergeordnete naturphilosophische Zusammenhänge einzubetten. Eine Frucht dieser Bemühungen ist die folgenreiche Monographie ‚Die physischen Gestalten in Ruhe und im stationären Zustand‘ (Köhler, 1920, 2. Aufl. 1924). Die zentrale Botschaft dieses Buches ist: Das gesamte Naturgeschehen unterliegt dem Gestaltprinzip. Wenn dem so ist, dann müsste es möglich sein, von allgemeinen Naturgesetzen zumindest im heuristischem Sinne Folgerungen für im psychischen Geschehen zutage tretende Gesetzmäßigkeiten abzuleiten. Phänomenale Gestalten im psychischen Bereich wären dann ein Spezialfall der Gestaltbestimmtheit der Natur insgesamt. Um die o. g. Folgerungen tatsächlich ziehen zu können, muss Köhler den Nachweis physikalischer Gestalten erbringen. Als klassisches Beispiel für physikalische Gestalten greift er auf Selbststrukturierungen im elektromagnetischen Feld zurück (Kapitel 2 der ‚Physischen Gestalten...': ‚Die elektrostatischen Strukturen'). Eisenspäne, die ungeordnet und an einer zufälligen Stelle auf einer Platte liegen, gruppieren sich bei Applizierung eines Magneten in klar strukturierter Anordnung um diesen. Köhler begnügt sich jedoch nicht damit, Analogien zwischen Gestaltfaktoren im physikalischen und im phänomenal-psychischen Bereich lediglich zu konstatieren, sondern er nutzt diese Analogien für die physikalische ‚Erklärung' psychischer Phänomene. Damit erhält der Gestaltbegriff einen neuen methodologischen Stellenwert: „Der Gestaltansatz wird ‚von der Physik her' deduziert" (Herrmann, 1976, 584). Köhler selbst bekennt sich in einer autobiographischen Bemerkung zur Notwendigkeit einer generellen Orientierung der Psychologie an der Physik:

> „Under Planck's influence I had dimly felt that between Wertheimer's new thinking in psychology and the physicist's thinking in field physics there was some hidden connection. What was it? I now began to study the important works on field physics. The first discovery I made was that, fifty years before Wertheimer, some of his basic questions had already been asked not by psychologists but by physicists, first of all by Clerk Maxwell, the greatest physicist of that period" (Köhler, 1967, XXI).

Es blieb nicht aus, dass man die Gestaltpsychologie des Physikalismus bezichtigte und dass die Verabsolutierung und Universialisierung des Gestaltbegriffs spöttisch kommentiert wurde. So soll beispielsweise der amerikanische Kollege K. S. Lashley (1890-1958) in einem Gespräch mit Köhler geäußert haben: „Herr Köhler, die Forschung der Gestaltpsychologen ist gewiß sehr interessant. Aber manchmal kann ich das Gefühl nicht los werden, daß Sie es heimlich auf eine neue Religion abgesehen haben" (nach Köhler, 1971, 36 f.).Ein ähnlich ironischer Kommentar stammt von L. S. Wygotski (1896-1934): „Schließlich, zur Weltanschauung geworden, entdeckte die Gestaltpsychologie die Gestalt in der Physik und in der Chemie, in der Physiologie und der Biologie, und die Gestalt, erstarrt zu einer logischen Formel, bildete die Grundlage der Welt; als Gott die Welt erschuf, sagte er, es werde Gestalt, und es ward Gestalt" (Wygotski, 1985, 81).

Mit der Annahme der Existenz und Wirksamkeit von ‚Gestalten' in allen Wirklichkeitsbereichen verbunden ist das Postulat von Isomorphie-Relationen (Gleichgestaltigkeit) zwischen phänomenalem (psychischem), physiologischem und physikalischem Geschehen. Folgt man diesem Postulat, müsste es möglich sein, Schlussfolgerungen von einer Ebene auf die andere zu ziehen, wobei die Folgerungskette sowohl in quasi aufsteigender Linie (phänomenale → physiologische → physikalische Gestalten) als auch in quasi absteigender (physikalische → physiologische → phänomenale Gestalten) durchgespielt werden könnte. Bereits 1912 hat Wertheimer bei der theoretischen Interpretation über das Zustandekommen des phi-Phänomens eine Isomorphie-Relation zwischen psychischem Phänomen (Scheinbewegung) und hirnphysiologischem Prozess (Kurzschlussreaktionen benachbarter kortikaler Erregungsstellen) vermutet. Seine Hypothese lautete: „Wird die Stelle a [auf der Retina, G. E.] gereizt, in bestimmt kurzer Zeit nachher [1/16 sec., G. E.] die nahe Stelle b, so träte eine Art physiologischen Kurzschlusses von a nach b ein: in dem Abstand zwischen beiden Stellen finde ein spezifisches Hinüber von Erregung statt..." (Wertheimer, 1912, 248). Bedient sich Wertheimer 1912 noch einer konjunktivisch-hypothetischen Formulierung, so erhält bei Köhler 1933 das Isomorphie-Prinzip kanonische Verbindlichkeit: „Die konkrete Struktur der Erlebnisse [ist] die getreue Wiedergabe einer entsprechenden Funktionalordnung in den Prozessen, von welchen die Erlebnisse abhängen" (Köhler, 1933, 41). In Anlehnung an Goethe umschreiben die Gestaltpsychologen die Kongruenz von phänomenalem und physiologischem Geschehen mit der Sentenz: ‚Denn was innen, das ist außen'.

In den USA bemühten sich Köhler und seine Mitarbeiter (R. Held, H. Wallach) intensiv darum, mittels psychophysiologischer Untersuchungen die Gültigkeit des Isomorphiesatzes zu ‚beweisen' (Untersuchungen über figurale Nacheffekte). Beispielsweise versuchten sie, mittels Ableitung von Gleichströmen aus Cortexbereichen Anzeichen von bestimmten Wahrnehmungsprozessen festzustellen (Köhler & Held, 1949). Diese Forschungen erbrachten im ganzen aber nicht die erwartete Bestätigung der theoretischen Vorannahmen. In einem Gedenkartikel anlässlich des Todes Köhlers heißt es: „So wie sich das Köhler vor beinahe einem halben Jahrhundert vorstellte, geht es wohl doch nicht im Gehirn zu ..." (Teuber, 1967, VIII).

Man würde allerdings der Gestaltpsychologie nicht gerecht, wollte man ihr unterstellen, sie beabsichtige mit dem Isomorphieprinzip eine Reduktion des Psychischen auf physiologische Prozesse. Herrmann hebt zu Recht hervor, der Isomorphie-Ansatz behaupte lediglich, dass „den psychischen (Erlebnis-) Gestalten gleichgeartete physiologische Gestaltungen im zerebralen Spurenfeld *entsprechen*" (Herrmann, 1976, 43). Mit anderen Worten: Das Isomorphieprinzip beschreibt ein Entsprechungs-, aber kein Determinationsverhältnis.

Nach diesen übergreifenden theoretischen Erörterungen sollen in einzelwissenschaftlicher Konkretisierung die Ausstrahlungen des Gestaltansatzes auf psychologische Teilgebiete wenigstens stichwortartig aufgeführt werden. Nach der anfänglichen Fokussierung auf die Wahrnehmungspsychologie erfolgten im weiteren Verlauf der Zeit wesentliche Anstöße u. a. auf die Denkpsychologie (Duncker, 1935; Wertheimer, 1943), die Gedächtnispsychologie (Köhler & v. Restorff, 1933, 1937), die Entwicklungspsychologie (Koffka, 1921). Außerordentlich bedeutsam wurde die Anwendung einer zwar von der Gestaltpsychologie ausgehenden, aber ihre physikalistische Einengung überwindenden Feldtheorie für die Begründung einer breite Wirkungen erzielenden Konzeption der Sozialpsychologie durch Kurt Lewin (1890-1947; vgl. Abschnitt 18.1 und 18.2).

Beim Versuch einer Gesamtwürdigung und -kritik der Gestaltpsychologie und einer retrospektiven Bestimmung ihres Stellenwertes in der Geschichte der Psychologie kann man m. E. das folgende Fazit ziehen: Die Gestaltpsychologie hat die Einsicht vermittelt, dass die Psychologie als empirische Wissenschaft nicht von analytischen Konstrukten (Empfindung, Vorstellung), sondern von den unmittelbar gegebenen Phänomenen ausgehen muss (*Phänomen vs. Konstrukt*). Psychische Phänomene sind nicht als Elemente, sondern als ganzheitliches Geschehen gegeben (*Ganzheit vs. Element)*. Mit dieser allgemeinen Einsicht hat die Gestaltpsychologie einen Paradigmenwechsel eingeleitet (*elementaristisches Paradigma vs. holistisches Paradigma*). Die Aufwertung des Gestaltbegriffs zu einem von einem physikalischen Weltbild bestimmten universalen Erklärungsbegriff (*Physikalismus*) und die damit einhergehende Annahme einer gleichgearteten Strukturierung psychischer, physiologischer und physikalischer Phänomene (*Isomorphie-Prinzip*) konnten empirisch nicht hinreichend verifiziert werden. Abstrahiert man von dem isomorphistischen ‚Überbau‘, bleibt als Kern die Maxime, dass für die psychologische Analyse die Untersuchung der organismischen Grundlagen (des physiologischen Korrelats) unabdingbar ist.

Zur Bestimmung des Stellenwertes in der Psychologiegeschichte: In einer Zeit, in der die mechanistischen Beschränkungen und elementaristischen Verkürzungen einer weithin dem Assoziationsprinzip verhafteten Psychologie immer offensichtlicher wurden und mit der Kritik an diesen Schwächen zugleich die entscheidende Errungenschaft – die Einführung des Experiments in die psychologische Forschung – in Gefahr zu geraten drohte, kommt der Gestaltpsychologie das Verdienst zu, mit der Akzentuierung der Ganzheitlichkeit und Strukturiertheit psychischer Phänomene und der Schaffung experimenteller Standards, die diesem ganzheitlichen Charakter gerecht werden, einen potentiellen Rückfall der Psychologie in den Status einer ancilla philosophiae (Dilthey) verhindert zu haben (cf. Eckardt, 1988). Mit der Akzentuierung von Ganzheitlichkeit und Strukturiertheit wurde zugleich ein Zugang zu einem Systemdenken vorbereitet. Insofern kann man der Einschätzung Herrmanns zustimmen, dass die Gestaltpsychologie, speziell die Feldtheorie Köhlers, ein Übergangsmodell von der Maschinentheorie im Sinne der klassischen Mechanik zur Theorie informationsverarbeitender Systeme darstellt (Herrmann, 1987, 181-189). Die Gestaltpsychologie war – so Herrmann weiter (a.a.O.) – „eine ehedem nützliche Fiktion", die aber – insbesondere infolge ihres dogmatisch verabsolutierten Physikalismus und Isomorphismus – nicht zuletzt selbst ihr „Sterben" herbeiführte.

6.2 Behaviorismus

6.2.1 Der klassische Behaviorismus (J. B. Watson)

Eine Schule, die in ähnlicher Radikalität wie die Gestaltpsychologie gegen die von Wundt initiierte und an Universitäten sich etablierende Auffassung von Psychologie opponierte, war der Behaviorismus. Im Gegensatz zur Gestaltpsychologie nahm der klassische Behaviorismus jedoch nicht an elementenhaften Vorgehensweisen und assoziationstheoretischen Erklärungsversuchen der in der Wundtschen Tradition stehenden Forscher Anstoß, sondern generell an deren Auffassung vom Gegenstand der Psychologie: dem Bewusstsein. Das Verständnis des Behaviorismus von der Psychologie als Wissenschaft beruht auf drei Prämissen:

1. Psychologie ist eine Naturwissenschaft
2. Als Naturwissenschaft betrachtet die Psychologie den Menschen als Naturwesen.
3. Als Naturwissenschaft strebt die Psychologie die praktische Verwertbarkeit ihrer Erkenntnisse an.

Ad 1: Der erste Satz in der vielzitierten Programmschrift Watson ‚Psychology as the Behaviorist Views it‘ (1913) lautet: „Psychologie, wie sie der Behaviorist sieht, ist ein vollkommen objektiver, experimenteller Zweig der Naturwissenschaft" (Watson, 1968, 13). Wenn die Psychologie tatsächlich „ein vollkommen objektiver, experimenteller Zweig der Naturwissenschaft" sein will, muss sie – so die Folgerung – ihren bisherigen Gegenstand, das Bewusstsein, aufgeben, denn eine Naturwissenschaft beschäftige sich ausschließlich mit objektiven Gegenständen. Bewusstsein aber sei eine subjektive, nur einer objektiv nicht überprüfbaren Introspektion zugängliche Kategorie. In diesem Sinne fährt Watson fort:

> „Introspektion spielt keine wesentliche Rolle in ihren [= der Psychologie, G. E.] Methoden, und auch der wissenschaftliche Wert ihrer Daten hängt nicht davon ab, inwieweit sie sich zu einer Interpretation in Bewusstseinsbegriffen eignen" (Watson, ebda.). Maßstab der Psychologie sind in methodischer Hinsicht Chemie und Physik: Die Psychologie „bedarf [...] der Introspektion genauso wenig wie etwa Chemie und Physik" (a. a. O., 27).

Später geht Watson noch einen Schritt weiter: Die Notwendigkeit, den Bewusstseinsbegriff aufzugeben, ergebe sich nicht nur aus methodischen Gründen, sondern die Existenz eines Bewusstseins wird generell geleugnet; der Bewusstseinsbegriff sei ein Produkt des Aberglaubens und der Magie:

„Der Behaviorist [...] meint weiterhin, daß der Glaube an die Existenz eines Bewusstseins aus den alten Zeiten des Aberglaubens und der Magie herrührt" (Watson, 1968 [1930], 36).

Damit ist der Behaviorismus Watsons – eine Unterscheidung Maces (1948/49) aufgreifend – nicht nur ein methodologischer, sondern ein metaphysischer.

Ad 2: ‚Mensch als Naturwesen' heißt für den Behavioristen: Er „erkennt [...] keine Trennungslinie zwischen Mensch und Tier an" (Watson, 1968 [1913], 13). Dabei beruft sich Watson explizit auf die Darwinsche Evolutionstheorie. Die Nichtanerkennung einer ‚Trennungslinie' ist ein weiteres Argument für den Verzicht auf einen Bewusstseinsbegriff: „Das Verhalten von Tieren [kann] ohne Berufung auf das Bewusstsein erforscht werden" (a.a.O., 27); Wenn „das Verhalten von Mensch und Tier auf derselben Ebene gesehen werden muß", könne man auch im Bezug auf das menschliche Verhalten „auf einen Bewusstseinsbegriff im psychologischem Sinne verzichten" (ebda.). Watson beteuert auch noch später (1930), dass es legitim sei, „bei der Untersuchung des Menschen dieselben Verfahren und dieselben Beschreibungsbegriffe anzuwenden, wie sie von vielen Forschern seit langer Zeit bei der Untersuchung von Lebewesen, die auf einer tieferen Entwicklungsstufe stehen als der Mensch, für zweckmäßig befunden worden waren" (Watson, 1968 [1930], 31).

Ad 3: Vor dem Hintergrund des im angloamerikanischen Sprachraum verbreiteten Pragmatismus propagierte der Behaviorismus die prinzipielle Möglichkeit und Notwendigkeit der praktischen Nutzanwendung seines Programms. Bereits in der Programmschrift von 1913 wird dieser Anspruch deutlich formuliert: „Ihr [= der behavioristischen Psychologie, G. E.] Ziel ist die Vorhersage und Kontrolle des Verhaltens" (Watson, 1968 [1913], 13). Die Formulierung dieses Ziels ist zugleich als Kritik an der mangelnden praktischen Verwertbarkeit der von der traditionellen Laborpsychologie erbrachten Ergebnisse zu verstehen:

„Man kann jeden Mediziner oder Juristen fragen, ob die wissenschaftliche Psychologie in seiner täglichen Arbeit eine Rolle spielt, und man erfährt, daß die Laboratoriumspsychologie in seiner Arbeit praktisch keinen Platz hat" (a.a.O., 22).

Wenn Verhalten vorhersag- und kontrollierbar sein soll, dann folgt in theoretischer Hinsicht daraus, dass es einer berechenbaren Determination unterliegt. Dieser strikt-deterministische Standpunkt (quasi im Sinne eines Laplaceschen Dämons) mündet in eine extreme Überbetonung der Umwelt als Entwicklungsfaktor (Environmentalismus; vgl. Abschnitt 11.5).

Die letzte Konsequenz dieses mechanistischen Determinismus ist die Überzeugung von der beliebigen Manipulier- und Steuerbarkeit individueller Entwicklungsverläufe:

> „Gebt mir ein Dutzend gesunder, wohlgebildeter Kinder und meine eigene Umwelt,
> in der ich sie erziehe, und ich garantiere, daß ich jedes nach dem Zufall auswähle
> und es zu einem Spezialisten in irgend einem Beruf erziehe, zum Arzt, Richter,
> Künstler, Kaufmann oder zum Bettler und Dieb, ohne Rücksicht auf seine Be-
> gabungen, Neigungen, Fähigkeiten, Anlagen und die Herkunft seiner Vorfahren"
> (Watson, 1968 [1930], 123).

Eine in dieser Weise vorgenommene Ausweitung des ursprünglich einzelwissen-
schaftlichen Forschungsprogramms (1913) zu einer sozialtechnischen Utopie im
Sinne einer gesamtgesellschaftlich relevanten Manipulationsutopie (vgl.
Burnham, 1968; Schorr, 1993; Mills, 1998) wurde durch das in den USA in jener
Zeit vorherrschende gesellschaftliche Klima (Machbarkeitsideologie; ‚vom Tel-
lerwäscher zum Millionär') begünstigt.

Ausgehend von den genannten Prämissen, entwickelt Watson eine Konzeption von Psychologie, die im folgenden in ihren Grundzügen darzustellen sein
wird: Die Psychologie als Naturwissenschaft kann nach Watson nur das zu ihrem
Gegenstand machen, was beobachtbar ist. „Wir wollen uns auf Dinge beschränken, die beobachtbar sind, und Gesetze formulieren, die sich nur auf solche
Dinge beziehen" (Watson, 1968 [1930], 39). Beobachtbar ist Verhalten. Was ist
Verhalten? Verhalten ist „das, was der Organismus tut und sagt" (ebda.). Nicht
jedes Verhalten ist äußerlich sichtbar, sondern es gibt auch Verhaltensweisen,
die „dem Auge verborgen sind" (a.a.O., 48). Mit letzteren sind innerorganismische Vorgänge gemeint, die nur mittels physiologischer Methoden
‚beobachtbar' gemacht werden. Watson unterscheidet also zwischen explizitem
und implizitem Verhalten.

In welcher Weise ist Verhalten wissenschaftlich beschreibbar? „Die Regel
oder der Maßstab, den der Behaviorist ständig vor Augen hat, lautet: Kann ich
den Verhaltensausschnitt, den ich wahrnehme, in den Begriffen ‚Reiz und Reaktion' beschreiben?" (a.a.O., 39). Die hier gestellte Frage ist natürlich als eine
rhetorische zu verstehen. Für Watson ist klar, dass Verhalten in jedem Fall eine
Reiz-Reaktion-Verbindung ist. Der sich verhaltende Organismus wird gewissermaßen als ein Organismus aufgefasst, dessen Funktionsweise durch die Relation
von inputs (Reize) und outputs (Reaktionen) bestimmt wird. Es interessieren nur
die Eingangs- und Ausgangsgrößen, also die ‚peripheren' Ereignisse
(Peripheralismus). ‚Zentrale' innerorganismische Regulationen bzw. Ver-
mittlungen werden ausgeblendet. Kurzum: Für den klassischen Behaviorismus
ist der Organismus eine black box. Aus der Behauptung einer regelhaft-

mechanischen Verknüpfung von Reiz und Reaktion ergibt sich die Schlussfolgerung, dass Verhalten prinzipiell vorhersagbar ist. Der Behaviorismus setzt sich das Ziel, „bei einem vorgegebenen Reiz die Reaktion vorhersagen zu können oder aufgrund der Reaktion festzustellen, welcher Reiz diese Reaktion ausgelöst hat" (a.a.O., 49).

Die Begriffe ,Reiz' und ,Reaktion' haben – etwa im Vergleich zur klassischen Psychophysik – einen sehr breiten Bedeutungsumfang: Reiz ist „jedes Objekt in der allgemeinen Umwelt oder jede Veränderung in den Geweben selbst, die durch den physiologischen Zustand des Lebewesens bedingt ist" (Watson, a.a.O., 39). ,Reaktion' ist „alles, was das Lebewesen tut" (ebda.). Qualitative Abstufungen zwischen möglicherweise verschiedenen Typen von Reaktionen bzw. Verhaltensweisen werden nicht gemacht: „Laut sprechen oder zu sich selbst sprechen (denken) ist als Verhalten genauso objektiv wie Baseballspielen" (ebda.).

Wodurch kommen Reiz-Reaktions-Verbindungen zustande? Der frühe Watson unterscheidet zwei Möglichkeiten: Sie sind entweder instinktiver Natur, also angeboren, oder sie sind das Ergebnis von ,Gewohnheitsbildung', also erlernt. Man müsse also zwischen ,ererbten und gewohnheitsmäßigen Anteilen' der Verhaltensausstattung von Tier und Mensch unterscheiden (Watson, 1968 [1913], 20). In der Weiterführung und z. T. weitgehenden Modifizierung der Konzeption Watsons werden in den 30er und 40er Jahren des 20. Jahrhunderts unter der Flagge des ,Neobehaviorismus' diverse Lerntheorien und eine Klassifikation verschiedener Lernarten entworfen. Aus der späteren Propagierung einer universellen Formbarkeit des jungen Kindes wird deutlich, dass Anlagefaktoren (,Instinkt') ausgeblendet werden. ,Gewohnheitsbildung', also Lernen, wird zum zentralen Thema des Behaviorismus. Die Pawlowschen Arbeiten über bedingte Reflexe werden in den theoretischen und methodischen Ansatz des klassischen Behaviorismus integriert.

Bevor wir die Weiterentwicklungen des Behaviorismus diskutieren, sollten wir noch eine generelle Frage erörtern, nämlich, ob es bei einer Festlegung des Gegenstandes der Psychologie auf Verhalten und einer Ausschaltung der Kategorie ,Bewusstsein' überhaupt möglich ist, das Psychische in seiner Gesamtheit in den Blick zu nehmen. Watson selbst versichert, dass er keine Probleme habe, die von der introspektiven Psychologie behandelten Forschungsgegenstände in seine Konzeption zu integrieren:

„Von den wirklich wesentlichen Problemen, mit denen sich die Psychologie als introspektive Wissenschaft heute befaßt, wird die Psychologie als Verhaltenswissenschaft schließlich nur wenige außer acht lassen müssen. Mit aller Wahrscheinlichkeit kann man diese restlichen Probleme noch so umformulieren, daß feinere Methoden der Verhaltensforschung (...) zu ihrer Lösung führen" (Watson, 1968 [1913], 28).

Wie sieht das ‚Umformulieren' aus? Nehmen wir das Beispiel ‚Denken'! ‚Denken' ist für Watson „nichts anderes als ein ‚Zu-uns-selbst-Sprechen'" (Watson, 1968 [1930], 240). Sprechen ist ein Verhalten, ein sog. ‚Wortverhalten'. Denken ist dann jenes spezielle „Wortverhalten, das lautlos vor sich geht" (a.a.O., 244), ein ‚subvocal talking'. Es ist also ein implizites Verhalten. Wie ist es objektiv beobachtbar? Nur mittelbar, indem man die beim Denken ablaufenden, feinsten Muskelaktivitäten registriert. Diese Muskelaktivitäten weisen eben nur ein schwächeres Niveau auf als beim lauthaften Sprechen: „Die Muskelgewohnheiten, die beim wahrnehmbaren Sprechen gelernt werden, (sind auch) für das implizite oder innere Sprechen (Denken) verantwortlich" (ebda.). Fazit: Denken ist der Ausdruck physiologischer Abläufe.

Ein anderes Beispiel: Was hat der klassische Behaviorismus über Gefühle (Emotionen) zu sagen? Gefühle sind nichts anderes als Reiz-Reaktions-Verbindungen, die auf der Basis der Ausbildung bedingter Reflexe entstehen. Die „unkonditionierten Reize mit ihren relativ einfachen unkonditionierten Reaktionen sind das Fundament für den Aufbau jener komplizierten konditionierten Gewohnheitsmuster, die wir später als unsere Gefühle bezeichnen. In anderen Worten', Gefühlsreaktionen werden in der gleichen Weise ausgebildet wie die meisten anderen Reaktionsmuster" (Watson, 1968 [1930], 175). Physiologisch gesehen haben bei emotionalen Reaktionen „viszerale und Drüsenreaktionen die Oberhand" (a.a.O., 176).

Erstaunlicherweise taucht bei Watson, obwohl er den Menschen als „eine zusammengesetzte organische Maschine" (a.a.O., 266) betrachtet, sogar der Begriff ‚Persönlichkeit' auf. Freilich ist für ihn ‚Persönlichkeit' „nichts anderes als das Endprodukt unserer Gewohnheitssysteme" (a.a.O., 270). Diese Definition versteht Watson als eine Abgrenzung gegenüber „sentimentalen Bedeutungen" (ebda.), die gemeinhin dem Begriff ‚Persönlichkeit' gegeben werden.

6.2.2 Neobehaviorismus

Üblicherweise werden in der historischen Entwicklung des Behaviorismus drei Phasen unterschieden:

1.   1913-1930 klassischer (oder orthodoxer) Behaviorismus
2.   1930-1950 Neobehaviorismus
3.   ab 1950 radikaler Behaviorismus (vs. Liberalisierung des Behaviorismus).

Im nachhinein betrachtet, ist es nicht verwunderlich, dass den ungesicherten Übertreibungen und Radikalismen sowie dem starren mechanistischen Korsett des klassischen Behaviorismus Watsonscher Prägung keine lange Lebensdauer beschieden sein konnte. Schon während der ‚klassischen' Phase sind Stimmen laut geworden, die den generellen Verzicht auf den Bewusstseinsbegriff bei Watson kritisch hinterfragten. So schlug Tolman bereits 1922 ‚a new formula for behaviorism' vor (Tolman, 1922), und Vokabeln, die auf der Streichliste Watsons standen, wurden wieder ins Spiel gebracht, wie etwa ‚purpose' und ‚cognition' (Tolman, 1925), ja sogar ‚consciousness' (Tolman, 1927). Diese und andere Bemühungen um eine Reformierung des Behaviorismus Watsons mündeten in eine Richtung, die sich ‚Neobehaviorismus' nannte. Die wichtigsten Vertreter dieses ‚neuen' Behaviorismus waren E. C. Tolman (1886-1959), C. L. Hull (1884-1952) und E. R. Guthrie (1886-1952).

6.2.2.1 E. C. Tolman

Nach den bereits erwähnten punktuellen Einwänden in den 20er Jahren gibt Tolman in seinem Hauptwerk ‚Purposive Behavior in Animals and Men' (1932) eine systematische Kritik an Watson und arbeitet die Grundzüge einer alternativen Variante des Behaviorismus aus, die – je nach Akzentsetzung – ‚purposive behaviorism', ‚cognitive behaviorism' oder ‚operational behaviorism' genannt wurde. Obwohl Tolman – wie bereits angedeutet – den Bewusstseinsbegriff wieder ‚salonfähig' macht, bleibt er dennoch Behaviorist, denn Bewusstsein ist bei ihm nicht ein Verhalten erzeugender Prozess, sondern ein Attribut von Verhalten, also eine abgeleitete Größe:

„Überall, wo sich im Organismus in einer bestimmten Reizsituation die *Bereitschaft* erkennen lässt, von einer differenzierten Reaktionsweise zu einer noch differenzierteren überzugehen, findet man Bewußtsein" (Tolman, 1927, zitiert nach Sanders, 1978, 136). Man beachte: Bewusstsein wird vom Verhalten abgeleitet, nicht von irgendeiner Art von Introspektion. Für das mit dem Attribut ‚Bewusstsein' ausgestattete Verhalten aber heißt dies: Es ist nicht als eine Kette (Und-Summe) von Reiz-Reaktions-Verbindungen nach dem Modell einer mechanisch funktionierenden Maschine zu betrachten, sondern es ist komplexer, ganzheitlicher Natur. (Einflüsse seitens der Gestaltpsychologie auf Tolman sind nachweisbar.) Tolman spricht daher von einem ‚molar behavior' im Gegensatz zum ‚molecular behavior' bei Watson. Damit wird ein wesentlicher Punkt der Kritik am klassischen Behaviorismus deutlich: die Zurückweisung des atomistischen Axioms.

Wenn die Verbindung Reiz (S) und Reaktion (R) nicht mechanisch erfolgt, wie kommt sie dann zustande? Tolmans Antwort: Sie wird vermittelt durch ‚purpose', Absicht. Verhalten ist immer auf die Erreichung eines Zieles gerichtet; sie ist ‚goal-oriented'. Das Zwischenglied, das die Verbindung zwischen Reiz und Reaktion vermittelt, nennt Tolman ‚intervening variable', intervenierende Variable. Ein Verhalten wird besser durch das Ziel, auf das es gerichtet ist, charakterisiert als durch die dabei ablaufenden Bewegungen. Mit anderen Worten: Psychologische Parameter sind gegenüber physiologischen zu präferieren. Damit wird auch das physiologistische Axiom des klassischen Behaviorismus in Frage gestellt.

Der Organismus benutzt zur Zielerreichung ‚Hilfsmittel'; er geht bestimmte Wege, gebraucht Werkzeuge usw. Zweckorientiertes Verhalten weist also kognitive Merkmale auf. Von daher war es nicht ganz abwegig, dass Tolmans Konzeption mit dem scheinbar in sich widersprüchlichen Begriff ‚kognitiver Behaviorismus' bezeichnet wurde.

Die weitere Frage ist, ob Tolman mit der Einführung des Begriffs ‚purpose' (Absicht) auch noch das objektivistische Axiom des klassischen Behaviorismus über Bord geworfen hat. ‚Purpose' – ist das nicht eine Kategorie, die dem Subjektiven zuzuordnen ist? Zumindest an dieser Stelle bleibt Tolman aber Behaviorist. Er versteht ‚purpose' bzw. ‚goal-oriented' nicht in einem subjektiv-teleologischen Sinn. Vielmehr wird ‚purpose' von objektiv beobachtbaren Eingangs- und Ausgangsgrößen bestimmt. Freilich ist ‚purpose' nicht unmittelbar beobachtbar, sondern wird ‚erschlossen'. Aber nach Tolman kann auch etwas, das nicht beobachtbar ist, dennoch objektiv sein. Die Formel Watsons, wonach ‚objektiv' auf das, was beobachtbar ist, beschränkt wird, hat also für Tolman keine Gültigkeit. Bezüglich der Watsonschen Axiome können wir somit sagen: Das objektivistische Axiom wird von Tolman nicht aufgegeben, aber modifiziert. Tolman widerspricht der Auffassung, dass man sich die Beziehung zwischen Reiz und Reaktion als black-box zu denken habe. Man müsse vielmehr zwischen Reiz und Reaktion eine Größe einschalten, die diese Beziehung vermittelt bzw. gestaltet: den tätigen Organismus. An die Stelle eines mechanischen S-R-Modells tritt ein S-O-R-Modell. Damit distanziert sich Tolman auch vom mechanistischen Axiom Watsons. Was bleibt dann noch übrig vom klassischen Behaviorismus? Ein modifiziertes Objektivitätsaxiom und – das ist das Wichtigste – das Festhalten am Begriff Verhalten als zentralem Gegenstand der Psychologie.

Bevor wir weitere Vertreter des Behaviorismus kennenlernen, ist es angebracht, zu dem bereits eingeführten Begriff ‚intervenierende Variable' noch einige inhaltliche und wissenschaftstheoretische Erläuterungen zu geben. Was sind intervenierende Variablen? Sie sind keine beobachtbaren, sondern ‚erschlossene' Größen. Sie sind keine selbständigen Einheiten, sondern Konstrukte, die funktionale Beziehungen beschreiben. Sie sind operational zu definieren. Die

Einbringung dieses Begriffs in den theoretischen und methodologischen Diskurs in der Psychologie hängt eng zusammen mit Entwicklungen, die seinerzeit in der Wissenschaftstheorie stattfanden. Der logische Empirismus der Wiener Schule (Carnap und andere) sowie insbesondere der Operationalismus Bridgmans sind hier zu nennen. In seiner Schrift ‚The logic of modern physics' von 1927 stellt Bridgman die Forderung auf, wissenschaftliche Begriffe dadurch hinreichend exakt zu definieren, dass man die Operationen, die man zur Untersuchung eines Sachverhaltes durchführt, exakt beschreibt. Genau diese Forderung ist auch bei der ‚Konstruktion' von intervenierenden Variablen einzuhalten. In den 30er bis 50er Jahren erarbeitete Tolman ein umfangreiches System von intervenierenden Variablen für den Bereich der Psychologie. Intervenierende Variablen sind

- ‚demands' – Bedürfnisse einschließlich Instinkte
- ‚goal-objects' – Objekte, auf die das Verhalten ausgerichtet ist
- ‚expections' – Erwartungen im Sinne der internen Antizipation der Folgen von Verhaltensweisen
- ‚incentive motivation' – Motivationsanreiz.

Wir sehen: Innerorganismische Vorgänge haben Platz innerhalb eines behavioristischen Systems. Die Leerstellen, die Watson mit seiner black-box hinterlassen hat, werden aufgefüllt. Dem ‚Peripheralismus' Watsons stellt Tolman einen ‚Zentralismus' entgegen. Ein Beispiel soll veranschaulichen, wie Tolman intervenierende Variablen umschreibt und operationalisiert. ‚Demands' bringen zum Ausdruck, „dass sich der Organismus in einem Zustand des ‚Verlangens nach einer Art physiologischer Ruhe' befindet, d. h. er verlangt nach Stillung des Hungers oder des Durstes, nach Befriedigung der Sexualität usw., oder er sträubt sich gegen den fortdauernden Zustand einer Art physiologischer Unruhe, d. h. gegen Verletzungen, physiologische Störungen usw." (Tolman, 1932, zit. nach Sanders, 1978, 154). ‚Demands' sind beschreibbar als rechnerische Größen, indem z. B. die Wirkung der Dauer des Futterentzugs auf den Grad der Bedürfnisintensität quantitativ bestimmt wird.

Man könnte nach dem Gesagten den Schluss ziehen, dass letztlich auch der Neobehaviorismus am Watsonschen Postulat der Vorhersagbarkeit des Verhaltens festhält, indem er es berechenbar macht. Dieser Schluss ist sicherlich nicht ganz abwegig. Allerdings handelt es sich bei Verhaltensvorhersagen des Neobehaviorismus nicht um mechanisch eindeutig festlegbare Größen, sondern um Wahrscheinlichkeitsaussagen. Wirkungsgeschichtlich von herausragender Bedeutung ist, dass die Pflicht, intervenierende Variablen operativ zu definieren und schließlich als rechnerische Größen zu handhaben, einen starken Impuls für eine methodisch fundierte Mathematisierung der Psychologie mit sich brachte.

6.2.2.2 C. L. Hull

Ähnlich wie Tolman hält auch sein Zeitgenosse C. L. Hull den naiv-mechanistischen klassischen Behaviorismus, insbesondere die Annahme eines schematischen S-R-Automatismus, für unzulänglich, ohne allerdings das zentrale Credo – die Bestimmung des Verhaltens als Gegenstand der Psychologie – in Frage zu stellen. Hulls Theorie knüpft an vorbehavioristische Auffassungen an. E. L. Thorndike (1874-1949) hatte bereits um 1898 in Grundzügen eine Theorie des Lernens entworfen, in deren Zentrum das sog. ‚Effektgesetz‘ (‚law of effect‘) stand. Sinngemäß besagt dieses Gesetz, dass eine Verbindung zwischen Reiz (S) und Reaktion (R) dann hergestellt bzw. gefestigt wird, wenn diese mit einem positiven Nacheffekt (Belohnung, Erfolg), sprich Bedürfnisbefriedigung, gekoppelt ist. Wenn auf eine Reaktion dagegen ein negativer Effekt (Strafe, Misserfolg) eintritt, werde die Wahrscheinlichkeit einer S-R-Verbindung verringert. Dieses Effektgesetz als Vorlage aufgreifend, arbeitet Hull eine sehr komplexe, 17 Postulate umfassende und hochgradig formalisierte Verhaltens- und Lerntheorie aus. Stand bei Tolman das Konzept ‚purpose‘ im Mittelpunkt, so ist es bei Hull das Konzept ‚habit‘ (Gewöhnung). ‚Habit‘ bezeichnet die Bereitschaft (‚readiness‘) eines Organismus zum Vollzug einer bereits gelernten Reaktion, ‚Gewöhnungsstärke‘ (‚habit strength‘) den Grad dieser Bereitschaft. Die Gewohnheitsstärke (S H R) ist vor allem abhängig von Ausmaß und Zahl der Verstärkungen (reinforcements) der S-R-Verbindungen. Jede Bekräftigung bewirkt einen Zusatz an Gewöhnungsstärke, und je mehr die Gewöhnungsstärke ansteigt, desto größer ist die Bedürfnisreduktion (‚diminution of need‘). Mittels bestimmter Operationen (z. B. Ermittlung der Reaktionsfrequenz, der Reaktionslatenz und/oder der Extinktionsresistenz [Widerständigkeit gegen das Auslöschen von S-R-Verbindungen]) ist die Gewohnheitsstärke S H R messbar. Die Gewohnheitsstärke steht ihrerseits in enger Wechselwirkung mit einer weiteren Variablen, nämlich der allgemeinen Antriebslage des Organismus (‚general drive‘). Die Wechselwirkung von allgemeiner Antriebslage und Gewohnheitsstärke ist die notwendige Bedingung für Lernprozesse. Das heißt: Ohne Antrieb kommt es zu keiner Verstärkung, und umgekehrt. Erst aus dem Zusammenwirken von Antrieb (D) und Gewohnheitsstärke (S H R) entsteht ein berechenbares Reaktionspotential (S E R) im Sinne einer Bereitschaft zum Vollzug eines Verhaltensaktes (E = evocation potential). In eine Formel gekleidet, heißt dies: S E R = f (S H R x D). Mit dieser Formel wird das sog. ‚drive-habit‘-Modell (Trieb-Gewohnheits-Modell) umschrieben.

Die Annahme von Zwischengliedern, die zwischen Reiz (Situation) und Reaktion (Verhalten) vermitteln, wie wir sie von Tolman kennen, finden wir somit auch bei Hull wieder. Hull nennt sie ‚hypothetical constructs‘, verwendet aber

auch synonym den Tolmanschen Begriff ‚intervening variables'. Mit ‚hypothetical constructs' soll zum Ausdruck gebracht werden, dass es sich um Parameter handelt, die sich der direkten Beobachtung entziehen, dass von ihnen aber
Aussagen abgeleitet (deduziert) werden, die potentiell empirisch verifiziert
werden können. In diesem Sinne ist der Begriff in das sog. ‚hypothetisch-
deduktive System' Hulls eingebettet.

Hull bestimmt die in seinem System zentralen ‚hypothetical constructs',
nämlich ‚habit strength' und ‚drive', nicht – wie Tolman – als kognitive, sondern
als quasi-physiologische Faktoren; *quasi*-physiologisch deshalb, weil Hull selbst
nicht physiologisch arbeitet und darüber hinaus der Meinung ist, dass die Physiologie seiner Zeit noch nicht eine befriedigende Analyse dieser Faktoren leisten
könne. Bezüglich der Gewohnheitsbildung und –stärke etwa schreibt er:

„The process of habit formation consists of the physiological summation of
a series of discrete increments. ... The habit strength cannot be determined by
direct observation, since it exists as an organization as yet largely unknown,
hidden within the complex structure of the nervous system" (Hull, 1943, 102).

Im Gegensatz zum ‚kognitiven Behaviorismus' Tolmans haben wir es also bei
Hull mit einem ‚quasi-physiologischen Behaviorismus' zu tun.

Der Neobehaviorismus ist also trotz der Gemeinsamkeiten in grundsätzlichen Fragen (Annahme von intervenierenden Variablen, Ablehnung mechanis-
tischer S-R-Theorien zugunsten von S-O-R-Theorien, Verhaltensvorhersagen als
Wahrscheinlichkeitsaussagen usw.) durchaus kein monolithischer Block von
Theorien. Eine der strittigen Fragen innerhalb des Neobehaviorismus soll im
folgenden Exkurs anhand der sog. Hull-Tolman-Kontroverse skizziert werden.
Exkurs: Die Frage der Gebundenheit oder Nichtgebundenheit von Lernprozessen
an Bekräftigungen (Hull vs. Tolman)

Wir haben gesehen: Bei Hull ist Bekräftigung (Verstärkung, reinforcement)
eine zwar nicht hinreichende, aber notwendige Bedingung für das ‚Reaktionspotential'. Bei Tolman dagegen gibt es Lernprozesse, die ohne Bekräftigung
stattfinden: das latente Lernen. Latentes Lernen ist ein Lernen, das zunächst (in
einer verstärkungslosen Phase) nicht sichtbar wird, später (bei Einführung einer
Verstärkung) aber sich als ein vergleichsweise überdurchschnittlich hoher
Lernforschritt manifestiert. Tolman führte das folgende klassische Experiment
zum (vermeintlichen?) Nachweis latenten Lernens durch: Ratten absolvieren
eine mehrere Durchgänge umfassende Reihe von Labyrinthversuchen und
werden in drei Gruppen aufgeteilt. Gruppe 1 erhält während der gesamten Ver-
suchsserie keine Bekräftigung, d. h. kein Futter am Ausgang des Labyrinths.
Gruppe 2 erhält vom ersten Versuch an konstant Futter nach dem Durchlaufen
des Labyrinths. Gruppe 3 erhält während der ersten Phase der Serie (die ersten
10 Versuche) keine Bekräftigung, in der zweiten Phase (ab 11. Versuch) findet

regelmäßig Bekräftigung statt. Folgende Ergebnisse wurden erzielt: Erwartungsgemäß zeigten Gruppe 1 geringe, Gruppe 2 hohe Lernfortschritte. Interessant war nun, dass die Lernkurve der Ratten von Gruppe 3 während der ersten Phase im wesentlichen der der Gruppe 1 entsprach, dass aber in der zweiten Phase (der Bekräftigungsphase) die Lernkurve einen wesentlich steileren Anstieg nahm als bei der von Anfang an bekräftigten Gruppe 2. Tolman bedient sich bei der Interpretation des vergleichsweise größeren Lernfortschritts der Gruppe 3 in der zweiten Phase der Annahme, dass bereits in der ersten bekräftigungslosen Phase Lernprozesse stattgefunden haben, die erst nach der Bekräftigung in Form eines steileren Anstiegs der Lernkurve wirksam wurden. Fazit: Nicht jeder Lernvorgang ist an Bekräftigung gebunden. In der Folge trifft Tolman eine begriffliche Unterscheidung zwischen Lernen als ‚Erwerb‘ (‚acquisition’) und als ‚Leistung‘ (‚performance’). Kritiker aus dem Hull-Lager lehnten die Interpretation Tolmans ab, indem sie darauf hinwiesen, dass in der scheinbar bekräftigungslosen Phase dennoch Bekräftigungen, wenn auch auf einer anderen Ebene stattfanden, nämlich die Befriedigung der Neugier der Ratten beim Durchlaufen des Labyrinths.

6.2.2.3 E. R. Guthrie

Vergleicht man Hulls vielschichtiges Theoriengebäude samt den 17 Postulaten und der umfänglichen Liste von intervenierenden Variablen bzw. ‚hypothetical constructs‘ mit der Lerntheorie seines Kollegen E. R. Guthrie, wird man möglicherweise die Einfachheit der letzteren als eine Wohltat empfinden. Vielleicht aber wird man auch erstaunt darüber sein, dass die Korrekturen der Zeitgenossen an den mechanistischen Einseitigkeiten des Behaviorismus Watsonscher Prägung bei Guthrie kaum reflektiert zu werden scheinen. Guthries Theorie lässt sich im Grunde genommen auf einen einzigen Satz reduzieren:
„Eine Kombination von Reizen, die mit einer Bewegung einhergeht, tendiert dazu, bei einem erneuten Auftreten diese Bewegung nach sich zu ziehen" (Guthrie, 1935, 23). Wir werden fragen: Ist das nicht – verglichen mit den S-O-R-Theorien Tolmans und Hulls – ein Rückfall in eine simple S-R-Theorie? Intervenierende Variablen werden ausgespart; ‚Bekräftigung‘, ‚Absicht‘ (‚purpose‘), ‚Gewohnheit‘ (‚habit‘), Bedürfnis, Antrieb, Motivation usw. spielen keine Rolle. Das einzige ‚Gesetz‘, auf das sich Guthrie stützt, ist das Assoziationsgesetz der Kontiguität. Watsons Programm erhält allem Anschein nach lediglich einen assoziationstheoretischen Anstrich. Dennoch sollten wir auf einige Argumente bzw. Überlegungen Guthries eingehen:

1. Der Organismus *tendiert* zu etwas. Das heißt: Es lässt sich niemals mit Sicherheit voraussagen, welches Verhalten (Guthrie spricht von ‚Bewegungen') mit einem Reizmuster verbunden ist oder sein wird. Das vom Organismus gezeigte Verhalten ist vielmehr abhängig von der Gesamtsituation. Psychologische Aussagen sind somit Wahrscheinlichkeitsaussagen. Die automatische Eindeutigkeit der S-R-Kopplungen bei Watson wird korrigiert.

2. Das Verhältnis von Reiz (Reizmuster, Signal) und Reaktion (Bewegung) ist bei Guthrie kein sukzessives (auf einen Reiz *folgt* eine Reaktion), sondern ein Verhältnis „strenger Gleichzeitigkeit" (Hilgard & Bower, 1971, 96). Guthrie spricht von „stimuli acting *at the time* of a response". Hilgard & Bower (ebda.) kommentieren: „Die eigentliche Assoziation findet zwischen gleichzeitigen Ereignissen statt". Eine wenn-dann-Beziehung als zeitliche Abfolge (wie bei Watson oder auch Pawlow) wird damit ausgeschlossen.

3. Wenn beim Wiederauftreten einer bestimmten Situation ein Verhalten stattfindet, das bei einer vorhergehenden gleichartigen Situation bereits gezeigt wurde, erhebt sich natürlich die Frage, was passiert, wenn sich die Situation ändert. Anders gefragt: Wie kommt es zu Lernprozessen? Guthries Antwort ist ganz einfach: Die Veränderung der Situation ist simultan mit der Veränderung des Verhaltens verknüpft. Der Organismus ist zu neuen Verhaltensstrategien gezwungen, z. B. einer trial- and error-Strategie. Faktisch wird Verhalten damit zu einem Attribut der Situation (des stimulus pattern). Ändert sich die Situation, so ändert sich auch ihr Attribut ‚Verhalten'. Über Mechanismen oder Gesetzmäßigkeiten des Lernens selbst erfahren wir bei Guthrie nichts; und die vielen Items, die seine neobehavioristischen Kollegen bei Guthrie vermissen (Verstärkung, Absicht, Gewohnheit, Antriebslage usw.), gehen samt und sonders in die ‚Situation', ‚stimulus pattern' ein.

6.2.3 Radikaler Behaviorismus (B. F. Skinner)

Die in der jüngeren Vergangenheit wirkungsgeschichtlich bedeutendste Variante des Behaviorismus war die von B. F. Skinner (1904-1990) begründete Konzeption des sog. ‚operanten Konditionierens'. Obwohl Skinner in mancher Hinsicht einen vom klassischen Behaviorismus Watsons abweichenden Ansatz vertrat, zeigen sich in bezug auf die Propagierung universeller Möglichkeiten der Steuerung menschlicher Verhaltensentwicklung weitgehende Parallelen. Was allerdings Watson auf direktem Wege durch gezielte Reizgebung erzeugen will (das Baby kann willkürlich ‚geformt' werden), hofft Skinner mit Hilfe von ‚Verstärkern', die nicht notwendigerweise reizbezogen sind, zu erreichen. In der

Terminologie Skinners klingt diese Verheißung dann folgendermaßen: „Auf jedem Gebiet, wo das menschliche Verhalten einen wesentlichen Platz einnimmt – sei es nun in der Erziehung, in der Politik, in der Familie, in der Klinik, in der Industrie, in der Kunst, in der Literatur usw. –, verändern wir ständig Reaktionswahrscheinlichkeiten, indem wir für verstärkende Konsequenzen sorgen. Der Industrielle, der möchte, dass seine Arbeiter richtig arbeiten und nicht krankfeiern, muss dafür sorgen, dass ihr Verhalten angemessen verstärkt wird – nicht nur durch Löhne, sondern auch durch entsprechende Arbeitsbedingungen. [...] Wollen wir einem Kind Lesen, Singen oder ein Spiel beibringen, so müssen wir einen pädagogischen Verstärkungsplan ausarbeiten, in dem sich angemessene Reaktionen häufig bezahlt machen" (Skinner, 1973 [1953], 77). Die Machbarkeits-Verheißungen Watsons und Skinners liegen inhaltlich auf der gleichen Ebene, stützen sich aber auf unterschiedliche Techniken.

Skinners behavioristische Konzeption wird in der Literatur mit verschiedenen Attributen umschrieben. Unter anderem wird sie als ‚radikal' und als ‚deskriptiv' bezeichnet. Diese Wortmarken eignen sich als ‚Aufhänger' für eine grobe Skizzierung der Konzeption:

(1) Der ‚radikale' Behaviorismus
Wieso ist Skinners Behaviorismus ein ‚radikaler'? Er ist ‚radikal', weil er das Verhalten selbst, gewissermaßen Verhalten pur, als primäre Analyseeinheit und nicht als eine abgeleitete Größe, nämlich als Ergebnis eines vorgeordneten Reizes, betrachtet. Natürlich gebe es auch Verhaltensakte, die durch identifizierbare Reize ausgelöst werden, die sog. ‚elicited reactions' im Sinne von unbedingten oder bedingten Reflexen. Aber diese Verhaltenstypen (auch Typ S genannt) spielen für die gesamte menschliche Verhaltensorganisation eine vergleichsweise geringe Rolle (Sicherung der vitalen Grundfunktionen usw.). Zentral in psychologischer Hinsicht seien die sog. ‚emitted reactions' bzw. das ‚emitted behavior' (abgegebenes, geäußertes, ausgesandtes Verhalten). Genau genommen müsste man ‚Aktionen' sagen anstelle von ‚Reaktionen', denn der sich in einem natürlichen Aktivitätszustand befindende Organismus agiert nicht reaktiv, sondern *spontan*. Es sei doch – so argumentiert Skinner – schlechterdings nicht möglich, beispielsweise für die unkoordinierten Strampelbewegungen des Säuglings bestimmte Reizgegebenheiten zu identifizieren, die sie auslösen. Die nicht-reizbedingten Aktivitäten werden auch als ‚Wirkverhalten' bezeichnet, d. h. das Verhalten wirkt auf die Umwelt ein, es hat bestimmte *Konsequenzen*; diese Konsequenzen werden an den Organismus zurückgemeldet. Sie haben für den Organismus förderliche oder hinderliche Konsequenzen. Im Falle von förderlichen spricht man (ähnlich wie bereits Thorndike) von positiven Verstärkern, im Falle von hinderlichen von negativen (‚positive vs. negative

reinforcers' oder ‚reinforcement agents'). Modellcharakter für die experimentelle Explikation dieses Ansatzes haben die Arbeiten mit Ratten und Tauben in der sog. Skinner-Box. Die in die Skinner-Box eingebrachte Ratte erhält beim Drücken auf einen Hebel Futterkügelchen. Nach mehrfacher Wiederholung dieser Prozedur erlernt die Ratte die Technik, an das Futter heranzukommen, als eine stabile Verhaltensweise. In der Terminologie Skinners heißt die Herstellung eines Zusammenhangs zwischen Verhalten und Verhaltenskonsequenz ‚Kontingenz' (‚contingency'). Bei der Kontingenz geht es um die Relation zwischen *vorangehendem* Verhalten und *nachfolgenden* Verhaltenskonsequenzen. Den nachfolgenden Verhaltenskonsequenzen, die als ‚Verstärker' wirken, kommt also erst sekundär die Funktion eines ‚Reizes' zu. In diesem Sinne wird durch ‚Verstärker' das Verhalten unter ‚Reizkontrolle' (‚stimulus control') gebracht. Skinner und seine Mitarbeiter haben in zahlreichen Arbeiten mit geschickt arrangierten experimentellen Designs diverse Facetten der Bildung von Kontingenzen untersucht, wie z. B. die Einflüsse der Bekräftigungsquote, die zeitliche Abfolge der Verstärkungen, Unterschiede und Dauerhaftigkeit der Wirkung von positiven und negativen Verstärkern, Reaktionen bei Veränderung der Lernumgebung usw.. Skinner nennt die Lernvorgänge, die durch die Konsequenzen von Verhaltensakten bestimmt sind, *operantes Konditionieren*. Obwohl er den Begriff ‚*instrumentell*' nicht gebraucht, ist das operante Konditionieren seiner Grundstruktur nach dem Typ des instrumentellen Konditionierens im Sinne des Thorndikeschen Effektgesetzes gleichzusetzen. Die Verhaltenskonsequenz ist das *Instrument* (das Mittel) für die Ingangsetzung von Lernprozessen.

(2) Der ‚deskriptive' Behaviorismus
Zur Kennzeichnung der Behaviorismus-Konzeption Skinners wird neben ‚radikal' auch das Epitheton ‚deskriptiv' verwendet, wobei ‚deskriptiv' als Gegenpol zu ‚theoretisch' gemeint ist. In der Tat hat Skinner in einem Artikel die Frage ‚Are Theories of Learning necessary?' aufgeworfen (Skinner, 1950) und diese Frage mit einem entschiedenen Nein beantwortet. Den zeitgeschichtlichen Hintergrund dieses Artikels bildet u. a. die Kritik an Hulls ‚hypothetisch-deduktiver' Erkenntnisstrategie, nämlich der Strategie, von Theorien oder Hypothesen auf deduktivem Wege Forschungsaufgaben und -programme zu generieren. Demgegenüber vertritt Skinner im genannten Aufsatz nachdrücklich die Auffassung, dass Theorien, die etwas zu ‚erklären' vorgeben, nicht geeignet seien, die Forschung voranzubringen. In diesem Zusammenhang ist es im Übrigen nicht verwunderlich, dass Skinner gelegentlich als Prototyp eines Positivisten charakterisiert wird (z. B. Hilgard & Bower, 1971).
    Welche wissenschaftstheoretische, insbesondere methodologische Position ist mit dem Begriff ‚deskriptiv' verbunden? Es soll zum Ausdruck gebracht

werden, dass Wissenschaft sich auf das Konstatieren von funktionalen Beziehungen zu beschränken hat, etwa im Falle der Verhaltenswissenschaften Beziehungen zwischen Lernumgebung und Verhalten, Verhalten und Verhaltenskonsequenzen, im weitesten Sinne Beziehungen zwischen Organismus und Umwelt. Genügt der experimentelle Nachweis funktionaler Beziehungen dem Kriterium der Regelmäßigkeit, ist es möglich, *Gesetze* zu formulieren. Solche Gesetze beschreiben etwa die experimentellen Bedingungen für die Auftretenswahrscheinlichkeit eines Verhaltens (wohlgemerkt: beschreiben, nicht erklären). So formuliert Skinner etwa ein Verstärkungsgesetz: „Wenn auf eine Wirkreaktion ein verstärkender Reiz folgt, so ergibt sich ein Zuwachs an Stärke" (Skinner, 1938, 21) oder ein Löschungsgesetz: „Wenn auf eine Wirkreaktion kein verstärkender Reiz folgt, so ergibt sich eine Abnahme der Stärke" (ebda.). Skinner legt Wert auf die Feststellung, dass diese Gesetze einer rein deskriptiven Sprachebene zuzuordnen sind und keinen Erklärungswert (etwa im Sinne der Behauptung von Ursache-Wirkungs-Beziehungen) besitzen. Theorien, die Erklärungen beanspruchen, lehnt er ab. Er begründet dies mit dem Argument, dass bei (angeblichen) Erklärungen auf andere (gegenstandsfremde) Beschreibungsebenen (z. B. physiologische) Bezug genommen wurde. In dem bereits erwähnten Aufsatz von 1950 macht er den Theoretikern, die ‚Erklärungen' zu geben beanspruchen, den Vorwurf, dass sie sich bei ihren ‚Erklärungen' „auf Ereignisse berufen, welche andernorts, auf einer anderen Ebene der Beobachtung, stattfinden, und welche mit Hilfe anderer Begriffe dargestellt und, wenn überhaupt, mittels anderer Dimensionen gemessen werden" (Skinner, 1950, 7). Mit den anderen Beobachtungsebenen meint er nicht nur die physiologische, sondern auch die sog. mentalistische. Auf einer mentalistischen Beobachtungs- bzw. Beschreibungsebene liegen nach der Meinung Skinners die vom Neobehaviorismus (Tolman, Hull) eingeführten intervenierenden Variablen, wie z. B. Erwartungen, Motivation, Einstellung usw. In Skinners System haben intervenierende Variablen keinen Platz. Unter diesem Aspekt kann man Skinners Position als einen Rückfall in das black-box-Schema des klassischen Behaviorismus bewerten. Der Organismus, von dem Skinner redet, ist ein „leerer Organismus" (eine Wortmarke, die auf Boring zurückgeht). Ob etwas bzw. was in diesem Organismus vor sich geht, ist eine Fragestellung, die außerhalb des Gesichtskreises Skinners liegt. Für die Verhaltenskontrolle ist eine solche Fragestellung jedenfalls nicht relevant. Für Verhaltenskontrolle sind lediglich die (positiven und negativen) Verstärker von Belang.

Als überzeugter Verfechter eines pragmatisch-technizistischen Wissenschaftsverständnisses begnügt sich Skinner nicht mit einer Beschränkung des Gültigkeitsanspruchs seiner lerntheoretischen Auffassungen auf den Bereich grundlagenwissenschaftlicher Forschung, sondern strebt nachdrücklich die Nutzanwendung für eine breite Praxis an. Wirkungsgeschichtlich besonders bedeutsam war die ungefilterte Transformation der an Ratten und Tauben in der Skinner-Box nachgewiesenen Verstärkungsmechanismen auf Erziehungs-, Bildungsund Unterrichtstechniken im pädagogischen Bereich und die Rolle Skinners als ,geistiger Vater' des in den 50er – 70er Jahren modischen ,programmierten Unterrichts'. Über den pädagogischen Bereich hinausgehend, weitet er seine lerntheoretischen Überzeugungen auf die Konstruktion eines umfassenden utopischen Gesellschaftsentwurfes aus (Skinner, 1972 [1948] und 1973 [1971]), wobei er verstärkungstheoretisch begründete ,Rezepte' für die Entwicklung einer das Überleben der Gesellschaft sichernden Verhaltenstechnologie empfiehlt.

6.3 Psychoanalyse

6.3.1 Kritik der Bewusstseinspsychologie

Die zentrale Kategorie der traditionellen akademischen Psychologie Wundtscher Prägung, das ,Bewusstsein', erfuhr von verschiedenen Seiten radikale Infragestellungen. Während Watson mit seinem Behaviorismus – wie bereits gezeigt – die Kategorie ,Verhalten' als Gegenposition in den Mittelpunkt seiner Psychologie-Konzeption rückte, stellte der Begründer der Psychoanalyse, S. Freud (1856-1939), dem ,Bewusstsein' das ,Unbewusste' gegenüber, das im mainstream der nach-Wundtschen Psychologie nahezu keine Rolle spielte. Die Gleichsetzung von Psychischem und Bewusstem hält Freud für inakzeptabel. Würde man dieser Gleichsetzung zustimmen, so argumentiert er im ,Abriß der Psychoanalyse', wäre die Annahme eines „unbewußt Psychischen ... ein Widersinn" (Freud, GW 17, 80)[11] Das Studium psychopathologischer Phänomene (z. B. Hysterie), aber auch diverser Alltagsphänomene (z. B. Versprecher) habe ihn zu der Einsicht geführt, dass sich zentrale psychische Prozesse auf einer Ebene abspielen, die außerhalb des Bewusstseins liegen, nämlich im Unbewussten. Freud belässt es in seiner Kritik nicht bei der Forderung, dass man in der Bewusstseinspsychologie auch unbewusste Prozesse berücksichtigen müsse, sondern sieht im Unbewussten den „Kern unseres Wesens" (a.a.O., 128). Erst „die Auffassung, das Psychische sei an sich unbewußt, gestattet, die Psychologie zu einer Naturwissenschaft wie jede andere auszugestalten" (a.a.O., 80).

Das kasuistische Schlüsselereignis, das Freud zu derartig weitreichenden theoretischen Schlussfolgerungen veranlasste, war die Behandlung einer Hysteriekranken. Bei der Behandlung von Hysterie, meint er, sei die Schulmedizin

---

11   Sämtliche Freud-Zitate sind den ,Gesammelten Werken' (1983-1991, Frankfurt/M.: Fischer) entnommen.

weithin hilflos. Selbst das in der französischen Psychiatrie (Charcot) angewandte Verfahren der Hypnose sei unzureichend, um die Symptome von ihrer Wurzel her aufzuklären und zu therapieren. Von der sog. ‚Bewusstseins-Psychologie' sei ohnehin keine Hilfe zu erwarten, weil sie ihren Untersuchungsgegenstand auf Bewusstseinszustände reduziere. Infolge dieser Einengung ihres Gegenstandes sei es nicht verwunderlich, dass die Psychologie „Beobachtungen, welche ein Arzt an abnormen Seelenzuständen gewinnen konnte", nicht verwerte. Der Wortlaut der Kritik im ganzen:

„Solange die Psychologie diese Frage [Frage des Unbewussten, G.E.] durch die Worterklärung erledigte, das ‚Psychische' sei eben das ‚Bewußte', und ‚unbewußte psychische Vorgänge' ein greifbarer Widersinn, blieb eine psychologische Verwertung der Beobachtungen, welche ein Arzt an abnormen Seelenzuständen gewinnen konnte, ausgeschlossen" (GW II/III, 616). Völlig zwecklos sei es, bei der Aufklärung neurotischer (hier: hysterischer) Zustände auf der Ebene des Bewusstseins zu operieren, sondern man müsse eine Ebene in Betracht ziehen, die – topologisch ausgedrückt – unterhalb des Bewusstseins liege, das Unbewusste. Es liege in der Natur der Sache, dass Unbewusstes einer direkten wissenschaftlichen Beobachtung nicht zugänglich ist; aber es gebe Manifestationen, von denen aus auf ‚Wirkungen des Unbewussten' geschlossen werden könne. Die bedeutendste dieser Manifestationen sei der Traum. Die Traum*deutung* sei demzufolge „die Via regia zur Kenntnis des Unbewußten im Seelenleben" (a.a.O., 613).

Die bisher skizzierten Gedankengänge Freuds könnten den Anschein erwecken, sie bewegten sich auf der Ebene psychopathologischer Deutungsversuche (Neurosen, Psychosen). Indes hält sich Freud für berechtigt, die Gültigkeit seiner Auffassungen darüber hinaus für den Gesamtbereich der Psychologie zu beanspruchen. Wie legitimiert er diesen Anspruch? Sein Legitimationsversuch ist ziemlich einfach: „Die Abgrenzung der psychischen Norm von der Abnormität" sei „wissenschaftlich nicht durchführbar"; damit sei „das Anrecht begründet, das normale Seelenleben aus seinen Störungen zu verstehen" (GW, XVII, 125).

Das Unbewusste ist somit nicht nur der Schlüssel zur Aufklärung psychopathologischer Phänomene, sondern auch die zentrale ‚Instanz' zum Verständnis des Psychischen in seiner Gesamtheit. Demgegenüber wird dem Bewusstsein nur sekundäre Bedeutung zugemessen; es wird genetisch aus dem Unbewussten ausgegliedert. Die Frontstellung gegenüber der sog. Bewusstseinspsychologie ist damit klar fixiert.

Wodurch zeichnet sich die psychologische Konzeption der Psychoanalyse aus? Freud selbst hat kein i.e.S. systematisches Werk über seine psychologische Lehre verfasst. Eine relativ geschlossene Darstellung findet sich in seinem un-

vollendet gebliebenen Alterswerk ‚Abriß der Psychoanalyse‘ (GW, XVII, 63 –
138). Bei unserer Darstellung werden wir uns vorwiegend an diesem Werk
orientieren.

6.3.2 Grundzüge der psychoanalytischen Psychologie

In seinen Ausführungen zu psychologischen Fragestellungen behandelt Freud (er
selbst spricht auch von ‚Metapsychologie’) insbesondere Themen, die – im
heutigen Sprachgebrauch – der Persönlichkeits-, Motivations- und Entwicklungspsychologie zuordenbar sind. Bereits die Termini, mit denen er die genannten Themenbereiche benennt, enthalten aufschlussreiche programmatische
Hinweise: Der psychische Apparat; Trieblehre; Entwicklung der Sexualfunktion.

6.3.2.1 Strukturebenen des Psychischen

Im ersten Kapitel ‚Der psychische Apparat‘ entwickelt Freud seine Vorstellungen vom Aufbau der Persönlichkeit. Der ‚psychische Apparat‘ setzt sich aus
drei ‚Provinzen‘ oder ‚Instanzen‘ zusammen: ‚Es‘, ‚Ich‘ und ‚Über-Ich‘. An
späterer Stelle (Kapitel 4 des ‚Abrisses’) schlägt er eine zusätzliche, auf einer
anderen Ebene liegende dreigliedrige Abstufung vor, die sich auf psychische
‚Qualitäten‘ bezieht: ‚Unbewußtes‘, ‚Vorbewußtes‘, ‚Bewußtes‘.

Zwischen den je drei Gliedern beider Strukturebenen (Schichten der Persönlichkeit vs. Modi des Psychischen) bestehen inhaltlich starke Affinitäten; sie sind
aber keinesfalls deckungsgleich, wie noch zu zeigen sein wird.

Wir beginnen mit der erstgenannten Strukturebene, die faktisch als ein
Schichtenmodell der Persönlichkeit charakterisiert werden kann. Für Freud ist
die Persönlichkeit „die Funktion eines Apparates, [...] den wir uns also ähnlich
vorstellen wie ein Fernrohr, ein Mikroskop und dgl.“ (GW, XVII, 67). Legt
dieser Vergleich mit einem Mikroskop oder Fernrohr die Vermutung nahe, dass
Freud einer mechanistischen Betrachtung des ‚Seelenlebens‘ zuneigt, so deuten
auf der anderen Seite die lebhaften und hochkomplizierten Wechselbeziehungen
zwischen den o.g. ‚Instanzen‘ auf eine ausgesprochen dynamische Sichtweise
hin. Wir haben es also mit einer bunten Mischung von mechanistischen und
dynamischen Denkweisen zu tun.

Die drei ‚Instanzen‘ gehen auseinander hervor: aus dem ‚Es‘ folgt das ‚Ich‘,
aus dem ‚Ich‘ das ‚Über-Ich‘. Die (phylogenetisch) „älteste Instanz“, das ‚Es‘,
umfasst „alles, was ererbt, bei Geburt mitgebracht, konstitutionell festgelegt ist“
(a.a.O., 67 f.), d. h. die biologischen ‚Triebe‘, die nach absoluter Befriedigung
drängen. Die vom ‚Es‘ geforderte Triebbefriedigung würde bei ungehinderter

Realisierung „oft genug zu gefährlichen Konflikten mit der Außenwelt und zum Untergang führen" (a.a.O., 128). Das Ziel des ‚Es' ist nicht primär Lebenserhaltung. Vielmehr wird das vom ‚Es' ausgehende Triebgeschehen durch das Wechselspiel von Erhaltungs- (‚Eros') und Zerstörungstendenzen (‚Thanatos') bestimmt. Der Maßstab des ‚Es' ist „das *unerbittliche* Lustprinzip" (a.a.O., 129). Die Tätigkeit des ‚Es' spielt sich ausschließlich auf der Ebene des Unbewussten ab. Es wäre verfehlt, die Qualität des Unbewussten ausschließlich auf das ‚Es' zu beschränken.

Wenn man sich das nicht mit der Außenwelt kommunizierende ‚Es' hypothetisch als eine isoliert wirksame ‚Instanz' vorstellen würde, wäre der Organismus nicht lebensfähig. Notwendig ist deshalb eine zweite ‚Instanz': das ‚Ich'. Das ‚Ich' ist – wie bereits gesagt – genetisch aus dem ‚Es' hervorgegangen. Es ist Vermittlungs-, Kontroll- und Ausführungsorgan: Es vermittelt zwischen ‚Es' und Außenwelt; es kontrolliert die Zulassung von Triebansprüchen des ‚Es' am ‚Realitätsprinzip'; es verbraucht bei der Ausführung seiner Strebungen Triebenergien. Gehorcht das ‚Es' dem „unerbittlichen Lustprinzip", so kommt dem ‚Ich', das zwar auch „nach Lust strebt" und „der Unlust ausweichen will" (a.a.O., 68), doch in erster Linie „die Aufgabe der Selbstbehauptung" (ebda.) bzw. „der Selbsterhaltung" (a.a.O., 130) zu. Diese Aufgabe erfüllt es, indem es eine Balance zwischen den Triebansprüchen des ‚Es' und den von der Außenwelt diktierten Erfordernissen herzustellen versucht: „Eine Handlung des Ichs ist dann korrekt, wenn sie gleichzeitig den Anforderungen des Es, des Überichs [auf das wir noch zu sprechen kommen werden, G.E.] und der Realität genügt" (a.a.O., 69). An anderer Stelle wird das Bild vom kämpfenden Ich verwendet: „Das Ich kämpft [...] auf zwei Fronten" (a.a.O., 130), nämlich auf der Front der ‚Innenwelt' und der der ‚Außenwelt'. Die ‚Innenwelt', sprich: Triebansprüche des ‚Es', ist vom ‚Ich' mit „Rücksicht auf Sicherheit" (ebda.) zu kontrollieren, indem es „die Entscheidung trifft, ob der Versuch zur Befriedigung ausgeführt oder verschoben werden soll oder der Anspruch des Triebes nicht überhaupt als gefährlich unterdrückt werden muss (Realitätsprinzip)" (a.a.O., 129). Gegenüber Gefährdungen seitens der ‚Außenwelt', der anderen ‚Front', „schützt sich [das Ich] durch die Einrichtung der Realitätsprüfung", z. B. in der Form, dass es „Angstsensationen" ausbildet (a.a.O., 130).
Unglücklicherweise ist aber das von allen Seiten geforderte ‚Ich' in der ersten Kindheitsperiode ein „schwaches und unfertiges Ich", das „dauernd geschädigt wird" (ebda.). So habe etwa der Knabe Schwierigkeiten, „die Erregungen der sexuellen Frühzeit zu bewältigen" (a.a.O., 131; gemeint ist der Ödipuskomplex). Aufgrund der Schwäche und Unfertigkeit des ‚Ichs' sei die frühe Kindheit die bevorzugte Lebensphase für die Entstehung von Neurosen.

Das schwache ‚Ich' des Kleinkindes schafft es also nicht, eine befriedigende Vermittlung zwischen Triebansprüchen und Realitätserfordernissen zu gewährleisten. Abhilfe wird aber bald geschaffen, denn „bis zum Ende der ersten Kindheitsperiode (um 5 Jahre)" (a.a.O., 136) erfolgt eine „wichtige Veränderung": Es kommt „eine dritte Macht" (a.a.O., 69) hinzu: das ‚Über-Ich'. Das ‚Über-Ich' entsteht im Gefolge des Einflusses der Eltern. Im Einfluss der Eltern manifestieren sich zugleich „Familien-, Rassen- und Volkstraditionen sowie die von ihnen vertretenen Anforderungen des jeweiligen sozialen Milieus" (ebda.). Auf diese Weise entwickelt sich im Kind ein Normbewusstsein (Freud spricht auch von ‚Gewissen', a.a.O., 136), das das ‚Ich' zensiert. Die Normen werden interiorisiert (Freud spricht von ‚Identifizierung', ebda.). Anders gesagt: Es entsteht eine neue ‚Innenwelt', die gegenüber dem ‚Ich' die Funktion einer ‚Außenwelt' ausübt. Das ‚Ich' muss also – wie bereits oben zitiert – nicht nur den Forderungen des ‚Es' und der Realität, sondern auch den Forderungen des ‚Über-Ich' Rechnung tragen.

Wir kommen nun zur zweiten Strukturebene, der Unterscheidung von drei ‚psychischen Qualitäten': Unbewusstes (Ubw), Vorbewusstes (Vbw), Bewusstes (Bw). Man sollte – so Freud – auf jeden Fall mit dem Ubw beginnen, denn diese ‚Qualität' ist *die* elementare Grundkategorie des Psychischen. Das Ubw sei „das eigentlich reale Psychische" (GW, II/III, 617). Das gilt sowohl im topographischen als auch im genetischen Sinn. Topographisch: „Das Ubw ist der größere Kreis, der den kleineren des Bewusstseins in sich einschließt" (ebda.). Genetisch: „Jeder psychische Akt beginnt als unbewusster und kann entweder so bleiben oder sich weiterentwickelnd zum Bewußtsein fortschreiten" (GW, VIII, 436). Wenn Freud dem Ubw den Status *der* psychischen Grundqualität gibt, dann verbietet es sich, Unbewusstes auf etwas, das irgendwann einmal bewusst war, aber nicht bewusst ist, z. B. auf Verdrängtes, zu reduzieren. Unbewusstes ist also keine vom Bewusstsein abzuleitende Größe, sondern ihm ist „ein systematischer Sinn" (GW, Nachtragsband, 730) zu geben. Das Verhältnis von Bw und Ubw ist nicht vom Bw, sondern vom Ubw her zu bestimmen. So gesehen lässt sich vom Ubw sagen, dass es „bewußtseinsunfähig" (GW, II/III, 619) ist. „Bewusstseinsunfähig" heißt: Das Ubw ist von sich aus nicht in der Lage, in das Bewusstsein überzugehen. Warum ist das so? Freud antwortet zunächst etwas vage: „ [...] weil eine gewisse Kraft sich dem widersetzt" (GW, VIII, 435). Aber – das letzte Wort über die Unmöglichkeit, das Ubw dem Bereich des Bw zuzuführen, ist damit noch nicht gesprochen. Denn mit einem „gewissen Aufwand von Anstrengung" ist es dem „Erzeugnis des wirksamen Unbewußten" möglich, „ins Bewußtsein einzudringen" (ebda.). Die „gewisse Kraft", die diesem Eindringen entgegensteht, wird dann konkret benannt: ‚Abwehr' (seitens der eigenen Person bzw. des ‚Ich') und ‚Widerstand' (gegenüber dem Therapeuten) (ebda.). Wenn auch nicht das Unbewusste selbst, so können doch Wirkungen des Unbewussten bewusst gemacht werden. Hier steht die Psychoanalyse vor ihrer „großen Aufgabe": „[...] die Widerstände aufzuheben, die das Ich gegen die Beschäftigung mit dem Verdrängten äußert" (XIII, 243).

Die soeben skizzierte Argumentationssequenz ist ein klassisches Beispiel für die von Freud praktizierte Herleitung allgemeinpsychologischer Aussagen aus einer psychopathologischen Perspektive. Darüber hinaus bedient sich Freud gelegentlich zusätzlicher Argumentationshilfen. Im vorliegenden Fall wird kein geringerer als der Philosoph Immanuel Kant als Gewährsmann bemüht: Die psychoanalytische Verhältnisbestimmung zwischen Bewusstem und Unbewusstem auf psychologischer Ebene habe ihre Entsprechung in erkenntnistheoretischen Postulaten Kants (Relation wahrgenommene Außenwelt vs. ‚Ding an sich'). Die Psychoanalyse und Kant gingen also – meint Freud – von gleichen Denkvoraussetzungen aus:

„Wie Kant uns gewarnt hat, die subjektive Bedingtheit unserer Wahrnehmung nicht zu übersehen und unsere Wahrnehmung nicht für identisch mit dem unerkennbaren Wahrgenommenen zu halten, so mahnt die Psychoanalyse, die Bewußtseinswahrnehmung nicht an die Stelle des unbewußten psychischen Vorganges zu setzen, welcher ihr Objekt ist" (GW, X, 270). In diesem Sinne sei „die psychoanalytische Annahme der unbewußten Seelentätigkeit [...] die Fortsetzung der Korrektur, die Kant an unserer Auffassung der äußeren Wirklichkeit vorgenommen hat" (ebda.).

Als eine Art Puffer zwischen Ubw und Bw fügt Freud die Kategorie ‚Vorbewusstes' (Vbw) ein. Vbw ist phänomenal (Freud: „deskriptiv") unbewusst. Im Gegensatz zum *eigentlich* Unbewussten ist es aber „bewußtseinsfähig" (GW, XVI, 202). Das trifft z. B. zu auf „latente Gedanken, die infolge ihrer Schwäche nicht ins Bewußtsein dringen" (VIII, 435), im Prinzip aber dazu in der Lage sind. Definitionsähnlich umschreibt Freud das Vorbewusste als „das Latente, nur zeitweise Unbewußte" (GW, Nachtragsband, 730), an anderer Stelle als „das latente, doch bewußtseinsfähige Unbewußte" (XIII, 241). Wodurch kommt Vorbewusstes zustande? In erster Linie ist es ein Ergebnis der Flüchtigkeit bewusster Vorstellungen: Eine „bewußte Vorstellung ist es im nächsten Moment nicht mehr" (XIII, 240); wir erleben dies etwa beim „zeitweiligen Vergessen (Entfallen)" (XVII, 83). Generell gilt aber: Das Vorbewusste kann „ohne Widerstand ins Bewußtsein übergehen" (VIII, 435).

Welche Leistungen bleiben noch für die drittgenannte ‚Qualität', das Bewußte (Bw), übrig? Genau diese Frage stellt Freud in seinem Frühwerk ‚Die Traumdeutung': „Welche Rolle verbleibt [...] dem einst allmächtigen, alles andere verdeckenden Bewußtsein? Keine andere als die eines Sinnesorgans zur Wahrnehmung psychischer Qualitäten" (II/III, 620). Welcher Bedeutungsumfang dem Begriff ‚Wahrnehmung' zukommt, bleibt offen. Die relative Belanglosigkeit des Bewussten bzw. des Bewusstseins wird durchgängig auch in späteren Werken zum Ausdruck gebracht, etwa in der Abhandlung ‚Das Ich und das Es': „Die Psychoanalyse kann das Wesen des Psychischen nicht ins Bewußtsein verlegen, sondern muß das Bewußtsein als eine Qualität des Psychischen ansehen, die zu anderen Qualitäten hinzukommen oder wegbleiben mag" (XIII, 239). Denjenigen, die dem Bewusstsein eine zentrale Stellung beimessen, wirft er vor, sie hätten „die betreffenden Phänomene der Hypnose und des Traumes [...] nie studiert" (ebda.). Wir konstatieren zum wiederholten Male: Für Freuds allgemeinpsychologische Aussage ist in erster Linie die psychopathologische Dimension relevant.

6.3.2.2 Triebgrundlagen des Psychischen

Bereits im Zusammenhang mit den ‚Instanzen' der Persönlichkeit (6.3.2.1) war von ‚Trieben' die Rede: ‚Triebe' bestimmen die Tätigkeit des ‚Es'. Was versteht Freud unter ‚Trieben'? In einer speziell diesem Thema gewidmeten Abhandlung (‚Triebe und Triebschicksale', 1915, GW X, 209-232) unternimmt er einen Definitionsversuch: Triebe sind „psychische Repräsentanten der aus dem Körperinnern stammenden, in die Seele gelangenden Reize" (GW X, 214; eine ähnlich lautende Definition bereits 1905 in GW V, 67). Der Definitionsversuch kann nicht darüber hinwegtäuschen, dass ‚Trieb' ein „konventioneller, vorläufig noch ziemlich dunkler Grundbegriff ist" (GW X, 211). Am ehesten hält er es für gerechtfertigt, Trieb als spezifische Form eines Reizes zu bestimmen; anstelle von ‚Trieb' könne man auch ‚Triebreiz' sagen. Das Spezifische des ‚Triebreizes' gegenüber anderen Reizen bestehe darin, dass er „nicht aus der Außenwelt, sondern aus dem Innern des Organismus selbst" (a.a.O., 211 f.) stamme. „Die Quelle des Triebes ist ein erregender Vorgang in einem Organ" (GW V, 67). Der Trieb äußere sich als ‚Bedürfnis'. Ziel des Triebes sei „Befriedigung des Bedürfnisses" (GW X, 215). In seinen früheren Schriften unterscheidet Freud zwei „Urtriebe": den „Ich-Trieb" und den „Sexualtrieb". Der erste dient der „Selbsterhaltung", der zweite der „Arterhaltung" (a.a.O., 215 ff.). Nach dem Ersten Weltkrieg (vermutlich unter dem Eindruck desselben) fasst er Ich und Sexualtrieb zu einem Grundtrieb, dem ‚Eros', zusammen und stellt diesem als Antipoden den ‚Destruktionstrieb' (auch ‚Todestrieb' oder ‚Thanatos' genannt) gegenüber: „Nach langem Zögern und Schwanken haben wir uns entschlossen, nur zwei Grundtriebe anzunehmen, den Eros und den Destruktionstrieb. [...] Das Ziel des ersten ist, immer größere Einheiten herzustellen und so zu erhalten, also Bindung, das Ziel des anderen im Gegenteil, Zusammenhänge aufzulösen und so die Dinge zu zerstören. Beim Destruktionstrieb können wir daran denken, daß als

sein letztes Ziel erscheint, das Lebende in den anorganischen Zustand zu über-
führen. Wir heißen ihn darum auch Todestrieb" (GW XVII, 70 f.).

Das Verhältnis von Eros und Thanatos wird als ein gegensätzliches und zugleich komplementäres beschrieben, wie die Beispiele zur Veranschaulichung
der ‚Funktionen' der Grundtriebe zeigen: „In den biologischen Funktionen
wirken die beiden Grundtriebe gegeneinander oder kombinieren sich miteinander. So ist der Akt des Essens eine Zerstörung des Objekts mit dem Endziel
der Einverleibung, der Sexualakt eine Aggression mit der Absicht der innigsten
Vereinigung. Dieses Mit- und Gegeneinander der beiden Grundtriebe ergibt die
ganze Buntheit der Lebenserscheinungen" (a.a.O., 71).

Die Wirksamkeit der Triebe ist an energetische Voraussetzungen gebunden.
Die dem ‚Eros' zugrundeliegenden Energien und Kräfte nennt Freud ‚Libido'.
Die weiterführende Frage ist, auf welche Ziele diese Energien gerichtet sind. Die
Zielgerichtetheit der Libido schwankt zwischen den Polen ‚Beweglichkeit' („...
die Leichtigkeit, mit der sie [= die Libido, G.E.] von einem Objekt auf andere
Objekte übergeht", GW XVII, 73) und ‚Fixierung' („Fixierung ... an bestimmte
Objekte, die oft durchs Leben anhält", ebda.). Ontogenetisch betrachtet, ist beim
Säugling das einzige Ziel, auf das die Libido gerichtet ist, das eigene ‚Ich':
„Alles, was wir darüber [über das Verhalten der Libido, G.E.] wissen, bezieht
sich auf das Ich, in dem anfänglich der ganze verfügbare Betrag von Libido
aufgespeichert ist. Wir nennen diesen Zustand den absoluten primären Narziss-
mus" (ebda.) In einer speziellen Abhandlung zu diesem Gegenstand betont
Freud, dass der primäre Narzissmus eine Phase der „regulären Sexualentwicklung des Menschen" sei (GW X, 138). Sobald das heranwachsende Kind
eine Vorstellung von Objekten habe, bestehe die Möglichkeit, diese Objekte mit
Libido zu ‚besetzen', d. h. „narzißtische Libido in Objektlibido umzusetzen"
(GW XVII, 73).

Wir haben bereits darauf hingewiesen, dass Freud Libido als eine Energie-
form auffasst, gewissermaßen als Treibstoff, der die Wirksamkeit der Triebe in
Gang setzt. Es bleibt noch zu klären, wo diese energetischen Quellen im Körper
zu lokalisieren sind. Die Körperstellen, von denen diese Energien ausgehen,
nennt er ‚erogene Zonen'. Eigentlich sei „der ganze Körper eine [...] erogene
Zone" (ebda.). Eine genauere Kenntnis über die bevorzugten erogenen Zonen
gewinne man erst durch „das Studium der Sexualfunktion" (ebda.). Man müsse
allerdings unterscheiden zwischen den Begriffen ‚sexuell' und ‚genital'. Der
Begriff ‚sexuell' „umfaßt viele Tätigkeiten, die mit den Genitalien nichts zu tun
haben" (a.a.O., 75). Als ‚sexuell' bezeichne man vielmehr alle Formen der Lustgewinnung. Im Laufe der Ontogenese kommt unterschiedlichen Körperregionen
die Funktion von *zentralen* ‚erogenen Zonen' zu (s. dazu 6.3.2.3).

Wir resümieren: Dem Sexualtrieb kommt die alles beherrschende Rolle in Freuds Trieblehre zu. Triebe werden in erster Linie als eine biologische Kategorie behandelt.

6.3.2.3 Psychische Entwicklung als ‚Entwicklung der Sexualfunktion‘

Genetische Gesichtspunkte spielen – wie wir bereits bei der Darstellung der Persönlichkeitsschichten (Es, Ich, Überich) und der Strukturebenen der ‚psychischen Qualitäten‘ (Ubw, Vbw, Bw) (s. 6.3.2.1) feststellen konnten – eine tragende Rolle in Freuds ‚Metapsychologie‘. Wir erinnern uns: Aus dem ‚Es‘ ist das ‚Ich‘ und aus dem ‚Ich‘ dessen Zensor, das ‚Überich‘, *hervorgegangen*: Vom ‚Ubw‘ wird gesagt, dass es den *Anfang* jedes psychischen Aktes bilde und dass diese psychischen Akte „sich *weiterentwickelnd* zum Bewußtsein fortschreiten" können (GW VIII, 436). Der Einschätzung Mertens‘, dass „von Anfang an in der Psychoanalyse eine Nähe zum genetischen Denken" bestand (Mertens, 1990, 36), ist somit zuzustimmen. Freilich ging es Freud zentral um die Genese von Neurosen, nicht aber um eine überprüfbaren methodischen Standards genügende Entwicklungspsychologie. Er hat jedenfalls keine systematischen Untersuchungen über kindliche Entwicklungsverläufe angestellt. Im wesentlichen ist für ihn die psychische Entwicklung eine Angelegenheit von ‚Triebschicksalen‘ und zwar von ‚Triebschicksalen‘ im Sexualbereich. Der die psychische Gesamtentwicklung dominierende Sexualbereich ist denn auch das alleinige Kriterium für eine Periodisierung des Kindes- und Jugendalters. Freud unterscheidet vier in biographischer Sequenz ‚gesetzmäßig‘ aufeinander folgende Phasen: die orale, die sadistisch-anale, die phallische und die genitale. Zwischen der dritten und vierten Phase liegt eine langanhaltende Latenzphase, die Freud nicht in seine Zählung aufnimmt. Die anale Phase beginnt faktisch mit der Geburt: „Das erste Organ, das als erogene Zone auftritt und einen libidinösen Anspruch an die Seele stellt, ist von der Geburt an der Mund. Alle psychische Tätigkeit ist zunächst darauf eingestellt, dem Bedürfnis dieser Zone Befriedigung zu schaffen. [...] Frühzeitig zeigt sich im hartnäckig festgehaltenen Lutschen des Kindes ein Befriedigungsbedürfnis, das – obwohl von der Nahrungsaufnahme ausgehend und von ihr angeregt – doch unabhängig von Ernährung nach Lustgewinn strebt und darum *sexuell* genannt werden darf und soll" (XVII, 76). Die zweite, die sadistisch-anale Phase, setzt zeitlich mit dem „Erscheinen der Zähne" an. Sie wird „sadistisch-anal genannt, weil hier die Befriedigung in der Aggression und in der Funktion der Exkretion gesucht wird" (ebda.).

Als „Vorläufer der Endgestaltung des Sexuallebens" fungiert die dritte Phase: die phallische, benannt nach dem männlichen Phallus. Hervorstechendes Kennzeichen dieser Phase ist das Gewahrwerden der Geschlechtsunterschiede zwischen Jungen und Mädchen durch das Kind. „Knabe und Mädchen haben von jetzt an gesonderte Schicksale. [...] Beide gehen von der Voraussetzung des Allgemeinvorkommens des Penis aus. Aber jetzt scheiden sich die Wege der Geschlechter. Der Knabe tritt in die Ödipusphase ein, er beginnt die manuelle Betätigung am Penis mit gleichzeitigen Phantasien von irgendeiner sexuellen Betätigung des selben an der Mutter, bis er durch Zusammenwirkung einer Kastrationsdrohung und dem Anblick der weiblichen Penislosigkeit das größte Trauma seines Lebens erfährt, das die Latenzzeit mit all ihren Folgen einleitet. Das Mädchen erlebt nach vergeblichem Versuch, es dem Knaben gleichzutun, die Erkenntnis ihres Penismangels oder besser ihrer Klitorisminderwertigkeit mit dauernden Folgen für die Charakterentwicklung" (a.a.O., 77). Die schmerzlichen Erlebnisse beider Geschlechter in dieser Phase führen dann etwa ab dem 5. Lebensjahr zur „Abwendung vom Sexualleben überhaupt" (ebda.), und es folgt eine lange „Ruhepause": die Latenzzeit. Erst im Zusammenhang mit biologischen Reifungsvorgängen in der Pubertät wird die vierte Phase, die genitale, als „die volle Organisation" [des Sexuallebens] erreicht (ebda.).

Ohne eine differenzierte Analyse dieser Phasenlehre vornehmen zu wollen, sind dennoch einige Bemerkungen zur Wertung und Kritik angebracht. Freud kann man sicherlich das Verdienst zuschreiben, auf das Phänomen der frühkindlichen Sexualität und die Bedeutung der frühen Kindheit für die Persönlichkeitsentwicklung aufmerksam gemacht zu haben. Stark anfechtbar ist hingegen die methodische Strategie, eine ontogenetische Phasenfolge aus realen oder vermeintlichen Erinnerungen erwachsener Patienten an ihre Kindheit und deren Interpretation ableiten zu wollen.

6.3.3 Das Verhältnis zwischen Psychoanalyse und ‚akademischer Psychologie‘ (kursorische Bemerkungen)

In unserer Darstellung fungiert die Psychoanalyse Freuds als Prototyp tiefenpsychologischer Strömungen. Wie beim Behaviorismus Watsons haben wir es auch bei der klassischen Psychoanalyse schon zu Lebzeiten des Schulengründers und –oberhauptes und erst recht nach dessen Tod mit diversen Modifikationen, Revisionen und Erweiterungen der ‚reinen Lehre‘ zu tun. Diese Modifikationen werden unter dem Oberbegriff ‚Neo[psycho]analyse‘ subsumiert. Ferner haben sich schon früh alternative tiefenpsychologische Richtungen als relativ eigenständige Systeme vom klassischen Modell Freuds abgesondert, insbesondere die Individualpsychologie Alfred Adlers (1870-1937) und die komplexe oder analytische Psychologie Carl Gustav Jungs (1875-1961).

Wenn wir im folgenden einige kursorische Bemerkungen zum Verhältnis der sog. ‚akademischen Psychologie' zu tiefenpsychologischen Strömungen machen, so beziehen wir uns in erster Linie auf die klassische Psychoanalyse. Obwohl diese Bemerkungen in modifizierter Form auch auf die ‚Neo'-Versionen und die relativ selbständigen Abspaltungen zutreffen dürften, ist einzuräumen, dass es sachlich unangemessen wäre, generalisierend *das* Verhältnis zwischen *der* Tiefenpsychologie und *der* akademischen Psychologie zu beschreiben. Vielmehr spiegelt sich das in der scientific community der Psychologen vorfindbare breite Spektrum, das von den sog. ‚Puristen' bis zu den sog. ‚Pluralisten' reicht, auch in der Bestimmung des Verhältnisses zur Psychoanalyse bzw. zu tiefenpsychologischen Strömungen wider. Dem ‚Lager' der ‚Puristen' zuordenbare Psychologen, deren wissenschaftstheoretischer Hintergrund – explizit oder implizit – im Umfeld des kritischen Rationalismus Popperscher Prägung zu suchen ist, halten die Psychoanalyse letztlich für eine Pseudowissenschaft. Sie begründen diese Einschätzung mit dem Hinweis darauf, dass die Psychoanalyse prinzipiell keine falsifizierbaren Aussagen (Hypothesen, Theorien) zulasse; die zentrale Kategorie ‚Unbewusstes' sei mittels Operationalisierung empirisch nicht fassbar, geschweige denn überprüfbar. M. a. W.: Die Psychoanalyse stelle unüberprüfbare Behauptungen auf. Die Ablehnung der Psychoanalyse wird vor allem mit methodenkritischen Argumenten begründet. So hält beispielsweise die Kognitionspsychologie die strikte qualitative Trennung zwischen Bewusstem und Unbewusstem für empirisch nicht nachvollziehbar. Das, was der Analytiker als ‚unbewusste Prozesse' bezeichne, seien allenfalls ‚subliminale Wahrnehmungen'; es gebe lediglich „einen graduellen Unterschied zwischen verschiedenen Bewusstseinsstufen" (Städtler, 1998, 854).

Die ‚Pluralisten' hingegen erkennen der Psychoanalyse durchaus einen nicht zu unterschätzenden zumindest heuristischen Wert zu. Neben sachlichen Argumenten ließe sich für diesen Standpunkt auch eine wissenschaftstheoretische Legitimation finden, etwa Lakatos' Leitsatz ‚Anything goes'.

7 Die kognitive Orientierung der Psychologie seit der 2. Hälfte des 20. Jahrhunderts

Wissenschaftshistoriker tun gut daran, sich bei ihren Analysen nicht allzu weit in die Gegenwart vorzuwagen oder gar prospektive Aussagen zu machen. Um ein ausgewogenes Urteil über Tragfähigkeit und Nachhaltigkeit wissenschaftlicher Entwicklungstrends (Theorien, methodologische Ansätze, Fragestellungen, institutionelle Formen usw.) abgeben zu können, ist ein angemessener zeitlicher Abstand erforderlich. Der Wirtschaftshistoriker J. Kuczynski schlägt mindestens „ein halbes Jahrhundert" als Distanzmaß vor (Kuczynski, 1975, 12). Allzu leicht läuft man ansonsten Gefahr, kurzlebige modische Neuerungen für bleibende Verdienste zu halten. Ferner ist zu bedenken: Aus einer angemessen weiten zeitlichen Retrospektive kann es durchaus legitim und sinnvoll sein, das, was man ‚innere Logik der Erkenntnisentwicklung' nennt, zu (re)konstruieren. Für eine prospektive Verlängerung dieser ‚inneren Logik' in die Zukunft ließe sich indes keine plausible Begründung finden, es sei denn, man würde annehmen, dass die Erkenntnisentwicklung von immer und überall gültigen Gesetzmäßigkeiten geleitet wird.

Diese eine gewisse Zurückhaltung nahelegende Argumentation ist zwar prinzipiell ernst zu nehmen, sollte aber nicht völlig die Möglichkeit versperren, auf neuere Entwicklungen einzugehen. Der Leser von heute wird berechtigterweise fragen, ob es angesichts der allgemein konstatierten und auf verschiedenen Ebenen verifizierten ‚Wissensexplosion' in den vergangenen Jahrzehnten ausgerechnet in der Psychologie keine neueren, registrierenswerten ‚Meilensteine' gegeben haben sollte. Dieser Einwand ist dann doch ein Anlass, einige jüngere Entwicklungsstränge in eine schon eher zeitgeschichtliche Betrachtung einzubeziehen.

7.1 Die Hinwendung zur Kognition – eine ‚wissenschaftliche Revolution'?

Will man trotz der soeben skizzierten Bedenken und Mahnungen *zentrale Trends* der amerikanischen und europäischen Psychologie in der 2. Hälfte des 20. Jahrhunderts hervorheben, ist u.a. auf jene Entwicklungen hinzuweisen, die mit den

Wortmarken ‚kognitive Revolution' oder – etwas abgeschwächter – ‚kognitive Wende' umschrieben werden. Kurz gesagt, es geht um den Übergang vom Behaviorismus zur Kognitionspsychologie. Aus wissenschaftshistorischer Sicht erhebt sich allerdings die Frage, ob tatsächlich eine ‚Revolution' im Kuhnschen Sinne als genereller Paradigmenwechsel stattgefunden hat oder ob lediglich Trendverschiebungen in der *amerikanischen* Psychologie zu einer ‚Revolution' hochstilisiert wurden. Um diese Frage befriedigend zu beantworten, ist auf einige wissenschaftshistorische Zusammenhänge einzugehen:

(1) Die Hinwendung zur Kognition in der (amerikanischen) Psychologie vollzog sich nicht als „Aufstand der Söhne gegen die wissenschaftlichen Väter" (Neumann, 1985, 3); es gab keine Aufrufe zur ‚wissenschaftlichen Revolution', die der Programmschrift von J. B. Watson ‚Psychology as the Behaviorist Views it' aus dem Jahre 1913 vergleichbar gewesen wären. Vielmehr waren es inhaltliche und methodologische Überlegungen innerhalb des behavioristischen Lagers, insbesondere des reformfreudigen Neobehaviorismus, die auf ein Abweichen von einem starren mechanistischen S-R-Modell und eine Aufhebung der Beschränkungen auf äußeres registrierbares Verhalten hinausliefen. M.a.W.: Die Einsicht in die Notwendigkeit, mentale Faktoren zum Gegenstand psychologischer Untersuchungen zu machen, ist auch ein Ergebnis kritischer Selbstreflexion. Eine besondere Rolle im Rahmen dieser kritischen Selbstreflexion spielten E. C. Tolman und K. Lashley.

Bereits Anfang der 30er Jahre wies Tolman darauf hin, dass Verhalten nicht zufriedenstellend beschrieben wird, wenn man es als Realisierung erlernter mechanischer S-R-Verbindungen auffasst (vgl. Abschnitt 6.2.2.1). Vielmehr müsse Verhalten von dem Ziel (goal) bzw. der Absicht (purpose) her, auf das es gerichtet ist, interpretiert werden. In dieses zielorientierte Verhalten gehen kognitive Elemente ein. Das experimentum crucis zum Nachweis der Beteiligung kognitiver Faktoren war ein (zusammen mit Honzik durchgeführter) Labyrinthversuch: Ratten wandten bei ihrem Problemlösungsverhalten (Erlangen von Futter bei variierender räumlicher Anordnung von Barrieren auf dem Weg zu den Futterkästen) nicht einfach erlernte Muster von S-R-Verbindungen an, sondern orientierten sich bei der Zielerreichung an einer der jeweiligen räumlichen Situation angemessenen sog. ‚kognitiven Landkarte' (‚cognitive map'), d.h. an der sensorischen Wahrnehmung der jeweiligen räumlichen Gegebenheiten im Labyrinth (Tolman & Honzik, 1930; vgl. Hilgard, 1987, 206-209).

Auf neurophysiologischer Ebene ist es ausgerechnet der Watson-Schüler K. Lashley, der – quasi als ‚Nestbeschmutzer' – behavioristische Positionen infrage stellt. Man dürfe, meint er, Verhalten (z.B. Sprache als seriell geordnete Verhaltensweise) nicht als einfache Assoziationskette zwischen Reiz und Reaktion auffassen, sondern müsse davon ausgehen, dass zentrale Hirnprozesse die

Strukturierung und Planung von Verhaltenssequenzen bestimmen. Die Organisation des Verhaltens werde „dem Organismus nicht von außen auferlegt, sie entsteht in ihm" (Gardner, 1989, 25). Obwohl Lashley selbst – seiner behavioristischen Herkunft doch noch verhaftet – auf mentalistische Erklärungen verzichtete, trug er, wenn er von ‚Plänen' und ‚Strukturen' der Hirntätigkeit spricht, de facto dazu bei, „den Boden für eine kognitionswissenschaftliche Sicht von Verhalten und Denken zu bereiten" (a. a. O., 280).

(2) Das Thema ‚Kognition' war keine Erfindung der nachbehavioristischen Ära der Psychologieentwicklung. Im Grunde genommen war schon die Wundtsche Gründungskonzeption einer wissenschaftlichen Psychologie als sog. ‚Bewußtseinpsychologie' – wendet man die moderne Begrifflichkeit auf sie an – ‚kognitiv' orientiert. Wahrnehmung und – eingebettet in die Apperzeptionslehre – Aufmerksamkeit bildeten zentrale Forschungsbereiche am Leipziger Institut. Vertreter der Würzburger Schule bemühten sich um eine (allerdings von Wundt missbilligte) Analyse von Denkabläufen mittels experimentell kontrollierter Introspektion. Später lieferten Gestaltpsychologen originelle Beiträge zur Aufklärung der Struktur von Denkprozessen ('produktives Denken' als Umstrukturierung; Duncker, 1935; Wertheimer, 1945). Im Behaviorismus freilich wurde das Thema ‚Denken' nahezu vollständig ausgeblendet bzw. auf ein Derivat physiologischer Prozesse reduziert. Wenn nun mit dem Unbehagen am klassischen Behaviorismus mentale Aspekte des Psychischen, so auch kognitive Aspekte, Beachtung fanden, so dürfte es schwer fallen, diesem Vorgang den Rang einer ‚wissenschaftlichen Revolution' zuzusprechen. Vielmehr handelt es sich um eine Wiederaufnahme von in regional begrenzten Teilen der Psychologie-Landschaft verschütteten Traditionen.

7.2 Der Informationsverarbeitungsansatz

7.2.1 Vorläufer und Anfänge

Muss man nach dem Gesagten Zweifel anmelden, ob die Hinwendung zur Kognition in der amerikanischen Psychologie in den 50er Jahren des 20. Jahrhunderts als eine ‚wissenschaftliche Revolution' zu werten ist, so ist dennoch einzuräumen, dass der methodische Zugang zu diesem Gegenstand etwas Neuartiges war. Die Entwicklung der psychologischen Methodik hatte – nicht zuletzt infolge der naturwissenschaftlichen Ausrichtung des Behaviorismus und des Neobehaviorismus – einen Stand erreicht, der eine Rückkehr zur alten Introspektion unmöglich machte. Bereits Ende der 40er Jahre bot sich aber ein vielversprechender begrifflicher und methodischer ‚Aufhänger' für die Analyse kognitiver Prozesse an, der *außerhalb* des Faches Psychologie lag. Dieser ‚Aufhänger' war die aus der Nachrichtentechnik herkommende *Informationstheorie*. Kognition wurde als eine Form der Informationsverarbeitung und der Mensch als informationsverarbeitendes System verstanden. Die ‚Väter' der Informationstheorie waren N. Wiener (1894-1964) und E. C. Shannon (1916-2001). Wiener nannte die Querschnittsdisziplin, die alle Prozesse der Steuerung und Regelung komplexer Systeme zum Inhalt hat, Kybernetik (Wiener, 1948). Shannon, ein angewandter Mathematiker, stellte ebenfalls im Jahre 1948 ein mathematisches Modell zur metrischen Charakteristik des Informationsgehalts einer Nachricht mit Hilfe der Informationseinheit bit vor (Shannon, 1948). Dieses Informationsmaß war z.b. auch geeignet, die Abfolge der Schritte in einem Problemlösungsprozess quantitativ zu bewerten. Beide, Wiener und Shannon, betrachteten von Anfang an ihren informationstheoretischen Ansatz als ein multipel verwendbares Modell. Im Titel des Hauptwerkes Wieners kommt dies explizit zum Ausdruck: ‚Cybernetics, or Control and Communication in the Animal and the Machine'. Funktionsweisen von Regelkreisen seien mittels universeller Algorithmen beschreibbar, gleichgültig, ob es sich um Verhaltensweisen oder Nachrichtenströme handelt. In allen Disziplinen, in denen es um Informationen, Regelkreise usw. ging, wie etwa in der Computertechnologie, Linguistik, künstlichen Intelligenz, Physiologie, wurden die von Wiener und Shannon ausgehenden Ideen produktiv aufgegriffen. Gardner gibt eine lebendige Schilderung der damaligen Situation:

> „Dank Wieners Einsichten ließ sich nun Information unabhängig von einem bestimmten Übertragungssystem denken: Statt dessen konnte man sich auf die Wirksamkeit *jeder* Nachrichtenübermittlung durch *jeden* Mechanismus konzentrieren, und man konnte kognitive Prozesse getrennt von ihren spezifischen Erscheinungsformen untersuchen – eine Möglichkeit, der sich Psychologen schon bald bedienten..." (Gardner, 1989, 33).

Natürlich kam es *zwischen* den beteiligten Disziplinen zu wechselseitig fruchtbaren Kontakten. Sinnfälliger Ausdruck dieser interdisziplinären Zusammenarbeit war die Veranstaltung großer Symposien mit aktiven Teilnehmern aus sehr unterschiedlichen Disziplinen. Eine der frühesten Veranstaltungen dieser Art war das Hixon-Symposium am California Institute of Technology im Jahre 1948, eine der in ihrer Wirkung nachhaltigsten das Symposium on Information Theory am Massachussets Institute of Technology (MIT) in Boston 1956. Einer der prominenten Teilnehmer, G. A. Miller, schreibt später:

> „Ich reise von dem Symposium – eher intuitiv als rational – mit der Überzeugung ab, dass die experimentelle Psychologie des Menschen, die theoretische Linguistik

und die Computersimulation kognitiver Prozesse allesamt Teile eines größeren Ganzen sind und dass wir in Zukunft eine progressive Ausarbeitung und Koordination der gemeinsamen Sache erleben werden. [...] Ich habe in den letzten 20 Jahren in Richtung auf eine Kognitionswissenschaft hingearbeitet, bevor ich überhaupt wusste, welche Bezeichnung ich dafür verwenden sollte" (Miller, 1979, zit. nach Solso, 2005, 18).

7.2.2 Die Innovationsfunktion des Informationsverarbeitungsansatzes, dargestellt an den Beispielen ,Aufmerksamkeit' und ,Problemlösen'

In der Tat kann man aus der Retrospektive den informationstheoretischen Ansatz als einen wichtigen Meilenstein in der neueren Geschichte der Psychologie bezeichnen, wie dies beispielsweise Prinz und Müsseler (2002,10) geradezu euphorisch tun: „Kein anderes theoretisches Programm ist bisher in der Geschichte der Psychologie ähnlich erfolgreich gewesen wie der theoretische Ansatz der modernen kognitiven Psychologie, der kognitive Leistungen als Ergebnis von Informationsverarbeitungsprozessen konzeptualisiert." Die zunächst in der Allgemeinen Psychologie zu konstatierende Orientierung am Informationsverarbeitungskonzept erfolgte bald auch in anderen psychologischen Teildisziplinen. Die Neuorientierungsfunktion dieses Konzepts soll im Folgenden anhand zweier prototypischer Beispiele, den Themenkomplexen ,Aufmerksamkeit' und ,Problemlösen', dargestellt werden. Um aus wissenschaftshistorischer Perspektive die innovativen Zäsuren deutlich zu machen, die dieses Konzept bewirkte, sollen einige Bemerkungen zur Vorgeschichte der genannten Themenkomplexe jeweils vorangestellt werden.

Ad 1: Aufmerksamkeitsforschung
In der Frühzeit der Psychologie als Einzelwissenschaft (Ende 19./Anfang 20. Jh.) war ,Aufmerksamkeit' ein kanonischer Begriff der psychologischen Fachterminologie. Wundt definierte ,Aufmerksamkeit' als den „durch eigentümliche Gefühle charakterisierten Zustand, der die klarere Auffassung eines psychischen Inhalts begleitet" (Wundt, 1897, 252). Er unterschied zwei Klassen von ,psychischen Inhalten': Perzeption und Apperzeption. Die Apperzeption zeichnet sich gegenüber der Perzeption dadurch aus, dass sie im ,Blickpunkt des Bewußtseins' steht. „Die Inhalte, denen die Aufmerksamkeit zugewandt ist, bezeichnen wir [...] als den Blickpunkt des Bewußtseins" (ebda.). Wir halten fest: ,Aufmerksamkeit' ist a) ein begleitender Gefühlszustand, b) Ermöglichungsbedingung für die Umformung der Perzeption zur Apperzeption. Ähnlich, aber mehr aus einer funktionalistischen Perspektive, verwendet James den adäquaten Begriff ,attention'. Die wesentliche Funktion von ,attention' sei „focalisation,

concentration of consciousness" (James, 1890, 404). Das impliziere ein ‚Zurücktreten der einen Dinge, um sich mit anderen effektiv zu befassen' („withdrawal
from some things in order to deal effectively with others" [ebda.]). Diese Ansätze, in denen mit dem Begriff ‚Aufmerksamkeit' eher das Moment der Selek-
tivität, weniger das der Handlungssteuerung assoziiert wird, wurden in den nachfolgenden Entwicklungen der Psychologie (1. Hälfte 20. Jh.) unter der Dominanz
von ‚Schulen' weitgehend verschüttet. Der orthodoxe Behaviorismus schloss
ohnehin Begriffe, die Mentales bezeichnen, aus. Die Psychoanalyse präferierte
das Unbewusste. Auch die Gestaltpsychologie konnte mit ‚Aufmerksamkeit'
kaum etwas anfangen, weil nach ihrer Auffassung das psychische Geschehen
durch autochthon wirkende Gestaltgesetze bestimmt sei. Der dänische Gestaltpsychologe E. Rubin formulierte dieses Verdikt gegen die ‚Aufmerksamkeit' in
einem Kongressreferat mit dem Titel ‚Die Nichtexistenz der Aufmerksamkeit'.
‚Aufmerksamkeit' sei „ein der Weltauffassung des naiven Realismus zu-
gehörendes Gebilde", eine „Quelle von Scheinproblemen", ein „für die Psychologie ungeeignetes Gebilde"; das Wort sei „ohne jeden Erklärungswert" (Rubin,
1929, 211 f.).

Erst in den 50er Jahren des vorigen Jahrhunderts lenkte die Informationsverarbeitungstheorie das Forschungsinteresse unter neuen Vorzeichen zurück auf
das Thema ‚Aufmerksamkeit'. Die zentrale Figur dieses Wiedereinstiegs unter
neuen Vorzeichen war der britische Psychologe D. E. Broadbent (1926-1993)
mit seiner Monographie ‚Perception and Communication' (1958). Das ‚Ein-
stiegsthema' waren Wahrnehmungsphänomene, speziell Phänomene der audi-
tiven Wahrnehmung. Broadbent verglich die Arbeitsweise des Kommunika-
tionskanals in der Nachrichtentechnik (Shannon & Weaver, 1949) mit der durch
das menschliche Nervensystem (Gehirn) geleisteten Informationsverarbeitung.
Wie der technische Nachrichtenkanal nur eine begrenzte Übertragungskapazität
habe, so gebe es auch im menschlichen Informationsverarbeitungssystem eine
zentrale Kapazitätsbegrenzung. Nicht alle ‚Signale' (Informationen), die in das
‚System' eingehen, werden verarbeitet, sondern – in räumlicher Metaphorik
ausgedrückt – *vor* dem ‚System' befindet sich ein ‚Filter', der nur einen Teil der
Informationen passieren lässt, um den ‚Kanal' vor ‚Überlastung' zu schützen.
Die ‚blockierten' Informationen verbleiben kurzfristig im sensorischen Ein-
gangsspeicher (‚Puffer'). Die ‚durchgestellten' Informationen werden ‚gründlich
verarbeitet', d. h. sie erhalten bedeutungsmäßige (‚semantische') Relevanz,
werden ‚bewusst' und gegebenenfalls verhaltenswirksam. Die Selektion erfolgt
laut Broadbent nach dem Alles-oder-nichts-Prinzip. Selektionskriterium für den
Eingang oder Nichteingang in den ‚Kanal' seien physikalische Reizmerkmale.
Soweit in groben Zügen die Filtertheorie Broadbents. Der Theorie liegen
experimentelle Befunde diverser wahrnehmungspsychologischer Untersuchun-

gen zugrunde. Zu nennen sind Untersuchungen zum dichotischen Hören (Cocktailparty-Phänomen, Cherry, 1953), zum split-span-Phänomen (Broadbent, 1954), zur Psychologischen Refraktärperiode (PRP, Welford, 1952). Die Untersuchungen werden in einschlägigen Lehr- und Handbüchern beschrieben, z. B. Neumann, 1996; Müller & Krammenacher, 2002).

Broadbent legte den Grundstein für einen breiten und sich vielfach differenzierenden Strom der Aufmerksamkeitsforschung, der bis in die jüngeren Vergangenheit anhält.[12] Selbstverständlich erwiesen sich einige der Ausgangsannahmen Broadbents als revisionsbedürftig. Beispielsweise wurde lange Zeit kontrovers diskutiert über die Lokalisierung des Filters im Verarbeitungssystem (‚frühe' vs. ‚späte' Selektion) oder über die Gültigkeit oder Ungültigkeit des Alles-oder-nichts-Prinzips.

Wir können fürs erste ein am Einzelfall ‚Aufmerksamkeit' orientiertes Zwischenfazit ziehen zur Beantwortung der Frage, welche Denkanstöße und ‚Handwerkzeuge' die Informationstheorie für die psychologische Forschung lieferte. Zunächst eine globale Antwort: Die Informationstheorie schuf die Voraussetzungen dafür, a) in der Psychologie neuartige Forschungsfragen zu stellen, b) überprüfbare Theorien zu formulieren, c) mit angemessenen experimentellen Designs zu operieren. Auf welche Weise schuf die Informationstheorie konkret diese Voraussetzungen? Sie stellte ein komplexes Kommunikationsmodell mit den Bestandteilen ‚Sender', ‚Empfänger' und ‚Kanal' zur Verfügung. Mit der Informationseinheit ‚Bit' gab sie ein erstes Maß zur Quantifizierung des Informationsverarbeitungsprozesses vor.

Ad 2: Problemlöseforschung

Die Problemlöseforschung hat eine etwas andere Vorgeschichte als die Aufmerksamkeitsforschung. Die Gründerautorität W. Wundt lehnte eine experimentelle Untersuchung von Denkprozessen kategorisch ab (vgl. Abschnitt 4.4). Aber schon zu Wundts Lebzeiten, zu Beginn des 20. Jahrhunderts, lehnten sich jüngere Forscher gegen dieses Verdikt auf, allen voran Wundts eigene Schüler: Die Vertreter der sog. Würzburger Schule (s. Abschnitt 5.3) konfrontierten ihre Versuchspersonen mit Denkaufgaben, die z. T. den Charakter von Problemlöseaufgaben hatten. Die Vpn wurden aufgefordert, bei der Problembearbeitung auftretende ‚Erlebnisse' im nachhinein zu protokollieren (vgl. z. B. Bühler, 1907). Mit anderen Worten: Das Datenmaterial der Würzburger waren ‚Erlebnisse', die die Vpn *während* der Beschäftigung mit Denkaufgaben hatten und über die sie *nach* Beendigung des Denkprozesses berichteten. Im Ergebnis der Interpretation der Daten wurden weitreichende theoretische Aussagen formuliert,

---

12 In der ‚Enzyklopädie der Psychologie' (Hogrefe) wird dem Thema ‚Aufmerksamkeit' ein eigenständiger, 672 Seiten umfassender Band in der Serie ‚Kognition' gewidmet.

z. B. die These von der Unanschaulichkeit des Denkens oder die These von der Zielgerichtetheit des Denkens: Die Übernahme der Aufgabe löst beim Denker eine *Einstellung* auf das Denkziel aus (Begriff ‚determinierende Tendenzen‘).

Natürlich sind die ausschließlich auf subjektive Parameter aufbauenden Untersuchungen unter methodischem Aspekt sehr unbefriedigend und es ist leicht, heute zu konstatieren, „dass die mit der Methode der Introspektion gewonnenen Ergebnisse kaum interpretierbar sind" (Knoblich, 2002, 646), aber – historisch betrachtet – kommt den Würzburgern zweifellos das Verdienst zu, die Auffassung, dass denkpsychologische Aussagen lediglich über Objektivationen von Denkprozessen (= Sprache, Sprachentwicklung) abgeleitet werden können, eine (noch unbefriedigende, aber potentiell weiterführende) Alternative entgegengesetzt zu haben: Wundt schließt vom Denkprodukt auf den Denkprozess, die Würzburger haben den Denkprozess selbst im Blick.

Im Gegensatz zur von den Würzburgern praktizierten Introspektion arbeiteten die Gestaltpsychologen von Anfang an mit Beobachtung und Experiment, um Denkprozesse zu untersuchen. Chronologisch an erster Stelle sind die berühmten zwischen 1914-1917 durchgeführten und 1921 als Monographie publizierten Anthropoiden-Untersuchungen W. Köhlers (1987-1967) auf Teneriffa zu nennen. Auf der Grundlage eines umfangreichen Datenmaterials gelangte Köhler zu der Überzeugung, dass Schimpansen in bestimmten Situationen ‚intelligentes Verhalten‘ zeigen. Er beobachtete, dass Schimpansen bei einem bestimmten Bedürfniszustand und bei bestimmten Umgebungsbedingungen fähig sind, Werkzeuge zu gebrauchen, teilweise sogar herzustellen, um Ziele (z. B. Banane) zu erreichen, die ohne diese Werkzeuge nicht erreichbar gewesen wären. Auf unsere Frageperspektive bezogen könnte man sagen: Schimpansen sind zu Problemlösungen befähigt. Der wesentliche Faktor, der die Problemlösefähigkeit ermöglicht, ist nach Köhler ‚Einsicht‘. Unter ‚Einsicht‘ versteht er die Fähigkeit, in ungewohnten oder neuartigen Situationen Umwege zu finden, um zum Ziel zu gelangen. Hinweise auf Einsicht ergäben sich u. a. aus der Plötzlichkeit der Problemlösung, dem ‚glatten‘ Verlauf in der Verfolgung des Handlungsziels, der potentiellen Wiederholbarkeit der Lösungsstrategie in strukturgleichen oder -ähnlichen Problemsituationen. Das Moment der Plötzlichkeit ist für Köhler sehr wichtig. Bei der Frage nach den der Einsicht zugrunde liegenden psychischen Mechanismen zieht er sich auf allgemeine gestalttheoretische ‚Erklärungs‘-Muster zurück: Einer „tauglichen Erklärung" von Einsichtshandlungen müsse eine (erst noch zu erarbeitende) „ausgeführte Theorie der Raumgestalten" zugrunde gelegt werden (Köhler, 1921, 193). Die einsichtige Lösung erfolge „dem Artcharakter der optisch gegebenen Feldstruktur [...] gemäß" (ebda.). Einsicht wird also letztlich interpretiert als das Ergebnis von selbst-

regulierenden Prozessen im Wahrnehmungsgeschehen (vgl. Eckardt, 1988, 6-12).[13]
Ein Schüler Köhlers, nämlich K. Duncker (1903-1940), geht – aus heutiger Perspektive betrachtet – einen Schritt weiter. Er spricht im Zusammenhang mit der Lösung von Problemen von ‚produktivem Denken' und interpretiert sie in klassisch-gestaltpsychologischer Sprechweise als Umstrukturierung einer unvollkommenen Gestalt in eine ‚gute'. Aber im Gegensatz zu Köhler rekurriert er weniger auf das Moment der ‚Plötzlichkeit', sondern untersucht, wie die mit dem Problem konfrontierte Person sich schrittweise der Problemlösung nähert. Die Methode, die er dabei anwendet, ist das ‚laute Denken', das *während* der Problemlösetätigkeit stattfindet und insofern von der Introspektion der Würzburger zu unterscheiden ist. Mit Hilfe des ‚lauten Denkens' ist es möglich, die Vielzahl der mehr oder weniger geeigneten oder ungeeigneten, konkreten oder diffusen, nichtpraktikablen oder zielführenden Lösungsvorschläge zu registrieren, den ‚Funktionalwert' dieser Vorschläge zu bestimmen und schließlich im Ergebnis einer „Gruppierung der Lösungsvorschläge" (Duncker, 1935, 4) eine Art ‚Lösungsstammbaum' zu rekonstruieren (a.a.O., 5). Das Standardbeispiel, das der Demonstration dieser methodischen Strategie dient, ist die berühmte ‚Bestrahlungsaufgabe' (a.a.O., 1-7). Die ‚Protokolle der Bestrahlungsaufgabe' sind das Material, aus dem er den ‚Lösungsstammbaum' ableitet (a.a.O., 17). Damit ist Problemlösung nicht mehr ein Deus-ex-machina-ähnliches Geschehen, sondern wird als Sukzession von Lösungsschritten begriffen. Duncker hebt zusammenfassend mit klaren Worten den Prozesscharakter des Problemlösens hervor: „Wir können somit einen Lösungsprozess ebenso wohl als Entwicklung der Lösung wie als Entwicklung des Problems beschreiben. [...] Es hat somit einen guten Sinn zu sagen, die eigentliche Leistung beim Lösen von Problemen bestehe darin, daß das Problem produktiver gestellt wird. [...] Ich fasse zusammen: Die Endform einer Lösung wird typisch auf dem Wege über vermittelnde Prozeßphasen erreicht, deren jede nach rückwärts Lösungscharakter, nach vorwärts Problemcharakter hat" (a.a.O., 10)

Das sog. Computer-Zeitalter ermöglichte eine grundsätzliche Neuorientierung der auf Problemlösen spezifizierten Denkpsychologie. Der Neuheitswert dieser Orientierung bestand darin, Problemlösen als einen Prozess der Informations-

---

13   An diesem Punkt setzt die Kritik K. Bühlers (1922) an Köhler an: Wenn Köhler ‚intelligentes Verhalten' von Schimpansen als nichts anderes verstehe als das Ergebnis einer selbsttätigen Wahrnehmungsstrukturierung, dann könne er nicht von ‚Einsicht' sprechen, da ‚Einsicht' die Fähigkeit zur Urteilsbildung voraus setze. Köhler aber habe nicht ‚beweisen [können], daß die Schimpansen Urteile bilden" (Bühler, 1922, 21). Bei Köhler würden vielmehr „Sachverhältnisse (Sachbezüge) das Verhalten der Schimpansen bestimmen" (ebda.).

verarbeitung zu analysieren. Die Zuschreibung des Neuheitswertes schließt freilich nicht aus, dass im Vorfeld des Informationsverarbeitungsmodells schon
strukturähnliche Ansätze entwickelt wurden, insbesondere – wie bereits beschrieben – von K. Duncker. Die entscheidenden Impulse gingen von den Forschungen zur künstlichen Intelligenz aus. Newell und Simon (1972) realisierten
die technische Möglichkeit, kognitive Prozesse mit Hilfe von Computerpro-
grammen zu simulieren. Das Programm, das sie für eine aufgabenunabhängige
Simulation entwickelten, nannten sie ‚General Problem Solver'. Die darauf aufbauenden theoretischen Überlegungen fassten sie im sog. Problemraum-Modell
zusammen. Mit dem Begriff ‚Problemraum' (‚Program Space') umschrieben sie
die interne Repräsentation der Problemsituation beim Problemlöser, gewissermaßen das Verstehen des Problems. Der Weg des Problemlösers geht von einem
Anfangszustand aus (Problemerfassung) und führt über bestimmte Operationen
(Zwischenzustände) zum Zielzustand (Problemlösung). Auf diesem Weg treten
‚Barrieren' auf. Die einzelnen Schritte vom Anfangs- bis zum Zielzustand
werden als ‚Suchen im Problemraum' bezeichnet.

Der qualitative Unterschied zwischen dem Informationsverarbeitungs- und
dem Würzburger Konzept bestand darin, dass man nicht mehr auf methodisch
unsichere *subjektive* Parameter (Berichte über Erlebnisse während des Lösungsprozesses) angewiesen war, sondern die einzelnen Schritte des Lösungsprozesses
(Wege, Irrwege, Umwege) im Problemraum *objektiv* registrieren konnte. Der
Problemraum war beispielsweise mittels eines Graphen vollständig darstellbar.
Freilich brauchte man für eine solche einwandfreie Problemraum-Darstellung
einen bestimmten Typ von Problemen: sog. einfache Probleme, z. B. Denksport-
aufgaben. Der Prototyp par excellence für diese ‚einfachen Probleme' war die
‚Turm- von Hanoi'-Aufgabe, eine Konfiguration, die bereits 1956 in einem
amerikanischen mathematischen Fachjournal beschrieben wurde (Crowe, 1956).
Im deutschsprachigen Bereich wurde der enorme heuristische Wert der ‚Turm-
von Hanoi'-Aufgabe insbesondere von Klix (1971) ausführlich expliziert (Beschreibungen der ‚Turm-von Hanoi'-Aufgabe finden sich heute in nahezu jedem
Standardwerk der Allgemeinen bzw. Kognitiven Psychologie u.a. bei Lüer
(1987), Spada (1996), Müsseler/Prinz (2002), Funke/Frensch (2006)). So be-
stechend die mittlerweile klassisch gewordene Problemraumtheorie in methodischer Hinsicht ist (Anfangszustand, die Gesamtheit der möglichen Lösungs-
schritte, Zielzustand sind genau definierbar und systematisch untersuchbar; das
Problem ist ‚abgeschlossen'; zur Lösung ist kein spezifisches Vorwissen erforderlich), so sehr stößt sie in ihrer Anwendbarkeit auf sog. Alltags-Problem-
lösungen insgesamt an Grenzen.

Insofern blieb es nicht aus, dass schon kurze Zeit nach der Aufstellung der
klassischen Problemraum-Theorie (1972) alternative Ansätze, die auf ‚kom-

plexe' Probleme anwendbar waren, präsentiert wurden. Bereits 1975 wurden erste computersimulierte Szenarien für komplexe Probleme vorgestellt (Dörner et al., 1975). In der Folge kommen weitere hinzu. Die bekanntesten sind ‚Tanaland‘, ‚Lohhausen‘, ‚Taylor-Shop‘, ‚Moro‘ (zusammenfassende Beschreibung bei Dörner, 1989).[14] Im Gegensatz zu den ‚einfachen‘ Problemen zeichnen sich die ‚komplexen‘ u. a. dadurch aus, dass die Vielzahl ihrer Variablen einen hohen Vernetzungsgrad aufweist, dass während des Lösungsprozesses eine Eigendynamik entsteht, mehrfache Zielzustände erreicht werden und bei der Lösung notwendigerweise (Vor-) Wissen eingesetzt wird. Die (angestrebte, neuerdings vielfach bestrittene) Realitätsnähe dieser Szenarien geht allerdings zu Lasten einer guten Messbarkeit: so ist z. B. die Lösungsgüte nur unzureichend bestimmbar.

7.2.3 Wertung, Kritik und Gegenkritik

An den beiden skizzierten Beispielen – Aufmerksamkeits- und Problemlösungsforschung – dürften exemplarisch die weitreichenden heuristischen Potenzen des Informationsverarbeitungskonzepts hinreichend deutlich geworden sein. Das Selbstverständnis dieses Ansatzes als eines universellen Funktionsprinzips hatte zur Folge, dass von ihm innovative Impulse auf alle Teilbereiche der Allgemeinen Psychologie (Wahrnehmung, Gedächtnis, Lernen, Motivation, Sprache usw.) ausgingen. Man kann sogar sagen, dass der Informationsverarbeitungsansatz wesentlichen Anteil an der Herausbildung neuer, relativ eigenständiger Teilbereiche der Allgemeinen Psychologie hatte, z. B. Wissenspsychologie. Darüber hinaus übte er prägenden Einfluss auf theoretisch-methodologische Orientierungen in anderen Subdisziplinen, wie z. B. Sozialpsychologie, Entwicklungspsychologie, aus. Der anfangs mitunter auch überhöhte Erklärungsanspruch des Informationsverarbeitungskonzepts rief allerdings auch kritische Reaktionen hervor. Prinz und Müsseler sprechen rückblickend auf die 60er/70er Jahre von einer „allzu wortwörtlichen Auslegung der Computermetapher", die „den wissenschaftlichen Fortschritt eher behinderte als nutzte" (Müsseler & Prinz, 2002, 10). Ähnlich kritische Äußerungen findet man bei Neumann: Das Forschungsfeld der Psychologie werde „durch eine *von außen* sich anbietende Analogie" definiert (Neumann, 1985, 5). Es wird in diesem Zusammenhang darauf verwiesen, dass sich Gehirn und Computer in vielerlei Hinsicht durch unterschiedliche Arbeitsweisen auszeichnen. Beispielsweise sei das Gehirn als

---

14 Hintergrund der Dörnerschen Problemszenarien ist die Kritik an der gängigen Intelligenzdiagnostik, die einer angemessenen Erfassung einer stärker auf Systemwissen und Vernetztheit der Denkprozesse bezogenen ‚operativen Intelligenz‘ wenig dienlich sei.

parallel verarbeitendes System darstellbar, während der Computer seriell arbeitet. Das Gehirn produziere Spontanaktivität, der Computer nicht. Schließlich sei noch auf Gardner verwiesen, der den frühen Informationsverarbeitungsmodellen vorwirft, sie seien infolge ihrer engen Anlehnung an die Computermetapher „inhaltsblind" gewesen (Gardner, 1989, 142).

Die wahlweise angeführten kritischen Stimmen bedürfen ihrerseits einer (partiellen) Gegenkritik. Diese soll zunächst auf einer spezielleren Ebene, sodann auf einer generellen vorgetragen werden. Die speziellere Ebene der Gegenkritik bezieht sich auf die wissenschaftshistorische Bewertung des Informationsverarbeitungsansatzes durch seine Kritiker. Neumann z. B. moniert, bei der Informationsverarbeitungstheorie handle es sich um „das Ersetzen der problemgeschichtlichen Tradition durch die technologische Analogie". Anstelle einer „eigenständigen theoretischen Psychologie" habe man eilfertig Modelle und Konzepte der Informationstechnologie übernommen (Neumann, 1985, 5 f.). Aus wissenschaftshistorischer Perspektive bedarf diese These einer Korrektur. Scheerer (1991, 25-44) hat in einer Analyse die Traditionslinien, die neueren Theorien der Kognitionsforschung zugrunde liegen, deutlich herausgearbeitet. Als Beispiele bezieht er sich auf die Theorie der Symbolverarbeitung und auf den sog. Konnektionismus. Diese Theorien seien zwar „Kinder des Computerzeitalters" (S. 27), aber: „Dennoch wäre es verfehlt, die Geschichte beider Ansätze gleichsam aus dem Nichts beginnen zu lassen. Ihre Pioniere waren sich durchaus bewußt, daß sie Vorläufer in der Psychologie hatten" (ebda.). Von den ‚Symbolisten' könne gesagt werden, dass sie „sich anfangs gerne und oft auf Otto Selz (beriefen)" (ebda.), und die ‚Konnektionisten' standen „in einer psychologischen Tradition, die vor allem durch die Namen K. S. Lashley, D. O. Hebb und James J. Gibson bezeichnet wird" (ebda.)

Die generelle Ebene der Gegenkritik geht von der Frage aus, ob der Informationsverarbeitungsansatz notwendigerweise *ausschließlich* auf die Computer-Analogie angewiesen sein muss. Die neuere Entwicklung hat gezeigt, dass dies nicht der Fall ist. Im folgenden Abschnitt werden wir sehen, wie und in welcher Richtung der informationstheoretische Ansatz der Kognitiven Psychologie (wie überhaupt der Allgemeinen Psychologie) ausgeweitet wurde.

7.3 Die neurowissenschaftliche und evolutionsbiologische Ausweitung der kognitionspsychologischen Forschung

Generell ist zu konstatieren, dass der Informationsverarbeitungsansatz ein hohes Integrationspotential im Sinne einer Erweiterung und Differenzierung seiner Frageperspektiven aufweist. Durch seine Orientierung an (im Vergleich zum

Rechner) gegenstandsnäheren Funktionsbereichen, nämlich den physiologischen Korrelaten kognitiver Prozesse, den Hirnaktivitäten, erfuhr er eine substantielle Bereicherung. Hinzu kommt als zweite Variante einer Ausweitung die Frage nach den genetischen Ursprüngen menschlicher Kognition, m. a. W. die evolutionstheoretische bzw. (disziplinär spezifiziert) evolutionspsychologische Dimension der Forschung. Beide Zugänge sollen kurz skizziert werden.

7.3.1 Der neurowissenschaftliche Zugang

Kurz gefasst, geht es um die Frage: Wie sind psychische Funktionen im Gehirn repräsentiert? Antworten auf diese Fragen versucht man zu finden, indem man Hirnaktivitäten untersucht, die *während* des Ablaufens kognitiver Prozesse stattfinden und die lokalisiert und/oder gemessen werden. Vorboten einer solchen Orientierung gab es bereits vor der Etablierung des Informationsverarbeitungsansatzes. 1949 erschien D. O. Hebbs (1904-1985) einflussreiches Werk ‚Organization of behvior'. Hebb unternahm in diesem seiner Zeit weit vorausgehenden Buch den Versuch, Organisationsprinzipien neuronaler Netzwerke (in Hebbs Termonologie ‚cell assemblies') zu beschreiben. Die technischen Voraussetzungen für differenziertere Untersuchungen liefern aber erst in jüngerer Vergangenheit die sog. bildgebenden Verfahren, wie z. B. die Positronen-Emissions-Tomographie (PET), die funktionelle Magnetresonanz-Tomographie (fMRI), das ereigniskorrelierte Potenzial (EKP, ERP) und die Magnetenzephalographie (MEG). Hinzu kommen Untersuchungen an Patienten mit spezifischen Hirnläsionen sowie neurophysiologische Laborexperimente. Über die zahlreichen und in rascher Folge sich vermehrenden Ergebnisse neuropsychologischer Forschung ist im hiesigen, wissenschaftshistorischen Kontext nicht zu berichten. Einige Ergebnisse können als durch bildgebende Verfahren abgesicherte Verifikationen von Hypothesen, die bereits vor Jahrzehnten aufgestellt wurden, betrachtet werden, so z. B. die Bestätigung der bereits in den 60er Jahren von A. R. Luria vertretenen Auffassung, dass dem Präfrontalen Cortex (PFC) die zentrale Rolle für die Steuerung höherer kognitiver Funktionen (Denken, Planen, Entscheiden, sozial angemessene Handlungssteuerung) zukommt. In bezug auf exekutive Funktionen konnte man nachweisen, dass sie „selten nur eine einzelne Hirnregion, sondern meist ganze Netzwerke von Gehirnsystemen aktivieren" (Müsseler & Prinz, 2002, 306). Mittlerweile sind neurowissenschaftliche Arbeiten zur Hirntätigkeit zu einem unentbehrlichen Instrument kognitionspsychologischer Forschung geworden: „Ohne das Wissen einiger grundlegender Fakten über Gehirnstrukturen und -prozesse ist es nicht mehr möglich, der Forschung zur menschlichen Kognition zu folgen" (Anderson , 2007, 16). Vor

diesem Hintergrund wurden solche Informationsverarbeitungsmodelle entwickelt, die auf die Kompatibilität mit den potentiell ablaufenden Hirnprozessen
angelegt sind. Kognition wird beschrieben als Interaktion vernetzter Neuronen.
Diesen Ansatz nennt man Konnektionismus. Ein prototypisches Beispiel
konnektionistischen Vorgehens ist etwa das Modell der parallel-distributiven
Verarbeitung (PDP) von Rumelhart und Mc Clelland (1986).

7.3.2 Evolutionspsychologische Zugänge

Um zu begreifen, was Kognition ist, muss man wissen, wie sie entstanden ist,
muss man ihre Genese aufklären. Das ist – auf eine simple und lapidare Formel
gebracht – das Anlegen der Evolutionspsychologie. Von den verschiedenen, seit
den 80er Jahren entwickelten Ansätzen, die diesem Anliegen verpflichtet sind,
wählen wir den von F. Klix (1980/1993, 1992) aus. Klix begründet die Notwendigkeit einer Rekonstruktion der ‚Genesis des menschlichen Verstandes' mit
folgenden naheliegenden Argumenten: „Wenn wir fragen, weshalb geistiges
Leben auf diesem Planeten da ist, können wir das nicht von den Eigenschaften
dieses Lebens her alleine begreifen. Wir müssen nach Kräften fragen, die
während seiner Entstehungsgeschichte wirksam waren und prüfen, ob sie als
ursächliche Faktoren für die Ausbildung geistiger Phänomene angesehen werden
können. Wenn ja, wird uns dies dem Verständnis dieser ‚Natur' [gemeint ist die
‚Natur des Verstandes', G. E.] näher bringen" (Klix, 1992, 14).
    Ausgehend von diesen Basisüberlegungen, formuliert er folgendes For-
schungsprogramm:
    „Evolutionspsychologie zieht aus systematischen Verhaltensvergleichen
zwischen Mensch und Tier oder zwischen Menschen verschiedener Epochen
Schlüsse, welche Bedingungen und Faktoren in den langen erdgeschichtlichen
Zeiträumen der Evolution gegeben waren und welche Wirkungen davon auf
psychische Eigenschaften ausgegangen sind" (Klix, 2000, 440).
    Dieses Programm enthält erstens Aussagen zweitens über methodische Zu-
gänge, zum zweiten über die Abfolge der Schritte, um Erkenntnisse (oder auch
Hypothesen) über die ‚Genesis des menschlichen Verstandes' zu gewinnen. Als
methodische Zugänge kommen in Betracht: a) Tier-Mensch-Vergleiche, b) die
Rekonstruktion der Stufen der Menschwerdung und der Vergleich der kognitiven
Kompetenzen zwischen den einzelnen Stufen.
    Zu a: Um eine relativierende Beurteilung der humanspezifischen kognitiven
Fähigkeiten aus evolutionstheoretischer Sicht geben zu können, ist der Vergleich
mit dem ‚nächsten Verwandten' des homo sapiens, dem Schimpansen, die nahe-
liegende Option. Immerhin besteht zwischen dem Schimpansen und dem

Menschen „99% genetischer Gemeinsamkeiten" (Hoffrage & Vitouch, 2002, 766), und bekanntlich attestierte bereits Köhler dem Schimpansen die Fähigkeit zur ‚Einsicht'.

Zu b: Von besonderer Bedeutung für die Menschwerdung sind die Entwicklungen im Tier-Mensch-Übergangsfeld, die bereits die Voraussetzungen für die Herausbildung elementarer kognitiver Kompetenzen bildeten. Als direkter Vorläufer des Jetzt-Menschen gilt der Cro-Magnon-Typus, der vor 40 000 bis 10 000 Jahren vor der Zeitenwende lebte und den Beginn der Kulturentwicklung markierte (vgl. Klix, 1993, 185-197).

Was den zweiten Punkt, die Abfolge der Schritte evolutionspsychologischer Erkenntnisgewinnung betrifft, sind Ausgangspunkt und Schlussfolgerungen zu unterscheiden. *Ausgangspunkt* ist die möglichst umfassende Rekonstruktion der Lebensumstände der jeweiligen Populationen der jeweiligen Erdzeitalter. In die Rekonstruktion gehen klimatische, geologische, vegetative, landschaftsspezifische, anatomische Faktoren, Hinweise auf Werkzeuggebrauch und –herstellung usw. ein. Vorwiegend ist man auf Indizien angewiesen (Skelette, Schädel, Werkzeuge, später Kultgegenstände, Tontafeln). Die möglichst umfassende Charakterisierung der Umgebungsbedingungen der jeweiligen Population gestattet sodann *Schlüsse* auf die kognitiven Anforderungen, die diese stellen bzw. Schlüsse auf die Entwicklungschancen, die diese eröffnen. Wechselnde Umgebungsbedingungen und damit wechselnde Lebensumstände erfordern Adaptionen an diese, erzeugen Selektionsdruck. „Inhomogene Umwelten sind starke Wirkfaktoren der Evolution" (Klix, 1992, 39). Je besser die Verhaltensanpassung an wechselnde Umgebungsbedingungen gelingt, desto höher sind die Reproduktionschancen der jeweiligen Population.

Auf der Basis der ‚Schlüsse' von ‚*Bedingungen* und Faktoren ... der Evolution' auf die ‚*Wirkungen* ... auf psychische Eigenschaften' unternimmt Klix den Versuch, eine sich über die gesamte Evolution erstreckende genetische Stufenfolge psychischer Kompetenzen zu skizzieren (Klix, 1993, 16 ff). Er unterscheidet drei Phasen:

1. Ausbildung von Lernprozessen. Sie spielt sich „im rein Biologischen" ab und dient dem Erwerb von „Erfahrung", „erzeugt individuelles Gedächtnis" (a.a.O., 16).
2. Ausbildung von Denkprozessen. Sie beginnt im Tier-Mensch-Übergangsfeld, dient der „Beschaffung und Neuordnung von Information durch kognitive Prozesse" und leistet „die Extrapolation von Künftigem" (ebda.).
3. Ausbildung von Sprache. Sie ist Ergebnis der „gesellschaftlichen Geschichte", „bindet die Ergebnisse des Denkens durch Benennungen"

und ermöglicht „die Ausbildung und Fixierung verschieden hoher Abstraktionsebenen" (a.a.O., 17).

7.4 Schlussbemerkungen

Die drei skizzierten Ansätze (Informationsverarbeitungskonzeption, Neuropsychologie, Evolutionspsychologie) stellen nur einen kleinen (wenn auch signifikanten) Ausschnitt des facettenreichen Spektrums psychologischer Erkenntnisbemühungen in der jüngeren Vergangenheit und Gegenwart dar. Ungeachtet dieser Einschränkung sollen zwei abschließende Anmerkungen angefügt werden, die möglicherweise als verallgemeinerungsfähige ‚Einsichten' apostrophiert werden können. Die erste Anmerkung ist retrospektiver, die zweite prospektiver Art.

Zur retrospektiven Anmerkung: Es ist unbestreitbar, dass die neueren Entwicklungen in der Psychologie engstens an die wissenschaftlich-technischen Fortschritte im 20. und beginnenden 21. Jahrhundert gebunden sind (Stichworte: ‚Computer-Zeitalter'; bildgebende Verfahren in der Hirnforschung; Fortschritte in der Evolutionsbiologie, Anthropogenetik, Prähistorie). Die ‚geistigen Wurzeln' dieser Ansätze reichen jedoch viel weiter zurück und sind nicht auf technologische Faktoren reduzierbar. Diesen Faktoren kommt freilich die Rolle von Realisierungsbedingungen gedanklicher Konzepte zu, die in ihrer Zeit noch nicht realisierbare Visionen waren. Zwei dieser Visionen wurden schon vor ca. 150 Jahren geboren. Im Jahre 1860 proklamierte G. Th. Fechner, der Begründer der Psychophysik, das in seiner Zeit utopische Fernziel einer ‚inneren Psychophysik'. Diese ‚innere Psychophysik' sollte den korrelativen Zusammenhang der psychischen ‚Abbilder' zu ihrer physischen ‚Unterlage', sprich: den Hirnprozessen untersuchen. Die andere Vision ist noch ein Jahr älter: Ch. Darwin bringt am Schluss seines Hauptwerkes ‚On the Origin of Species by means of Natural Selection …' (1859) den vagen Gedanken einer Evolutionspsychologie zum Ausdruck: „In einer fernen Zukunft sehe ich ein weites Feld für noch bedeutsamere Forschungen. Die Psychologie wird sich auf der von H. Spencer geschaffenen Grundlage weiterbauen: daß jedes geistige Vermögen und jede Fähigkeit nur allmählich und stufenweise erlangt werden kann. Licht wird fallen auf den Menschen und seine Geschichte" (Darwin, 1990, 537).

Ein drittes Beispiel weist einen kürzeren Zeitabstand auf: Vor ca. 75 Jahren rekonstruierte K. Duncker zur Kennzeichnung des Prozesscharakters ‚produktiven Denkens' sog. ‚Lösungsstammbäume'. Von Informationstheorie konnte er offensichtlich noch nichts wissen, aber die weitgehende strukturelle Ähnlichkeit seiner ‚Lösungsstammbaum'-Idee mit dem von der Informationsverarbeitung herkommenden ‚Problemraum'-Konzept ist offensichtlich.

Die Beispiele machen deutlich: Die neueren Theorien sind nicht ‚vom Himmel gefallen'. Die Forscher von heute ruhen in substanzieller Weise auf den Schultern vergangener ‚geistiger Titanen'.

Zum prospektiven Aspekt:

Die in den Abschnitten 7.2 und 7.3 gegebenen Skizzierungen von drei Forschungsprogrammen machen hinreichend deutlich, dass die Erzielung neuer, innovativer Forschungsergebnisse unabdingbar an eine interdisziplinäre Arbeitsweise gebunden ist (das dürfte natürlich auch für Programme gelten, die hier nicht erörtert wurden). In der konkreten Arbeit an interdisziplinären Forschungsprojekten werden die Grenzen zwischen den Einzeldisziplinen durchlässig. Idealerweise ist z. B. der Kognitionspsychologe im interdisziplinären Team befähigt, die Perspektive des Hirnforschers einzunehmen, seine Herangehensweise nachzuvollziehen, seine Sprache zu sprechen usw.. Einzelwissenschaftliche Bereichsabgrenzungen erweisen sich eher als hinderlich denn als forderlich. Besonders deutlich zeigt sich dies bei Domain-Forschungsprogrammen sensu Herrmann (1976). Etwas plakativ könnte man sagen: Interdisziplinarität ist die conditio sine qua non wissenschaftlichen Fortschritts. Hier taucht nun die Frage auf: Ist es angesichts der zukunftsträchtigen Interdisziplinarität überhaupt noch sinnvoll, sich Gedanken über die Gegenstandsspezifika einer Einzelwissenschaft oder gar noch über deren Geschichte zu machen? In diesem Zusammenhang sei nochmals auf ein in der Einleitung gegebenes Argument verwiesen: Interdisziplinäres Zusammenarbeit setzt disziplinäre Selbstverständnis voraus. Der interdisziplinär arbeitende Einzelwissenschaftler sollte demzufolge seine einzelwissenschaftliche Identität nicht nur behalten, mehr noch: er sollte sie kultivieren. Sie ist Ergebnis einer spezifischen Sozialisationskultur und einer sich über Jahrhunderte erstreckenden gegenstandsbezogenen Erkenntnissuche. Das Reflektieren dieser Gesichtspunkte könnte auch den Gefahren einer einseitigen Gegenwartsverhaftung und damit selbstauferlegten Horizontverengung wissenschaftlicher Tätigkeit entgegenwirken.

II.

Das Anlage-Umwelt-Problem und die Geschichte der Entwicklungspsychologie

8 Kind und Entwicklung in der Antike und im Mittelalter

Wenn in der Geschichte der Wissenschaften nach frühen Quellen einer Formulierung von Problemstellungen gefragt wird, die später Gegenstand wissenschaftlicher Erkenntnisbemühungen waren, wird man häufig auf Aristoteles (384-322 v. Chr.) verwiesen. Die Frage ist, ob wir auch in bezug auf die Anfänge eines Entwicklungsdenkens in psychologischen Kontexten bei Aristoteles fündig werden. In der Schrift, die explizit die aristotelische Seelenlehre enthält, in ,Peri psychēs' (Über die Seele), ist von der Seele als Substanz, als Entelechie, als Gesamtheit von Vermögen usw. die Rede (Aristoteles, 1995 c); genetische Fragen aber werden eigentlich nicht aufgeworfen, auch dann nicht, wenn von den qualitativ unterschiedlichen Beschaffenheiten der psychischen Vermögen bei Pflanze, Tier und Mensch die Rede ist. Textpassagen, in denen Ansätze eines Entwicklungsdenkens in bezug auf den menschlichen Lebenslauf erkennbar sind, findet man in einer Schrift, die nicht unmittelbar von der Seele handelt, nämlich in der ,Nikomachischen Ethik'. Aristoteles zählt zu den Tugenden, die Voraussetzungen für ein glückseliges Leben sind, u. a. die Freundschaft. Die verschiedenen Formen von Freundschaft klassifiziert er nach altersspezifischen Kriterien: „Den Jünglingen erwächst aus der Freundschaft Bewahrung vor Fehltritten, den Greisen die wünschenswerte Pflege und Ersatz für das, was ihre Schwäche selbst nicht vermag, dem starken Mann Förderung zu jeder guten Tat" (Aristoteles, 1995 a, Nr. 1155 a).

Mit anderen Worten: Der Freundschaft kommen in verschiedenen Phasen des menschlichen Lebenslaufes (Jugendalter, Erwachsenenalter, Greisenalter) unterschiedliche Qualitäten und unterschiedliche Funktionen zu. Im übrigen äußert sich Aristoteles zu wachstums- und entwicklungsrelevanten Faktoren vor allem im Zusammenhang mit Fragen der Erziehung.

Bei Platon (428/27-348 v. Chr.), dem Lehrer des Aristoteles, ist vom Kind ebenfalls im Zusammenhang mit Erziehungsfragen die Rede. Er setzt sich sowohl in den ,Nomoi' (Die Gesetze) als auch in der ,Politeia' (Der Staat) mit den Sophisten und deren Auffassung darüber auseinander, was Erziehung zu leisten vermag. Im Gegensatz zu den Sophisten behauptet Platon, die Aufgabe der Erziehung könne nur darin bestehen, das, was in den Anlagen des Kindes vorgegeben ist, zu fördern und in die richtige Richtung zu lenken (Platon, 1998c, 274f. = Politeia 518). In den ‚Nomoi' wird dieser Gedanke konkretisiert: Wer dereinst ein tüchtiger Mann werden will, muss sich schon im frühen Kindesalter durch sinnvolle Vorübungen, „im Spiel und im Ernst" darauf vorbereiten. Der künftige Landwirt müsse sich in seiner Kindheit mit landwirtschaftlichen Dingen beschäftigen, und der künftige Baumeister müsse im Spiel kleine Kinderhäuslein bauen. Der Erzieher habe die Bedingungen zu schaffen (Spielmaterialien, pädagogische Lenkung), damit der Zögling seine jeweiligen Anlagen entfalten könne:

„Der Erzieher muß [...] vermittelst der Spiele versuchen, der Lust und dem Triebe der Knaben diejenige Richtung zu geben, in deren Verfolgung sie zur vollen Entwicklung gelangen müsse (Platon 1998e, 28f. = Nomoi 643 b, Übersetzung von Apelt). C. Ritter (1931, 295) kommentiert, dass bei Platon „die Erziehung nur an natürliche Triebe des menschlichen Wesens anknüpfen und nur gegebene Anlagen entwickeln, aber nichts in den Menschen hineinlegen kann, wozu er keine Anlage hatte."

Fürs erste konstatieren wir: Bereits in den frühesten schriftlichen Zeugnissen eines psychologischen Entwicklungsdenkens spielt das Anlage- Umwelt-Problem eine zentrale Rolle. Wir werden noch sehen, dass die Erörterung dieses Problems eine bis in unsere Tage reichende Kontinuität aufweist. Ein Beispiel für diese Kontinuität ist etwas die Tatsache, dass noch im 20. Jahrhundert K. Groos (1930, 56) auf die Bemerkungen Platons über die Spieltätigkeit des künftigen Landwirtes und des künftigen Baumeisters zurückgreift, um seine teleologische Deutung des Spiels als Vorwegnahme künftiger Ernsttätigkeit (‚Vorübungscharakter' bzw. ‚Lebenswert' des Spiels) argumentativ zu stützen.

In der nachchristlichen Zeit (Spätantike, Mittelalter) stellte die unumstößliche Gültigkeit des Schöpfungsdogmas zweifellos eine Barriere gegen die Entfaltung eines Denkens in Kategorien der Entwicklung dar. Das Faktum des Heranwachsens von Kindern konnte indes auch einem extrem jenseitszugewandten Denken nicht verborgen bleiben. Allerdings spielte im christlich geprägten spätantiken und mittelalterlichen Denken das Heranwachsen als solches kaum eine Rolle. Was aber Kirchenlehrern, Klerikern und sicherlich auch frommen Eltern Sorgen bereitete, war die angesichts der hohen Säuglingssterblichkeitsraten auftretende Frage, ob sehr junge, noch ungetaufte Kinder der ewigen Heilsgüter teilhaftig werden können. Die Tatsache, dass in einigen frühchristlichen Territorien um 200 n. Chr. neben der bislang ausschließlich üblichen Erwachsenentaufe zunehmend auch die Kindertaufe Eingang in die kirchliche Praxis fand, führte zu einer lebhaften theologischen Kontroverse. Auf der einen Seite wurde die Auffassung vertreten, dass Kinder schon bei der Geburt mit der Erbsünde behaftet seien und deshalb so früh wie nur irgend möglich der Taufe bedürfen (Origenes); auf der anderen Seite hielt man es für ratsam, Kinder erst dann zu taufen, „wenn sie ein Alter erreicht haben, in dem ihnen ein eigentliches Verständnis des Christentums, ein eigenes Bekenntnis zu Christus möglich ist" (Aland, 1963, 37). Letztgenannte Meinung vertrat nachdrücklich der lateinische Kirchenvater Tertullian (um 160-220 n. Chr.) in seiner Abhandlung ‚De baptismo' [Über die Taufe, 198/203]:

„Itaque pro cuiusque personae conditione ac dispositione, etiam aetate, cunctatio baptismi utilior est, praeque tamen circa parvulos. ... Veniant ergo dum adoles cunt, dum discunt, dum quo veniant docentur; fiant Christiani; cum Christum nosse potuerint. Quid festinat innocens aetas ad remissionem peccatorum?"

(Tertullian: De baptismo. CSEL 20/1. S. 293).

„Und so ist denn je nach dem Zustand einer Person, nach ihrer Disposition und nach ihrem Alter ein Hinausschieben der Taufe ersprießlicher, vornehmlich aber hinsichtlich der Kinder. ... Sie [die Kinder] sollen demnach auch kommen, wenn sie herangewachsen sind; sie sollen kommen, wenn sie darüber belehrt sind, wohin sie gehen sollen; sie mögen Christen werden, so bald sie im Stande sind, Christum zu kennen. Aus welchem Grunde hat das Alter der Unschuld es so eilig mit der Nachlassung der Sünden?"

(Übersetzung nach O. Bardenhewer, Th. Schermann & K. Weyman (Hrsg.) (1912). Tertullians Ausgewählte Schriften, Bd. 1: Über die Taufe. S. 274-299).

Um aber praktische Ratschläge über das Taufalter geben zu können, musste Tertullian durch Alltagserfahrungen gewonnene Vorstellungen darüber haben, ab welcher Altersstufe Kinder im Stande sind, selbst Entscheidungen zu treffen. Zudem spielte für ihn, der von der Sündlosigkeit des Neugeborenen (innocens aetas) überzeugt war, die Frage eine Rolle, in welchem Alter Kinder ihre Unschuld verlieren und sündig werden können. Auch zur Klärung dieser Frage bedurfte es alltagsempirischer Beobachtungen. Im Kontext einer Abwertung biologischer Geschlechtlichkeit ist es im übrigen sicher kein Zufall, dass Tertullian den Beginn der Sündhaftigkeit auf das Pubertätsalter festsetzt (Tertullian in De anima, 38, 2). Was das Taufalter anbelangt, wird von höchster bischöflicher Seite (Gregor von Nazianz, Bischof von Konstantinopel) im Jahre

381 empfohlen, Kinder im Alter von etwa 3 Jahren zu taufen (vgl. Aland, 1967, 24).

Generell kann man sagen, dass ein wesentlicher Grund, sich über das Kind Gedanken zu machen, nicht das Kind selbst ist, sondern die Frage nach seiner Teilhabe an der göttlichen Gnade. Die Taufe war Anlass und Ausweis theologischer und kirchlicher Inblicknahme des Kindes (Lachmann, 1989, 158). Für das gesamte abendländische Mittelalter kennzeichnend ist, dass der Kindheit kein Eigenwert beigemessen wurde (vgl. Ariès, 1975).

9 Kind und Entwicklung vom 17. bis zum 3. Viertel des 19. Jahrhunderts

Mit Blick auf die allmähliche Überwindung des Status der Philosophie als *ancilla theologiae* in der beginnenden Neuzeit (Renaissance, Reformation, Humanismus) wird zu fragen sein, ob diese Neuorientierungen auch im weiteren Sinne die Beförderung des Denkens in Kategorien der Entwicklung bzw. im engeren Sinne das Bewusstwerden des Eigenwertes der Kindheit mit sich brachten. Der geistesgeschichtliche Kontext, im Rahmen dessen über das Kind, die Natur, Entwicklung und Erziehung des Kindes in abgeleiteter Weise nachgedacht wurde, verlagert sich nunmehr auf Kontroversen in der Philosophie. Auch hier wollen wir uns lediglich auf ein Beispiel beschränken. Zeitlich liegt es knapp 1½ Jahrtausend nach dem aus der Theologie (Tertullian) ausgewählten. Der philosophische Diskurs im 17. Jahrhundert war u. a. geprägt durch die dichotomische Entgegensetzung von Rationalismus und Empirismus.

9.1 Locke

Während der Rationalist Descartes die Lehre von den eingeborenen Ideen vertritt, mithin von der erfahrungsunabhängigen Gegebenheit von Vernunftprinzipien ausgeht (Descartes, 1637), prägt der Empirist Locke (1690) seine berühmte Formel „Nihil est in intellectu, quod non prius fuerit in sensu" („Nichts ist im Verstand, was nicht vorher in den Sinnen gewesen ist", vgl. Abschnitt 1.2.2). Als Gegenargument gegen die Annahme eines primären Intellekts im Sinne ‚angeborener Ideen' macht er geltend, dass Vernunftprinzipien nicht bei allen Menschen als von vorn herein gegeben angenommen werden können, dass kein *consensus gentium* bestehe. Als Belege für diese Aussage bezieht er sich neben sogenannten Primitiven (Naturvölker) und Idioten (Schwachsinnige) auf Kinder. Bei ihnen gäbe es ‚no innate principles in the mind'; sie seien vergleichbar mit ‚a white paper void of all characteristics' oder einer *tabula rasa*. Wie kommt es dazu, dass dieses weiße Papier beschrieben wird? Es wird beschrieben durch die sinnlichen Erfahrungen, die das heranwachsende Kind im Laufe seiner Entwicklung macht. Erst indem es Erfahrungen macht, gewinnt es Vernunftprinzipien. Hier ist es also die argumentative Begründung des Empirismus, die den Anlass bildet, sich u. a. dem Thema Kind, kindliche Entwicklung, Natur des Kindes zuzuwenden.

Die Bezugnahme auf das Kind erfolgt also aus einer Perspektive, die man im Anschluss an Oppolzer als ‚Anthropologie von oben her' bezeichnen könnte (Oppolzer, 1967, 142). Daneben finden wir aber bei Locke eine sehr alltagspraktische, von manchen Autoren geradezu als banal empfundene Beschäftigung mit dem Kind, und zwar dem Kind, das zum gentleman zu erziehen ist. Die Metapher Oppolzers gebrauchend, wird hier das Kind aus der Perspektive einer ‚Antropologie von unten her' gesehen. Diese Perspektive nimmt Locke in seiner Gelegenheitsschrift ‚Einige Gedanken über Erziehung' (1693) ein. Der Anlass für die Schrift war ein durchweg pragmatischer: Locke versuchte, seinem Freunde, dem Parlamentsmitglied Edward Clarke of Chipley, Ratschläge darüber zu erteilen, wie dessen Sohn zu erziehen ist, um aus ihm einen gentleman werden zu lassen, der den zeitgenössischen Erwartungen und Verhaltensnormen entspricht und eine geachtete Stellung im vorgegebenen sozialen Umfeld einnimmt. Um dieses Erziehungsziel zu erreichen, werden die vorteilhaftesten Ernährungsgewohnheiten, die zweckdienlichste Kleidung, die unterschiedlichen Wertigkeiten der im Privatunterricht zu erteilenden Lehrfächer, die Notwendigkeit, Sport zu treiben, usw. erörtert. Nun haben Ch. Bühler und H. Hetzer diese pragmatischen Erziehungsempfehlungen etwas geringschätzig als „Reflexionen eines Hauslehrers, der seine Weisheiten zum besten gibt", abgetan (Bühler & Hetzer, 1929, 206). Um Locke möglicherweise etwas gerechter zu werden, sollte darauf hingewiesen werden, dass diese erziehungspraktischen Ratschläge in ‚Some Thoughts concerning Education' nichts anderes sind als der Versuch, den aus dem tabula-rasa-Theorem sich ergebenden Konsequenzen konkrete Gestalt zu geben. Wenn das Kind als „white paper void of all characteristics" auf die Welt kommt und dieses weiße Papier oder Wachs erst durch *sensations* und *reflections* entspringende Erfahrungen (*experiences*) beschrieben wird, dann sollte schon seitens der Eltern und Erzieher dafür Sorge getragen werden, dass die erfahrungsabhängigen Einprägungen auf dieser Tafel so beschaffen sind, dass sich das heranwachsende Kind voll entfalten kann. Insofern sind Lockes Einlassungen zu Erziehungsfragen eine folgerichtige und ernstzunehmende Konkretisierung seiner empiristischen Grundkonzeption und des dieser empiristischen Grundkonzeption entsprechenden Menschenbildes.

Am Schluss der ‚Gedanken über Erziehung' gebraucht Locke eine Formulierung, die den Eindruck erwecken könnte, die tabula-rasa-Metapher impliziere die Annahme einer unbeschränkten Formbarkeit des Kindes und laufe auf die Leugnung jeglicher Art von angeborenen Dispositionen hinaus. Im letzten Paragraph (§ 217) der Abhandlung sagt er, er habe den Sohn seines Freundes, als er klein war, „als weißes Papier oder Wachs [angesehen], das man bilden und formen kann, *wie man will* („...as white paper, or wax, to be moulded and fashioned as one pleases"). In neuerer Zeit wurde diese Aussage Lockes gelegentlich (z. B von Harris, 1968) als Beleg für seine angebliche Auffassung von einer ausschließlichen Determination der kindlichen Verhaltensentwicklung durch Erziehung und Umwelt und für seine angebliche Leugnung angeborener Dispositionen bewertet. Mit anderen Worten: Locke wurde zum Vorläufer einer orthodox-behavioristischen Entwicklungsauffassung sensu J. B. Watson stilisiert. Diese Interpretation ist insofern eine bedenkliche Fehlinterpretation, als sie historische (insbesondere geistesgeschichtliche) Kontextbedingungen, im Rahmen derer die Aussage „bilden und formen, wie man will" gemacht wurde, vernachlässigt. Die Charakterisierung des Neugeborenen als „white paper or wax" wird erst verständlich, wenn man Lockes Auseinandersetzung mit der traditionellen kirchlichen Erbsündenlehre, wie sie etwa im ‚Essay concerning Human Understanding' geführt wurde, in Betracht zieht. Wenn vom Kind gesagt wird, dass es noch keinerlei spezifische Bestimmungen aufweist (void of all characterstics), dann heißt das im soeben erläuterten Kontext: Dem Kind sind weder Prinzipien moralischen Handelns noch Prinzipien amoralischen (sündigen) Handelns angeboren. Es ist also nicht von Anfang an ‚verderbt', sündig, durch den Sündenfall Adams vorgeprägt, sondern es ist je nach den ‚Einprägungen' auf dem ‚Wachs' zum mehr Guten oder zum mehr Bösen bildbar. Die aufklärerische Option der Erziehbarkeit des Menschen zum Guten (zur ‚Glückseligkeit' und Vervollkommnung) bildet den eigentlichen Hintergrund der tabula-rasa-Metapher. Die präsentistische Fehlinterpretation, Locke habe Anlagefaktoren bei der kindlichen Verhaltensentwicklung negiert, erweist sich im übrigen als gegenstandslos, wenn man die ‚Gedanken über Erziehung' in ihrer Gesamtheit liest. An vielen Stellen (§§ 66, 78, 100, 101, 139) ist davon die Rede, dass die Erziehung der spezifischen Natur des Kindes, seinen charakterologischen Dispositionen, seinen Temperamentsanlagen usw. gerecht werden müsse. Einige Beispiele mögen dies belegen:

Wir „werden sehen, ob das, was man von dem Kind verlangt, seinen Fähigkeiten angepasst und seiner natürlichen Anlage und Konstitution überhaupt gemäß ist; denn auch das muss bei einer rechten Erziehung bedacht werden. Wir können nicht hoffen, die Grundlage des Charakters völlig zu ändern, den Fröhlichen nachdenklich und ernst oder den Schwermütigen lustig zu machen, ohne ihn zu verderben. Gott hat den Gemütern der Menschen bestimmte Charakterzüge aufgeprägt, die wie ihre Körpergestalt vielleicht ein wenig gebessert, aber schwerlich vollkommen geändert und in das Gegenteil umgebildet werden können" (Locke, 1970 [1693], 60 = § 66).

An anderer Stelle: Man müsse „betrachten, in welche Richtung die natürliche Beschaffenheit seiner [= des Kindes, G. E.] Geistes- und Gemütsart weist.
Manche Menschen sind infolge der unveränderlichen Struktur ihrer Naturver-
anlagung entschlossen, andere furchtsam, manche voller Selbstvertrauen, andere
bescheiden und fügsam oder widersetzlich, sorgsam oder sorglos, lebhaft oder
langsam" (a. a. O., 120 =§ 101). Und was die Erfolgsaussichten erzieherischer
Bemühungen betrifft, gibt Locke eine relativierende Prognose, die keinesfalls in
das behavioristische Raster einer unbegrenzten Manipulierbarkeit passt: Auch
wenn man alles getan habe, was an erzieherischen Einwirkungen möglich sei,
könne man doch nicht an dem vorbeigehen, was „die Natur vorherbestimmt"
habe.

Es wäre also ein Missverständnis anzunehmen, dass aus Lockes erkenntnistheoretischem Empirismus zwangsläufig eine empiristische, den Milieufaktor
verabsolutierende Auffassung zum Anlage-Umwelt-Problem resultiert. Was aber
den Empirismus auszeichnet, ist, dass ihm gegenüber dem Rationalismus ein
Denken in Kategorien der Entwicklung wesentlich näher liegt. Lockes Wirkungen waren nicht nur hinsichtlich seiner philosophischen, sondern auch hinsichtlich seiner pädagogischen Abhandlungen nachhaltig.

9.2 Rousseau

Als knapp 70 Jahre nach dem Erscheinen der ‚Gedanken' Jean-Jacques Rousseau
(1712-1778) seine vielbeachtete und Empörung auslösende Abhandlung über
Erziehung ‚Emile' (1762) veröffentlicht, bezieht er sich mehrfach – teils an-
erkennend, teils kritisch – auf Locke, ohne freilich die Gelegenheit auszulassen,
den innovativen Charakter seines eigenen Buches zu betonen: „Auch nach dem
Buch von Locke war mein Thema ganz neu" (Rousseau, 1995, 5). Indes ist die
Anlehnung an Lockes tabula-rasa-Metapher unverkennbar: „Mit der Geburt sind
wir zum Lernen fähig, aber wir wissen nichts und kennen nichts. Die Seele ist in
unvollkommene Organe eingebettet. Sie empfindet nicht einmal ihr eigenes
Dasein" (a. a. O., 37). Wodurch unterscheidet sich aber der Stellenwert, den
einerseits Locke, andererseits Rousseau der Kindheit im menschlichen Lebenslauf zumessen? Während Locke Kindheit in erster Linie als Vorbereitungszeit
auf das Erwachsenenstadium versteht (vgl. Lachmann, 1989, 164), betont
Rousseau nachdrücklich den Eigenwert der Kindheit, indem er sie als eine spezifische Qualität menschlicher Existenzweise charakterisiert. Es sei hier schon
vorweggenommen, dass er damit eine Sichtweise vorbereitet, die für die spätere
Entstehung einer Kinderpsychologie konstitutiv war. Mit dem Vorwurf, den
Eigenwert der Kindheit zu verkennen, verbindet Rousseau massive Kritik

speziell an den Erziehungspraktiken seiner Zeit, darüber hinaus aber generell an einem einseitig am Erwachsenen orientierten Aufklärungsdenken: „Man kennt die Kindheit nicht: mit den falschen Vorstellungen, die man von ihr hat, verirrt man sich um so mehr, je weiter man geht. Die Klügsten bedenken nur, was Erwachsene wissen müssen, aber nicht, was Kinder aufzunehmen imstande sind. Sie suchen immer nur den Mann im Kind, ohne daran zu denken, was er vor seinem Mannsein war. Gerade das habe ich am eingehendsten studiert" (a. a. O.). Rousseau demonstriert sein Postulat von der Eigenqualität kindlichen Verhaltens und Erlebens an mehreren Gegenständen, so etwa an der Sprache: „Alle unsere Sprachen sind Kunstwerke. Man hat lange geforscht, ob es eine natürliche und allen Menschen gemeinsame Sprache gäbe. Ohne Zweifel gibt es eine: die Kindersprache, ehe sie sprechen können. Diese Sprache ist nicht artikuliert, aber sie ist betont, klingend und verständlich. Durch den Gebrauch unserer Erwachsenensprache haben wir sie vernachlässigt und ganz vergessen" (a. a. O., 41f.). Der Kindersprache kommt auch insofern eine eigene Qualität zu, als sie eine spezifische Grammatik aufweist: „Anfangs haben sie [die Kinder, G. E.], sozusagen, eine eigene Grammatik, in der die Satzlehre viel allgemeinere Regeln hat als unsere. Gäbe man genau acht, wäre man erstaunt über die Genauigkeit, mit der sie gewisse Analogien befolgen, sehr fehlerhafte zwar, wenn man will, aber sehr regelmäßige" (a. a. O., 49).

Die Generalisierung auf die besondere Qualität der Gesamtheit kindlicher Verhaltens- und Erlebensweisen erfolgt an späterer Stelle: „Die Natur will, dass Kinder Kinder sind, ehe sie Männer werden. ... die Kindheit hat eine eigene Art zu sehen, zu denken und zu fühlen, und nichts ist unvernünftiger, als ihr unsere Art unterschieben zu wollen" (a. a. O., 69). Und schließlich beschränkt sich Rousseau nicht nur darauf, Kindheit und Erwachsenenalter als zwei unterschiedliche Qualitäten menschlicher Existenzweise zu unterscheiden, sondern er ordnet jeder Entwicklungsstufe ihre spezifischen Merkmale zu: „Jedes Alter, jede Lebensstufe hat seine eigene Vollkommenheit und seine eigene Reife. Man spricht oft von einem fertigen Mann. Betrachten wir einmal ein friedfertiges Kind: das Bild ist nur für uns neu, aber bestimmt nicht weniger angenehm" (a. a. O., 149). Diese Erweiterung setzt voraus, dass Rousseau unterscheidbare Entwicklungsstufen annimmt. In der Tat entspricht die Gliederung des „Emile" in fünf Bücher der Enteilung der von der Geburt bis zum heiratsfähigen Alter reichenden Lebensspanne in fünf Entwicklungsstufen. Eine systematische *psychologische* Charakterisierung dieser Entwicklungsstufen gibt Rousseau allerdings nicht. In diesem Zusammenhang ist zu fragen, ob bzw. inwieweit Rousseau im ‚Emile‘ überhaupt entwicklungs- bzw. kinderpsychologische Probleme behandelt. In der Sekundärliteratur werden unterschiedliche Antworten auf diese Fragen gegeben. Während Hehlmann (1967, 99) im ‚Emile‘ geradezu euphorisch „ – erstmalig in der europäischen Psychologiegeschichte – den Entwurf einer genetischen Kinderpsychologie" zu erkennen glaubt, äußert sich Reinert (1976, 866) merklich zurückhaltender: Die Rousseausche Schrift sei „eine *explizite partielle* Entwicklungs*psychologie*" (Sperrungen: G. E.). Die unterschiedlichen Bewertungen sind ein hinreichender Anlass für eine detaillierte Analyse. Bei der Lektüre des ‚Emile' zeigt sich deutlich, dass solche Textpassagen, die man (im nachhinein) als entwicklungs- bzw. kinderpsychologische bezeichnen könnte, kein selbständiger Gegenstand der Erörterung ist, sondern immer in einen argumentativen Diskurs eingebunden sind, der primär bestimmten Erziehungsfragen gewidmet ist. Mit anderen Worten: Entwicklungs- bzw. kinderpsychologische Aussagen sind eine Art Prolegomena zu pädagogischen Erörterungen. Gelegentlich haben sie die Funktion, pädagogische Empfehlungen zwar nicht zu begründen, aber doch plausibel erscheinen zu lassen. Zwei Beispiele zur Verdeutlichung: Im Abschnitt über den ‚Beginn der geistigen Entwicklung' schreibt Rousseau: „Die ersten Eindrücke sind reine Empfindungen". Die „Wiederholung der Eindrücke" werde „allmählich zur Gewohnheit. Man sieht, wie sie [die Säuglinge, G. E.] ihre Augen immer dem Lichte zuwenden, und wenn es von der Seite kommt, wenden sie sich unmerklich in diese Richtung um". Auf diese ‚Vorhof'-Erörterungen folgen dann die konkreten Ratschläge für die Erziehung: „Man muss also sorgen, daß ihr Gesicht ganz dem Lichte zugewandt ist, weil sie sonst leicht schielen oder sich daran gewöhnen, übers Kreuz zu schauen. Auch an die Finsternis müssen sie sich frühzeitig gewöhnen, sonst weinen und schreien sie, sobald sie im Dunkeln sind" (a. a. O., 39).

Ein zweites Beispiel: Rousseau betont mehrfach, dass die ‚Vernunft' diejenige ‚Fähigkeit' sei, die sich im Verlauf der Kindheit erst relativ spät entwickle: „Von allen Fähigkeiten entwickelt sich die Vernunft, die gewissermaßen nur aus allen anderen zusammengesetzt ist, am schwersten und am spätesten" (a. a. O., 68). Zweifellos kann man diese Aussage als eine entwicklungspsychologische bezeichnen. Sie hat aber lediglich propädeutische Funktion für die folgenden Ausführungen über Erziehung als thematischem Kern. Ironisch fährt er fort: „Und gerade ihrer [der Vernunft, G. E.] will man sich bedienen, um die anderen [Fähigkeiten, G. E.] zu entwickeln! ... Wenn die Kinder vernünftig wären, dann brauchte man sie nicht zu erziehen. Spricht man mit ihnen von ihrer ersten Kindheit an eine Sprache, die sie nicht verstehen, so gewöhnen sie sich daran, Phrasen zu dreschen, alles, was man sagt, zu kritisieren, sich für so klug zu halten wie ihre Lehrer und rechthaberisch und verstockt zu werden. Alles, was man von ihnen durch vernünftige Gründe zu erlangen glaubt, erlangt man in Wahrheit nur dadurch, daß man ihre Begierde, Furcht oder Eitelkeit erregt" (ebda.).

Die Beispiele ließen sich vermehren. Wir können somit das Fazit ziehen, in Übereinstimmung mit Reinert im ‚Emile' in erster Linie den Entwurf einer Erziehungsanthropologie, nicht aber das Erstlingswerk einer Entwicklungs- bzw. Kinderpsychologie zu sehen. Die Grundzüge dieser Erziehungsanthropologie lassen sich relativ kurz skizzieren: „Alles ist gut, wie es aus den Händen des Schöpfers kommt; alles entartet unter den Händen des Menschen" (a. a. O.). Dem guten Naturmenschen wird die verdorbene Zivilisationsgesellschaft gegenübergestellt. Die kultur- und gesellschaftskritischen Aspirationen sind unüberhörbar. Folgerungen für Erziehungsgrundsätze liegen nahe: Das als gut geborene Kind ist vor den schädlichen Einflüssen der Zivilisationsgesellschaft zu schützen – es soll naturgemäß aufwachsen und seiner Natur entsprechend erzogen werden. Rousseau nannte diese pädagogische Maxime, die vom Kind auszugehen hat, ‚negative Erziehung'. Auch in dieser Hinsicht werden die Kontraste zwischen Locke und Rousseau deutlich. Das Erziehungsideal Lockes ist die Heranbildung eines vernunftgesteuerten, wissenden und gesellschaftsfähigen Bürgers. Rousseaus Ziel ist die Entfaltung einer freien und glücklichen, selbstbestimmten Persönlichkeit. Der aufklärerischen Dominanz der Vernunft steht die schon in die Romantik hineinweisende Hochschätzung der Empfindsamkeit gegenüber. Für den in unserem Kapitel in Rede stehenden thematischen Kontext ist aber nochmals der Blick auf Gemeinsamkeiten zwischen Locke und Rousseau bzw. an das Anknüpfen Rousseaus an Locke zu richten: Der Lockesche empirische Zugang zur Erkenntnisgewinnung wird – zumindest programmatisch – von Rousseau fortgeführt. An mehreren Stellen seines Buches beruft er sich auf eigene Beobachtungen als Ausgangspunkt für seine Erziehungsratschläge. Beispielsweise meint er, es sei „nicht selten, daß Menschen ihre Physiognomie mit den verschiedenen Altersstufen ändern", und fährt dann fort: „Ich habe das mehrfach gesehen und immer gefunden, daß diejenigen, die ich gut verfolgen und beobachten konnte, auch die gewohnten Neigungen geändert hatten. Diese einzige und wohlbestätigte Beobachtung scheint mir entscheidend zu sein" (a. a. O., 233). Die Wertschätzung der Beobachtung geht so weit, dass er Ratschläge gibt, wie sie durchzuführen sei: „Was brauchte man also, um die Menschen richtig zu beobachten? Man muss sie kennen lernen wollen. Man muss unparteiisch sein, ein Herz haben, das empfindsam genug ist, um alle menschlichen Leidenschaften zu begreifen, und ruhig genug, um sie nicht zu erdulden" (a. a. O., 250).

Verfolgen wir diese empirische Traditionslinie weiter und wenden dabei den Blick auf die Entwicklungstrends in Deutschland, so stoßen wir auf die noch im gleichen (18.) Jahrhundert zutage tretende Erfahrungsseelenkunde, die ihrerseits entscheidende Impulse durch zwei Persönlichkeiten erhielt, die aus unterschiedlichen Perspektiven das Entwicklungsdenken im allgemeinen und in der

Psychologie im besonderen nachhaltig befruchteten: Johann Nicolaus Tetens (1736-1807) und Johann Gottfried Herder (1744-1803).

9.3 Tetens

Johann Nicolaus Tetens verkörpert mit seinem Hauptwerk ‚Philosophische Versuche über die menschliche Natur und ihre Entwickelung' (2 Bände, 1777) den Prototyp einer Anthropologie der Aufklärung. Für unser Thema besonders relevant ist der 14. (und letzte) dieser ‚Versuche' mit dem Titel ‚Über die Perfektibilität und Entwickelung des Menschen' (Tetens, 1777, Bd. 2, 368-834). Hier reflektiert er Bedingungen, Möglichkeiten und Grenzen der ‚Seele', sich zu vervollkommnen. Entwicklung ist gleich Steigerung. Tetens' Grundüberzeugung ist, dass es der ‚menschlichen Natur' bzw. der ‚Seelennatur' entspreche, zur ‚Perfektibilität' zu gelangen. Die physischen und psychischen Bedingungen, von denen die Erreichung der ‚Perfektibilität' abhängt, seien aufzuklären. Deshalb müsse man zuerst die ‚theoretische' Frage stellen: „Was ist der Mensch? Was wird er und wie wird er's in den Umständen und unter dem Einflusse der moralischen und physischen Ursachen, unter denen er in der Welt sich befindet?" (Tetens, 1777, II, 373).

Ausgehend von dieser zentralen Fragestellung entwickelt er ein breit gefächertes Programm, das im Rahmen einer auf die Geschichte der Entwicklungspsychologie zentrierten Perspektive nicht detailliert dargestellt zu werden braucht. Um wenigstens einen etwas konkreteren Eindruck von Tetens' Herangehensweise zu gewinnen, sollen pars pro toto zwei Fragestellungen näher beleuchtet werden: zum einen eine allgemeine entwicklungstheoretische, zum anderen eine spezielle, angewandt-entwicklungspsychologische.

Die entwicklungstheoretische Problemstellung wird in die Frage gekleidet: „Ob und wiefern die Entwickelung der Seele als eine Evolution oder als eine Epigenese zu betrachten sey" (II, 434 ff., 448 ff.). Als Evolution bezeichnete man zu Tetens' Zeiten die Ausfaltung der von Anfang an (im „Keim") gegebenen Naturanlagen, also letztlich einen präformationstheoretischen Ansatz. Unter Epigenese verstand man eine Sequenz von Entwicklungsstadien, die nicht von vornherein im „Keim" angelegt sind – vielmehr werden die auf dem vorhergehenden Entwicklungsstadium ausgebildeten Dispositionen als Bedingungen für die Beschaffenheit des nachfolgenden Entwicklungsstadiums wirksam. Die Alternative Evolution vs. Epigenese spielte in der damaligen ‚Naturgeschichte', insbesondere in der Botanik, einen zentralen Diskussionsgegenstand. Tetens referiert zunächst die kontroversen Standpunkte anhand des Gegensatzes zwischen Charles Bonnet (1764), dem Evolutionisten, und Caspar Friedrich

Wolff (1759), dem Epigenisten. Sodann weitet er, von der „Analogie der Entwickelung der Seele mit der Entwickelung des Körpers" (II, 539-554) ausgehend, diese biologische Fragestellung auf die „Entwickelung der Seelennatur" des Menschen aus und hat damit letztlich eine Naturgeschichte der Seele im Blick. Interessant ist nun, welche Stellung er unter diesem Aspekt einer Transformation auf den Bereich der Psychologie zur Alternative Evolution vs. Epigenese bezieht. Er prägt die Formel „Epigenesis durch Evolution" (II, 548). Was meint er damit? Die „Seele" ist selbsttätig, indem sie Empfindungen hat. Diese Empfindungen hinterlassen „Spuren", die ihrerseits zu einer Verstärkung oder Modifikation des jeweiligen Vermögens führen. Die „Spuren" im Sinne von Dispositionen sind die Voraussetzung für Entwicklungsfortschritte. Entwicklung ist somit an die Selbsttätigkeit der Seele gebunden, wobei Selbsttätigkeit bestimmte naturgegebene Vermögen zur Voraussetzung hat. Entwicklung ist aber keine mechanische Ausfaltung von „im Keim" vorgebildeten starren Abläufen. Ohne präsentistischen Interpretationen Vorschub leisten zu wollen, ist einzuräumen, dass der heutige Leser leicht geneigt sein könnte, Assoziationen zu modernen Entwicklungsauffassungen (das Individuum als Gestalter seiner eigenen Entwicklung in und durch seine Tätigkeit) zu bilden.

Auch beim zweiten ausgewählten Beispiel, dem speziellen, angewandtentwicklungspsychologischen, spielt das Moment der Selbsttätigkeit eine wichtige Rolle. Im Zusammenhang mit dem Generalthema ‚Perfektibilität' erörtert Tetens u. a. das Problem der Grenzen, die dem Menschen bei der Gewinnung der Perfektibilität gesetzt sind. An eine dieser Grenzen stößt der Mensch infolge der „Wiederabnahme der Seelenvermögen" (II, 726, ff.) im Alter. In diesem Kontext werden breite, teils beobachtungsgestützte, teils aber auch eher spekulative Erörterungen zur Psychologie des Alterns angestellt. So wirft Tetens etwa die Frage auf, ob „die Grenze der Entwickelung in den Seelenvermögen weiter hinausgerückt" werden könne (II, 709, 719-721). Obwohl er diese Frage nicht eindeutig zu beantworten vermag, gibt er praktische Empfehlungen für ältere Menschen:

„Man führe die Phantasie auf neue Gegenstände, die so wenig Beziehung auf die ihr schon geläufigen haben, als es seyn kann; man lerne neue Sprachen um das Gedächtniß zu schärfen, und studire neue Wissenschaften für den Verstand: allerdings lässt sich auf diese Art etwas ausrichten" (II, 720). Freilich könne man nicht in Abrede stellen, dass „die Entwickelung der Kräfte nicht ins Unendliche gehen" kann (ebda.), aber er kenne aus eigener Erfahrung Leute, „welche noch in einem ziemlichen Alter manche ihnen neue Kenntnisse sich erwerben und auch Sprachen erlernen" (ebda.); dabei „zeiget sich, dass sie zum mindesten ihre Kräfte länger in ihrer größten Thätigkeit erhalten, und auch wohl wirklich etwas weiter hinaufbringen, als es sonsten geschehen wäre" (ebda.). Um nicht unrealistische Erwartungen aufkommen zu lassen, gibt er zu bedenken: „Das Moment des Stillstehens rückt heran; und der Grund davon liegt in der Natur der körperlichen Werkzeuge. Je mehr die Fasern des Gehirns schon gestärket sind, desto fester, härter, unbiegsamer und desto ungeschickter, neue Eindrücke anzunehmen, müssen sie werden" (ebda.).

Im weiteren erörtert Tetens speziell die Abnahme der Gedächtnisleistungen im Alter. Er meint, die „Abnahme der Seelenvermögen im Alter kommt nicht vom Verlust ihrer Vorstellungen, sondern von der erschwerten Reproducibilität derselben" (II, 743). Mit anderen Worten: Die „Spuren" der im Laufe des Lebens erworbenen Vorstellungen gehen niemals völlig verloren, sondern lediglich ihre Reaktivierung ist im Alter vermindert. (Man erinnere sich: Auch zufolge der Ebbinghausschen Gedächtniskurve gibt es kein absolutes Vergessen!). Im übrigen wird das Altern bei Tetens keineswegs als ein passives Ausgeliefertsein gegenüber physischen und psychischen Abbauprozessen verstanden, sondern die „Selbstthätigkeit der Seele" bleibt bis zum Tode erhalten. Mit Entschiedenheit formuliert er: „Das innere thätige Princip bleibt, so lange der Mensch lebet, mit allen seinen Formen und Zusätzen, die es aufgenommen und unabhängig von dem, was es von außen haben muß um thätig zu seyn, behalten kann" (II, 759). Insofern ist es legitim, Tetens als einen wichtigen Vorläufer der Konzeption einer life-span-development zu würdigen (Baltes, 1983; Lindenberger & Baltes, 1999).

9.4 Herder

Herder ist für die Geschichte der Entwicklungspsychologie insofern eine wichtige Bezugsgröße, als er den Entwicklungsgedanken als konstitutiven Be-standteil einer Anthropologie zur Geltung bringt.[15]. Für Herder ist Anthropologie Teil der Naturgeschichte: „Die ganze Menschengeschichte ist eine reine Natur-geschichte menschlicher Kräfte, Handlungen und Triebe nach Ort und Zeit" (SWS XIV, 145)[16]. Im Hauptwerk ‚Ideen zur Philosophie der Geschichte der Menschheit' (1784-1791) konvergieren (nach Nisbet, 1996) zwei Grundten-denzen: die „Historisierung der Natur" und „die Naturalisierung der Geschichte". Das heißt: Natur werde „nicht mehr als unwandelbare Hierarchie im Raum, sondern als dynamischer, kausal erklärbarer Prozeß in der Zeit gesehen", während Geschichte verstanden werde „als Naturprozeß, der durch Naturgesetze

---

15   Dem Plädoyer H.-D. Schmidts „für eine intensivere Herder-Rezeption in der psychologiege-schichtlichen Forschung" (1983, 322) möchte ich mich ausdrücklich anschließen.

16   SWS wird als gebräuchliches Sigel für ‚Herders Sämmtliche Werke', hrsg. von B. Suphan. 33 Bände, 1877-1913 (Reprint 1994) verwendet.

beherrscht wird und mit Hilfe von naturgeschichtlichen bzw. naturwissenschaftlichen Methoden und Modellen begriffen, erklärt und vielleicht sogar vorausgesagt werden kann" (Nisbet,1996,153). Aus der Einbeziehung der Menschheitsgeschichte in die Naturgeschichte liegt es für Herder nahe, in breiter Form Tier-Mensch-Vergleiche anzustellen. Die Kontraste, die bei diesen Vergleichen sichtbar werden, dienen Herder zum einen dazu, die Sonderstellung des Menschen im Schöpfungswerk Gottes begreiflich zu machen: der Mensch sei „der erste Freigelassene der Schöpfung" (SWS XIII,146). Zum anderen aber – und dies ist kein Gegensatz zum eben Gesagten – werden die engen „Verwandtschaftsbeziehungen" zwischen Tier und Mensch hervorgehoben: „Der Menschen ältere Brüder sind die Thiere" (SWS XIII, 60). Der Mensch hebt sich vom Tierreich nicht dadurch ab, dass er etwa nicht über „Instincte", „Triebe" usw. verfüge. Vielmehr habe der Mensch „alle Instincte, die ein Erdenthier um ihn besitzet" (S. 142). Ohne Trieb könne ein „Geschöpf ... gar nicht leben" (S. 143). Jedoch sei der Mensch im Unterschied zum Tier „zu feinern Trieben, mithin zur Freiheit organisiret" (S. 142). Beim Menschen seien die Triebe „unterdrückt" (S. 143). Genau an diesem Punkt, d. h. bei dem Versuch zu erläutern, in welcher Weise beim Menschen die Triebe „unterdrückt" sind, bezieht sich Herder auf Besonderheiten der frühkindlichen Entwicklung und gelangt in der Tat zu entwicklungspsychologisch relevanten Aussagen. Er will „ihren Gang [= Gang der Triebe, G. E.] von Kindheit auf betrachten" (ebda.) und konstatiert: „ Das menschliche Kind kommt schwächer auf die Welt" als das Tier (ebda.). Der Mensch „bleibt lange schwach" (ebda.); sein „Gliederbau" sei „dem Haupt zuerschaffen" (ebda.). Zuerst lerne das Kind „sehen, hören, greifen", dann erst „gehen" (ebda.). Es übe seine Sinne wie das Tier, jedoch „ auf eine feinere Weise" (S. 144). Die „feinere Weise" beim Menschen bestehe darin, dass er „schwach auf die Welt kommen musste, um Vernunft zu lernen" (ebda.). Herder bezeichnet Sehen und Hören, Spracherwerb und willkürliches Greifen als die entscheidenden spezifischmenschlichen Entwicklungsprozesse. Insbesondere die Tatsache, dass das Kind „ein Lehrling der zwei feinsten Sinne" (S. 144; gemeint sind Sehen und Hören) sei, bilde eine Voraussetzung für die Ausbildung von „Vernunft, Humanismus, menschlicher Lebensweise, die kein Thier hat und lernet" (ebda.). Der Hinweis, dass die Gewinnung von Vernunft ein Ergebnis von Lernprozessen sei, wird mehrfach wortreich bekräftigt: Vernunft ist nicht „ein angebohrnes Automat" (S. 144), sondern „etwas Vernommenes, eine gelernte Proportion und Richtung der Ideen und Kräfte, zu welcher der Mensch nach seiner Organisation und Lebensweise gebildet worden" (S. 145). Vernunft ist „das fortgehende Werk der Bildung des menschlichen Lebens.... Sie ist ihm nicht angebohren; sondern er hat sie erlangt ..." (ebda.). Implizit macht Herder darauf aufmerksam, dass die Gewinnung von Vernunft an bestimmte somatische

Strukturen gebunden ist. Er spricht in diesem Zusammenhang von „Organisation" (siehe obige Zitate). Die spezifisch menschliche „Organisation" sei weder bei Tieren noch bei Engeln gegeben. Via negationis schließt er daraus, dass es keine „Vernunft der Engel" (S. 146) geben könne.

Die Beschränkung[17] auf den kurzen Abschnitt „Der Mensch ist zu feinern Trieben, mithin zur Freiheit organisiret" (SWS XIII,142 -150) im 4. Buch des ersten Teils der ‚Ideen ...' mag zureichen, um die für unser Thema zentralen Aussagen Herders zu umschreiben:

1. Der Mensch verfügt ebenso wie das Tier über ein artspezifisches Instinktrepertoire.
2. Die Instinkte des Menschen sind gegenüber denen des Tieres insofern „feiner" als sie im Sinne von Dispositionen das Erlernen höherer kognitiver Funktionen ermöglichen.
3. „Vernunft" ist kein angeborener Mechanismus, sondern das Ergebnis von Lernprozessen, deren hohes Niveau insbesondere durch die Dominanz der Distanzsinne (Sehen, Hören) und durch den aufrechten Gang bestimmt wird (vgl. dazu Schmidt, 1983).
4. Die Gewinnung von Vernunft bedarf spezifischer, nur beim Menschen vorhandener somatischer Organisationsprinzipien.

9.5 Tiedemann und weitere entwicklungspsychologische Ansätze in der Erfahrungsseelenkunde

Zweifellos war der Geist der Aufklärung ein günstiger Nährboden für die literarische Beschäftigung mit dem Kind. Beseelt vom Ideal der menschlichen Vervollkommnung lag es nahe, die in der Kindheit gegebenen Ausgangsbedingungen für die Erziehung zur Vollkommenheit in den Blick zu nehmen. Von daher ist nachvollziehbar, dass sich innerhalb der Erfahrungsseelenkunde ein gesondertes Teilgebiet, nämlich das Studium kindlicher Entwicklungsverläufe bis hin zur Jugend, etablierte. In dem umfassenden Überblick über die zwischen 1785 und 1800 erscheinende psychologisch-anthropologische Literatur, der in den ‚Ergänzungsblättern' zur ‚Allgemeinen Literatur-Zeitung' (ALZ) im Abschnitt ‚Revision der Bearbeitung der Empirischen Psychologie in den drey letzten Quinquennien des achtzehnten Jahrhunderts' gegeben wird, erhält dieses

---

17   Entwicklungspsychologisch relevantes Gedankengut Herders ist außer in dem hier näher betrachteten Abschnitt an vielen anderen Stellen der ‚Ideen ...' zu finden sowie insbesondere in der ‚Abhandlung über den Ursprung der Sprache' von 1772 (SWS V, 1-154).

Teilgebiet die Bezeichnung ‚Charakteristik der Lebensalter' (ALZ, Ergänzungs-band 1, 1803, 122-124). Immerhin werden dieser Rubrik 33 Titel zugeordnet. Sieht man sich diese Übersicht genauer an, stellt man fest, dass die Facette der literarischen Befassungen mit dem Thema ‚Kind' wesentlich breiter ist, als dies gemeinhin in der späteren Sekundärliteratur (Bühler&Hetzer,1929; Höhn, 1959; Reinert, 1976) berichtet wird.

Der ALZ-Rezensent (sehr wahrscheinlich war es F. A. Carus, vgl. Eckardt, John et al., 2001, 134) macht zu Beginn des Abschnittes ‚Charakteristik der Lebensalter' auf die Vielgestaltigkeit der literarischen Formen der Beschäftigung mit Kindheit und Jugend aufmerksam. Er unterscheidet vier Typen: 1. „Be-obachtungen der Kinder von Erziehern und Lehrern", 2. „Dichterische Dar-stellungen hervorstechenderer Züge mancher Lebensalter", 3. „Tagebücher", 4. „Beyträge zu der zusammenhängenden Geschichte des innern Lebens oder zu wissenschaftlichen Beurtheilungen der Natur jener innern Bildungsperioden" (Ergänzungsblätter ALZ, Band 1, Sp.121).

Die unter 1 genannten „Beobachtungen ..." sind vor allem in diversen, allerdings meist kurzlebigen Magazinen, Repertorien, Journalen usw. enthalten, insbesondere in Moritz' ‚Magazin zur Erfahrungsseelenkunde' (1783 -1793) und in Maucharts ‚Allgemeines Repertorium für Empirische Psychologie und ver-wandte Wissenschaften' (1792-1801). Bei den „dichterischen Darstellungen" (2) wird man zuerst an K. Ph. Moritz' Entwicklungsroman ‚Anton Reiser' zu denken haben. Von den ‚Tagebüchern' (3) sind an prominenter Stelle Tiedemanns ‚Be-obachtungen über die Entwickelung der Seelenfähigkeiten bei Kindern' zu nennen. Was schließlich den viertgenannten Typ von Beiträgen anbelangt, be-zieht sich der Rezensent auf Titel von Autoren, die heute so gut wie unbekannt sind, z. B. Greiff: Allgemeine Bemerkungen über die Natur, Bedürfnisse und Behandlungsart der Kinder nach den Stufen des Alters, 1790; Villaume: Geschichte des Menschen, 1788; Adair: Naturgeschichte des Menschen, o. J.; Wünsch: Kosmologische Unterhaltungen für Freunde der Naturkenntniß, o. J.; Faust: Perioden des Lebens, 1794; Schwarz: Über einige merkwürdige Einrich-tungen der menschlichen Natur in Entwicklung der sittlichen Anlagen, 1794; Ith: Die natürliche Geschichte des menschlichen Lebens, o. J.; Heynig: Begriff des Jünglings-Alters, 1796; Weiller: Versuch einer Jugendkunde, 1800. In diesen Abhandlungen werden Themen behandelt, die einen gewissen theoretischen Anspruch erheben. Periodisierungen des menschlichen Lebenslaufs werden zur Diskussion gestellt (Faust, Schwarz, Ith); Definition und Merkmale des Jugend-alters werden erörtert (Heynig, Weiller); unter angewandten (medizinisch-forensischen) Aspekten wird gefragt, ab welchem Alter der Heranwachsende seine ‚Verstandes-Mündigkeit' erreicht. Freilich überwuchern in diesen Ab-handlungen allzu stark spekulative Elemente, relativ willkürliche subjektive

Mutmaßungen und zum Teil schematische Herleitungen von philosophischen Lehrmeinungen (Kant). Ein auch nur einigermaßen angemessenes methodisches Konzept ist nicht erkennbar. Retrospektiv lässt sich vielleicht sagen, dass die Art und Weise, *wie* die Probleme behandelt wurden, viele Wünsche offen lässt (aus heutiger Sicht!); die Tatsache, *dass* Themen dieser Art breitgefächert und in subtilen Verästelungen behandelt wurden, ist jedoch durchaus bemerkenswert.

Eine gesonderte Würdigung kinderpsychologischer Ansätze im Rahmen der Erfahrungsseelenkunde im letzten Viertel des 18. Jahrhunderts verdient der bereits erwähnte Dietrich Tiedemann (1748-1803). Nach Reinert (1976, 869) beginnt mit ihm „die systematische, auf Beobachtungstechnik gegründete, längsschnittliche Erfassung der Verhaltensentwicklung von jungen Kindern". Seine ‚Beobachtungen' seien „ das erste bislang bekannt gewordene psychologische Tagebuch einer Kleinkindentwicklung". Auch Bühler & Hetzer (1929, 209) charakterisieren Tiedemann als den „ersten", der „1787 den Plan zu dem Kindertagebuch wirklich durch(führte)" und „der sich somit auch der Kinderpsychologie annahm". Unterschiedlicher Meinung sind Reinert auf der einen und Bühler & Hetzer auf der anderen Seite in Bezug auf die Nachhaltigkeit der Wirkungen Tiedemanns. Bevor auf diese kontrovers diskutierte Frage eingegangen wird, soll die Tiedemannsche Abhandlung zunächst kurz vorgestellt werden. Der Autor stellte 2½ Jahre lang Beobachtungen zur Verhaltensentwicklung seines 1781 geborenen Sohnes Friedrich an. Die Berichte sind im wesentlichen protokollarisch präzise. Das Bemühen um wertungsfreie Schilderung von Entwicklungsprozessen ist klar erkennbar. Gegenstand der Beobachtungen sind einzelne psychophysische Funktionsbereiche, deren Entwicklung differenziert dargestellt wird. Separat berichtet er etwa über die Entwicklung der Wahrnehmung, der Motorik, des Sprachverständnisses und des aktiven Sprechens, der Emotionalität, des Sozialverhaltens usw. Auf die Zusammenfügung eines Gesamtbildes der Entwicklung verzichtet er allerdings. Gelegentlich reichert er seine Berichte mit Kausalbetrachtungen an, die sich letztlich als Pseudoerklärungen erweisen. Ein Beispiel: Tiedemann registriert am 129. Lebenstag, dass sich sein Sohn „von schwarz gekleideten Personen ... mit sichtbaren Zeichen des Widerwillens" abwendet (Tiedemann 1786, 329). Begründung: „Schwarz folglich, als die Farbe der Finsternis, muß etwas von Natur unangenehmes haben, welches auch daraus erhellt, daß fast überall diese Farbe bei unangenehmen Vorfällen zu Kleidungen gebraucht wird".

Nun zu der bereits angekündigten Kontroverse: Nach Bühler & Hetzer (1929, 209 f.) habe es am Ende des 18. Jahrhunderts eine „ erste, sich um Tiedemann gruppierende kinderpsychologische Bewegung" gegeben, die „um und nach 1800" durch die „idealistische Philosophie mit ihrer so völlig andersartigen Einstellung zu Mensch und Leben" einen „Rückschlag" erfahren habe.

Reinert (1976, 869) würdigt zwar in Tiedemann denjenigen, der „das erste bislang bekannt gewordene psychologische Tagebuch einer Kleinkindentwicklung"
verfasst habe, er bestreitet aber zum einen, dass es eine sich um Tiedemann
gruppierende ‚Bewegung' gegeben habe, zum anderen, dass diese ‚Bewegung'
durch die idealistische Philosophie einen Rückschlag erhalten habe. Aus wissenschaftshistorischer Sicht verdient es diese Kontroverse, näher beleuchtet zu
werden. Zu fragen ist, 1. ob es eine ‚Bewegung' gegeben hat und – wenn ja – wie
diese zu charakterisieren ist, 2. ob sich diese ggf. existierende ‚Bewegung' um
Tiedemann gruppiert hat, 3. ob diese ‚Bewegung' – wiederum ihre Existenz
vorausgesetzt – durch die idealistische Philosophie einen Rückschlag erhalten
hat. Angesichts des bereits berichteten gehäuften Aufgreifens des Themas Kind,
Jugend, Alter in verschiedenartigsten literarischen Genres könnte man durchaus
von einer ‚Bewegung' sprechen. Anzeichen für ein allgemeines öffentliches
Interesse an Fragen der Entwicklung im Kindesalter sind etwa die in jener Zeit
ausgelobten Preisausschreiben. Die Gesellschaft der Menschenbeobachter in
Paris stellte in einer ‚Preisfrage' die Aufgabe, „durch die Beobachtung eines
oder mehrerer Kinder die Ordnung und Entwickelung der physischen und
moralischen Vermögen zu bestimmen" (ALZ, Ergänzungsblätter, Bd. l, Sp.121).
Der Pädagoge J. H. Campe stiftete 1785 einen Preis „für das beste Tagebuch
über die ganze Geschichte und Behandlung eines Kindes von dem Augenblicke
seiner Geburt an" (a.a.O.). Auf die in der ALZ verzeichneten 33 Titel zu dem in
Frage stehenden Themenbereich wurde bereits verwiesen. Insofern scheint es
durchaus zulässig, von einer ‚Bewegung' zu sprechen. Die Frage ist nur, auf
welcher Ebene diese Bewegung wirksam wurde. Obwohl ihre Träger und
Rezipienten teilweise durchaus Universitätsprofessoren waren (z. B. Tiedemann), wurde sie im offiziellen akademisch-universitären Bereich nicht zur
Kenntnis genommen. Tiedemann selbst, partiell ein Anti-Kantianer, deutet in
den einleitenden Sätzen zu seinen ‚Beobachtungen ...' die mangelnde Bereitschaft der universitär-akademischen Gelehrtenschaft, die (ontogenetische) Entwicklung der „Seelenfähigkeiten" zu einem wissenschaftsfähigen Gegenstand zu
machen, an. Bezüglich des „Theil(s) der Seelenlehre, welcher die Ausbildung der
Seelenkräfte lehren soll", konstatiert er: „Es giebt manche Kenntnisse unter den
Menschen, die blos darum nicht allgemeiner werden und zur Wissenschaft derer
gelangen, welche sie weiter bearbeiten könnten, weil ihre Besitzer deren
Wichtigkeit nicht genug erkennen, und sie zur öffentlichen Ausstellung für nicht
erheblich genug achten" (Tiedemann,1786, 313).
    Dass Tiedemanns ‚Beobachtungen ...' in seiner Zeit als „nicht erheblich
genug" betrachtet wurden, erhellt auch aus der Tatsache, dass in dem bio-
grafischen Artikel, der ihm in Hamberger-Meusels ‚Das gelehrte Teutschland'
(Bd. 8,1800) gewidmet ist, minutiös auch die kleinsten Veröffentlichungen des

Marburger Ordinarius der Philosophie und der griechischen Sprache notiert werden, auch 10 Aufsätze, die in den ‚Hessischen Beiträgen zur Gelahrsamkeit und Kunst' (2 Bände zu je 4 Stücken, 1784-1787) erschienen sind, dass aber die im 2. und 3. Stück des 2. Bandes jener ‚Hessischen Beiträge' abgedruckte Abhandlung ‚Beobachtungen über die Entwickelung der Seelenfähigkeiten bei Kindern' erstaunlicherweise unerwähnt bleibt. Die Nichterwähnung dieser Abhandlung setzt sich im übrigen bis zu den von dem Neukantianer Otto Liebmann verfassten Artikel über Tiedemann in der ‚Allgemeinen Deutschen Biographie' (ADB, Bd. 38, 1894, 276-277) fort. Sogar der Zeitgenosse F. A. Carus, dem selbst ein wichtiger Platz in der Geschichte der Entwicklungspsychologie einzuräumen ist (vgl. Reinert,1976, 873-876), geht in seiner postum erschienenen ‚Geschichte der Psychologie' (1808) bei der Erörterung der psychologischen Auffassungen Tiedemanns mit keinem Wort auf die ‚Beobachtungen ...' ein, sondern hebt statt dessen seine materialistischen Neigungen und die Vermischung seiner Psychologie „mit Wolfischer Metaphysik" hervor (Carus, 1990 [1808], 675). Somit bleibt fest zu halten, dass es eine auf das Thema ‚Kind, kindliche Entwicklung' zentrierte Bewegung im akademisch-universitären Bereich nicht gegeben haben dürfte. Wohl aber zeigen die zahlreichen Beiträge in Magazinen, Journalen usw., die Preisausschreiben sowie die Übersetzungen insbesondere französischsprachiger einschlägiger Essays, dass es ein gesteigertes allgemeines öffentliches Interesse an diesen Fragen gab. Es dürften in erster Linie Lehrer, Geistliche, Eltern und im Sinne der Aufklärung bildungsbeflissene Bürger gewesen sein, die eine im Wesentlichen nichtakademische Bewegung hervorgerufen und getragen haben. Die Aussage Bühlers & Hetzers, dass die „kinderpsychologische Bewegung" sich „um Tiedemann gruppiert" habe (1929, 210) – damit kommen wir zur zweiten Frage – dürfte sich kaum verifizieren lassen (so auch Reinert). Hätte Tiedemann tatsächlich eine „Bewegung" ausgelöst, hätte sie von solchen kompetenten Zeitgenossen wie Hamberger/Meusel (1800) oder F. A. Carus (1808) mit Sicherheit registriert werden müssen. In der ALZ-Revision für den Zeitraum 1785-1800 wird der Beitrag von Tiedemann als ein Titel neben 32 anderen aufgeführt. Eine Leitfunktion Tiedemanns oder auch eine Einflussnahme auf Inhalte und methodische Zugänge in den anderen Beiträgen ist nicht erkennbar. Die hervorgehobene Stellung, die Tiedemann in der Sekundärliteratur eingeräumt wird, ist nur unter der Voraussetzung berechtigt, dass man die längsschnittliche Tagebuch-Form als den Königsweg zu einer wissenschaftlichen Kinderpsychologie betrachtet. Als Verfasser eines Kindertagebuches ragt Tiedemann in der Tat sowohl in methodischer als auch in systematischer Hinsicht über ähnlich geartete Versuche anderer Zeitgenossen hinaus. Indes weist die Behandlung kinderpsychologischer Themen, zumindest in einigen Essays diverser Magazine, Journale usw., ein Niveau auf, das nicht geringer zu veranschlagen ist als das Tiedemannsche. Als Beispiele sind zu nennen: die Betrachtungen zur Sprachentwicklung oder zur Frage Farb- vs. Formdominanz in der Entwicklung der optischen Wahrnehmung, in Moritz' Magazin; die Versuche, den menschlichen Lebenslauf nach psychologischen Gesichtspunkten zu periodisieren, in mehreren Journalen; die Kennzeichnung des Jugendalters als eines „eigenen Schlages von Menschheit" (Weiller, 1800, S. III), mithin als eines eigenwertigen Entwicklungsstadiums, bei Heynig (1796) und Weiller (1800).

Was die dritte Frage betrifft, die im Zusammenhang mit der Reinert-Bühler/Hetzer-Kontroverse zu stellen ist, lässt sich sagen, dass die sogenannte ‚kinderpsychologische Bewegung' für die akademischen Wortführer des philosophischen Diskurses nicht relevant war. Wenn somit die Bewegung ‚unterhalb' der philosophischen Diskursebene wirksam war, kann die Philosophie keinen „Rückschlag" gegen sie initiiert haben. In diesem Sinne wird man wohl Reinert (1976, 871) recht geben müssen: „Kinderpsychologie und Entwicklungspsychologie sind durch Kant und die idealistische Philosophie sicherlich nicht gefördert, aber wohl auch nicht ernsthaft in ihrer weiteren Entfaltung gehindert worden." So unergiebig die klassische deutsche Philosophie unmittelbar für die Thematisierung kinderpsychologischer Fragestellungen war, so wenig darf man allerdings ihre mittelbare Bedeutung für die Ausbildung eines genetischen Denkens schlechthin unterschätzen. Mit Hegels im Rahmen geschichtsphilosophischer Deutungsversuche ausgearbeiteter Dialektik, der Sequenz von Position, Negation und Negation der Negation, und der aus dieser Dialektik abgeleiteten Kategorie des Widerspruchs als Quelle von Entwicklung wurde ein Denkmodell zur Verfügung gestellt, das für kausalanalytische Ansätze in der späteren Entwicklungspsychologie seinen heuristischen Wert erweisen sollte.

9.6 Kind und Entwicklung in der Romantik

Die Aufklärung mit ihrem Glauben an die Vervollkommnungsfähigkeit des Menschen bildet den geistesgeschichtlichen Kontext der Erfahrungsseelenkunde. In diesem Kontext haben Kenntnisse über die psychische Entwicklung des Kindes auch die Funktion, Wissen darüber zu gewinnen, wie diese Vervollkommnung am günstigsten erzielt werden kann, welche Bedingungen dabei zu berücksichtigen bzw. zu schaffen sind. Erziehung und Selbsttätigkeit etwa werden als wesentliche Faktoren des Vervollkommnungsprozesses hervorgehoben. Das Kind ist das noch unvollkommene menschliche Wesen, das erst zur Vervollkommnung „herangebildet" wird. In der Kindheit liegen die Ausgangsbedingungen des Vervollkommnungsprozesses. Mit dem Übergang von der

Aufklärung zur Romantik ändert sich die Perspektive, aus der Kind, Kindheit und kindliche Entwicklung betrachtet werden. Das Kind wird jetzt zum Ideal reinen, unverdorbenen Menschseins verklärt und repräsentiert insofern einen höheren Grad von Vollkommenheit gegenüber dem durch Zivilisation und Konvention eingeengten Erwachsenen. Das Bibelwort „Werdet wie die Kinder" (Matthäus 18, 3) erhält ernstgemeinte Aktualität. Wurde in der Aufklärung Kindheit in erster Linie als Vorbereitungszeit auf das Erwachsensein betrachtet, so avanciert sie in der Romantik zum Idealtyp reinen Menschseins. Mit dieser Wendung korrespondiert eine Wandlung des Verhältnisses von Vernunft und Gefühl im Verständnis von Welt und Mensch. Fungierte in der Aufklärung, soweit sie rationalistisch geprägt war, Vernunft als primäre Orientierungsgröße für Lebensgestaltung, Normbildung, Erkenntnishaltung usw. („Primat des Geistes", nach Schönpflug, 2000, 217), so wird in der Romantik das Gefühl zum allgemeinen Leitprinzip. ‚Empfindsamkeit' ist gefragt. ‚Urteilskraft' nimmt hingegen im Vokabular der Romantik eher eine Randstellung ein. Freilich ist eine solcherart plakative Kontrastierung von Aufklärung und Romantik in mancher Hinsicht zu relativieren. Solche topics wie Träume, ‚Ahndungen', Nachtwandeln, Visionen sind nicht erst in der Romantik thematisiert worden, sondern spielen schon in den aufklärerisch ambitionierten Magazinen der Erfahrungsseelenkunde eine wichtige Rolle. Hier gibt es also Verschränkungen und fließende Übergänge. Baader (1996, 70) weist darauf hin, dass es generell problematisch sei, „inhaltliche Differenzen", in unserem Fall unterschiedliche Wertungen der bzw. Perspektiven auf die Kindheit, vordergründig „über epochale Zuordnungen zu bestimmen", und warnt vor einer „starren Entgegensetzung von Aufklärung und Romantik, die häufig mit der Zuordnung des Gegensatzpaares rational/irrational begleitet wird". Die Relativität einer Entgegensetzung von Aufklärung und Romantik berücksichtigend, kann man dennoch sagen, dass Rousseaus zivilisationskritisch intendierter Gedanke vom Eigenwert der Kindheit in der Romantik eine geradezu verklärende Übersteigerung erfährt. Deutlich wird diese Tendenz etwa in der Malerei der Romantik. Die Kinderbilder Philipp Otto Runges (1772-1810) mögen als anschauliches Beispiel dienen. Runge formuliert in Anlehnung an die oben zitierte Bibelstelle im Jahre 1802: „Kinder müssen wir werden, wenn wir das Rechte erreichen wollen" (zit. nach Baader, 1996, 172). Die gesteigerte Aufmerksamkeit, die dem Eigenwert der Kindheit geschenkt wird, äußert sich auf verschiedenen Ebenen. Den Eigenheiten der kindlichen Denkweise – prominente Rolle der Fantasie – tragen die Sprachwissenschaftler Jacob und Wilhelm Grimm Rechnung, indem sie ihre berühmten Märchensammlungen, ‚Grimms Hausmärchen', der Öffentlichkeit übergeben. Die dominante Tätigkeitsform des Kindes, das Spiel, ist für Friedrich Fröbel (1782-1852) Anlass, sich eingehend mit kindlichen

Spielmaterialien zu befassen. Dabei spielt auch die psychologische Frage nach der altersspezifischen Geeignetheit unterschiedlicher Spielmaterialien eine Rolle. In erster Linie aber verfolgt Fröbel mit seinen ‚Spielgaben' (Walze, Würfel, Kugel) das pädagogische Anliegen, die Persönlichkeitsentwicklung des Kindes zu fördern (Fröbel, 1982).

Ein Repräsentant romantischen Denkens, der sich explizit auch als Psychologe versteht und mehrere Abhandlungen zur Psychologie schreibt, ist Carl Gustav Carus (1789-1869). Um die in der Sekundärliteratur (Bernoulli, 1925; Reinert, 1976; U. Köhler, 1985) anzutreffenden unterschiedlichen Beurteilungen seiner Bedeutung in der Geschichte der Entwicklungspsychologie zu verstehen, scheint es sinnvoll zu sein, zum einen seinen Beitrag für die Etablierung einer genetischen Denkweise in den Wissenschaften schlechthin, zum anderen seinen Beitrag für den Zugewinn an kinderpsychologischem Wissen jeweils gesondert zu beleuchten. Carus' Ausgangspunkt ist ein naturphilosophischer. Natur versteht er als „das Bildende, das aus sich hervor Wachsende, das sich ewig Umgestaltende und Umbildende" (Carus, 1831, 10). Im Gefolge dieses Verständnisses von Natur ist die genetische Methode die „für eigentlich wissenschaftliche Betrachtung" (S. 13) geeignetste; sie „faßt das Wesen der Naturerscheinungen mehr an der Wurzel" (ebda.). Unter genetischer Methode versteht er „diejenige ..., welche in ihren Betrachtungen einen Gang nimmt, welcher möglichst gleich ist dem Gange, in welchem wir die Naturerscheinungen selbst hervortreten, entstehen sehen" (S. 14). Der „Gang der Naturerscheinungen" wird folgendermaßen beschrieben: Ein *Ausgangszustand* (wir werden „der Naturerscheinungen ... als ein Einfaches und Indifferentes gewahr" [S. 14]) unterliegt einer *Veränderungsrichtung* („‚rastloses Vorwärtsdrängen zu größerer Mannigfaltigkeit" [ebda.]), die ein *Entwicklungsresultat* hervorbringt („‚größere, verschiedenartigere und höhere Gliederung innerhalb bei jener nichts desto weniger bleibenden Einheit" [ebda.]). Diese Art von „genetischer Methode", die sich bereits bei der Betrachtung der dem „äußeren Sinn" zugänglichen Naturerscheinungen bewährt habe (Hinweis auf Goethe, Oken), lasse sich auch „auf die dem inneren Sinne zugänglichen geistigen Erscheinungen anwenden" (S. 19). Die genetische Methode führe auch „zu einer klaren und schönen Einsicht in die geistige Natur des Menschen" (S. 23).

Aus der oben skizzierten Dreierschrittfolge (Ausgangszustand, Veränderungsrichtung, Entwicklungsresultat) ergibt sich auch in bezug auf die „geistige Natur des Menschen" die methodische Forderung, „den Anfang wirklich am Anfange zu machen" (S. 23). Im Verständnis Carus' heißt dies, „zuerst die ersten dunklen, dumpfen, unbestimmten Regungen der Geisteswelt in unserm Innern aufzusuchen" (ebda.). Folgerichtig widmet Carus in seinen ‚Vorlesungen über Psychologie' dem ‚Heraufbilden der Seele des zarten Kindes zur Persönlichkeit'

(Titel der 9. Vorlesung) einen eigenständigen Abschnitt. Man könnte nun geneigt sein anzunehmen, dass Carus damit den Weg für eine sorgfältige Untersuchung der psychischen Entwicklung in der Kindheit gebahnt habe. Sieht man sich jedoch diese 9. Vorlesung genauer an, muss man enttäuscht feststellen, dass sie wenig konkretes kinderpsychologisches Material darbietet und sich in erster Linie in vagen programmatischen Überlegungen erschöpft. Beispielsweise stellt Carus fest, dass das Kind „erst nach und nach ... gleichsam wie in einem Spiegel und aus der Wahrnehmung fremder Individualität [= Mutter, G. E.] seine eigene Individualität, sein Ich" erkenne (S. 160), und leitet daraus die Forderung ab, den „Begriff der Persönlichkeit von nun an immer vollständiger zu entwickeln" (ebda.). Vergleicht man diese im Programmatischen verbleibenden Aussagen mit den wesentlich materialreicheren Ausführungen, wie sie schon bei Tiedemann oder auch bei dem Verwandten des Autors, bei F. A. Carus (1808, vgl. Reinert, 1976, 873-876) zu finden sind, muss man wohl der kritischen Einschätzung Carus' durch Reinert zustimmen. Reinert moniert, dass sich bei C. G. Carus „Psychologisches, Philosophisches und Dichterisches zu einer oft untrennbaren Trinität zusammenfinden" und dass „er sich ... weniger von der unmittelbaren Beobachtung des menschlichen Verhaltens als von seinem Vertrauen in die Kraft eines ‚inneren Sinnes' leiten ließ" (Reinert, 1976, 875).

Nach dem Gesagten ergibt sich für die Bewertung der Bedeutung C. G. Carus' in der Geschichte der Entwicklungspsychologie ein uneinheitliches Bild. Auf der einen Seite ist Carus ein in der vordarwinschen Zeit maßgeblicher Wegbereiter einer genetischen Denkweise in den Wissenschaften, auf der anderen Seite findet sich bei ihm – im Vergleich zu zeitlich vorhergehenden Autoren – kaum ein Zugewinn an kinderpsychologischem Wissen. Was die Anbahnung einer genetischen Denkweise in den Wissenschaften betrifft, ist auf zwei wirkungsstarke Folgerungen hinzuweisen:

1.   Der genetische Ansatz führt zur (Re-) Konstruktion von Entwicklungsperioden. Carus' umfassender genetischer Periodisierungsversuch nimmt die Form eines Dreistufenmodells an:

    1.   Stufe der Bewusstlosigkeit (Seele der Pflanzen und niederen Tiere)
    2.   Stufe des Weltbewusstseins (höhere Tiere)
    3.   Stufe des Selbstbewusstseins (Mensch).

Nach Scheerer (1989, 1610) wird damit „erstmals in der Geschichte der Psychologie das Unbewußte als umfassendes Erklärungsprinzip eingeführt".

2.   Die genetische Methode schließt den Vergleich von auf unterschiedlichen Ebenen stattfindenden genetischen Abläufen ein. Nach Carus durchlebt das

Individuum in seiner Entwicklung „eine Art Schema der Weltgeschichte" (Analogie zwischen Stufe der Bewusstlosigkeit und pränataler Phase, zwischen Stufe des Weltbewusstseins und Geburt sowie zwischen Stufe des Selbstbewusstseins und dem allmählichem Erlangen der Persönlichkeit durch den „geistigen Einfluß" der umgebenden Menschen in der postnatalen Phase).

Mit diesen naturphilosophisch geprägten Analogiebildungen – wie wir sie etwa auch bei Oken, Kieser und anderen von der romantischen Naturphilosophie beeinflussten Gelehrten finden (vgl. Jahn, Löther & Senglaub, 1982, 315 f.) – werden Gedanken vorweggenommen, die in diverse Rekapitulationstheorien mündeten, denen später Ernst Haeckel mit seinem ,biogenetischen Grundgesetz' (1866) ihre klassische Form gab. Wie wir noch sehen werden, hat die Annahme einer Parallelität von Stammesentwicklung und Individualentwicklung gegen Ende des 19. und zu Beginn des 20. Jahrhunderts den theoretischen Diskurs in der Entwicklungspsychologie nachhaltig beeinflusst.

Resümierend sei nochmals auf Scheerer (1989, 1611) verwiesen: „Die genetischvergleichende Psychologie der Romantik nimmt in idealistischer Einkleidung manche Einsichten der Evolutionstheorie vorweg."

9.7 Naturwissenschaftliche (biologisch-genetische) Einflüsse: Darwin und Haeckel

In der einschlägigen Sekundärliteratur wird die Stellung, die Charles Darwin (1809-1882) in der Geschichte der Entwicklungspsychologie zukommt, reichlich divergent beurteilt. Während Schmidt (1970, 21-38) der Lehre Darwins eine so zentrale Bedeutung beimisst, dass er die gesamte bisherige Geschichte des „Entwicklungsgedankens in der Psychologie" in eine vordarwinsche und eine nachdarwinsche Epoche einteilt, weist Reinert (1976, 872) die „Annahme, ... von Darwin seien entscheidende Anstöße für Entstehung und Fortschritt der Entwicklungspsychologie ausgegangen", explizit zurück. Möglicherweise kommen die divergenten Meinungen über den Stellenwert Darwins dadurch zustande, dass unterschiedliche Urteilskriterien verwendet werden. Geht man von den unmittelbaren Beiträgen aus, die Darwin für die Bereicherung des empirischen Materials zur psychischen Entwicklung des Kindes geleistet hat, ist einzuräumen, dass seine insbesondere die ,Ausdrucksbewegungen' betreffenden Beobachtungen, über die er in seiner ,Biographischen Skizze eines Kindes' (1877) berichtet, eher episodischen Charakter tragen im Vergleich zu der relativ systematischen Darstellung, die beispielsweise Tiedemann schon 90 Jahre vorher gab. Freilich hat Darwin die Beobachtungen an seinem am 27. Dezember 1837 geborenen Sohn William nur in Form von ursprünglich nicht als Publikation geplanten Notizen festgehalten. Erst ein Aufsatz von H. Taine (1876, engl. 1877) über den Spracherwerb des Kindes hat ihn veranlasst, seine Notizen als Grundlage für einen Aufsatz in ‚Mind' (Juli-Nr. 1877, 285-294) zu veröffentlichen. Betrachtet man jedoch die Wirkungen, die von Darwin auf die Gesamtheit der Wissenschaften (einschließlich der Psychologie) ausgingen, ist es legitim, ihnen den Rang einer ‚wissenschaftlichen Revolution' im Kuhnschen Sinne zuzusprechen. Der neue Denkansatz, insbesondere die methodische Grundhaltung, zeichnen sich aus durch „Skepsis gegenüber spekulativen Erklärungen für unzureichend erforschte Naturvorgänge, Suche nach Kausalgesetzen und Methoden für ihren Nachweis, Ableitung von ‚Arbeitshypothesen' aus der Analyse von Einzelbeobachtungen und das Bestreben, durch Vergleiche und – womöglich – durch experimentellen Nachweis die Hypothesen zu prüfen, zu differenzieren und zu einer Theorie zu festigen" (Jahn et al., 1982, 376). Das Hauptwerk Darwins, ‚Die Entstehung der Arten durch natürliche Zuchtwahl' (vollständiger engl. Originaltitel: On the Origin of Species by means of Natural Selection or the Preservation of Favoured Races in the Struggle of Life, 1859) beschränkt sich noch auf Evolution und Deszendenz im tierischen Bereich. Immerhin wird aber die Übertragbarkeit des Evolutions- und Deszendenzgedankens auf den Menschen bereits angedeutet und in diesem Zusammenhang von ‚Psychologie' gesprochen:

> „In einer fernen Zukunft sehe ich ein weites Feld für noch bedeutsamere Forschungen. Die Psychologie wird sich auf der von Herbert Spencer geschaffenen Grundlage weiterbauen: daß jedes geistige Vermögen und jede Fähigkeit nur allmählich und stufenweise erlangt werden kann. Licht wird auch fallen auf den Menschen und seine Geschichte" (Darwin, 1990 [1859], 537).

Der gewissermaßen qualitative Sprung, den Darwin in der Geschichte des Entwicklungsdenkens einleitet, besteht darin, die bisherige Auffassung von Entwicklung als einem naturgesetzlichen Prozess mit der deszendenztheoretischen Frage nach der historischen Herkunft der heute lebenden Organismen verbunden zu haben. Mit anderen Worten: Die Verbindung von Evolutionstheorie und Deszendenztheorie ist Darwins entscheidende Leistung.

Das deszendenztheoretische Konzept wird bereits im Einleitungskapitel der ‚Entstehung der Arten' klar beschrieben und plausibel begründet: „Was die Entstehung der Arten betrifft, so muß ein Naturforscher, der die gegenseitige Verwandtschaft der organischen Wesen, ihre embryonalen Beziehungen, ihre geografische Verbreitung, ihre geologische Aufeinanderfolge und ähnliche Tatsachen erwägt, zu dem Schlusse kommen, daß die Arten nicht unabhängig voneinander erschaffen worden sind, sondern ähnlich den Varietäten von anderen Arten abstammen" (a. a. O., 16). Mit dieser implizit enthaltenen Zurückweisung des biblischen Schöpfungsglaubens war eine Jahrhunderte lang wirksame Barriere gegen die Ausbreitung eines umfassenden Entwicklungsdenkens aufgebrochen. Was den Evolutionsbegriff Darwins betrifft, sind im Rahmen unserer (entwicklungspsychologischen) Problemperspektive zwei Fragestellungen von Belang. Erstens: Evolution ist ein Prozess, der nach bestimmten Gesetzen verläuft: „Wie anziehend ist es, ein mit verschiedenen Pflanzen bedecktes Stückchen Land zu betrachten, mit singenden Vögeln in den Büschen, mit zahlreichen Insekten, die durch die Luft schwirren, mit Würmern, die über den feuchten Erdboden kriechen, und sich dabei zu überlegen, daß alle diese so kunstvoll gebauten, so sehr verschiedenen und doch in so verzwickter Weise von einander abhängigen Geschöpfe durch Gesetze erzeugt worden sind, die noch rings um uns wirken" (a.a.O., 538).

Zweitens: Die Evolution vollzieht sich als Höherentwicklung: „Und da die natürliche Zuchtwahl nur durch und für den Vorteil der Geschöpfe wirkt, so werden alle körperlichen Fähigkeiten und geistigen Gaben immer mehr nach Vervollkommnung streben. [...] Aus dem Kampf der Natur, aus Hunger und Tod geht also unmittelbar das Höchste hervor, das wir uns vorstellen können: die Erzeugung immer höherer und vollkommenerer Wesen" (ebda.).

Die 1859 noch vage Ankündigung Darwins, von seiner Lehre werde auch „auf den Menschen und seine Geschichte ... Licht fallen" (a. a. O., 537), erfährt 12 Jahre später eine detaillierte Konkretisierung. In ‚Die Abstammung des Menschen' (engl. Originaltitel: The Descent of Man and Selection in Relation to Sex, 1871) erklärt er explizit, er wolle „sehen, inwieweit sich die allgemeinen Schlußfolgerungen meiner früheren Werke auch auf den Menschen anwenden lassen" (Darwin, 2002 [1871], 2). Um die Einbeziehung des Menschen in die biologische Evolutionskette zu rechtfertigen, bedient er sich folgender Argumentationsstrategie: Zuerst sammelt er ‚Beweise' für die „Abstammung des Menschen von einer tiefer stehenden Form". Die ‚Beweise' erbringt er, indem er Tier-Mensch-Vergleiche auf verschiedenen Ebenen anstellt: anatomische Strukturvergleiche, Vergleiche von Embryonalentwicklungen, Vergleiche des Vorkommens von rudimentären Organen. Im Ergebnis dieser Vergleiche stellt er weitgehende Ähnlichkeiten (Homologien) auf den genannten Ebenen fest, die er als Verwandtschaftsbeziehungen deutet. Ergo: Der Mensch stammt von einer niederen Form ab. In einem zweiten Schritt fragt er nach den Mechanismen, nach denen die Entwicklung des Menschen aus einer tiefer stehenden Form vor sich gegangen ist (Kapitel 2: „Über die Art der Entwickelung des Menschen aus einer tiefer stehenden Form"). Dabei nimmt er u. a. auf Prinzipien Bezug, die er bereits 1859 expliziert hatte, z. B. „natürliche Zuchtwahl". In einem dritten

Schritt bedient er sich einer gewissermaßen differentiellen Betrachtungsweise, indem er die Unterschiede zwischen den ‚geistigen Fähigkeiten' sowohl zwischen Mensch und Tier als auch zwischen Menschenrassen beleuchtet.

Bekanntlich sind Tier-Mensch-Vergleiche – wie an früherer Stelle ausgeführt (Tetens, Herder, Erfahrungsseelenkunde, Goethe) – keine Darwinsche Erfindung. Neu aber ist, dass aus diesen Vergleichen die Hypothese einer genealogischen Herkunft des Menschen aus dem Tierreich abgeleitet wird. Prinzipiell wäre durchaus denkbar gewesen, aus der Deszendenzannahme die Schlussfolgerung abzuleiten, dass der Mensch trotz seiner tierischen Herkunft eine qualitativ abweichende Form von Lebewesen gegenüber dem Tier sei und dass damit die alte aristotelische Klassifikation der Organismenwelt in Pflanzen-, Tier- und Menschenreich aufrechterhalten worden wäre. Darwin jedoch hält eine qualitative Unterscheidung zwischen Tier und Mensch für nicht berechtigt. Er meint, „dass die geistigen Fähigkeiten des Menschen sich von denen der Tiere nicht der Art nach, wenn auch dem Grade nach ganz ungeheuer, unterscheiden. Ein Unterschied dem Grade nach, und sei er auch noch so groß, berechtigt uns nicht, den Menschen in einem besonderen Reich unterzubringen" (Darwin, 2002 [1871], 189). Die Folgen dieser Interpretation liegen auf der Hand: Die gesellschaftliche Existenzweise des Menschen qualifiziert ihn als „soziales Tier" (a.a.O., 136-138). Moralische Regulative menschlichen Verhaltens werden auf phylogenetisch ererbte soziale Instinkte zurückgeführt:

„Der Grund oder Ursprung des moralischen Gefühls [liegt] in den sozialen Instinkten mit Einschluß der Sympathie; und diese Instinkte sind ohne Zweifel ebenso wie bei den tiefer stehenden Tieren, durch natürliche Zuchtwahl erworben" (a.a.O., 271).

Ferner werden die engen genealogischen Verwandtschaftsbeziehungen zwischen Tier und Mensch durch anthropomorphisierende Deutungen tierischen Verhaltens plausibel zu machen versucht: Dem Verhalten eines Pavians in einer brisanten Situation werden Rachegefühle unterstellt (a.a.O., 84); dem Hund werden Eigenschaften wie Eifersucht, Selbstgefälligkeit, Stolz usw. zuerkannt (a.a.O., 83 f.), ferner habe der Hund einen von einem einfachen „Spieltrieb" zu unterscheidenden „Sinn für Humor" (a.a.O., 86); und die generalisierende Schlussfolgerung lautet dann: „Die meisten der komplizierteren Gemütserregungen sind den höheren Tieren und uns gemein" (ebda.). Der Mensch ist somit in die tierische Evolutionskette einzuordnen.

Das soeben erwähnte Stichwort, das Thema ‚Gemütserregungen', war bereits für den jungen Darwin ein Gegenstand besonderen Interesses im Rahmen evolutionsbiologischer Denkansätze. In seiner Autobiographie schreibt er:

„Mein ältestes Kind kam am 27. Dezember 1839 zur Welt, und ich fing sogleich an, mir Notizen über die ersten Anzeichen des vielfältigen Ausdrucksverhaltens zu machen, das es an den Tag legte, denn ich war sogar schon zu dieser frühen Zeit überzeugt, daß die Ausdrucksformen bis in ihre komplexesten und feinsten Schattierungen hinein allmählich und auf natürlichem Wege entstanden sein mußten" (zit. nach Ekman, 2000, XXIII).

Es liegt nahe anzunehmen, dass eine evolutions- und deszendenztheoretische Behandlung von ‚Gemütsbewegungen' neben ausdruckspsychologischen auch entwicklungspsychologische Aspekte umfasst. Zur Prüfung dieser Annahme bietet sich eine Lektüre der Darwinschen Monographie ‚Der Ausdruck der Gemütsbewegungen bei dem Menschen und den Tieren' (engl. Originaltitel: The Expression of the Emotions in Man and Animals, 1872) an. Darwin versucht in diesem Buch, ausgehend von seiner Deszendenztheorie, die phylo- und anthropogenetischen Wurzeln menschlichen Ausdrucksverhaltens aufzuspüren. Als Beispiel für seine Vorgehensweise soll die im 6. Kapitel des Buches behandelte Ausdrucksform ‚Leiden und Weinen' dargestellt werden. Nachdem er die beim Schreien und Weinen stattfindenden physiologischen Vorgänge und die mimischen Begleiterscheinungen erörtert, stellt er die Frage nach dem „Alter, in welchem das Weinen beginnt" (Darwin, 2000 [1872], 161). Dabei berichtet er über eigene Beobachtungen, die er bekanntlich später (1877) in ‚A Biographical Sketch ...' veröffentlichte, sowie über Beobachtungsergebnisse anderer Personen. Akribisch schildert er beispielsweise, dass eine zufällige taktile Reizung des offenen Auges seines 77 Tage alten Kindes „ein reichliches Erfüllen des [gereizten, G. E.] Auges mit Wasser" und heftiges Schreien verursachte, dass aber „das andre Auge trocken [blieb] und nur leicht mit Tränen unterlaufen" wurde (a.a.O., 170). Generalisierend heißt es dann: „Kleine Kinder vergießen, solange sie noch sehr jung sind, keine Tränen oder weinen nicht" (ebda.). Er selbst habe einen merklichen Tränenfluss beim Weinen erst im Alter von 139 Tagen bei seinem Sohn registrieren können. Im übrigen gehe aus Berichten anderer Beobachter hervor, dass das Alter, in dem Weinen mit reichlichem Tränenfluss einhergehe, sehr variabel sei. (Die Beobachtung Darwins wird durch neuere Forschungen zur frühkindlichen Entwicklung des Gesichtsausdrucks bestätigt. Nach H. Oster (1978; 1997) vergießen Säuglinge in den ersten zwei bis drei Monaten keine Tränen.)

Fragestellungen und Beobachtungen dieser Art wird man eine entwicklungspsychologische, zumindest aber entwicklungspsychophysiologische Relevanz nicht absprechen können. Nur gilt es zu berücksichtigen, von welchem theoretischen Hintergrund, von welchem Erkenntnisziel her diese Fragestellungen aufgeworfen werden. Der theoretische Kontext, von dem Darwin ausgeht, ist die These, dass menschliches Ausdrucksgeschehen gattungsspezifisch und nicht kulturabhängig sei: „Ich habe mit ziemlich detaillierter Ausführlichkeit zu zeigen mich bemüht, daß alle die hauptsächlichen Ausdrucksweisen, welche der Mensch darbietet, über die ganze Erde die selben sind. Die Tatsache ist interessant, da sie ein neues Argument zu Gunsten der Annahme beibringt, daß die verschiedenen Rassen von einer einzigen Stammform herkommen" (Darwin, 2000, 399).

Über diese generelle Feststellung hinaus halte er es für interessant, „darüber eine Spekulation anzustellen, wie früh in der langen Reihe unsrer Vorfahren die verschiedenen ausdruckgebenden Bewegungen, welche der Mensch darbietet, sukzessiv erlangt worden sind" (a.a.O., 400). Bei diesen Versuchen (‚Spekulationen') einer zeitlichen Bestimmung für das Auftreten diverser Ausdrucksbewegungen in der Anthropogenese äußert er u. a. die Vermutung, „daß das Lachen als ein Zeichen der Freude oder des Vergnügens" schon auf prähominiden Entwicklungsstufen nachgewiesen werden könne (es wurde „von unseren Vorfahren ausgeübt, lange ehe sie verdienten, menschlich genannt zu werden" [ebda.]). Zum Weinen hingegen heißt es: „Das Weinen trat ... wahrscheinlich spät in der Reihe unserer Vorfahren auf" (a.a.O., 401), ist also phylogenetisch jünger. Der Hinweis auf das späte Auftreten des von Tränenfluss begleiteten Weinens in der kindlichen Ontogenese dient letztlich nur dazu, die Annahme eines relativ jungen phylogenetischen Alters der Ausdrucksbewegung ‚Weinen' plausibel erscheinen zu lassen. Kurzum: Beobachtungen über psychische Entwicklungsprozesse in der frühen Kindheit dienen lediglich als ‚Aufhänger' für Verifizierungsversuche evolutions- und deszendenztheoretischer Hypothesen.

Kehren wir zu den am Anfang dieses Abschnittes dargestellten divergenten Bewertungen der Bedeutung Darwins in der Geschichte der Entwicklungspsychologie (Schmidt vs. Reinert) zurück, lässt sich nunmehr sagen: Obwohl Darwin entwicklungs- bzw. kinderpsychologische Fragestellungen nicht als Gegenstand sui generis behandelt, hat er mit seiner sowohl Evolution als auch Deszendenz umfassenden, an empirisch- naturwissenschaftlichen Prüfkriterien orientierten Entwicklungstheorie die entscheidende Zäsur auch für das Entwicklungsdenken in der Psychologie markiert.

In welcher Weise wurden die heuristischen Potenzen der Darwinschen Evolutions- und Deszendenztheorie in Bezug auf die Herausbildung einer wissenschaftlichen Entwicklungspsychologie wirksam? Es sei nochmals wiederholt: Darwin selbst initiierte nicht eine genuin-kinderpsychologische Forschung. Wenn wir von heuristischen Potenzen sprechen, meinen wir aber, dass eine genuin-kinderpsychologische Forschung aus Theoremen und Denkansätzen des Darwinismus *ableitbar* war und – dies zu prüfen wird Gegenstand einer problemgeschichtlichen Analyse sein – tatsächlich *abgeleitet wurde*. Wir werden also zu fragen haben, welche Schritte von der Begründung der Evolutionstheorie in der Biologie bis zur Erforschung der ‚geistigen Entwicklung' des Kindes gegangen wurden.

Der entscheidende Bereich, in dem die Vermittlung von Biologie und Entwicklungspsychologie angebahnt wurde, war die Embryologie. Darwin selbst hat bereits in der ‚Entstehung der Arten' die Embryologie als „einen der wichtigsten Abschnitte der ganzen Naturgeschichte" bezeichnet (Darwin, 1990, 485). In der ‚Abstammung des Menschen' wurden – wie bereits erwähnt – Befunde zur ‚embryonalen Entwicklung' als einer der ‚Beweise' für die Abstammung des Menschen von einer niederen Form herangezogen. Im deszendenztheoretischen Sinn gedeutet wurde die Tatsache, dass in der Embryonalentwicklung höherentwickelter Organismen vorübergehend morphologische und physiologische Formen niederer Organismen auftreten. Diese von Darwin und schon von früheren Naturforschern (z. B. L. Oken) konstatierten Befunde verallgemeinerte Haeckel und interpretierte sie als eine gesetzmäßige Beziehung. Im Jahre 1866 – also zeitlich zwischen der ‚Entstehung der Arten' und der ‚Abstammung des Menschen' – formulierte er das sog. biogenetische Grundgesetz. Es besagt: „Die Ontogenesis ist die kurze und schnelle Recapitulation der Phylogenesis" (Haeckel, 1866, I, 300).

Die empirische Grundlage dieses ‚Gesetzes' sind Parallelen in der Abfolge der Stammesentwicklung und der Individualentwicklung. Haeckel hat aber mit seinem ‚Gesetz' über das Konstatieren von solchen Parallelen hinaus weitgehende Interpretationen verbunden:

1. Er hat die Parallelität von phylogenetischen und ontogenetischen Veränderungsreihen in einen Kausalzusammenhang umgedeutet, indem er „die Phylogenese (als) mechanische Ursache der Ontogenese" ansah (vgl. Jahn et al., 1982, 407).

2. Er hält es prinzipiell für berechtigt, von der Parallelität von Phylogenese und Ontogenese auf morphologisch-physiologischer Ebene auf eine analoge Parallelität auf psychologischer Ebene zu schließen. Diesen Analogieschluss hat er zwar nicht im einzelnen expliziert, aber eindeutig programmatisch formuliert: „... und wie dieser ganze ontogenetische Proceß [gemeint ist die Embryogenese, G. E.] nur eine kurze, durch Vererbung bedingte Wiederholung des selben Vorganges in der Phylogenese der Wirbeltiere ist, so hat sich die wunderbare Seelentätigkeit des Menschengeschlechts im Laufe vieler Jahrtausende stufenweise aus der unvollkommeneren Seelentätigkeit niederer Wirbeltiere Schritt für Schritt hervorgebildet, und die Seelen-Entwicklung jedes Kindes ist nur eine kurze Wiederholung jenes langen phylogenetischen Processes" (Haeckel, 1874, 706).

Die Voraussetzung, die dieser Ausweitung zugrunde liegt, ist die Annahme, dass für psychologische Entwicklungsverläufe die gleichen Gesetzmäßigkeiten wirksam sind wie für biologisch-organismische. Am Rande sei erwähnt, dass sich diese Annahme problemlos in Haeckels monistisches Weltbild einpassen ließ bzw. sich aus diesem ergab. Die Transformation des biogenetischen Gesetzes in ein psychogenetisches, die später explizit G. Stanley Hall (1904) durchführte, wird hier also schon programmatisch vorweggenommen.

Sieht man von den Haeckelschen (Über-) Interpretationen des biogenetischen Gesetzes ab, bleibt als methodischer Grundansatz der Vergleich von phylogenetischen und ontogenetischen Veränderungsreihen. Die ontogenetische Veränderungsreihe wurde aber seinerzeit vorwiegend auf den relativ kurzen zeitlichen Rahmen der Embryogenese eingegrenzt. Wollte man die Stammesentwicklung mit der Individualentwicklung in ihrer Gesamtheit vergleichen, musste man den engen zeitlichen Rahmen, der von der Vereinigung von Ei und Samenzelle bis zur Geburt reicht, sprengen und die postnatalen Entwicklungsvorgänge untersuchen. Bei dieser Ausweitung des zeitlichen Rahmens auf postnatale Entwicklungsprozesse wurde man der Tatsache gewahr, dass es bei dem Anspruch, ‚Lebensvorgänge‘ in ihrer Gesamtheit zu charakterisieren, hinsichtlich der Gattung Mensch nicht zureichte, nur auf morphologische und physiologische Parameter Bezug zu nehmen, sondern dass hier die sog. ‚geistige Entwicklung‘ mit in den Blick zu nehmen ist. Genau dies war der theoretische und methodologische Ausgangspunkt für Preyer, einen enthusiastischen Protagonisten des Darwinismus und Kollegen Haeckels, in Ergänzung zur ‚Speciellen Physiologie des Embryo‘ (1883) die ‚geistige Entwicklung‘ des Kindes zum Gegenstand einer eigenständigen wissenschaftlichen Untersuchung zu machen. Damit war der Zugang zu einer sich nach Gegenstand und Methode als ein wissenschaftliches Unternehmen verstehenden Kinderpsychologie geschaffen. „Die Schwelle, von der an eine kontinuierliche Periode entwicklungspsychologischer Forschung beginnt" (Höhn, 1959, 21), war nunmehr erreicht.

10 Anfänge und Frühstadium einer wissenschaftlichen Kinderpsychologie

10.1 Das Nebeneinander von Allgemeiner Psychologie und Kinderpsychologie (1882-1914)

Entwicklungspsychologie ist eine Teildisziplin der Psychologie. Entwicklungspsychologie als ein wissenschaftliches Unternehmen müsste demzufolge die Existenz einer wissenschaftlichen Psychologie zur Voraussetzung haben, denn ein Teil kann nicht Teil sein, wenn nicht das Ganze gegeben ist. Aus dieser (trivial-) logischen Perspektive müsste man annehmen, dass die Dimension ‚Entwicklung‘ entweder die Psychologie als Wissenschaft mitkonstituierte oder dass sie im Ergebnis von thematischen Ausdifferenzierungen aus der bereits existierenden Psychologie als Wissenschaft hervorgegangen ist. Letztere Version wird von Bühler nahegelegt, wenn er behauptet, Preyer sei bei seinem Versuch, eine wissenschaftliche Kinderpsychologie ins Leben zu rufen, „von dem frischen Geist der ‚physiologischen‘ Psychologie getragen" worden (Bühler, 1922, 53). Die historischen Fakten widersprechen dieser Einschätzung, denn die Kinderpsychologie ist weder im Kontext des Verselbständigungsprozesses der Psychologie als Wissenschaft noch im Schoße einer bereits als Einzelwissenschaft existierenden Psychologie entstanden. Es lässt sich vielmehr nachweisen, dass die Ansätze zur Begründung einer experimentell orientierten Allgemeinen Psychologie und die Bemühungen um eine wissenschaftliche Kinderpsychologie weitgehend beziehungslos nebeneinander her liefen, wobei Distanzierungen von beiden Seiten her erfolgten. Sehr deutlich wird diese wechselseitige Distanzierung am Verhältnis zwischen den Hauptprotagonisten beider Entwicklungslinien, W. Wundt auf der einen und W. Th. Preyer auf der anderen Seite, sichtbar. Fragen wir zunächst, inwieweit die sich in ihrem Selbstverständnis als ‚neue Wissenschaft‘ etablierende Psychologie geeignet und bereit war, die von der Evolutionstheorie ausgehenden Impulse zur Untersuchung der Individualentwicklung psychischer Funktionen aufzugreifen und in ihren Gegenstandsbereich zu integrieren. Zweifellos spielt in der Konzeption einer wissenschaftlichen Psychologie, die Wundt im Auge hatte, der genetische Aspekt eine tragende Rolle. Wir brauchen hier nur hinzuweisen auf das Programm, das Wundt seiner

Vision einer wissenschaftlichen Psychologie in den ‚Vorlesungen über die Menschen- und Thierseele' von 1863 zu geben versuchte. Experiment und vergleichend-genetische Untersuchung bildeten in ihm zwei gleichwertige, jeweils unverzichtbare, sich gegenseitig ergänzende Methoden. Die später so bezeichnete physiologische Psychologie und die Völkerpsychologie sollten das Grundgerüst der neuen Wissenschaft bilden. ‚Genetisch' bezog sich bei Wundt jedoch nicht auf die Individualentwicklung, sondern auf die Menschheitsentwicklung. Explizit wird der Kinderpsychologie ihre relative Unergiebigkeit für Allgemeine Psychologie im Standardwerk der ‚neuen Wissenschaft', in den ‚Grundzügen der physiologischen Psychologie' 1873/74 attestiert: Die Tierpsychologie und die Psychologie des Kindes seien lediglich „ergänzende Gebiete [...] von relativ geringem Werte" (Wundt, 1923 [1874], I, 5 f.). Wundt bezweifelt, dass von der mit subjektiven Momenten behafteten Beobachtung der kindlichen Entwicklung her gesicherte Aufschlüsse über das Wesen psychischer Entwicklungsprozesse in ihren natürlichen, reinen Formen zu gewinnen sind. Noch in einer Zeit, in der sich die Kinderpsychologie bereits auf breiter Basis etabliert hatte, bedient sich Wundt dieser Argumentation bei der Gegenüberstellung von Völkerpsychologie und Kinderpsychologie: Das individuelle Bewusstsein „steht [...] unter den Einflüssen einer Vorgeschichte, über die es selbst uns keine Aufschlüsse geben kann. [...] Das Kind des Kulturvolkes ist von Einflüssen umgeben, die sich niemals von dem sondern lassen, was spontan im Bewusstsein des Kindes selbst entsteht" (Wundt, 1912, 4). Ergo könne die Kinderpsychologie nicht die „letzten Probleme der Psychogenese lösen" (ebda.); dazu sei nur die Völkerpsychologie berufen. Sachlich kam die Distanz zur Kinderpsychologie auch dadurch zustande, dass es in der Allgemeinen Psychologie in erster Linie um die Erforschung der Struktur bzw. der Strukturbeziehungen psychischer Phänomene ging, weniger um ihre Genese. Die Kinderpsychologie lag somit weitgehend außerhalb des Spektrums der Forschungsgegenstände, derer sich die Psychologie Wundtschen Typs annahm.

Auf der anderen Seite ist zweifelsfrei nachweisbar, dass sich Preyer keinesfalls „von dem frischen Geist der ‚physiologischen' Psychologie" (Bühler) tragen ließ. Wie viele Physiologen seiner Zeit stand er den Bestrebungen, eine sich sowohl von der Philosophie als auch von der Physiologie abgrenzende eigenständige Psychologie zu etablieren, außerordentlich skeptisch gegenüber. Ein hinreichend aussagekräftiger quellenmäßiger Beleg für das Unverständnis Preyers gegenüber Wundts Verselbständigungsintentionen ist eine Rezension zu den ‚Grundzügen der physiologischen Psychologie' in der ‚Jenaer Literaturzeitung' 1874. In dieser Rezension bedient sich Preyer einer ausgesprochen abqualifizierend-polemischen Diktion:

„Der selbst forschende Leser wird oft den Eindruck erhalten, als habe der Autor [Wundt; G. E.] schnell fertig werden wollen, und mag er von den Thatsachen der äußeren und von denen der inneren Erfahrung ausgehen, er findet nicht ein beiden Forschungsweisen gleichmäßig dienendes organisch gegliedertes Ganzes, sondern eine Fülle von großen und kleinen Theilen aus der reinen Anatomie und Entwicklungsgeschichte, aus der reinen Nervenphysiologie, der reinen Psychophysik" (Preyer, 1874, 71).

Durch „Zusammennieten und Kleben" mehrerer Bestandteile unterschiedlicher Provenienz könne aber nicht „eine lebensfähige physiologische Psychologie erstehen". Das Wundtsche Buch sei als physiologische Arbeit sehr zu empfehlen. Sobald aber der Verfasser „das Festland der Physiologie verläßt" und „auf das hohe Meer der Philosophie gelangt, entfällt der Hand [...] das Steuer und die Kritik ist dahin" (a.a.O., 551). Die Rezension schließt mit den Worten: „Wir legen das Buch aus der Hand nicht ohne Bedauern, daß eine dankenswerte umfassende physiologische Arbeit durch erhebliche und folgenschwere logische Mängel und Unverständlichkeiten so sehr entstellt wird" (ebda.).

Abstrahiert man von den polemischen Zuspitzungen, bleibt als Fazit der Kritik, dass für die Psychologie lediglich die Alternative „Festland der Physiologie" vs. „hohes Meer der Philosophie" zugelassen wird. Entweder man kann Aussagen über psychische Prozesse machen, indem man ihre materiellen Träger untersucht, also Physiologie betreibt – oder man kann das ‚Seelenleben' zum Gegenstand philosophischen Reflektierens machen. Die Erkenntnis Wundts, dass die Untersuchung psychischer Prozesse einen eigenständigen wissenschaftlichen Gegenstand bilden muss, der sowohl von der Physiologie als auch von der philosophischen Spekulation abzugrenzen ist, blieb Preyer – zumindest im Jahre 1874 – verschlossen. So nimmt es auch nicht wunder, dass er an den Entwicklungen, die sich in der Frühperiode der klassischen experimentellen Psychologie vollzogen, faktisch keinen Anteil hatte, sondern sich den Vorwurf gefallen lassen musste, in Sachen Psychologie nicht auf der Höhe seiner Zeit zu stehen. Er wurde z. B. bezichtigt, sich bei der Darstellung und Interpretation der mittels Beobachtung gewonnenen Daten zur kindlichen Ontogenese auf der Ebene einer überholten Vermögenspsychologie oder einer vulgären Reflexionspsychologie zu bewegen (Eber, 1896; Bühler, 1918).

Wir können nunmehr folgendes Zwischenfazit ziehen: Die Kinderpsychologie entstand und entwickelte sich außerhalb des ‚mainstream', in dem sich die Herausbildung der experimentell orientierten Allgemeinen Psychologie vollzog, sondern etablierte sich als eine Art verlängerte, vom Evolutionsgedanken inspirierte Physiologie, die von der Einsicht ausging, dass sich wissenschaftliche Untersuchungen zur Entwicklung von ‚Lebensvorgängen' nicht auf das Auffinden physikalisch-physiologischer Parameter beschränken können, sondern der

Erfassung psychologischer Parameter bedürfen. Auf der anderen Seite hat die experimentell arbeitende Allgemeine Psychologie – zuvörderst unter dem Einfluss Wundts – aus methodischen und wissenschaftstheoretischen Gründen der Kinderpsychologie allenfalls eine periphere Stellung im System der ‚neuen Wissenschaft' zugewiesen. Kinderpsychologie und Allgemeine Psychologie entwickelten sich relativ beziehungslos nebeneinander.

10.2 W. Th. Preyers ‚Die Seele des Kindes'

10.2.1 Ergebnisse und Methoden

Die Tatsache, dass Preyer als Physiologe und als Darwinist kinderpsychologische Studien betreibt, kommt in der ‚Seele des Kindes' (1882) deutlich zum Ausdruck. Primär geht es ihm um das Aufzeigen von Entwicklungssequenzen; die altersmäßige Bestimmung für das erstmalige Auftreten bestimmter psychischer Funktionen, Tätigkeiten usw. ist vergleichsweise nachgeordnet. Er geht davon aus, dass die sich erst postnatal vollständig entwickelnden Grundfunktionen schon pränatal entstehen bzw. in Ansätzen vorhanden sind; ergo seien sie erblich bedingt. Entsprechend einem der Vermögenspsychologie entlehnten Klassifikationsschema registriert er Beobachtungsdaten zur Entwicklung der Sinne, des Willens und des Verstandes, woraus sich eine Dreiteilung des Buches ergibt. Er beginnt mit der Darstellung der Entwicklung der Sinne, weil er der Meinung ist, dass sie eine hervorragende Rolle bei der geistigen Ausbildung des Kindes in der ersten Zeit spielen. In diesem Kapitel bietet er dem Leser eine enorme Menge empirischen Materials. Um einen unmittelbaren Eindruck von Preyers Beobachtungsakribie gewinnen zu können, sollen exemplarisch die Ausführungen zur Entwicklung der ‚Lichtempfindlichkeit' in den ersten zwei Wochen nach der Geburt auszugsweise zitiert werden:

„Die Lichtempfindlichkeit meines 5 Minuten nach der Geburt in der Dämmerung gegen das Fenster gehaltenen Kindes schien nicht ungewöhnlich gross zu sein. Denn es machte die Augen auf und zu, abwechselnd das eine und das andere, so dass die Lidspalte sich bis etwa 5 Millimeter erweiterte. Bald darauf sah ich im Zwielicht beide Augen weit offen. Es wurde dabei die Stirn gerunzelt. Lange vor Ablauf des ersten Tages wurde der Gesichtsausdruck des mit dem Antlitz gegen das Fenster gewendeten Kindes plötzlich ein anderer, als ich mit der Hand seine Augen beschattete. Also machte das Dämmerlicht unzweifelhaft schon einen Eindruck und zwar, der Physiognomie nach, einen angenehmen. Denn das beschattete Gesicht sah weniger befriedigt aus.
Am 2. Tage schliessen sich die Augen bei Annäherung der Kerzenflamme schnell, am 9. wird ausserdem der Kopf von der Flamme energisch abgewendet, wenn sie

gleich nach dem Erwachen nahe gebracht worden. Die Augen werden fest zu-gekniffen. Als aber am darauffolgenden Tage dem im Bade befindlichen Kinde eine Kerzenflamme in einer Entfernung von 1 Meter vorgehalten wurde, blieben die Augen weit offen. Die Empfindlichkeit für Licht ist also beim Erwachen so viel grösser, als kurze Zeit nachher, dass dasselbe Object das eine Mal starke Unlust, das andere Mal Lust erregt. Auch am 11. Tage schien das Kind an der in ½ Meter Ent-fernung vor ihm brennenden Kerze grosses Vergnügen zu empfinden, da es unaus-gesetzt mit weit offenen Augen hinstarrte, wie auch nachher nach einem glänzenden Gardinenhalter, wenn nur das helle Object in seine Starrlinie gebracht wurde. Wendete ich das Kind ab, so wurde es verdriesslich und schrie, wendete ich es wieder dem Lichte zu, dann nahm das Gesicht wieder den zufriedenen Ausdruck an. Zur Controle hielt ich an demselben (11.) Tage das Kind einmal gleich nach dem Erwachen, ein anderes Mal nachdem es wach im Dunkeln verweilt hatte, ebenso nahe vor die brennende Kerze. In beiden Fällen kniff es die Augen zu" (Preyer, 1882, 4).

Der heutige Leser wird erstaunt sein, dass der Hauptteil ‚Sinne' neben der Ab-handlung der fünf Sinnesmodalitäten auch einen Unterabschnitt über ‚Organ-gefühle und Emotionen' enthält. Der Subsumtion von Gefühlen und Emotionen unter die Rubrik ‚Sinne' liegt die Auffassung des Physiologen Preyer zugrunde, dass Gefühle Folgeerscheinungen der Unterscheidung von Sinnesempfindungen sind: „Jede Empfindung erzeugt, sowie sie mit einer anderen Empfindung ver-glichen worden ist, ein Gefühl" (a.a.O., 115). Kommt hier schon die Perspektive des Physiologen bei der Charakterisierung von psychischen Entwicklungsprozes-sen zum Vorschein, so wird sie in zweiten Hauptteil ‚Wille' geradezu überdeut-lich. Der wesentliche Schlüssel zum Verständnis der Willensentwicklung sei die Entwicklung der kindlichen Motorik: „Alle Willensäußerung wird e r k a n n t zunächst an Bewegungen" (a.a.O., 120, Sperrung im Original). „Um über die Bildung und Ausbildung des kindlichen Willens Aufschluß zu erhalten, ist eine sorgfältige Beobachtung der Muskelbewegungen des Neugeborenen und Säug-lings vor Allem erforderlich" (a.a.O., 211). Mit anderen Worten: Die Ausbildung des Willens ist ein Derivat der Motorikentwicklung.

Auch im dritten Abschnitt des Buches, der der Entwicklung des Verstandes gewidmet ist, dominieren die auf eine organismisch-biologische Ebene ver-kürzten Interpretationen psychischer Entwicklungsprozesse. Preyer behandelt in diesem Abschnitt die Ausbildung vorsprachlicher Denkprozesse (nichtsprach-liche Begriffsbildung), den Spracherwerb und die Entwicklung des sog. Ich-Gefühls. Wiederum sind es physiologische Parameter, die für die Entstehung psychischer Entwicklungsprozesse verantwortlich sind. Für die Entstehung des Ich-Gefühls zum Beispiel sind seiner Meinung nach Schmerzempfindungen die entscheidende Voraussetzung: „Der Schmerz ist der mächtigste Lehrmeister beim Erlernen des Unterschiedes von Subjectiv und Objectiv" (a.a.O., 361).

Preyer hält – wie bereits angedeutet – die Beobachtung für die Hauptmethode aller Untersuchungen zur kindlichen Ontogenese. Um Beobachtungsdaten wissenschaftlich verwerten zu können, sind sie mit anderen Beobachtungsdaten zu vergleichen. Mit anderen Worten: Beobachtungsmethodik impliziert Vergleichsmethodik. Preyer zieht folgende Ebenen bzw. Bereiche für den Vergleich von Beobachtungsdaten in Betracht:

1. der Vergleich von Beobachtungsdaten, die an einem Individuum zu verschiedenen Zeitpunkten gewonnen wurden; Preyer berichtet, er habe „fast täglich eine psychogenetische Thatsache zu verzeichnen gehabt" (a.a.O., VI);

2. der Vergleich von Beobachtungsdaten, die an verschiedenen Kindern erhoben wurden; Preyer ruft Mütter, Erzieher, Lehrer, Ärzte, Philosophen, Physiologen und Psychologen dazu auf, Kindertagebücher zu führen, um möglichst repräsentative Beobachtungsmaterialien zu erhalten;

3. der Tier-Mensch-Vergleich; im Vorwort zur 4. Auflage der ‚Seele des Kindes' hält er „ausgedehnte Beobachtungen und Versuche an ganz jungen Thieren im hohen Grade [für] wünschenswert, um endlich der vergleichenden und genetischen Psychologie, als Wissenschaft und Erkenntnisquelle, zu ihrem Recht zu verhelfen" (Preyer, 1895, XI);

4. der Vergleich von Verhaltensweisen und Entwicklungsvorgängen auf verschiedenen Kulturstufen; Preyer empfiehlt z. B. Forschungsreisenden, „die Vergleichung des Verhaltens der kleinen Kinder uncivilisirter Völker mit dem der deutschen" vorzunehmen (Preyer, 1895, X);

5. der Vergleich von normalen und pathologischen Entwicklungsverläufen; in verschiedenen Auflagen der ‚Seele des Kindes' finden wir Exkurse z. B. über Gehenlernen beim Mikrocephalen, Begriffsbildung bei Taubgeborenen, Sehenlernen operierter Blindgeborener u. ä.

Wie aus den Erläuterungen zu den genannten Punkten zu ersehen ist, werden in der ‚Seele des Kindes' einige dieser Vergleichsebenen bereits ‚bedient', andere Vergleichsebenen werden als Forschungsdesiderat apostrophiert. Ein ausgearbeitetes systematisches Programm einer Vergleichenden Psychologie findet sich bei Preyer jedoch noch nicht.

10.2.2 Wirkungsgeschichtliches

Das Echo, das ‚Die Seele des Kindes' in der wissenschaftlich und insbesondere pädagogisch interessierten Öffentlichkeit Deutschlands fand, war nachhaltig (vgl. Eckardt, 1989). Noch über 40 Jahre nach dem Erscheinen der Erstauflage charakterisiert Bühler das Preyersche Werk als „Grundbuch der heutigen Kinderpsychologie" (Bühler, 1924, 52). Die Breite dieses Interesses veranlasste Preyer, die 2. und die folgenden Auflagen seines Buches „Deutschlands Kinder-Freunden und -Freundinnen" zu widmen. Übersetzungen ins Französische (1887, Übersetzer: H. de Varigny), ins Englische (1888/89, Übersetzer: H. B. Brown), ins Russische (1891, Übersetzer: I. A. Sikorski) und ins Spanische (1908, Übersetzer: M. Navarro) sind ein Beleg für eine beachtliche internationale Resonanz. Diese Resonanz war nicht einem kurzzeitigen modischen Geschmack interessierter Laien zuzuschreiben, sondern hielt mehrere Jahrzehnte lang an. Immerhin erschienen noch nach dem Tod Preyers fünf weitere Auflagen (5. 1900, 6. 1905, 7. 1908, 8. 1912, 9. 1923), die sein Schüler K. L. Schaefer besorgte. Ein Überblick über die Zeitschriften, die Rezensionen der ‚Seele des Kindes' enthalten, vermittelt ein Bild vom Grad der Aufmerksamkeit, die dem Buch in verschiedenen Wissenszweigen geschenkt wurde. Für den Zeitraum 1900-1930 (5.-9. Auflage) sind in Dietrichs ‚Bibliographie der Rezensionen' (Dietrich, 1900 ff.) 43 Buchbesprechungen, die zum größten Teil in pädagogischen und medizinischen Fachjournalen und populärwissenschaftlichen Zeitschriften erschienen, verzeichnet. So eindrucksvoll die Daten zur Rezeption und Verbreitung des Preyerschen Werkes auch sind, so problematisch ist die von Ch. Bühler & Hetzer (1929) suggerierte und seither vielfach kolportierte Auffassung (z. B. Höhn, 1959, 22), die Kinderpsychologie habe von nun an eine kontinuierliche Aufwärtsentwicklung in gegenseitiger Wechselwirkung mit der Gesamtentwicklung der Psychologie erfahren. Nach Bühler & Hetzer sei bereits 10 Jahre nach Preyers Initialleistung „das Interesse an der Kinderpsychologie [...] ein allgemeines und internationales" gewesen. Insbesondere habe die Kinderpsychologie wesentliche „Förderung seitens der sich entwickelnden Allgemeinen Psychologie" erhalten (a. a. O., 220). Einerseits habe sich die Kinderpsychologie an den Problemen der Allgemeinen Psychologie orientiert, andererseits hätten sich Allgemeinpsychologen bemüht, ihre „Probleme unter Entwicklungsgesichtspunkten zu sehen und ihre Lösung durch die Erforschung der seelischen Entwicklung zu fördern" (a.a.O., 221). Ob dieses harmonische Bild einer gegenseitigen Befruchtung von Allgemeiner Psychologie und Kinderpsychologie möglicherweise mehr Wunsch als Wirklichkeit war, wird man an Hand von Stellungnahmen und tatsächlich ausgeübter Forschungspraxis auf beiden Seiten (Allgemeine Psychologie vs. Kinderpsychologie) zu prüfen haben. Preyer für die Kinderpsychologie und W. Wundt für die Allgemeine Psychologie dürften als hinreichend repräsentative Vertreter gelten. Im Gegensatz zu der Bühler-Hetzerschen Erfolgsmeldung über die frühe Anerkennung und Weiterverbreitung der Kinderpsychologie beklagt Preyer in seinem Plenarvortrag ‚Die Psychologie des Kindes' auf dem III. Internationalen Kongress für Psychologie in München

1896 eine „unter den Psychologen herrschende Indifferenz gegen psychogenetische Untersuchungen"; im Gegensatz zur Biologie sei die genetische
Methode in der „Psychologie, wenigstens in Deutschland, bis jetzt [...] im All-
gemeinen fast gar nicht und im Einzelnen nur hier und da, man könnte sagen,
sporadisch, gefördert worden" (Preyer, 1897, 80). Die Gründe für diese In-
differenz sieht er zum einen in der mechanisch-physikalischen Ausrichtung der
Naturwissenschaften insgesamt und zum anderen in der „Bevorzugung des
Experiments vor der reinen Beobachtung" (a.a.O., 81). Denkt man an die
Fokussierung auf die Analyse von Elementen und Strukturen in der Psychologie
Wundtscher Prägung, wird man Preyer nicht ganz unrecht geben können. Die
Preyersche Einschätzung wird durch weitere Indizien gestützt: Von den vielen
Rezensionen zu den diversen Auflagen der ‚Seele des Kindes' finden sich aus-
gesprochen wenige in psychologischen Fachzeitschriften. In den Standardlehr-
büchern der deutschsprachigen akademischen Psychologie wird die Kinderpsychologie – wenn überhaupt – meist nur in kurzen Abschnitten relativ randständig behandelt. Auch auf den seit 1904 stattfindenden Fachkongressen der
Gesellschaft für experimentelle Psychologie, der Vorläuferin der Deutschen
Gesellschaft für Psychologie, sind Referate zu kinderpsychologischen Themen –
zumindest bis 1914 – eher eine Rarität (vgl. Bauer, 2002). Wilhelm Wundt
widmet in seinem ‚Grundriß der Psychologie' (2. Auflage 1897) immerhin 15
von 392 Seiten der „ psychischen Entwicklung der Kinder", schätzt aber den
Nutzen von kinderpsychologischen Studien für die Allgemeine Psychologie als
eine vernachlässigbare Größe ein: „Auf das frühe Kindesalter [...] ist die
experimentelle Methode so gut wie unanwendbar"; die Kinderpsychologie könne
nur „objektive Symptome" ermitteln; „eine psychologische Beurteilung dieser
Symptome [sei] immer nur auf Grund der durch experimentelle Hilfsmittel
unterstützten Selbstbeobachtung des *reifen* Bewußtseins möglich" (Wundt, 1909,
364). Vereinfacht ausgedrückt: Psychologie ist eine Psychologie des „reifen Bewusstseins". Das „reife Bewusstsein" ist beim Kind nicht vorhanden. Folglich ist
das Kind für die Bewusstseinspsychologie nicht von Interesse.

Was die von Bühler & Hetzer behaupteten produktiven Wechselbeziehungen zwischen Kinderpsychologie und Allgemeiner Psychologie betrifft, kann
zumindest Wundt nicht als Gewährsmann in Anspruch genommen werden, denn
dieser wirft den „Schilderungen" (sic ! G. E.) der seelischen Entwicklung des
Kindes vor, „auf dem Standpunkt [einer] reflexionsmäßigen Vulgärpsychologie
[zu] stehen" (Wundt, 1897, 347).

10.3 Nach-Preyersche Entwicklungen bis 1914

Zumindest für den deutschsprachigen Raum ist das, was für die Initialphase festgestellt wurde, zunächst auch für die weitere Entwicklung zu registrieren: ein relativ beziehungsloses Nebeneinander von Allgemeiner Psychologie, die das Experiment favorisiert, und Kinderpsychologie, die ihren methodischen Schwerpunkt auf Beobachtung setzt. Die nach-Preyersche Entwicklung bis zum 1. Weltkrieg zeichnet sich in erster Linie durch einen Zugewinn an kinderpsychologischem Datenmaterial aus. Die Periode von 1882-1914 kann man in diesem Sinne als eine vorwiegend faktographisch bestimmte bezeichnen. Das schließt nicht aus, dass den Untersuchungen implizit theoretische Annahmen zugrunde liegen oder auch explizit theoretische Fragen diskutiert werden, aber generell von einer theoriegeleiteten kinderpsychologischen Forschung zu sprechen, wäre verfehlt. Aufschlussreich ist in diesem Zusammenhang die von Karl Bühler aus naher zeitlicher Perspektive (1918) gegebene Analyse der nach-Preyerschen Entwicklung, die sich nach seiner Meinung einerseits durch sorgfältiges Registrieren von Fakten, aber andererseits durch Theoriearmut auszeichnet:

„Das Kleine und Geringe im kindlichen Seelenleben wurde in dem Menschenalter seit dem ersten Erscheinen von W. Preyers Buch endlich weiter beobachtet und getreulich registriert, das Große aber hat nicht Schritt gehalten. Wir müssen, wie ich meine, lernen, ebenso frei und unbefangen wie die theoretische Physik mit Forschungshypothesen zu arbeiten; denn alle Achtung vor einem guten Maß an Skepsis und theoretischer Zurückhaltung auf neuem Gebiete, aber Ideenmangel könnte eine werdende Wissenschaft am allerwenigsten vertragen" (Bühler, 1918, VI).

Folgende Trends sind bis zum Jahre 1914 erkennbar:

1. Fortführung der Tagebuchaufzeichnungen im Stile Preyers
2. Spezialisierung auf die Entwicklung einzelner psychischer Funktionsbereiche
3. Erweiterung des methodischen Instrumentariums
4. Theoretische Ansätze zu Einzelproblemen.

10.3.1 Fortführung von Tagebuchaufzeichnungen

Die weitaus meisten Autoren von Tagebuchaufzeichnungen sind Eltern. Preyer selbst hat Eltern aufgerufen, die Entwicklung ihrer Kinder zu beobachten und zu beschreiben. Um sie methodisch zu einer sorgfältigen Datenerfassung zu befähigen, hat er 1893 das allgemeinverständliche Buch ‚Die geistige Entwicklung in der ersten Kindheit, nebst Anweisung für Eltern, dieselbe zu beobachten' vorgelegt. Im deutschsprachigen Bereich sind die Berichte des Elternpaares E. und G. Scupin (1907, 1910, 1931) die bekanntesten. Eine dreiteilige Darstellung (1. Instinktbewegungen, 2. Sinne, 3. Vorstellen und Handeln) gab K. W. Dix (1911, 1912, 1914). In den USA hat M. W. Shinn die wohl ausführlichsten Beschreibungen der frühkindlichen Entwicklung geliefert (Shinn, 1893, 1907, deutsch 1905). Überhaupt ist die Anzahl englischsprachiger Kindertagebücher beträchtlich. Sully (1895), Moore (1896), Chamberlain (1900) und Major (1906) seien als Beispiele genannt. Unabhängig von und zeitlich vor Preyer hat im französischen Sprachraum B. Pérez bereits 1878 die psychische Entwicklung eines Kindes in den ersten drei Lebensjahren beschrieben; 1886 folgte die Fortführung bis zum 7. Lebensjahr. Zur Technik der Tagebuchführung über einen Spezialbereich (Sprache) haben C. und W. Stern eine orientierende Abhandlung verfasst (C. und W. Stern, 1909).

10.3.2 Studien zur Ontogenese einzelner Funktionsbereiche

Von den psychischen Funktionsbereichen, deren Entwicklung im Kindesalter in gesonderten, meist monographischen Darstellungen behandelt wird, wählen wir als Beispiele Sprache, Spiel und ‚Intelligenz' aus. Eine ausführliche Auflistung von kinderpsychologischen Studien zu einzelnen Funktionsbereichen findet sich bei Bühler & Hetzer (1929).

10.3.2.1 Frühe Studien zur Ontogenese der Sprache

Schon in vor-Preyerschen Zeiten war die Behandlung der Sprachentwicklung ein beliebtes Thema (z. B. Tiedemann, 1787; Carus, 1808). Preyer selbst hat in seiner Gesamtdarstellung ausführliche Beobachtungsprotokolle zum ‚Sprechenlernen' (1882, 234-359) veröffentlicht. Eine erste monographische Darstellung zu diesem Thema gab Ament im Jahre 1899. Das über lange Zeit in seiner Mustergültigkeit unübertreffliche Standardwerk zur Entwicklungspsychologie der Sprache legte 1907 das Ehepaar C. und W. Stern vor. Die von C. und W. Stern zutage geförderten Erkenntnisse und ihre terminologische Fixierung (z. B. Ein-Wort-Satz) wirken bis in die heutige Entwicklungspsychologie hinein. Die Autoren gehen von der Prämisse aus, dass Kindersprache keine unvollkommene Erwachsenensprache, sondern eine eigenständige „Sprachepoche, ein besonderes, gegen andere Sprachprodukte abgrenzbares Gebilde" (Stern und Stern,

1907, 1) bzw. ein ‚Dialekt‘, der seine eigenen sprachlichen Gesetze [...] hat"
(Stern, 1914, 88), sei. Historisch gesehen gibt damit Stern dem von Rousseau
und später der Romantik (C. G. Carus) propagierten Postulat vom Eigenwert der
Kindheit an einem konkreten Beispiel empirische Evidenz.

Die Aufzeichnungen über die Sprachentwicklung der Kinder Hilde (geb.
1900), Günther (geb. 1902) und Eva (geb. 1904) bilden die Materialgrundlage
der Monographie. Eines der Fazite der Untersuchung ist die Rekonstruktion einer
aufeinander aufbauenden Stadiensequenz. Die idealtypische Periodisierung der
Sprachentwicklung umfasst ein Vorstadium (1. Lebensjahr: Schreien, Lallen,
sinnfreies Nachahmen, erste Anzeichen von Sprachverstehen) und vier ‚Epochen‘:

- erste Epoche (1;0 – 1;6): Lautmalereien, Einwortsätze
- zweite Epoche (1;6 – 2;0): Erwerb des ‚Symbolbewusstseins‘, d. h. der
  Einsicht, „daß jedes Ding einen Namen habe", Was-Fragen, sprunghaftes
  Ansteigen des Wortschatzes
- dritte Epoche (2;0 – 2;6): Erwerb der Flexionsarten, einfache Hauptsätze,
  Satzketten
- vierte Epoche (2;6 – 4./5. Lebensjahr): Gebrauch von Haupt- und Neben-
  sätzen, Warum-Fragen, eigene Wortbildungen.

Was den wissenschaftlichen Anspruch der Sternschen Arbeit betrifft, ist bemerkenswert, dass über die rein faktographische Analyse hinaus konditionalgenetische Fragestellungen (in Sternscher Terminologie das ‚Kausalproblem der
Kindersprache‘ [Kapitel 10]) erörtert werden. Mit dem ‚Kausalproblem‘ war die
Relation von sog. äußeren und inneren Entwicklungsdeterminanten gemeint. Aus
ihren umfangreichen empirischen Studien ziehen Stern & Stern die folgenden
konditionalgenetischen Schlussfolgerungen:

> „Das sprechende Kind ist in bezug auf seine Sprachform weder ein äußere Schälle
> bloß zurückwerfender Phonograph, noch ein souveräner Sprachschöpfer; und es ist
> in bezug auf seinen Sprachinhalt weder eine reine Assoziationsmaschine, noch ein
> souveräner Begriffsbildner. Vielmehr beruht seine Sprache auf dem fortwährenden
> Zusammenwirken von äußeren Eindrücken mit inneren meist unbewußt wirkenden
> Anlagen, ist also das Ergebnis einer ständigen ‚Konvergenz‘" (Stern & Stern, 1907,
> 123).

Die Annahme eines Aufeinanderbezogenseins von inneren und äußeren Entwicklungsbedingungen wurde später zur sog. ‚Konvergenztheorie‘ verdichtet (s.
10.3.4).

10.3.2.2 Studien zur Ontogenese des Spielverhaltens

Der detaillierten Befassung mit der Ontogenese der kindlichen Spieltätigkeit in der Frühphase einer wissenschaftlichen Entwicklungs- bzw. Kinderpsychologie (1882-1914) liegt ein weitverzweigtes problemgeschichtliches Geflecht zugrunde. Zum einen resultiert aus der auf Rousseau und die Romantik zurückgehenden ‚Entdeckung‘ des Eigenwertes der Kindheit als spezifischer Form des Menschseins, dass man auch der dominanten Tätigkeitsform in der Kindheit, dem Spiel, gezielte Aufmerksamkeit schenkte. Zum anderen bot sich für die zur Verifizierung der Darwinschen Evolutions- und Deszendenztheorie angestellten Tier-Mensch-Vergleiche die Spieltätigkeit als bestätigungsträchtiger Gegenstand an. Als eine weitere problemgeschichtliche ‚Wurzel‘ lässt sich der Zugang der Ästhetik zum Spiel nennen. Bereits Friedrich Schiller (1759-1805) hat im 15. seiner Briefe ‚Über die ästhetische Erziehung des Menschen‘ (1795) das Aufeinanderbezogensein von ‚Schönheitsideal‘ und ‚Spieltrieb‘ hervorgehoben: „Man wird niemals irren, wenn man das Schönheitsideal eines Menschen auf dem nämlichen Wege sucht, auf dem er seinen Spieltrieb befriedigt" (Schiller, 1968, 357). Mit ernstem Pathos erklärt er das Spiel zum konstitutiven Merkmal des Menschseins schlechthin (homo ludens): „Denn, um es endlich auf einmal herauszusagen, der Mensch spielt nur, wo er in voller Bedeutung Mensch ist, und er ist nur da ganz Mensch, wo er spielt" (a.a.O., 358). Noch am Ende des 19. Jahrhunderts bekennt Karl Groos (1861-1946), dass die Ästhetik den Ausgangspunkt seiner Beschäftigung mit dem Spiel bildete: „Es waren ursprünglich ästhetische Erwägungen, die mich veranlassten, eine Wanderung durch die Welt des Spiels anzutreten" (Groos, 1899, V). Diesen ästhetischen Ausgangspunkt verknüpft er mit evolutionsbiologischen Interpretationen über den sog. ‚Lebenswert‘ des Spiels. Die evolutionsbiologische Perspektive wird bereits aus der Abfolge der Buchtitel ersichtlich: Auf ‚Die Spiele der Thiere‘ (1896) folgen ‚Die Spiele der Menschen‘ (1899). Explizit hebt er hervor, dass für eine „genetische Erklärung des Spiels" die „Heranziehung der Descendenztheorie" unabdingbar sei (a.a.O., 478). Dabei wird das für die Evolutionstheorie zentrale Prinzip der natürlichen Auslese als Interpretationsrahmen verwendet: Die Herausbildung des Spiels in der Phylogenese sei ein Ergebnis der natürlichen Auslese. Tiere, deren Tätigkeitsrepertoire bestimmte Freiheitsgrade aufweist – Groos spricht vom „thatsächlichen Losgelöstsein vom realen Zweckleben" im Spiel (a.a.O., 493) –, haben gegenüber Tieren, deren Tätigkeiten an starre Instinktmechanismen gebunden sind, einen Selektionsvorteil. Spiel gewährleistet also einen Selektionsvorteil. In der genetischen Stufenleiter stellt das Spiel im gewissen Sinne ein Mittelglied zwischen Instinkt und Intellekt dar: Auf der einen Seite führt es zu einer Abschwächung von ‚Instinktbewegungen‘, auf der anderen fungiert es als ‚Einübung‘ oder ‚Vorübung‘ künftiger (intellektbestimmter) ‚Ernsthaftigkeit‘.

Psychologische Charakteristika des Spiels sind nach Groos (1899, 493) „der selbständige Lustcharakter" sowie – wie bereits erwähnt – „das thatsächliche Losgelöstsein vom realen Zweckleben". Die spätere Erörterung des Spiels in der Kinderpsychologie (Stern, K. Bühler, Ch. Bühler) orientiert sich – wie noch zu zeigen sein wird – weitgehend an diesen Merkmalsbeschreibungen.

Die starke Verankerung in einer biologischen und evolutionstheoretischen Perspektivik kommt auch in der Klassifizierung der Spielarten zum Ausdruck: Die Hauptformen sind „das spielende Experimentieren" (mit den Unterformen „spielende Betätigung der sensorischen Apparate", „spielende Übung der motorischen Apparate", „spielende Übung der höheren seelischen Anlagen") und „spielende Betätigung der Triebe zweiter [= sozialer, G. E.] Ordnung" (mit den Unterformen „Kampfspiele, Liebesspiele, Nachahmungsspiele und soziale Spiele").

Stern (1914) und später auch K. Bühler (1918) knüpfen an die evolutionsbiologische Perspektive Groos‘ an, versuchen aber, stärker eine i.e.S. psychologische Betrachtungsweise zur Geltung zu bringen. Bei Stern manifestiert sich diese Doppelaspektigkeit in der Formulierung von zwei Definitionen. Für „die biologische oder besser teleologische Betrachtung" lautet die Definition: „Spiel ist die instinktive Selbstausbildung keimender Anlagen, die unbewußte Vorübung künftiger Ernstfunktionen" (Stern, 1914, 213). Beim Ausgehen vom „Bewusstseinszustand" des spielenden Kindes wird Spiel definiert als „freie, selbstzweckliche Tätigkeit" (a.a.O., 212). ‚Selbstzwecklich‘ heißt: Die Spieltätigkeit ist „ganz in sich selbst befriedigt, nicht auf die Erreichung eines außerhalb ihrer selbst liegenden Zieles gerichtet" (ebda.). In diesem Sinne bildet Spiel das Gegenstück zu Arbeit. Mit der Unterscheidung zwischen Einzel- und Sozialspielen noch an Groos anknüpfend, interessieren ihn aber vor allem die ontogenetischen Sequenzen innerhalb dieser Spielformen. Beim Einzelspiel etwa glaubt er folgende ontogenetische Reihung zu erkennen:

- Spiel mit dem eigenen Körper (z. B. Bewegungsspiele mit Händen und Beinen, Lallen)
- Einbeziehung von Objekten in die Spieltätigkeit (z. B. Greifen nach Gegenständen)
- Veränderung oder Gestaltung von Objekten in den Spieltätigkeiten (z. B. ‚destruktive‘ und ‚konstruktive‘ Spiele, a.a.O., 223-232).

Bei den Sozialspielen folgen aufeinander: „ bloßes Nebeneinander" – „wirkliches Miteinander" – „das Gegeneinander" (a.a.O., 236). Als empirische ‚Be-

lege' für die Konstruktion solcher Stufenfolgen werden Materialien aus Tage-
buch-Aufzeichnungen herangezogen.

In bezug auf die Frage nach den Entwicklungsdeterminanten der Spieltätigkeit greift Stern auf sein Konvergenztheorem zurück: Das Spiel ist „ein typisches
Beispiel der Konvergenz von Angeborenem und Übernommenem" (a.a.O., 220).

Interessanterweise wird mit der Ontogenese des Spiels die Problematik
psychischer Geschlechtsunterschiede verknüpft. Wissenschaftshistorisch ist
diese Verknüpfung insofern interessant als wir es hier mit einem der Beispiele
dafür zu tun haben, wie von entwicklungs- bzw. kinderpsychologischen Fragen-
stellungen her neue Problemfelder für die Psychologie insgesamt erschlossen
werden. Hier haben wir es mit dem Hervorgehen des Forschungsprogramms
,psychische Geschlechtsunterschiede' aus kinderpsychologischen Untersuchungen zum Spielverhalten zu tun; an späterer Stelle wird noch zu zeigen sein, wie
Untersuchungen zur Ontogenese kognitiver Leistungen einen der wesentlichen
Anstöße für die Etablierung der Intelligenzdiagnostik gaben.

Zunächst zur Geschlechtsspezifik: Dem Zeitgeist entsprechend bewegt sich
der Interpretationsrahmen auf der Ebene einer bipolaren Gegenüberstellung von
Anlage (Instinkt, Natur) vs. Umwelt (Milieu, Kultur). Stern ergreift eindeutig
Partei für den erstgenannten Faktor: „Die Behauptung, daß die seelischen Unterschiede zwischen den Geschlechtern lediglich ein Erzeugnis äußerer Umwelt-
wirkungen seien, wird durch nichts schlagender widerlegt als durch das frühkindliche Spiel; denn wenn schon bei drei- und vierjährigen Kindern ganz
elementare Abweichungen in der Interessenrichtung und in der Spielweise
hervortreten, so kann dies nur auf eine Instinktverschiedenheit beruhen, die tief
im Wesen des Menschen verwurzelt ist. ... Das Mädchen spielt vorwiegend
,Haus', der Knabe ,öffentliches Leben'" (a.a.O., 221). Dem Faktor Milieu wird
lediglich modifizierender Einfluss zugeschrieben. Das Exempel ,Spiel' ist geeignet, etwas über Wert und Grenzen des Sternschen Konvergenzmodells zu
sagen. Zweifellos besteht das historische Verdienst dieses Modells (s. 10.3.4)
darin, einseitig endogenistischen und exogenistischen Entwicklungsauffassungen
ein relativierendes Pendant entgegengesetzt zu haben. Indes werden Anlage und
Umwelt als je gesonderte Determinanten mit je nach Funktionsbereich unterschiedlicher Wirkungsstärke behandelt.

10.3.2.3 Ontogenese der ,Intelligenz'

Preyer berichtete über seine Beobachtungen zur Ontogenese kognitiver Funktionen im letzten (3.) Teil seiner Monographie noch unter dem eher an eine
philosophische Terminologie anklingenden Titel ,Von der Entwickelung des
Verstandes' (Preyer, 1882, 219-377). Er charakterisierte die Entwicklungsfort-

schritte von den ersten vorsprachlichen kognitiven Leistungen (nach Preyer „Begriffbildung ohne Sprache", 370) über das „Sprechenlernen" bis zur „Entwickelung des Ich-Gefühls". 32 Jahre später zeichnet Stern ein nicht nur differenzierteres, sondern auch in terminologischer Hinsicht ‚psychologischeres‘ Bild. Er spricht z. B. von „Bildauffassung", „Erinnerungstäuschungen", „Illusionsbewußtsein", „Traumphantasie", „Begriffs- und Urteilsbildung", „Schließen des Kindes", „Transduktionsschlüssen" usw. (Stern, 1914, 120-278). Der Begriff aber, mit dem im internationalen Maßstab die Gesamtheit der kognitiven Funktionen bezeichnet wurde, war der der ‚Intelligenz‘. Der französische Psychologe A. Binet (1857-1911) verhalf diesem Begriff zu seinem zentralen Stellenwert. Wenn man heutzutage den Namen Binet hört, wird man vermutlich zuerst an den Binet-Simon-Intelligenztest erinnert. In der Tat war das entscheidende Verdienst Binets, die Grundlagen der modernen Intelligenzdiagnostik zusammen mit seinen Mitarbeitern V. Henri (1872-1940) und Th. Simon (1873-1961) geschaffen zu haben. Im Kontext unseres Themas ist von besonderem Interesse, dass der Weg zur Intelligenzdiagnostik durch umfangreiche kinderpsychologische Studien angebahnt wurde. Binet, der Direktor des Laboratoriums für physiologische Psychologie an der Sorbonne (1894) und Mitbegründer der führenden französischsprachigen psychologischen Fachzeitschrift, ‚L'Année psychologique‘ (1895), wies in einer Hinsicht eine Gemeinsamkeit mit Preyer und Stern auf: Die eigenen Kinder – im Falle Binets zwei Töchter – waren die jederzeit zur Verfügung stehenden Studienobjekte. Darüber hinaus nutzte Binet im Rahmen der auch in Frankreich um die Wende vom 19. zum 20. Jahrhundert Fuß fassenden Kinderstudien-Bewegung zusammen mit seinem Mitarbeiter V. Henri die Gelegenheit, Untersuchungen an größeren Stichproben (z. T. mehrere 100 Kinder) durchzuführen. Die Ontogenesen von Wahrnehmungs- (Binet, 1890) und Gedächtnisleistungen (Binet & Henri, 1894) standen im Mittelpunkt des Interesses. Die als ‚Experimente‘ deklarierten Untersuchungen (heute würden wir eher von Beobachtungen unter kontrollierten Bedingungen sprechen) betrafen etwa die altersmäßige Entwicklung von Größenschätzungen, Mengenauffassungen, Besonderheiten von ‚Kinderdefinitionen‘ („Zweckorientierung") etc. und entsprachen den methodischen Standards jener Zeit. Ein Beispiel mag das methodische Vorgehen Binets illustrieren (zur Erleichterung für den deutschsprachigen Leser wird auf das Referat einer Binetschen Untersuchung bei Bühler zurückgegriffen):

„Binet hat mit seinen Töchtern im Alter von 2½ und 4 Jahren Mengenschätzungsexperimente mit verschiedenen Gegenständen (Bohnen, Federn, Münzen) gemacht. Zwei unregelmäßig angeordnete Gruppen gleichartiger Dinge wurden auch von dem jüngeren Mädchen so gut verglichen, daß eine Gruppe von 18 beim Vergleich mit einer von 17 fast immer richtig als größer bezeichnet wurde; der Unterschied von 21 und 22 dagegen wurde nicht mehr erfaßt. Der Versuch mit einer Gruppe großer und einer Gruppe kleiner Dinge zeigt dann aber, daß nicht die Mengen, sondern die Größen der bedeckten Felder verglichen waren; 18 Spielmarken von je 2 ½ cm Durchmesser wurden jetzt immer als ‚weniger' denn 14 oder 12 oder selbst 10 Marken von je 4 cm Durchmesser bezeichnet, obwohl sich die Kinder bei kleinen Mengen bis zu sechs Elementen durch die Größenunterschiede nicht täuschen ließen, also im Prinzip erfaßt haben mußten, worauf es ankommt. Im Zählen hatte es das jüngere Mädchen um diese Zeit (2 ½ Jahr) erst auf drei, das vierjährige bis auf fünf gebracht, und genau soweit reichte ihre Fähigkeit, Markengruppen durch Betrachtung so zu erfassen und sich einzuprägen, daß sie beim Wiederaufbau einer weggenommenen Gruppe in anderer Anordnung richtig angeben konnten, wann kein Element mehr fehlte" (Binet, 1890, referiert bei Bühler, 1922, 199).

Bei der Untersuchung der Gedächtnisleistungen wies Binet nach, dass 3-4-jährige Kinder bei Gedächtnisaufgaben das Material nach der persönlichen Bedeutsamkeit in Cluster gruppieren und unbekannte Elemente (z. B. unbekannte Fachwörter) in bekannte (dem eigenen Wortschatz zugehörige) transformieren.
Ohne auf weitere inhaltliche Details einzugehen, sollen die generalisierenden methodischen Schlussfolgerungen, die Binet aus den Ergebnissen seiner kinderpsychologischen Untersuchungen zog, skizziert werden:

1. Er gelangte zu der Einsicht, dass es möglich sein müsste, die Entwicklung der ‚Intelligenz' als eine altersmäßig bestimmbare Stufung zu beschreiben. Bereits 1898 äußerte er den Gedanken, eine „échelle métrique de l'intelligence" (ein Stufenmaß der Intelligenz) konstruieren zu wollen (Binet & Vaschide, 1898).
2. Innerhalb der Altersstufen gibt es mehr oder weniger große interindividuelle Unterschiede. Nach Binets Meinung waren die interindividuellen Unterschiede um so größer, je ‚höher' das kognitive Niveau der Aufgaben war. Bei sensorischen Leistungen seien die Unterschiede im Durchschnitt geringer, bei komplexen kognitiven Anforderungen größer.
3. Um zuverlässige Informationen über mindere oder höhere ‚geistige' Fähigkeiten (Schwachsinn vs. Hochbegabung) zu gewinnen, sind die Abweichungen vom Durchschnitt (Altersdurchschnitt) zu ermitteln. M. a. W.: Das Studium der ‚normalen' Prozesse ist der Schlüssel für das Erkennen spezieller Begabungen oder Defizite (vgl. Cairns, 1983, 48).

Die Weiterentwicklung dieser Grundannahmen bis hin zur Konstruktion handhabbarer diagnostischer Instrumente wurde wesentlich befördert, wenn nicht sogar initiiert, durch konkrete bildungspolitische Zielvorgaben von außen: Das französische Unterrichtsministerium bildete 1904 eine Kommission, die beauflagt wurde, Kriterien für die Unterrichtung von als geistig zurückgeblieben geltenden Kindern in Sonderschulen auszuarbeiten. Ohne eine individuelle Prüfung dürfe kein Kind aus der Normalschule in eine Sonderschule eingewiesen werden. In die Kommission wurden auch Vertreter der 1900 gegründeten ,Société libre pour l'étude de la psychologie de l'enfant', deren Vorstand Binet angehörte, berufen. Die ministerielle Vorgabe war für Binet der Anlass, zusammen mit Th. Simon eine Testbatterie zur Ermittlung der altersgemäßen ,geistigen' Leistungsfähigkeit von Kindern zu entwickeln. 1905 wurde in drei Beiträgen der Fachzeitschrift ,L'Année psychologique' die Urform des Binet-Simon-Intelligenztests publiziert (Binet & Simon, 1905 a, b, c). Noch zu Lebzeiten Binets wurden Revisionen der ursprünglichen Skala vorgenommen (Binet & Simon, 1908; Binet, 1911). Über die Struktur der Tests, ihre Weiterentwicklungen, ihre nationalen Anpassungen, kritische Einwendungen soll hier nicht weiter berichtet werden (siehe dazu etwa Groffmann, 1983). Im Rahmen unseres Themas ging es – um es nochmals zu wiederholen – in erster Linie darum darzustellen, welchen förderlichen Einfluss die Beschäftigung mit kinderpsychologischen Fragestellungen auf die Disziplinentwicklung der Psychologie und die Verbreiterung ihres Forschungsspektrums hatte, im vorliegenden Falle gepaart mit bildungspolitischen Anforderungen. Aus innerwissenschaftlicher Perspektive kann man sagen, dass kinderpsychologische Studien den entscheidenden Ausgangspunkt für die Etablierung der Intelligenzdiagnostik bildeten.

10.3.3 Methodenentwicklung

Mit der Ausdehnung des Alterszeitraumes, der Gegenstand kinderpsychologischer Studien war, erweiterten sich die methodischen Möglichkeiten der Untersuchung. Während Preyer, der die Entwicklung bis zum Ende des 3. Lebensjahres behandelte, vorwiegend auf nichtkommunikative Beobachtung unter natürlichen oder kontrollierten Bedingungen angewiesen war, konnte man für die Untersuchung der psychischen Entwicklung älterer Kinder, die über eine hinreichende Sprachkompetenz verfügten sowie des Lesens und Schreibens kundig waren, ein reichhaltigeres methodisches Instrumentarium einsetzen. Eines der zur Beobachtung hinzukommenden methodischen Instrumente, die in der Frühperiode der Kinderpsychologie rasche Verbreitung fanden, war der Fragebogen. Einen geradezu überdimensionierten Rang erhielt der Fragebogen in den Anfängen der US-amerikanischen Kinderpsychologie. Der Initiator dieses Forschungstrends war Granville Stanley Hall (1844-1924), dem für die Geschichte der amerikanischen Psychologie insgesamt eine zentrale Rolle zukommt (vgl. Ross, 1972; Koelsch, 1987; White, 1992; Wozniak, 1995). Hall, u. a. ein Schüler W. Wundts, begann bereits im Jahre 1880 mit seinen Fragebogenuntersuchungen. Die Anregungen zur Anwendung der Fragebogenmethodik erhielt er – wie er selbst berichtet – während seines zweiten Deutschlandaufenthaltes (1878-1880). Bartholomäi berichtete 1870 im ‚Städtischen Jahrbuch' von Berlin über seine 75 Items umfassende Erhebung zum ‚Vorstellungskreis der Berliner Kinder beim Eintritt in die Schule' (Bartholomäi, 1870, 59-77) und K. Lange 1879 über eine analoge, im kleineren Maßstab durchgeführte Untersuchung im Raum Plauen (Lange, 1879, 327-329). Halls Plan war, eine Art Inventar von Fähigkeiten, Wissen, Interessen, Einstellungen von Kindern verschiedener Altersgruppen zu erstellen. Seine Intentionen waren weniger akademischer als vielmehr pragmatisch-pädagogischer Art. Er ging von der Annahme aus, dass Lehrer zu einer effizienteren pädagogischen Tätigkeit befähigt werden, wenn sie genauere Kenntnisse über den Wissensstand, die passive und aktive Verfügbarkeit von Begriffen, motorische und sensorische Fähigkeiten, Interessen und Neigungen usw. ihrer Schüler besitzen. Beispielsweise wurde mit Hilfe von Fragebögen ermittelt, ob Schülern der Anfangsklassen solche einfachen Begriffe bekannt sind wie Ameise, Schaf, Regenbogen, Insel, Quadrat, Skelett und ähnliches. Für die praktische Durchführung der Fragebogenuntersuchungen selbst zog Hall erfahrene Lehrer heran, denen er und seine Mitarbeiter einschlägige methodische Instruktionen gaben. Um die Kindgemäßheit der gestellten Fragen zu gewährleisten, nahm er Voruntersuchungen mit kleinen Stichproben an Kindern verschiedener Altersstufen vor. Die Befunde waren z. T. besorgniserregend. Beispielsweise kannte nur weniger als die Hälfte der kindlichen Probanden die Bedeutung von vielen erfragten Begriffen. Wozniak (1995, XXVI) meint, diese Ergebnisse hätten Hall in der Überzeugung bestärkt, dass Lehrer, Erzieher und Eltern bessere und wissenschaftliche Informationen brauchen, um wirkungsvoll erzieherisch und bildungsvermittelnd tätig zu sein. Hall publizierte die Ergebnisse im Mai 1883 in der Abhandlung ‚The Contents of Children's Minds' (Princeton Review, 11, 249-272). Im gleichen Jahr erschien seine privat verlegte Monographie ‚Study of Children'. Die Tatsache, dass die methodische Solidität der verwendeten Fragebogentechnik von fachspezifischer Seite teilweise infrage gestellt wurde (vgl. Boring, 1950, 569), konnte nicht verhindern, dass diese Untersuchungen den Ausgangspunkt für eine breite Kinderforschungsbewegung in den USA bildeten. Ihren organisatorischen Rahmen erhielt diese Bewegung mit der Gründung der ‚National Association for the Study of Children' 1893. Im Kontext dieser Kinderforschungsbewegung nahm Hall mit seinen Mitarbeitern und Studenten ein langfristiges Forschungsprogramm in Angriff. Im Zeitraum von 1894-1915 wurden nahezu 200 Fragebogenprogramme (Topical Syllabi) entwickelt. Die Fragebögen wurden an

Schuldirektoren und Leiter von Erziehungseinrichtungen verschickt, an die Clark University zurückgesendet, statistisch ausgewertet und die Ergebnisse für Artikel in der 1891 gegründeten Zeitschrift ‚Pedagogical Seminary' aufbereitet.

Auf zwei Aspekte, die diese Aktivitäten für die Geschichte der Entwicklungs- bzw. Kinderpsychologie mit sich brachten, ist hier hinzuweisen:

1. Kinderpsychologische Untersuchungen erhielten eine Art Massenbasis.
2. Kinderpsychologische Untersuchungen erhielten gesamtgesellschaftlich-praktische Bedeutung, insbesondere für den Bereich Schule und Erziehung.

Der zweitgenannte Punkt trifft auch auf die bereits erörterten Arbeiten von Binet und seinen Mitarbeitern zu.

10.3.4 Theoretische Ansätze (W. Stern; K. Bühler)

Wir haben bereits zu Beginn dieses Abschnittes (10.3) darauf hingewiesen, dass in der Periode 1882-1914 in erster Linie Fakten zur psychischen Ontogenese und zu speziellen Funktionsbereichen angesammelt wurden (faktographische Ebene). Sobald nach den Determinanten der Entwicklungsprozesse gefragt wurde (konditionalgenetische Ebene), versuchte man eine Antwort zu geben, indem man Anlage und Umwelt einander gegenüber stellte und die Gewichtung dieser beiden Faktoren unterschiedlich bestimmte. Endogenistische und exogenistische Auffassungen standen sich gegenüber. Gegen Ende des hier zur Diskussion stehenden Zeitraumes machte W. Stern den Versuch, eine Vermittlung zwischen beiden Positionen herzustellen und formulierte das bereits mehrfach erwähnte Konvergenztheorem. Stern gebraucht den Begriff ‚Konvergenz' ursprünglich im Rahmen eines übergreifenden weltanschaulich-philosophischen Systems, des kritischen Personalismus (Stern, 1906), und zwar bei der Erörterung des Verhältnisses zwischen Person und Welt. Die ‚Person' müsse, um die ihr innewohnenden Streberichtungen (‚Selbsterhaltung' und ‚Selbstentfaltung') zur Realisierung zu bringen, mit der Außenwelt in Beziehung treten. Dieses In-Beziehung-Treten von inneren Streberichtungen der Person und Außenwelt bezeichnet Stern als ‚Konvergenz'. Mit der Verwendung dieses philosophischen Konstrukts für die Interpretation des Anlage-Umwelt-Problems in der Entwicklungspsychologie (Stern, 1908; Stern, 1914) werden wichtige Ausgangspunkte fixiert; zum einen: Psychisches ist nicht als Innenpsychisches zu begreifen, zum anderen: Konvergenz schließt das Moment der Tätigkeit des Subjekts ein. In seiner Anwendung auf die Entwicklungspsychologie besagt das Konvergenzprinzip: „Seelische Entwicklung ist nicht ein bloßes Hervortreten-

Lassen angeborener Eigenschaften, aber auch nicht ein bloßes Empfangen äußerer Einwirkungen, sondern das Ergebnis einer Konvergenz innerer Angelegtheiten mit äußeren Entwicklungsbedingungen" (Stern, 1914, 19). Anlagen seien keine ‚festen Zwangskurse', sondern Dispositionen; Umweltfaktoren sind also Ermöglichungsbedingungen. „Die Anlagen des Kindes sind [...] erblich bedingt, aber nicht als feste Zwangskurse, welche die Vorfahren dem Kinde auferlegen, sondern nur als allgemeine Tendenzen, deren Spezialisierung der individuellen Tat und den äußeren Einwirkungen anheimgegeben ist. [...] Da die Anlagen nichts Fertiges sind, sondern bloße Potentialitäten, so bedürfen sie der Ergänzung, um Wirklichkeit zu werden. Diese Ergänzung muß von Außen herangebracht werden. [...] Die kindlichen Anlagen sind nicht eindeutige Prädestinationen dessen, was kommen wird, sondern Zukunftsanweisungen mit Spielraum, und innerhalb dieses Spielraums betätigt sich nun Erziehung und Umwelt, um die tatsächliche Entwicklung herbeizuführen" (a.a.O., 23).

Aus philosophie- bzw. psychologiehistorischer Perspektive ist es sicherlich gerechtfertigt, das Konvergenzprinzip als Versuch zu würdigen, die Antithetik zwischen den ‚angeborenen Ideen' des Rationalisten Descartes und der ‚tabula rasa' des Empiristen Locke aufzubrechen. Bei der Eruierung von Entwicklungsdeterminanten müsse man sowohl Anlage- als auch Umweltfaktoren in den Blick nehmen – so lautete die Botschaft. Dieses ‚sowohl-als auch' zeigt aber zugleich die Grenzen dieses Modells auf, denn in der Folge versuchte man, die Anteile von Anlage und Umwelt als jeweils gesonderter Bedingungskomplexe – gelegentlich sogar quantitativ – zu bestimmen. Erst viel später (z. B. Anastasi, 1958) erkannte man, dass der Versuch, Anteile von Anlage und Umwelt zu ermitteln, auf einer falschen Fragestellung beruht, weil Anlage und Umwelt niemals getrennt zur Wirkung kommen, und dass man statt dessen das Wie der Inter- bzw. Koaktionen von Anlage und Umwelt, Natur und Kultur erforschen müsse.

Die Art und Weise, wie Anlage und Umwelt ‚konvergieren', ist gekennzeichnet durch das Moment der Zweckbestimmtheit, in Sternscher Terminologie: durch die das Verhältnis von Person und Welt auszeichnende Teleologie. Wie aber ist Zweckbestimmtheit inhaltlich zu fassen? Zweckbestimmtheit heißt Anpassung des Organismus an die sich verändernden Umweltverhältnisse. In dem philosophischen Hauptwerk Sterns, ‚Person und Sache', lesen wir dazu: „Da nun die einzelne Person keine vereinzelte Existenz ist, sondern in und mit der Welt lebt, da Umkreis und Art ihres Wirkens und Lebens erst durch die Konvergenz mit der Welt bestimmt wird, so muß ihre Selbsterhaltungstendenz auch darauf gerichtet sein, das ganze Beziehungssystem durch die den Weltänderungen entsprechenden Eigenänderungen zu behaupten. Dies ist Anpassung" (Stern, 1919, 24).

Die inhaltliche Nähe dieser Sätze zu der Botschaft Darwins, der Entwicklung liege ein teleologisches Prinzip zugrunde (nämlich, dass „die natürliche Zuchtwahl nur durch und für den Vorteil der Geschöpfe wirkt"), dürfte nicht zu übersehen sein. Kurz gesagt: Sterns theoretische Ansätze in Gestalt seines Konvergenzprinzips tragen den Stempel der teleologischen Entwicklungsauffassung Darwins.

Ein anderes Beispiel, das zeigt, wie stark die theoretischen Überlegungen und Begründungen der Entwicklungspsychologie im betrachteten Zeitraum von Denk- und Argumentationsmustern der Evolutionstheorie Darwins und der Rekapitulationstheorie Haeckels geprägt sind, ist die Drei-Stufen-Theorie von K. Bühler. Die Monographie, in der die Drei-Stufen-Theorie ausführlich dargestellt wird, ‚Die geistige Entwicklung des Kindes', erschien zwar erst 1918 und liegt damit außerhalb des hier betrachteten Zeitraums; jedoch berichtet Bühler selbst, dass er bereits vor Ausbruch des 1. Weltkrieges die wesentlichen Grundgedanken seiner Theorie in Vorlesungen sowie in einem Handbuch 1911 formuliert habe: „Im Sommer 1914 waren die ersten sieben Bogen fertig gedruckt und der größere Teil des übrigen Textes gesetzt, der Krieg hat die Herausgabe verzögert" (Bühler, 1918, VI f.).

Bühlers Drei-Stufen-Theorie ist also dem Zeitraum bis 1914 zuzuordnen. Die empirischen Arbeiten der Wiener Schule sind dagegen in den 20er und 30er Jahren des 20. Jahrhunderts entstanden und werden erst im nächsten Abschnitt behandelt.

Die Drei-Stufen-Theorie besagt: „Wenn man alle sinnvollen, d. h. (objektiv) zweckmäßigen Betätigungsweisen der Tiere und Menschen überblickt, so zeigt sich von unten nach oben ein sehr einfacher und durchsichtiger Aufbau aus drei großen Stufen; diese drei Stufen heißen Instinkt, Dressur und Intellekt" (Bühler, 1922, 2). Die Abfolge dieser drei Stufen erfolgt nach „Grundgesetzen des geistigen Fortschritts". Diese ‚Grundgesetze' sind „ganz unabhängig von äußeren Einflüssen" (a.a.O., 1) wirksam und gelten sowohl für die „Menschwerdung der Urgeschichte" (Menschheitsentwicklung) als auch für die „Kindheit" (Individualentwicklung) (a.a.O., 2). Unter Instinkten versteht er „ein gebrauchsfertiges Erbgut von Verhaltungsweisen, die nur einer bestimmten, im Naturplan vorgesehenen Auslösung bedürfen" (a.a.O., 3f.); bei mehr oder weniger einschneidenden Veränderungen der Umweltgegebenheiten erweisen sich die starren Instinktmechanismen als unfähig, die für eine Fortexistenz erforderlichen Anpassungsleistungen zu erbringen. Auf die „Starrheit des Instinkts" folgt also die Stufe, die durch das Merkmal der Lernfähigkeit ausgezeichnet ist, nämlich der Fähigkeit des Individuums, „sich den besonderen Bedingungen seiner Lebensumstände anzupassen" (a.a.O., 5): die Stufe der Dressur („assoziatives Gedächtnis" [S. 5], Lernen „durch Erfolg und Misserfolg" [S. 6]). Die letzte

Stufe, die „im Plane der Entwicklung vorgegeben ist [!], ... heißt Intellekt" (S. 9). Die „biologische Leistung des Intellekts" ist das „Erfinden" (ebda.); die dem Erfinden zugrunde liegende Kategorie wird bezeichnet als „Einsicht", ähnlich wie in der Gestaltpsychologie. Mit den drei Stufen wird eine gesetzmäßige („im Plane der Entwicklung vorgesehen") Abfolge von qualitativ sich unterscheidenden Anpassungsniveaus, und zwar „von unten nach oben", postuliert:

▪ Instinkt: unzureichende Anpassung bei gravierenden Umweltveränderungen infolge unzweckmäßiger Instinktausstattung
▪ Dressur: Anpassung in Rahmen von trial and error
▪ Intellekt: Anpassung durch ‚Einsicht' im Sinne der internen Antizipation von Handlungsfolgen.

Der Bühlersche Gedanke einer stetigen Steigerung der Anpassungsniveaus in der Menschheits- und Individualentwicklung weist eine bemerkenswerte Parallelität zu den Fortschrittsideen in Darwins Evolutionstheorie auf. Erinnert sei nochmals an eine Stelle im Schlusskapitel der ‚Entstehung der Arten': „Und da die natürliche Zuchtwahl nur durch und für den Vorteil der Geschöpfe wirkt, so werden alle körperlichen Fähigkeiten und geistigen Gaben immer mehr nach Vervollkommnung streben. [...] Aus dem Kampf der Natur, aus Hunger und Tod geht also unmittelbar das Höchste hervor, das wir uns vorstellen können: die Erzeugung immer höherer und vollkommenerer Wesen" (Darwin, 1990, 538).

Wenn man ideengeschichtlich noch ein wenig weiter zurück geht, könnte man im gewissen Sinne vielleicht von einer biologisch-evolutionistischen Variante (oder einer Wiederbelebung) des Vervollkommnungs- und Fortschrittsglaubens der Aufklärung sprechen.

11 Zentren, Schulen und Richtungen der Entwicklungspsychologie in der ersten Hälfte des 20. Jahrhunderts

11.1 Die Wiener Schule der Entwicklungspsychologie

Die Wiener Schule der Entwicklungspsychologie ist keine Schule im Sinne einer Forschergruppe, die einer allgemeinverbindlichen theoretischen Konzeption, Methodik oder Lehrmeinung verpflichtet ist. Sie ist vielmehr ein lokal bestimmbares Zentrum der kinder- und jugendpsychologischen Forschung, das sich durch eine bemerkenswerte thematische Breite und methodische Vielfalt auszeichnet. Wenn man überhaupt von einer Leitfigur sprechen wollte, dann wäre Karl Bühler zu nennen. Hetzer berichtet jedoch rückblickend, dass „die meisten Anregungen, die Bühler für die zur Stützung seiner Theorie durchzuführenden Kinderbeobachtungen gegeben hat, ... nicht aufgegriffen worden" sind (Hetzer, 1982, 180 f.). Die institutionelle Basis der ‚Schule', das Wiener Psychologische Institut, war sowohl eine universitäre als auch eine städtische Einrichtung (vgl. Ash, 1987, 145 f.). Die Auswahl der Forschungsthemen resultiert teilweise aus dieser doppelten Anbindung. Zeitlich ist die Wiener Schule relativ gut eingrenzbar. Ihr Beginn kann auf die Berufung K. Bühlers nach Wien im Jahre 1922, ihr Ende auf den Einmarsch Hitlers in Österreich und die Verhaftung Bühlers im Jahre 1938 angesetzt werden. Die wichtigsten Vertreter (innen) sind Karl Bühler (1879-1963), Charlotte Bühler (1893-1974), Hildegard Hetzer (1899-1991) und Lotte Schenk-Danzinger (1905-1992). Es ist hier nicht der Ort, einen Gesamtüberblick über Themen und Leistungen der Wiener Schule zu geben (vgl. dazu Hetzer, 1982; Schenk-Danzinger, 1984; Rollett, 1993), sondern wir beschränken uns auf Schwerpunkte, insbesondere auf solche, die mit thematischen und methodischen Innovationen verbunden sind. Derartige Schwerpunkte sind:

1. Einbeziehung des Jugendalters in die entwicklungspsychologische Forschung
2. Studien zum Einfluss des sozialen Milieus auf die kindliche Entwicklung
3. Beiträge zur Entwicklungsdiagnostik
4. Erweiterung der Entwicklungsperspektive auf den gesamten Lebenslauf.

11.1.1 Die Einbeziehung des Jugendalters in die entwicklungspsychologische Forschung

Der Anstoß zur psychologischen Beschäftigung mit dem Jugendalter kam von außen. Die desaströse Situation der allgemeinen Lebensverhältnisse nach dem Ersten Weltkrieg hinterließ insbesondere im Bereich der Jugend ihre Spuren, z. B. die drastische Erhöhung der Jugendkriminalität. Aus dieser sozialen Instabilität ergab sich für die Politik dringender Handlungsbedarf. Im ‚roten Wien‘ engagierte sich die städtische Schulbehörde besonders nachdrücklich für bildungs- und erziehungspolitische Reformen (Ash, 1987, 143-164). Um diese Reformbemühungen (‚kindzentriertes Erziehungsmodell‘) wissenschaftlich zu fundieren, bedurfte man auch möglichst gesicherter Kenntnisse über Motivationen, Verhaltens- und Erlebensweisen von Kindern und Jugendlichen. In diesem Zusammenhang ist zu erwähnen, dass die intensive wissenschaftliche Beschäftigung mit jugendpsychologischen Themen im Rahmen eines staatlichen Forschungsauftrages erfolgte, der noch aus der Dresdener Wirkungszeit des Ehepaares Bühler datierte. Ursprünglich war der Forschungsauftrag an Karl Bühler gerichtet, der dann seine Frau für die Bearbeitung vorschlug. Bereits Ende 1921 legte Ch. Bühler mit der Monographie ‚Das Seelenleben des Jugendlichen‘ erste Ergebnisse vor.

Mit der Beschäftigung mit jugendpsychologischen Themen wurde zumindest im deutschsprachigen Bereich Neuland betreten (in den USA veröffentlichte bereits 1904 G. St. Hall sein Monumentalwerk ‚Adolescence‘). Die traditionellen Methoden der Kinderpsychologie konnten der Spezifik des Jugendalters nicht gerecht werden. Als „einstweilen ergiebigste und sicherste Quelle für derartige Forschungen" (Ch. Bühler, 1925, III) betrachtete man die Analyse von Tagebüchern Jugendlicher. Indes war die Verwendung der Tagebuch-Methodik durchaus umstritten, insbesondere was die Objektivität der Auswertung und die Generalisierbarkeit der Ergebnisse betraf. Beispielsweise wurde kritisiert, dass die Population der Tagebuchschreiber von vornherein eine soziale Auslese darstelle. Ch. Bühler interpretiert die Tendenz zum Tagebuchschreiben als Ausdruck eines „Einsamkeits- und Isolierungsbedürfnisses", das sie a posteriori als „Grundtatsache der Pubertät" (S. IX) bzw. „Ausdruck einer gesetzmäßigen und spezifischen Erlebnisweise des Reifungsalters" (S. X) deklariert. Mithin müsste das „Einsamkeits- und Isolierungsbedürfnis" auch beim Nicht-Tagebuchschreiber vorhanden sein. Um diese Generalisierung argumentativ zu retten, zieht sie tier- und völkerpsychologische Annahmen heran: Es werde „sogar bei Tieren mit Reifungsperiode und bei den Jugendlichen primitiver Völker von einer Art Schonzeit berichtet, während welcher die Individuen sich vom Gemeinschaftsleben zurückziehen" (S. IX). Wir haben diese methodenkritische Detailbetrachtung angestellt, um an einem Beispiel zu demonstrieren, wie stark noch in den 20er Jahren biologisch-evolutionstheoretische Argumentationsmuster für die ‚Erklärung' von Entwicklungsprozessen im Bereich des Psychischen benutzt wurden: Tier-Mensch-Analogien dienten als Legitimation für die Behauptung von Gesetzmäßigkeiten in der psychischen Individualentwicklung.

Man bedenke: Obwohl die Kinder- und Jugendpsychologie der 20er Jahre längst das Stadium einer Entwicklungspsychophysiologie der Gründerzeit (Preyer) verlassen hatte, sind in ihren Erklärungsansätzen nach wie vor die Muttermale ihres darwinistisch-evolutionistischen Ursprungs erkennbar. Es ist allerdings anzuerkennen, dass sowohl Ch. Bühler als auch H. Hetzer zu ihren methodischen Ansätzen eine selbstkritische Haltung einnahmen. In der 5. Auflage des ‚Seelenleben der Jugend' gesteht Ch. Bühler ein, die Hauptschwierigkeit ihrer jugendpsychologischen Untersuchungen sei „zweifellos die methodische" gewesen (Ch. Bühler, 1929, V). Und Hetzer konstatiert im Rückblick von 60 Jahren drastisch: „Das Vorgehen in der Jugendpsychologie war für viele methodisch geschulte Forscher geradezu anstößig" (Hetzer, 1982, 183). Nach der anfänglichen Fokussierung auf die Tagebuchauswertung gelangt Ch. Bühler zu der Einsicht, dass eine methodische Ergänzung durch systematische Beobachtung des Verhaltens Jugendlicher erforderlich sei (Bühler, 1929, VI f.). Bei aller methodischen Kritik und Selbstkritik bleibt dennoch die Fülle des ausgewerteten Materials beeindruckend. Insgesamt wurden bis 1929 „76 jugendliche Tagebücher" bearbeitet (Ch. Bühler, 1929, 1).

Eine zusammenfassende, die zahlreichen kinderpsychologischen Studien mit einbeziehende Darstellung der am Wiener Institut erzielten Ergebnisse gab Ch. Bühler in der Monographie ‚Kindheit und Jugend' (1928). Die Quintessenz dieses Buches ist eine „empirisch sich ergebende" 5-stufige, von der Geburt bis zum 19. Lebensjahr reichende Abfolge von Phasen. Als Kriterium für die Phaseneinteilung verwendete sie die „fortlaufende dynamische Bewegung der Objektivierung und Subjektivierung der aktuellen Bezüge" (Ch. Bühler, 1928, 304). Unter Zugrundelegung dieses Kriteriums ergibt sich die folgende Charakterisierung der 5 Phasen:

1. Phase (1. Lebensjahr): Subjektivierung – „personale Zentralisation der Antriebe"
				Objektivierung – „Erfassung der Dingeinheit"
2. Phase (2.-4. Lebensjahr) „Sinn und Wert werden in Akten der Setzung
				[= Objektivierung, G.E.] und der persönlichen
				Stellungnahme [= Subjektivierung, G.E.] realisiert"

3. Phase (5.-8. Lebensjahr): Subjektivierung – „persönliche Einordnung in Gemeinschaft"

Objektivierung – „Hingabe an Material, Pflicht und Leistung, Arbeit und Werk"

4. Phase (9.-13. Lebensjahr): Objektivierung – „ Zuwendung zum Objekt im stärksten Aufschwung der Wißbegier zu wissensdurstiger Intention auf die Wirklichkeit"

Subjektivierung – „erste Intention auf persönliche Freiheit zur Abhebung des Ich"

5. Phase (14.-19. Lebensjahr): Subjektivierung – „erste intendierte Hingabe an das Du"

Objektivierung – „Intention auf die Erkenntnis der Wahrheit über Wirklichkeit hinaus" (ebda.)

Mehr als ein halbes Jahrhundert später charakterisiert die ehemalige Mitarbeiterin von Ch. Bühler, L. Schenk-Danzinger, die Konstruktion dieser Phasenabfolge als eine „Zusammenschau der Kindes- und Jugendentwicklung mit einem letztlich teleologischen Grundkonzept. [...] Die verschiedenen endogen gesteuerten Verhaltensänderungen dienten dem Zweck der zunehmenden Lebensbewältigung" (Schenk-Danzinger, 1984, 94).

11.1.2 Studien zum Einfluss des sozialen Milieus auf die kindliche Entwicklung

Das Anlage-Umwelt-Problem wurde in der Zeit vor dem Ersten Weltkrieg in der deutschsprachigen entwicklungs- bzw. kinderpsychologischen Literatur vorwiegend als ein theoretisches Problem behandelt (Stern, 1908, 1914). Mit der (oben erwähnten) Destabilisierung der allgemeinen Lebensbedingungen in und nach dem Ersten Weltkrieg kam es nicht nur zu bedrückenden Erscheinungen materieller Verarmung in den sog. ‚niederen Schichten‘, sondern es wurden mit ihnen zugleich die depravierenden Wirkungen des Faktors ‚Umwelt‘ auf die physische und psychische Entwicklung von Kindern und Jugendlichen erschreckend sichtbar. Um den schlimmsten Auswirkungen der Armut zu begegnen, mussten staatlicherseits Hilfsmaßnahmen eingeleitet werden, die mit dem Begriff ‚Fürsorge‘ bezeichnet wurden. Die Arbeiten von H. Hetzer über die „Abhängigkeit der psychischen Entwicklung von der Zugehörigkeit zu einer bestimmten sozialen Schicht" (Hetzer, 1982, 190) verstanden sich explizit als Beitrag zu einer ‚Psychologie der Fürsorge‘. Die angewandt-praktische Intention dieser Untersuchungen war, psychologische Gesichtspunkte in die Gestaltung der ‚Fürsorge‘-Maßnahmen einzubringen. Diesem Anliegen diente auch die

Herausgabe einer Buchreihe mit dem Titel ‚Psychologie der Fürsorge'. Die Herausgeberinnen dieser Reihe (G. Bien, Ch. Bühler, H. Hetzer) waren sich ihrem Selbstverständnis zufolge „der Verantwortung einer in das praktische Leben mit Ratschlägen eingreifenden wissenschaftlichen Arbeit aus das tiefste bewusst" (Hetzer, 1929, V). Der 1. Band dieser Reihe war H. Hetzers Monographie ‚Kindheit und Armut' (1929). In der Tat wurde mit dem bewussten Aufgreifen solcher Problemstellungen in der kinder- und jugendpsychologischen Forschung insofern Neuland betreten, als das Anlage-Umwelt-Problem nunmehr von einer explizit praxisrelevanten Seite her in den Blick genommen wurde. H. Hetzer konstatiert denn auch in ihrem Vorwort zu Recht: „Der Arme ist bisher noch nie in systematischer Weise zum Gegenstand eingehender psychologischer Untersuchungen gemacht worden. [...] An dem Erlebnis der Armut, der Psychologie der Hilfe und anderen Problemen, die gerade den Praktiker bei seiner Arbeit immer wieder beschäftigen, ist die psychologische Forschung im allgemeinen achtlos vorübergegangen" (Hetzer, 1929, VII).

Das Ziel der Hetzerschen Arbeit bestand darin, Unterschiede in der psychophysischen Entwicklung von Kindern aus ‚sozial besser gestellten' (= ‚gepflegtes Milieu', G-Kinder) und Kindern aus ‚sozial benachteiligten' Schichten (= ‚ungepflegtes Milieu', U-Kinder) zu untersuchen. Die Ergebnisse waren deprimierend. Schon in frühester Kindheit (1;0) sind signifikante Unterschiede zu registrieren. Sie treten insbesondere in den Bereichen ‚Körperbeherrschung', ‚Materialbeherrschung' und ‚Bezugnahme zum anderen Menschen' zutage. Die folgende Übersicht zeigt am Beispiel der Sprachentwicklung die erheblichen Rückstände, die bei U-Kindern gegenüber G-Kindern ermittelt wurden:

Umfang des gesamten Sprachwortschatzes (Absolute Wortzahl)

Alter → Soziale Schicht ↓	1;0	1;3	1;6	1;9	2;0	2;6
G-Kinder	7	49	91	121	216	*
U-Kinder	-	1	4	8	27	92

*methodisch nicht mehr erfassbar

Bei Leistungen, die relativ sprach- und bildungsabhängig waren, wurden dagegen kaum Unterschiede zwischen G- und U-Kindern festgestellt.

Auf der Grundlage einer großen Anzahl von Vergleichsuntersuchungen zieht Hetzer das folgende Fazit: „Unterschiede zwischen G und U sind fast durchaus Quantitäts- und keineswegs Qualitätsunterschiede; sie sind als im höchsten Maße milieubedingt anzusehen und können durch entsprechende Maßnahmen weitgehendst ausgeglichen werden" (a. a. O., 135).

Die sozial- und bildungspolitischen Implikationen, die sich aus diesem Fazit ergeben, sind offensichtlich: Es gibt keine biologischen oder psychologischen Argumente für eine Benachteiligung von Kindern aus sog. ‚niederen' Sozialschichten bei der Öffnung für ‚höhere Bildung'. Abgesehen von diesen naheliegenden praktisch-politischen Implikationen im gesamtgesellschaftlichen Maßstab zog Hetzer auf wissenschaftsimmanenter Ebene aus den Ergebnissen ihrer Untersuchungen methodenkritische Folgerungen, die beispielsweise die Intelligenzdiagnostik betrafen. Sie kritisiert, dass die zeitgenössischen Intelligenztests nicht „die nackte Intelligenzdisposition" (a.a.O., 86) messen. Aus dem Befund, dass die Intelligenzrückstände der U-Kinder bei „Aufgaben, die nur mit Hilfe der Sprache gelöst werden können oder Kenntnisse voraussetzen, [bei denen] der Erwerb auf sprachlichem Weg erfolgt" (a.a.O., 88), am gravierendsten sind, leitet sie die Notwendigkeit ab, Intelligenztests zu konstruieren, die mit relativ wissens- und sprachunabhängigem Material arbeiten. Wir haben es hier wiederum mit einem Beispiel für wertvolle Befruchtungen, die von der Entwicklungspsychologie auf andere psychologische Gebiete ausgingen, zu tun.

Aus historischer Perspektive stellt die Arbeit von Hetzer insofern eine Pionierleistung dar, als erstmalig Lebenslage und Milieu als Entwicklungsfaktoren einer systematischen Untersuchung unterzogen wurden. L. Schenk-Danzinger rechnet es zu den „Merkwürdigkeiten", dass die Arbeiten von Hetzer keinerlei Einfluss auf das von der Wiener Schule vertretene, letztlich endogenistische „Konzept der Entwicklung als Abfolge endogen gesteuerter, vorprogrammierter Verhaltensänderungen" hatte (Schenk-Danzinger, 1984, 97). Ein Bereich, der wirkungsgeschichtlich allerdings eng an Hetzers Arbeit anknüpfte, ist die Hospitalismusforschung.

11.1.3 Beiträge zur Entwicklungsdiagnostik (Kleinkindertests,
     Verhaltensinventare, Schulfähigkeitsprüfung)

Die Testdiagnostik zu Beginn der 20er Jahre des 20. Jahrhunderts befand sich in einem noch weithin ausbaufähigen Zustand. Das am weitesten verbreitete und massenhaft angewendete Verfahren war der Binet-Simon-Test (einschließlich seiner länder- und sprachspezifischen Anpassungsvarianten: Terman in den USA, Bobertag in Deutschland usw.). Es lag nahe, dass die Vertreter (innen) der Wiener Schule, die sich bei der Diagnose des Entwicklungsstandes eines Kindes vom Postulat ‚Ganzheitlichkeit der Person' leiten ließen, den Binet-Simon als unzureichend und ‚einseitig' beurteilten. Ch. Bühler und Hetzer vertraten die

Auffassung, „daß man mit einem rein auf die intellektuelle Leistung und Begabung eingestellten Verfahren sehr viele Momente nicht erfasste, die für die
Lebenstüchtigkeit und die weitere Bewährung eines Menschen eine mindestens
ebenso große Rolle spielen wie die Begabung" (Ch. Bühler & Hetzer, 1932, 5).
Anregungen zu dieser Art von Diagnostik erhielt Ch. Bühler durch Arnold Gesell (1925), der bei der Beurteilung des Entwicklungsstandes vom „Kind in
seinen natürlichen Lebensreaktionen und in natürlichen Lebenssituationen" ausging (Ch. Bühler & Hetzer, 1932, 6 f.). Anstöße kamen aber auch „von außen",
nämlich „von den Praktikern" (Hetzer, 1982, 195), die es mit Adoptions- und
Fürsorgefragen, mit krankheits- und milieubedingten Entwicklungsrückständen
und -auffälligkeiten im frühesten Kindesalter zu tun hatten (Mitarbeiter in Für-
sorgeeinrichtungen, Hortnerinnen, Erzieher, Ärzte, Eltern), denn „gerade für die
allerjüngsten Kinder standen diagnostische Mittel nicht zur Verfügung" (a.a.O.,
196; der Binet-Simon-Test war frühestens ab dem 4. Lebensjahr einsetzbar).
Angesichts dieser internen und externen Kontextbedingungen sahen es Ch.
Bühler und Hetzer als ihre Aufgabe an, solche Entwicklungstests auszuarbeiten,
die a) eine ganzheitliche Beurteilung des Entwicklungsstandes von Kindern
erlaubten und b) schon für die frühestmöglichen Altersstufen einsetzbar waren.
Das Ergebnis dieser Bemühungen sind die ‚Kleinkindertests', d. h. Testreihen für
das 1., 2., 3.-5. und 6. Lebensjahr. Beim Aufbau der Testreihen ließen sich die
Autorinnen von folgenden ‚Grundsätzen' leiten:

1. Gewährleistung einer „natürlichen Lebenssituation", in der „natürliches
   Verhalten" registrierbar war,
2. Erfassung „aller Grundrichtungen des Verhaltens",
3. Gewinnung von „präzisen, auch quantitativ ausdrückbaren" Ergebnissen,
4. zeitökonomische und leichte Durchführbarkeit (Bühler & Hetzer, 1932, 8).

Die unter 2. genannten ‚Grundrichtungen' umfassten folgende sechs Dimensionen: 1. „sinnliche Rezeption", 2. „Körperbeherrschung", 3. „Sozialität", 4. „Materialbeherrschung", 5. „Lernen" (im Sinne von „Veränderbarkeit des Verhaltens
durch Erfahrung"), 6. „geistige Produktivität" (wozu u. a. Denk- und Sprach-
leistungen gerechnet wurden) (ebda.). Auf diese Weise war es möglich, nicht nur
den Entwicklungsstand auf intellektuell-kognitivem Gebiet zu ermitteln und das
sog. ‚Intelligenzalter' bzw. den ‚Intelligenzquotienten' (IQ) zu errechnen, sondern den Grad der Altersangemessenheit des gesamtpsychischen Entwicklungsstandes zu beurteilen und das sog. ‚Entwicklungsalter' bzw. den ‚Entwicklungs-
quotienten' (EQ) zu bestimmen. Nach den gleichen Prinzipien wie die ‚Kleinkindertests' hat L. Danziger (später Schenk-Danzinger) ihren ‚Schulreifetest'
aufgebaut (Danziger, 1933).

Der methodische und zeitliche Aufwand, der betrieben wurde, um die Testreihen für die einzelnen Altersstufen zu standardisieren, war enorm. Um eine lückenlose Datengewinnung zu gewährleisten, führte man die Methode der Dauerbeobachtung ein. 24 Stunden lang wurde ohne Unterbrechung „das gesamte Verhalten von Kindern unter den alltäglichen Umständen" (Hetzer, 1982, 195) beobachtet. Das Ergebnis dieser aufwändigen methodischen Prozeduren waren sog. ‚Verhaltensinventare', ähnlich wie sie A. Gesell (1925; 1931) in den USA aufstellte. Prototyp dieser ‚Inventare' war das für das 1. Lebensjahr erstellte (Ch. Bühler & Hetzer, 1927). Es „basierte auf 24-stündigen Beobachtungen an 60 Säuglingen zwischen 0 und 12 Monaten" (Schenk-Danzinger, 1984, 89). Nach Schenk-Danzinger ist das „ ‚Inventar der Verhaltensweisen des ersten Lebensjahres' von allen Arbeiten der Wiener Zeit vielleicht jenes mit der größten Langzeitwirkung"; die Ergebnisse seien „unwidersprochen geblieben und lassen sich erst heute [...] voll würdigen" (a.a.O., S. 89 f.). Nach dem Schema der ‚Inventare' hat Elsa Köhler (1926) die psychische Entwicklung im 3. Lebensjahr beschrieben.

Einen anschaulichen Bericht über die mühevollen methodischen Prozeduren gibt Schenk-Danzinger (1984, 88 f.):

> „Exakte Beobachtungen des Spontanverhaltens und des Verhaltens in lebensnahen Experimenten waren die Methodik der Wiener Schule. Die Beobachtungstechnik musste gelernt werden. Es gab keine technischen Hilfen wie dies heute der Fall ist. Wir lernten und lehrten das Mitschreiben. Immer eine Gruppe zusammen mit einer Assistentin protokollierte eine bestimmte Situation während eines vorher festgelegten Zeitraumes. Eine Person war mit einer Stoppuhr bewaffnet und sagte nach Ablauf jeweils einer Minute ‚Strich'. Dann machten alle einen Strich und protokollierten die nächste Minute. Anschließend wurden die Protokolle verglichen. [...] Die Ausbildung der Kinderpsychologen war jedenfalls eine eminent praktische, was heute nicht mehr überall möglich ist".

Hetzer bewertet im nachhinein die Kleinkindertests in selbstkritischer Distanz als „Versuch, der nicht alles das gehalten hat, was man von ihm erwartete" (Hetzer, 1982, 198); heutzutage ist es freilich einfach, die Tests als „völlig veraltet" (Grimm, 1999, 198) zu bewerten; aus wissenschaftshistorischer Sicht stellen sie jedenfalls eine substantielle Erweiterung der Perspektivik der Testdiagnostik dar.

11.1.4 Die Erweiterung der Entwicklungsperspektive auf den gesamten Lebenslauf

Mit der Monographie ‚Der menschliche Lebenslauf als psychologisches Problem' (1933) stieß Ch. Bühler auf ein Gebiet vor, das in jener Zeit – zumindest in der deutschsprachigen Fachliteratur – nicht behandelt wurde. Eine den gesamten menschlichen Lebenslauf in den Blick nehmende Entwicklungspsychologie gab es nicht. Ch. Bühler gibt zwei ‚Quellen' an, aus denen ihre Beschäftigung mit dem menschlichen Lebenslauf entsprang: Erstens habe „die ausgedehnte Arbeit der Kinder- und Jugendpsychologie [...] den Zugang zum Problem des menschlichen Lebenslaufs erschlossen" (Bühler, 1933, VII), also eine Art zeitliche Verlängerung des Entwicklungszeitraumes über das Kinder- und Jugendalter hinaus. Von zentraler Bedeutung für sie war ein zweites Motiv, das sie vage als „theoretische Überlegungen über Bedürfnisse und Aufgaben" (ebda.) umschreibt. Bei näherer Hinterfragung dieser „Bedürfnisse und Aufgaben" stößt man auf eher philosophisch-anthropologische als auf i. e. S. psychologische Gesichtspunkte. Eine substanzielle „theoretische Aufgabe" sei die Frage nach dem „Sinn des Lebens". Es gehe darum zu klären, „was Menschen eigentlich letztlich im Leben wollen" (ebda.). Dies muss man bedenken, wenn man den Stellenwert der Bühlerschen Arbeit in der (Vor-)Geschichte einer Entwicklungspsychologie der Lebensspanne zu bestimmen versucht. Es ist zwar richtig, dass es Ch. Bühler um eine Erweiterung des Untersuchungszeitraumes der Entwicklungspsychologie auf den gesamten Lebenslauf geht und insofern ist es partiell berechtigt, von einer „Konzeption einer lebensumspannenden Entwicklungspsychologie" (Reinert, 1976, 891) zu sprechen. Die wesentlichen Analysekriterien und Fragerichtungen sind jedoch – wie noch zu zeigen sein wird – von einer philosophischen Sinndeutung des menschlichen Lebenslaufs bestimmt. Methodisch arbeitet die Bühlersche Lebenslaufforschung, anknüpfend an die Auswertung von Tagebüchern in der Jugendpsychologie, mit vergleichenden Analysen von Biographien, Anamnesen, autobiographischem Material, Dokumenten und altersstufenbezogenen Untersuchungen von Schaffensperioden und Werkgestaltungen. Eines der Untersuchungsziele bestehe darin, aus unterschiedlichen „Strukturen von Lebensläufen" eine „Typologie der Lebensläufe" abzuleiten. Das synthetische Ergebnis ist eine Gliederung des menschlichen Lebenslaufs in fünf Phasen. Die erste Phase, die ihrerseits fünfgegliedert ist, umfasst Kindheit und Jugend. Ihr „Sinn" besteht in der Vorbereitung auf den „Eintritt ins Leben" (Bühler, 1933, 322).

Die zweite Phase, die wie die folgenden altersmäßig nicht eingegrenzt wird, wird als „Zeit des Erlebnisses der Expansion" und „Zeit des noch Provisorischen und Unspezifischen in der Selbstbestimmung" (a.a.O., 323) beschrieben. In der dritten Phase kommt es zum „Übergewicht des Sachlichen und des Aufgabe-moments über das Subjektive und rein Funktionale" (ebda.).Diese Phase markiere die „Kulminationsperiode des Lebens" (a.a.O., 324). Danach, in der vierten Phase, erfolge ein „geistiger Aufschwung über das Werk hinaus", eine „Ablösung des Werkes von der Person zu seiner Einordnung in höhere geistige Zusammenhänge", ein „persönliches Zurücktreten hinter die Leistung". Damit verbunden sei der „Beginn der Ablösung vom Leben" (ebda.). Das wesentliche Merkmal der fünften und letzten Phase sei schließlich die „Beschäftigung mit der eigenen Vergangenheit und Zukunft" (a.a.O., 325). In diesem „Ablauf des Lebens" manifestiere sich ein allgemeines biologisches Wirkungsgesetz. M. a. W.: Der Lebenslauf wird von einem teleologischen Entwicklungsprinzip be-stimmt. Exemplarisch für diese teleologische Grundauffassung ist die Inter-pretation des ‚Sinnes' der ersten Phase: „Kindheit und Jugend als ganzes gesehen ist eine Vorwegnahme und ein provisorischer Aufriss des Lebens, dem das Leben als die definitive Ausführung folgt, unter Einbeziehung des Entwurfs als seiner Exposition" (ebda.).

Zusammenfassend lässt sich sagen, dass folgende philosophisch-anthropo-logische Grundannahmen die Basis der Bühlerschen Lebenslaufsforschung bilden:

1.   Biologisch-somatische und ‚geistig-seelische' Entwicklungsvorgänge laufen in einer gewissen Parallelität ab.

Bereits im Kongressreferat von 1931 formuliert Ch. Bühler die Ausgangs-‚Thesen' der psychologischen Lebenslaufforschung: „1. Es gibt eine biologische Lebenskurve. 2. Es gibt in gewisser Entsprechung zu ihr eine psychologische Lebenskurve" (Bühler, 1932, 305). Die biologische Lebenskurve zeichne sich durch die Sequenz von „progressivem Wachstum" („Progression"= 1. und 2. Phase), „stationärem Wachstum" („Stabilität"= 3. Phase) und „Rückbildungs-prozessen" („Regression"= 4. und 5. Phase) aus. In den „psychologischen Tat-sachen der Lebensgeschichte" gebe es Anzeichen für eine Korrespondenz „zu dieser biologischen Kurve" (a.a.O., 305, 309). Rückblickend bringt L. Schenk-Danzinger die theoretischen Voraussetzungen in prägnanter Kürze auf den Punkt: „Man glaubte an eine Parallelität der physischen und psychischen Ver-änderungen, an eine naturgegebene innere Gesetzmäßigkeit der Abläufe" (Schenk-Danzinger, 1984, 95).

2.   Biologisch-somatische und ‚geistig-seelische' Entwicklungen sind teleolo-gisch präformiert.

Der Fünfphasigkeit des menschlichen Lebenslaufs liegt ein teleologisches Strukturprinzip zugrunde. Die Anwendung dieses Strukturprinzips auf die Analyse des menschlichen Lebenslaufs nimmt mitunter ausgesprochen spekulative Züge an. So glaubt Ch. Bühler allen Ernstes, dass auch Personen, die verhältnismäßig früh sterben („Kurzleben") und die demzufolge die altersmäßig letzten Phasen gar nicht mehr erleben, diese Fünfphasigkeit aufweisen. Im Kongressreferat von 1931 heißt es dazu: „Das Kurzleben weist, wie es scheint, die selbe Struktur auf wie das Langleben; es hat tatsächlich dem Senium und der vierten Phase entsprechende Erscheinungen früher" (Bühler, 1932, 310). Letztendlich wird hier eine schicksalhafte Vorherbestimmung des „Kurzlebens" präjudiziert. Es bietet sich an dieser Stelle an, eine Nachbemerkung anzufügen: Auch in den USA gab es in den 20er und 30er Jahren des 20. Jahrhunderts erste, jedoch vereinzelte Ansätze einer die gesamte Lebensspanne umfassende Entwicklungspsychologie. Sie tragen aber nicht jenen spekulativen teleologischen Ballast mit sich herum, sondern lassen sich in erster Linie von ganz pragmatischen Erwägungen leiten. Vereinfacht werden in etwa folgende Argumente geltend gemacht: Das menschliche Leben erfordert auf verschiedenen Altersstufen unterschiedliche Anpassungsleistungen. Diese altersspezifischen Anpassungsleistungen sind auch nach dem Jugendalter zu erbringen. Folglich findet Entwicklung während des ganzen Lebens statt. Im Original ist diese Argumentation bei Pressey, Janney & Kuhlen (1939) nachzulesen: „If psychological growth is seen as a continous process of adjustment, then it might be contended that the most serious problems (of vocation, marriage, parenthood, old age) come after the childhood and adolescent years" (Pressey et al., 1939, 17). Anzumerken bleibt ferner, dass bereits vor der Monographie von Ch. Bühler in den USA eine Arbeit erschien, die den Lebenslauf als psychologisches Problem behandelt (Hollingworth, 1927). Nach Baltes (1979, 18) standen die drei genannten Ansätze (Hollingworth; Bühler; Pressey et al.) beziehungslos nebeneinander.

11.2 Gestalt- und ganzheitspsychologische Ansätze (Koffka; Krueger; Werner)

Eine explizit schulengebundene Einführung in die Kinderpsychologie erschien 1921. Ihr Autor ist der dem Gründungs-Triumvirat der Berliner Schule der Gestaltpsychologie zugehörende Kurt Koffka (1886-1941). Nach eigenem Bekunden steht seine Monographie ‚Die Grundlagen der psychischen Entwicklung' (1921, 2. Auflage 1925) „auf dem Boden der Gestalttheorie" (Koffka, 1925, VI). Folgerichtig sind elementaristische Entwicklungsauffassungen in der bisherigen Kinderpsychologie (Entwicklung als „eine Zusammensetzung einzelner Elemente") der Hauptpunkt seiner Kritik. Statt dessen plädiert er dafür, Entwicklung als „Entstehung und Vervollkommnung von Strukturen" (a.a.O., 270) zu verstehen. Bemerkenswert ist, dass er in diesem Zusammenhang den Begriff ‚Handlung' ins Spiel bringt: „Aber was das Kind tut, lässt sich nicht in eine Summe von Bewegungen zerlegen, immer mehr und mehr wird man die Begriffe ‚Handlung', ‚Gebaren' anwenden müssen, um das, was da vorgeht, angemessen zu beschreiben" (a.a.O., 5). Der meines Wissens einzige Gestaltpsychologe, der in jener Zeit (20er und 30er Jahre des 20. Jahrhunderts) die ‚Handlung' zum Gegenstand einer explizit entwicklungspsychologischen Abhandlung gemacht hat, war Kurt Gottschaldt (1902-1991). Sein Buch ‚Der Aufbau des kindlichen Handelns. Vergleichende Untersuchungen an gesunden und psychisch abnormen Kindern' (1933) erschien als Band 1 einer geplanten Schriftenreihe zur Entwicklungspsychologie – im Übrigen ist diese Schriftenreihe über Band 1 nicht hinausgekommen.

Was den genuin kinderpsychologischen Gehalt des Werkes von Koffka selbst betrifft, wird man ein eher dürftiges Fazit ziehen müssen. Ein Rezensent bemerkt mit einem ironisch-kritischen Unterton nicht ganz zu Unrecht, man könne „das Buch auch als eine Einführung in die Gestaltpsychologie bezeichnen" (Kroh, 1924, 102). Ein Beispiel soll das Monitum veranschaulichen: Bekanntlich hat W. Köhler in seinen Anthropoiden-Studien auf Teneriffa Problemlösungsstrategien von Schimpansen untersucht und glaubte dabei feststellen zu können, dass der Gestaltcharakter der Lagebeziehungen im Feld erfahrungsunabhängig Einsicht gewissermaßen erzeuge, wobei die Einsicht plötzlich auftrete und von Ausdrucksbewegungen (Erstaunen usw.) begleitet sein könne. Koffka referiert sehr ausführlich die Köhlerschen Befunde und ihre Interpretation. Eine spezifische Behandlung des einsichtigen Lernens bei Kindern, seiner Mechanismen, Altersbesonderheiten usw. sucht man hingegen vergebens. Vielmehr belässt es Koffka bei der Behauptung von Schimpanse-Kind-Analogien und ‚belegt' diese mit vagen Alltagsbeobachtungen: „Was für die Tiere gilt, trifft genau so für die Kinder zu. [...] Beim Kind ist der Moment, in dem die richtige Lösung eintritt, oft ganz deutlich am Gesichtsausdruck zu erkennen, sein Gesicht leuchtet förmlich auf. Auch bei den Schimpansen konnte Köhler solche Ausdrucksbewegungen beobachten" (a.a.O., 137).

Im ganzen gesehen hat die Berliner Schule der Gestaltpsychologie relativ wenige Beiträge zu spezifisch kinderpsychologischen Themen hervorgebracht.

Eine Entwicklungspsychologie, in der nahezu nichts über kinderpsychologische Themen i. e. S. zu lesen ist, stellte bereits im Jahre 1915 Felix Krueger (1874-1948), der Nachfolger auf dem Lehrstuhl W. Wundts in Leipzig, vor. Dem Terminus ‚Entwicklungspsychologie' kommt bei Krueger die Funktion zu, eine allgemeine genetische Herangehensweise in der Psychologie zu begründen.

,Kinderforschung' ist für Krueger lediglich als Gebiet, auf dem „der Ent-
wicklungsgedanke [...] zuerst heimisch war", von Interesse. In diesem Zusammenhang ist es nicht verwunderlich, dass beispielsweise in der ansonsten
sehr materialreichen Arbeit ,Zur Geschichte der Kinderpsychologie' von Ch.
Bühler & Hetzer (1929) in den beigefügten Literaturüberblicken der Name
Krueger nicht vorkommt. Dessen ungeachtet gilt Krueger als der die „Richtlinie"
(Reinert, 1976, 885) vorgebende Begründer einer sich als ,Schule' verstehenden
Richtung der Entwicklungspsychologie, nämlich der ,genetischen Ganzheitspsychologie'. Die ,genetische Ganzheitspsychologie' als Schule hat freilich
durchaus bemerkenswerte Forschungsergebnisse auf kinderpsychologischem
Gebiet zutage gefördert. Neben H. Volkelt und F. Sander ist hier der insbesondere in konzeptioneller Hinsicht verdienstvolle Heinz Werner (1890-1964)
zu nennen. Ein erstes Fazit über die von der genetischen Ganzheitspsychologie
erzielten ,Forschritte der experimentellen Kinderpsychologie' gibt Volkelt in
einem Sammelreferat auf dem IX. Kongress der Gesellschaft für experimentelle
Psychologie 1925. Untersuchungen zur Ontogenese der Wahrnehmung (Farb-
wahrnehmung, Präferenz für Farben vs. Formen bei Klassifizierungsleistungen
bzw. Sortieraufgaben, geometrisch-optische Täuschungen im Kindesalter), der
Sprache (Sprachtests für 2.-7. Lebensjahr) und des Denkens (,unsprachliches
Denken' bei Schimpansen) sind die hauptsächlichsten Inhalte des Referats. Als
theoretischer Rahmen für die Interpretation von Ergebnissen wird auf das
Ganzheits- bzw. Gestaltprinzip Bezug genommen. Die Tatsache, dass etwa geometrisch-optische Täuschungen bei Kindern einer bestimmten Altersstufe „entschieden stärker hervortreten" (Volkelt, 1926, 92) als bei Erwachsenen, wird
damit erklärt, dass „die für das Zustandekommen der Täuschung nötigen Ge-
staltbildungen [...] dem Kinde gerade besonders [liegen]: die Täuschung ist
alsdann sehr stark, ja sie kann stärker sein als beim Erwachsenen" (a.a.O., 97).
Als Beispiel wird auf eine ältere Arbeit von Giering (1905) verwiesen, der geometrisch-optische Täuschungen beim vergleichenden Betrachten von zwei aus
zwei unterschiedlichen Kreisen bestehenden Konfigurationen (,Ringe') bei Kindern beschrieb.

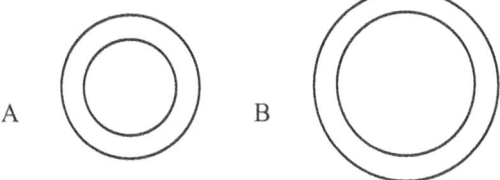

Der äußere Kreis des Ringes A und der innere Kreis des Ringes B haben den
gleichen Durchmesser bzw. Umfang. In der subjektiven Wahrnehmung jedoch

wird der „äußere der linksstehenden Kreise vom Kind noch weit stärker als vom Erwachsenen unterschätzt" (ebda.). Es folgt die ganzheitstheoretische Interpretation des Befundes: „Die die Täuschung bedingende Gesamtheit aus äußerem und innerem Kreis – der ‚Ring' – ist eben ganz besonders kindesgemäß und wirkt daher noch stärker als beim Erwachsenen" (ebda.). Mit dieser Interpretation deutet sich eine der Divergenzen zwischen den Auffassungen der beiden seinerzeit dominanten holistischen Ansätze – der Berliner Schule der Gestaltpsychologie und der (zweiten) Leipziger Schule der Strukturpsychologie – an. Während für die Berliner Schule die Gestaltgesetze a priori gegeben, als zeitlos und autochthon wirksam gelten, waren für die Leipziger die Gesetze der Wahrnehmungsorganisation Ergebnisse von Entwicklungsprozessen (vgl. Glick, 1992, 559). Demzufolge konnte man aus Leipziger Sicht auch annehmen, dass sich die Gestaltbestimmtheit der Wahrnehmung in der Individualentwicklung graduell verändern kann. Das o. g. ‚Ring'-Beispiel konnte als Bestätigung dieser Annahme geltend gemacht werden. Ein weiteres Beispiel, das Volkelt in seinem Sammelreferat anführt, ist die in älteren Lehr- und Handbüchern der Entwicklungspsychologie (z. B. Werner, 1959, 96 f.; Bergius, 1959, 147 f.; Schmidt, 1970, 98) beschriebene Untersuchung von Heiss (1930, ursprünglich Sander und Heiss). Aufbau und Ergebnisse der Untersuchung können in der angegebenen Literatur nachgelesen werden. Um die abweichenden Standpunkte der Leipziger gegenüber der Berliner Schule deutlich zu machen, ist hier lediglich die Interpretation der Ergebnisse von Interesse: Die zwischen jüngeren Kindern (3-4 Jahre) und älteren Kindern bzw. Jugendlichen (13-19 Jahre) erhebliche Differenz der Findungszeiten eines Elements aus einer amorphen Anordnung gegenüber einem in einer geschlossenen Figur enthaltenen Element wird von Leipziger Seite als Bestätigung der Annahme gedeutet, dass die von Gestaltgesetzen bestimmte Wahrnehmungsorganisation entwicklungsbedingten Veränderungen unterliegt.

Am Rande sei darauf verwiesen, dass später (1927/28) F. Sander anhand wahrnehmungspsychologischer Forschungsbefunde Gestalten als Ergebnis von Entwicklungsprozessen, die vom keimhaft Vorgestaltlichen zur klar strukturierten Endgestalt führen, interpretiert und diesen Bildungsprozess als ‚Aktualgenese' bezeichnet hat (vgl. Fitzek & Wittmann, 2003, 343-345).

„Das umfassendste Werk einer genetischen Psychologie im weitesten Sinne" (Höhn, 1959, 30), das aus der genetischen Ganzheitspsychologie hervorgegangen ist, verfasste Heinz Werner (1890-1964). Mit seiner ‚Einführung in die Entwicklungspsychologie' (1926, 4. Auflage 1959) will er „eine Reihe von Grundproblemen aufzeigen, deren innere Einheit nach Ziel und Methode es gestattet, einen besonderen Aufgabenkreis innerhalb der Psychologie zu umreißen" (Werner, 1926, III). Es geht ihm also in erster Linie um eine theoretische

Profilierung des Gesamtgebietes der Psychologie im Sinne der Integration einer genetischen Perspektive. Wir beschränken unsere Darstellung der konzeptionellen Arbeit Werners auf zwei Punkte:

1. die Unterscheidung zwischen und das Verhältnis von speziellen Entwicklungspsychologien und allgemeiner Entwicklungspsychologie,
2. die Charakterisierung von Entwicklung als zunehmende Differenzierung und hierarchische Zentralisierung.

Ad 1: Den in der Geschichte entwicklungspsychologischen Denkens (Tetens, Herder, Darwin, Preyer usw.) immer wieder angestellten Vergleichen zwischen Tier und Mensch, Kind und ‚Primitivem' (bzw. ‚Naturmensch') gibt Werner insofern ein systematisches Profil als er das Studium von Entwicklungsprozessen beim Kind, beim Tier, bei Naturvölkern sowie im pathopsychologischen Bereich zum Gegenstand je spezieller Entwicklungspsychologien macht. Genetisch ausgerichtete Kinderpsychologie, Tierpsychologie, Völkerpsychologie und Pathopsychologie sind in diesem Sinne „spezielle Entwicklungspsychologien". Werner ist der Überzeugung, dass zwischen diesen Entwicklungsgängen formale Parallelen nachweisbar sind, warnt aber zugleich davor, Kausalbeziehungen zwischen diesen Veränderungsreihen zu konstruieren. Den verschiedenen *speziellen* Entwicklungspsychologien metatheoretisch übergeordnet ist die *allgemeine* Entwicklungspsychologie. Ihre Aufgabe besteht darin, „die Ergebnisse dieser speziellen Entwicklungspsychologien untereinander zu vergleichen und zu allgemeinen Entwicklungsgesetzen des geistigen Lebens schlechthin vorzudringen" (a.a.O., 3).

Ad 2: Das ‚Wesen der Entwicklung' bestehe in „zunehmender Differenzierung und hierarchischer Zentralisierung" (a.a.O., 36). Unter Differenzierung versteht Werner die Ausgliederung von Teilen aus einem ursprünglichen komplexen ungegliederten Ganzen; unter „hierarchischer Zentralisierung" die Integration der sich herausgliedernden Teile unter übergeordnete Regulationsinstanzen. Als Inaugurator des Differenzierung-Zentralisierung-Modells beruft er sich auf keinen Geringeren als Goethe: „Je vollkommener das Geschöpf ist, desto mehr sind diese Teile einander gleich oder ähnlich, und desto mehr gleichen sie dem Ganzen. Je vollkommener das Geschöpf wird, desto unähnlicher werden die Teile einander. In jedem Falle ist das Ganze den Teilen mehr oder weniger gleich, in diesem das Ganze den Teilen unähnlich. Je ähnlicher die Teile einander sind, desto weniger sind sie einander subordiniert. Die Subordination der Teile deutet auf ein vollkommeneres Geschöpf" (Goethe, 1968, Bd. 12, 179). Jegliche organismische Entwicklung zeichne sich durch diese Tendenz aus. Als Standardbeispiel für phylogenetische Veränderungsreihen wird die Entwicklung des Nervensystems von den Korallen bis zum homo sapiens angeführt. Für die Ontogenese des Kindes nimmt Werner auf die Entwicklungsrichtung von einer ursprünglichen ungeschiedenen Einheit von Subjekt und Objekt zu einer fortschreitenden Subjekt-Objekt- Differenzierung in der Entwicklung des Denkens und Handelns Bezug. Generalisierend schreibt er den Prozessen zunehmender Differenzierung bei gleichzeitiger hierarchischer Integration Gesetzescharakter zu: „Es muß also anerkannt werden, daß ein psychophysisches Gesetz der Entwicklung herrscht, das sich in allen psychischen Phänomenen und Funktionen in besonderer Art wiederum äußern muß. [...] Das Wesen der seelischen Genese [besteht] in der fortschreitenden Differenzierung, Verfeinerung der psychischen Erscheinungen und Funktionen und in einer sich ausbauenden Zentralisation" (a.a.O., 35 f.).

Im Vorgriff auf chronologisch später stattfindende Debatten sei hier aus sachlich naheliegenden Gründen auf die lebhafte Rezeption, die Werners Werk seit den 40er Jahren des 20. Jahrhunderts in der US-amerikanischen Entwicklungspsychologie fand, verwiesen. Werner emigrierte 1933 in die USA; seine ‚Einführung' erschien 1940 unter dem Titel ‚Comparative Psychology of Mental Development' und erlebte bis 1960 mehrere Auflagen. In der US-amerikanischen Literatur wurde Werners Modell als ‚orthogenetic principle' bezeichnet.

Kritisiert wurde (z. B. von Kaplan), dass Werner einen normativen Entwicklungsbegriff verwende; normativ sei sein Entwicklungsbegriff insofern als er ihn mit einer Bedeutungsdimension (‚Sinngehalt' von Entwicklung) verquicke. Die Berufung auf Goethe sei gut und schön, aber Goethe habe die ‚Idee' der Entwicklung im Auge gehabt und nicht faktisch ablaufende Prozesse beschreiben wollen. Viele Fakten der Ontogenese ließen sich nicht unter Werners Entwicklungsmodell subsumieren (vgl. Kaplan, 1983, 194 ff.). Ferner erwies sich in Anbetracht der in den USA früher als in Europa zum Durchbruch gelangenden Auffassung von Entwicklungspsychologie als life-span-development das letztlich an einem Fortschrittskriterium orientierte Wernersche Entwicklungsmodell als problematisch insofern, als man Schwierigkeiten hatte, Veränderungsprozesse im Alter als zunehmende Differenzierung und Zentralisierung zu charakterisieren. Die kritischen Einwände gegen Werner richteten sich also gegen den normativen Gebrauch des Entwicklungsbegriffs und gegen eine Gleichsetzung von Entwicklung und Höherentwicklung. Dennoch hat Werners Konzeption in der US-amerikanischen Entwicklungspsychologie sowohl positive Würdigung erfahren als auch fruchtbare Wirkungen in Form theoretisch-methodologischer Überlegungen hinterlassen. Als ‚heuristisches Konzept' war der Wernersche Entwicklungsbegriff geeignet, entwicklungspsychologische Fragestellungen und Fragerichtungen zu generieren. Gegen ein atheoretisches Darauf-los-Untersuchen ontogenetischer Veränderungen macht z. B. Kaplan unter Berufung auf Werner geltend, dass eine feste Vorstellung von dem, was Entwicklung überhaupt ist („a firm conception of what development means" [Kaplan, 1983, 195]), empirischen Forschungen logisch vorgeordnet sein müsse. In diesem Sinne sah man in Werner den Protagonisten einer theoriegeleiteten entwicklungspsychologischen Forschung. Dessen ungeachtet müsse man zwischen ‚meaning of development' und ‚facts of ontogenesis' streng unterscheiden (Kaplan, ebda.).

11.3 Entwicklungspsychologie als Verstehende Psychologie (Spranger)

Es ist sicher kein Zufall, dass sich die von lebensphilosophisch-hermeneutischen Denkansätzen herkommende Verstehende oder Geisteswissenschaftliche Psychologie nicht etwa – wie Preyer oder Stern – der frühen Kindheit, sondern gerade des Jugendalters als Thema annahm. Der Dilthey-Schüler Eduard Spranger (1882-1963) glaubt, dass die Methode des Verstehens einer umfassenden psychologischen Charakterisierung des Jugendalters besonders tiefgründig gerecht zu werden vermag. Diese Überzeugung von einer besonderen Affinität zwischen Gegenstand (Jugendalter) und Methode (Verstehen) bringt Spranger in den einleitenden Sätzen seines Buches ‚Psychologie des Jugendalters' (1924, 29. Aufl. 1979 [!]) zum Ausdruck:

„In keinem Lebensalter hat der Mensch ein so starkes Bedürfnis nach Verstandenwerden wie in der Jugendzeit. Es ist, als ob nur durch ein tieferes Verstehen dem werdenden Wesen herausgeholfen werden könnte. Und doch wirkt eine Fülle von Umständen zusammen, um ein solches Verstehen zu erschweren oder gar zu verhindern. Schon der Jugendliche selbst verbirgt ängstlich vor seiner Umgebung die feineren Falten seines Innern" (Spranger, 1924, 1). Ein Merkmal des Jugendalters sei „eine große seelische Hilflosigkeit". „Der Weg zum Helfen aber führt nur über das Verstehen" (ebda.). Die Wesensmerkmale der „seelischen Organisation" des Jugendlichen seien „1. die Entdeckung des Ich; 2. die allmähliche Entstehung eines Lebensplanes; 3. das Hineinwachsen in die einzelnen Lebensgebiete" (a.a.O., 35). In speziellen Kapiteln werden die folgenden ‚Lebensgebiete' erörtert: Erotik und Sexualität; Gesellschaft; sittliche Entwicklung; Rechtsbewusstsein; Politik; Beruf; Wissen und Weltanschauung; religiöse Entwicklung.

Das ‚Erkenntnisverfahren', dessen sich Spranger bedient, ist das Verstehen. Verstehen bildet den Gegenpol zum Erklären. Beim Verstehen gehe es um „Sinnzusammenhänge", „Sinnbestimmtheiten", „sinnvolle Gebilde" usw. und nicht – wie beim Erklären – um Kausalrelationen. „Sinnvolle Gebilde" zeichnen sich dadurch aus, dass sie „in ein Wertganzes eingeordnet" sind (a.a.O., 3 ff.). „Eingebundenheit in Sinnzusammenhänge" und „Sinnbestimmtheiten" heißt aber: Entwicklung ist teleologisch gerichtet. Von der „Setzung" (!) einer teleologischen Bestimmtheit wird sodann der Sinn von Entwicklung hermeneutisch erschlossen, natürlich a posteriori. So wird beispielsweise die teleologische Funktion des Spiels in der Kindheit oder der „Verschlossenheit" im Jugendalter von einem gedachten „Endwert" der Entwicklung her im nachhinein gedeutet. „Gewisse Erscheinungen" (der Entwicklung) seien „einer Teleologie einzuordnen" und werden „erst durch die Beziehung auf einen ‚Entwicklungssinn' verständlich" (a.a.O., 18). Eine so verstandene Entwicklungspsychologie müsse „hinter die erlebten Vorgänge zurück" gehen und dürfe sich nicht auf das „bloße positivistische Konstatieren von unverbundenen Einzelheiten" beschränken (ebda.). Es liegt auf der Hand, dass Spranger von dieser Position her der Jugendpsychologie seiner Zeit bescheinigen zu müssen glaubte, ihr Ziel verfehlt zu haben:

„Die Psychologie der Jugendlichen ist bisher nicht weiter gekommen, weil sie in der Regel – es gibt einige neueste Ausnahmen[18] – bemüht war, die seelischen Veränderungen der Pubertätszeit aus den körperlichen Veränderungen zu ‚erklären'" (a.a.O., 22).

Im Rahmen seiner kritischen Auslassungen zeichnet Spranger allerdings ein fragwürdiges Zerrbild der zeitgenössischen Psychologie im allgemeinen und der Jugendpsychologie im besonderen. Erstens wird behauptet, die „physiologische Psychologie" (das Gegenstück zur Verstehenden Psychologie) leite psychische Erscheinungen kausal aus physiologischen Prozessen ab (Physiologismus-Vorwurf). Zweitens wird behauptet, die zeitgenössische Psychologie fasse Psychisches als eine unstrukturierte Aneinanderreihung von Elementen auf (Elementarismus-Vorwurf).

Zum ersten Kritikpunk: Der „physiologischen Psychologie" wird unterstellt, „die Seele und ihre Funktionen [...] aus der Kenntnis des Leibes heraus verstehen" zu wollen (a.a.O., 21). Nun hat ja aber der maßgebliche Protagonist dieser physiologischen Psychologie, Wilhelm Wundt, explizit darauf hingewiesen, dass die Psychologie niemals in Physiologie aufgehen könne, sondern dass sie die Physiologie als ‚Hilfsmittel' benutze, und zwar in methodischer (Anwendung des Experiments) und in inhaltlicher Hinsicht (Aufklärung der „körperlichen Grundlagen des Seelenlebens"). Nach Wundt untersucht die Psychologie „die Bewusstseinsvorgänge in ihrem *eigenen* Zusammenhang" (Wundt, 1923, 2). Der zweite Kritikpunkt, der Elementarismus-Vorwurf, lässt sich zwar partiell für Th. Ziehen, der einer sensualistischen Assoziationspsycho-

---

18   Als Ausnahme beruft sich Spranger ausgerechnet auf eine Arbeit von E. R. Jaensch.

logie nahe stand, halten, aber die Tatsache, dass der Gedanke der Ganzheitlichkeit und Strukturiertheit psychischer Prozesse sowohl in der Berliner Gestaltpsychologie als auch in der Leipziger Ganzheits- bzw. Strukturpsychologie der
zentrale inhaltliche und methodische Ausgangspunkt war, scheint Spranger
schlichtweg ignoriert zu haben.

Bezogen auf die Jugendpsychologie kleidet Spranger seinen Physiologismus-Vorwurf in die rhetorische Frage: „Wird mir die große seelische Veränderung, die beim Übergang aus dem Kindesalter in das Pubertätsalter vor sich
geht, irgendwie psychologisch klarer dadurch, daß bestimmte Drüsen eine ver-
stärkte Tätigkeit entfalten oder nicht entfalten?" (Spranger, 1924, 22). Und natürlich hat er die passende Antwort parat: „Diese Erklärung leistet ebensoviel wie
die Behauptung, Sokrates sitze deshalb im Gefängnis, weil er seine Beinmuskeln
bewegt habe und auf die Art hineingekommen sei" (ebda.). Wortreich wird diese
Position bekräftigt: „In der eigentlichen Psychologie helfen sie [die physiologischen Feststellungen, G. E.] uns keinen Schritt voran" (ebda.); „die Drüsen-
tätigkeit gehört nicht in den Zusammenhang einer reinen Psychologie" (a.a.O.,
24); „aber Psychologie als solche hat doch eine ganz andere Aufgabe. Sie soll
[...] sagen, *was* vom Jugendlichen *erlebt* wird, *wie* erlebt wird. [...] Dahinein
gehören die Drüsen bestimmt nicht" (ebda.).

Prüft man die Berechtigung der Sprangerschen Vorwürfe etwa am Beispiel
der von der Wiener Schule vorgelegten Arbeiten zur Kinder- und Jugendpsychologie, wird die Haltlosigkeit hinreichend deutlich. Selbstverständlich hält auch
K. Bühler eine monokausale Herleitung der „Einsamkeit des Jugendlichen" aus
der „Tätigkeit der Geschlechtsdrüsen" für inakzeptabel, aber – so Bühlers
Gegenkritik – man könne doch „nicht im Ernst fordern, daß die psychologische
Forschung mit verbundenen Augen an all dem [den biologischen Regulationsmechanismen, G. E.] vorüber gehen soll" (Bühler, 1927, 142). Als zentralen
kritischen Punkt an Sprangers Methodologie und Kategoriensystem macht
Bühler dessen „Konzeption eines überindividuellen objektiven Geistes als einer
in die Individuen eingreifenden und doch wieder nur von ihnen getragenen
Realität" geltend; eine solche Konzeption sei „unausdenkbar" (Bühler, a.a.O.,
143). Es sei doch „ein großer Unterschied, ob man solche Subjekte [‚objektiver
Geist‘, ‚Volksgeist‘, ‚Volksseele‘, G. E.] als ideelle Koordinatengesichtspunkte
oder ob man sie als Realitäten setzt" (ebda.). Spranger begehe den Fehler, sie
„ungehemmt als Realitäten" aufzufassen (ebda.). Bühler stimmt der Sprangerschen Forderung nach einer ‚Ganzheitsschau‘ durchaus zu, aber: „Auf die
Ganzheitsschau muß die induktive Prüfung folgen" (ebda.). Entwicklungspsychologisch gewendet heißt dies: Man dürfe bei der Pubertätsentwicklung die
biologischen Reifevorgänge nicht ausblenden, d. h. die Pubertätsentwicklung
nicht als „ein rein innerlich bedingtes und innerlich gesteuertes Geschehen, un-

gefähr so wie es sich in einer fensterlosen Leibnizschen Monade abspielen müsste", verstehen. Aussichtsreicher sei es doch, „von der Wechselwirkung von Leib und Seele" auszugehen (a.a.O., 153).

Letztlich scheint es Spranger um die Rückholung der Psychologie in den Schoß der Philosophie und um die Einsetzung einer solcherart geisteswissenschaftlichen Psychologie, die er in selbstherrlicher Anmaßung als „eigentliche Psychologie" propagiert, als paradigmatische Leitidee zu gehen. Die Argumentationsstrategie Sprangers gegen die Entwicklungspsychologie seiner Zeit erinnert in vielem – sowohl in inhaltlicher als auch in formaler Hinsicht – an die seinerzeit etwa 30 Jahre zurückliegende Kontroverse zwischen Dilthey und Ebbinghaus (1894-1896). Man kann sich natürlich fragen, welchen Sinn es macht, diese alten Auseinandersetzungen zu revitalisieren. Betrachtet man jedoch die Einwände, denen heutzutage etwa eine biologisch-neurowissenschaftlich ausgerichtete Allgemeine Psychologie und – in unserem Falle – Entwicklungspsychologie begegnet, könnte es sich herausstellen, dass ein Überdenken solcher im Lauf der Psychologiegeschichte ausgetragenen theoretischen Auseinandersetzungen vielleicht nicht ganz nutzlos ist.

11.4 Entwicklungspsychologisch relevante Themen in der klassischen Psychoanalyse (Freud)

Das problematische Verhältnis zwischen akademischer Psychologie und Psychoanalyse spiegelt sich auch in beiderseits vorliegenden wissenschaftshistorischen Rückblicken zur Entwicklungspsychologie wider. Während es von psychologischer Seite durchaus vorkommt, dass in Abhandlungen zur Geschichte der Entwicklungspsychologie die Psychoanalyse überhaupt nicht erwähnt wird (Bühler & Hetzer, 1929; Reinert, 1976), erfährt von psychoanalytischer Seite her in Gesamtdarstellungen der Freudschen Lehre die ,psychoanalytische Entwicklungspsychologie' eine breite Würdigung (z. B. Mertens, 1990). Nun ist Mertens zweifellos zuzustimmen, dass die Psychoanalyse von ihrem theoretischen Ansatz und von ihrem Gegenstand her ein besonderes „Interesse an entwicklungspsychologischen Fragestellungen" (Mertens, 1990, 36) hatte und dass „von Anfang an in der Psychoanalyse eine Nähe zum genetischen Denken" (ebda.) bestand; die Frage ist nur, ob man Freud das Verdienst zuschreiben kann, eine Entwicklungspsychologie per se ausgearbeitet zu haben. Um diese Frage zu entscheiden, ist es zweckmäßig zu prüfen, wie Freud zu Aussagen über Kinder bzw. kindliche Entwicklungsprozesse gelangt. Freud hat niemals die Entwicklung des Verhaltens und Erlebens von Kindern in ihrer natürlichen Umgebung selbst untersucht oder systematische Verhaltensbeobachtungen angestellt, sondern seine Auffassungen über Entwicklungsvorgänge im Kindesalter aus Informationen erwachsener Patienten über ihre in der therapeutischen Situation aktualisierten Kindheitserinnerungen extrahiert. Mit anderen Worten: Freud nahm es in Kauf, seine ‚Kenntnisse' über frühkindliche psychische Entwicklungen im wesentlichen aus realen oder vermeintlichen Erinnerungen erwachsener Patienten an ihre Kindheit zu gewinnen. Die methodischen Schwierigkeiten, aus diesen Informationen eine (überprüfbare!) Rekonstruktion psychischer Entwicklungsphasen in der Kindheit abzuleiten, liegen auf der Hand; Bedenken gegenüber dieser Vorgehensweise wurden von vielen Seiten her erhoben. Pars pro toto soll die Argumentation von P. Miller angeführt werden:

„Wissenschaftliches Arbeiten setzt voraus, daß jede Theorie sich auf empirische Beobachtungen stützen muß, die sich von anderen Wissenschaftlern nachvollziehen lassen. Freuds Methodologie macht diese Art, Beobachtungsdaten zu sammeln, nahezu unmöglich. [...] Die wahrscheinlich häufigste Kritik an Freuds Lehre zielt darauf ab, daß sie nicht oder nur schwer überprüfbar ist. [...] Außerdem ist nicht sicher, ob die entscheidenden Entwicklungsschritte der Kindheit sich durch Informationen klären lassen, die von Erwachsenen stammen" (Miller, 1993, 149 f.).

Freud ging es zentral um die Genese von Neurosen, nicht aber um empirische kinderpsychologische Untersuchungen. Er setzte voraus, dass neurotische Fehlentwicklungen ihren Ursprung in der Kindheit haben, genauer gesagt: im konfliktträchtigen Bereich der frühkindlichen Sexualentwicklung. Psychoanalytische Studien, die das Kind selbst betreffen, dienten Freud lediglich als willkommene zusätzliche ‚Bestätigung' seiner Auffassungen, die er aus den in psychoanalytischen Sitzungen gewonnenen Erinnerungen Erwachsener (z. B. Träume, Ängste, Phobien usw.) gewonnen hatte. Von psychoanalytischen Studien über Kinder selbst sind zwei von besonderem Interesse: erstens Freuds ‚Analyse der Phobie eines fünfjährigen Knaben' (1909, GW VII), in der Literatur als Bericht vom ‚kleinen Hans' bekannt geworden; zweitens H. Hug-Hellmuths ‚Tagebuch eines halbwüchsigen Mädchens' (1919).

Zum erstgenannten Titel: Die Studie über den ‚kleinen Hans' wird von dem Freud-Biographen E. Jones als „die erste therapeutische Anwendung der Psychoanalyse bei einem kleinen Kinde" (Jones, 1978, II, 312) gewürdigt. Freud merkt in der Einleitung zu dieser Studie allerdings an, dass er nur „ein einziges Mal" mit dem Kinde gesprochen habe (GW VII, 243). Er hat lediglich die Berichte von Hansens Vater, einem frühen Anhänger der Psychoanalyse, über die Traumphantasien, Angstzustände und phobischen Symptome seines Sohnes wiedergegeben, kommentiert und von seiner Sexualtheorie her interpretiert. Die Behandlung des kleinen Hans lag ebenfalls in den Händen des Vaters, der freilich von Freud beraten wurde. In der einschlägigen Literatur wird die Geschichte vom ‚kleinen Hans' vielfach beschrieben. Deshalb genügen hier nur ein paar stichpunktartige Informationen. Der kleine Hans hatte eine Pferdephobie, die sich in massiver Angst, vom Pferd gebissen zu werden, manifestierte. Freud deutete dieses Phänomen als Hinweis auf die Angst vor dem Vater (Kastrationsdrohung). Ferner tritt in Traumphantasien eine „verwutzelte" Giraffe auf, die der träumende Hans der „großen" Giraffe wegnimmt und auf die er sich setzt. Freud interpretiert dies als Wunsch nach dem Besitz der Mutter nach Ausschaltung des Vaters (Ödipuskomplex).

Zum zweitgenannten Titel: H. Hug-Hellmuth (1871-1924) gilt als die erste Kinderanalytikerin. Ursprünglich Lehrerin, war sie ab 1910 psychoanalytisch tätig, veröffentlichte Analysen von Kinderträumen und war aktive Teilnehmerin der Freudschen Mittwoch-Kolloquien bzw. später der Wiener Psychoanalytischen Vereinigung. Die uns hier interessierende Publikation ist das ‚Tagebuch eines halbwüchsigen Mädchens', das bereits vor 1914 geschrieben worden sein soll und 1919 im Internationalen Psychoanalytischen Verlag veröffentlicht wurde. Der zentrale Bereich, um den die Gedanken der ‚halbwüchsigen' Tagebuchschreiberin Grete kreisten, war die Sexualität. Nicht erfolgte Aufklärung und beklemmende Fantasievorstellungen machen Sexualität für die Tagebuchschreiberin zu einem angstbesetzten Lebensbereich. Das Tagebuch legt „Zeugnis [ab] von den Ängsten und Nöten einer Mädchenseele als Folge sexueller Unaufgeklärtheit" (Stach, 1993, 183). Freud hat im Vorfeld der Veröffentlichung in einem Brief vom 15. April 1914 an Hug-Hellmuth das Tagebuch euphorisch gepriesen: „Das Tagebuch ist ein kleines Juwel. Wirklich, ich glaube, noch niemals hat man in solcher Klarheit und Wahrhaftigkeit in die Seelenregungen hineinblicken können, welche die Entwicklung des Mädchens unserer Gesellschaft- und Kulturstufe in den Jahren der Vorpubertät kennzeichnen. [...] Ich meine, Sie sind verpflichtet, das Tagebuch der Öffentlichkeit zu übergeben. Meine Leser werden Ihnen dafür dankbar sein" (Freud, GW X, 456). Peinlicherweise konnte 1926 nachgewiesen werden, dass dieses vermeintliche ‚Juwel' eine Fälschung war (Krug, 1926), die alsbald aus dem Buchhandel zurückgezogen wurde.

Die beiden soeben angeführten Fallstudien und ihre Bewertung sind symptomatisch für hinterfragenswerte Erkenntnisstrategien: Die Tatsache, dass vom Einzelfall des ‚kleinen Hans' so weitgehende Schlussfolgerungen wie die des Allgemeinvorkommens des Ödipuskomplexes bei Jungen gezogen wurden, und die Tatsache, dass vordergründig auf psychoanalytische Thesen abhebende Schilderungen, die eine überzeugte Psychoanalytikerin einem ‚halbwüchsigen Mädchen' zuschrieb, von Freud euphorisch als Bestätigung seiner Lehre hochstilisiert wurden – diese Tatsachen zeigen doch recht deutlich, dass auf eine sorgfältige empirische Verifizierung von Aussagen über die kindliche Entwicklung wenig Wert gelegt wird.

Diese kritischen Einwände sollten bedacht werden, wenn nun eine Darstellung der entwicklungspsychologisch relevanten Auffassungen der klassischen Psychoanalyse (Freud) gegeben wird. Entwicklungspsychologisch im engeren Sinne und genetisch im weiteren Sinne relevant sind insbesondere zwei Bestandteile der psychoanalytischen Psychologie:

1. die Lehre von den Phasen der Sexualentwicklung,
2. die Lehre vom Aufbau der menschlichen Persönlichkeit.

Ad 1: Es ist zweifellos ein historisches Verdienst Freuds, das bis dahin tabuisierte Thema der frühkindlichen Sexualität aufgegriffen zu haben: 1905 erschienen seine ‚Drei Abhandlungen zur Sexualtheorie‘ (GW V, 1-119), ein Buch, das beträchtliches Aufsehen erregte und mehrere Auflagen erlebte. Im Laufe des Ausbaus des Freudschen Gedankensystems erfuhr die Phasenlehre etliche Modifikationen. Die biographisch letzte und zugleich relativ präzise Version gibt Freud im ‚Abriß der Psychoanalyse‘ (1938, GW XVII, 63-138), im Kapitel ‚Die Entwicklung der Sexualfunktion‘, das als Orientierung für unsere Darstellung dienen soll. Die ‚Hauptergebnisse‘ der Untersuchungen zur Entwicklung der Sexualfunktionen fasst Freud in drei Punkten zusammen. Der erste Punkt betrifft den Neuheitswert der psychoanalytischen Erkenntnisse: „Das Sexualleben beginnt nicht erst mit der Pubertät, sondern setzt bald nach der Geburt mit deutlichen Äußerungen ein" (GW XVII, 75).

Im zweiten Punkt wird eine wichtige begriffliche Unterscheidung vorgenommen:

„Es ist notwendig, zwischen den Begriffen sexuell und genital scharf zu unterscheiden. Der erstere ist der weitere Begriff und umfaßt viele Tätigkeiten, die mit den Genitalien nichts zu tun haben" (ebda.). Diese begriffliche Klarstellung war in der Tat notwendig, da in der nicht immer sachlichen Rezeption und Kritik Freudscher Auffassungen ‚sexuell‘ und ‚genital‘ häufig gleichgesetzt wurden.

Der dritte Punkt hängt inhaltlich mit dem zweiten eng zusammen: „Das Sexualleben umfaßt die Funktion der Lustgewinnung aus Körperzonen, die nachträglich in den Dienst der Fortpflanzung gestellt wird. Beide Funktionen kommen oft nicht ganz zur Deckung" (ebda.). Dieser Unterscheidung zwischen Lustgewinnung und Fortpflanzung entspricht bei Freud auf wissenschaftlicher Ebene die Notwendigkeit einer Bereichsabgrenzung der zuständigen Disziplinen: „... aber man darf Physiologie nicht mit Psychologie verwechseln" (a.a.O., 76).

Die Phasen der Sexualentwicklung versteht Freud als „Phänomene einer gesetzmäßigen Entwicklung" (a.a.O., 75).

Ausgehend von diesen Grundvoraussetzungen postuliert er eine vier Phasen umfassende, ‚gesetzmäßig' vorgegebene Individualentwicklung: die orale, die sadistisch-anale, die phallische und die genitale Phase (zur Erläuterung dieser Phasen siehe Abschnitt 6.3.2.3 in diesem Buch).

Im Kontext einer Erörterung zur Geschichte der Entwicklungspsychologie ist abgesehen von der mangelnden Überprüfbarkeit der Aussagen zur Sexualentwicklung zu kritisieren, dass dem Sexualbereich ein überdimensionierter Stellenwert in der psychischen Ontogenese eingeräumt wird, eine Überbetonung, die sich u. a. darin äußert, dass der Sexualbereich als alleiniges Kriterium für eine Periodisierung des Kindes- und Jugendalters herangezogen wird.

Ad 2: Eine explizit genetische Betrachtungsweise kommt in Freuds Auffassungen über den Aufbau der menschlichen Persönlichkeit zum Tragen. Die Struktur der Persönlichkeit – Freud spricht vom „psychischen Apparat" – bildet sich im Gefolge einer genetisch aufeinander folgenden Aufschichtung von ‚Instanzen'. Freud betont: „Zur Kenntnis dieses psychischen Apparates sind wir durch das Studium der individuellen Entwicklung [sic!] des menschlichen Wesens gekommen" (GW XVII, 67). Die ‚Instanzen', deren Wechselbeziehungen das dynamische Geschehen im psychischen Apparat bestimmen, werden bereits 1923 (‚Das Ich und das Es'; GW XIII, 237-289) beschrieben: das Es, das Ich und das Über-Ich. Bei der komprimierten Beschreibung dieser ‚Instanzen' oder Schichten im Spätwerk ‚Abriß der Psychoanalyse' von 1938 kommt der genetische Gesichtspunkt sehr deutlich zum Ausdruck. So wird das Es als „die älteste dieser psychischen Provinzen oder Instanzen" (GW XVII, 67) charakterisiert. „Sein Inhalt ist alles, was ererbt, bei Geburt mitgebracht, konstitutionell festgelegt ist, vor allem die aus der Körperorganisation stammenden Triebe" (a.a.O., 67 f.).

Die zweite Instanz, das Ich, wird ebenfalls als Ergebnis von Entwicklungsprozessen beschrieben: „Unter dem Einfluß der uns umgebenden realen Außenwelt hat ein Teil des Es eine besondere Entwicklung erfahren ..."; es „hat sich eine besondere Organisation hergestellt, die von nun an zwischen Es und Außenwelt vermittelt. Diesem Bezirk unseres Seelenlebens lassen wir den Namen des *Ichs*" (a.a.O., 68).

Die dritte Schicht, das Über-Ich, gliedert sich „als Niederschlag der langen Kindheitsperiode" (ebda.) aus dem Ich als „eine besondere Instanz" heraus. Dem Über-Ich als Repräsentant des „elterlichen Einflusses" wie überhaupt der Kultur und Sozialnormen, m. a. W. als Repräsentant der Gesellschaft in mir, kommt die Rolle eines Zensors des Ich zu. „Eine Handlung des Ichs ist dann korrekt, wenn sie gleichzeitig den Anforderungen des Es, des Über-Ichs und der Realität genügt, also deren Ansprüche miteinander zu versöhnen weiß" (a.a.O., 69).

Wir haben gesehen: Die Schichten ('Instanzen') gehen auseinander hervor, bilden eine genetische Sequenz: Aus der biologisch-animalischen Grundschicht geht das Ich hervor, aus dem Ich geht der Zensor des Ichs hervor. Die entwicklungspsychologische Relevanz insbesondere des Über-Ich-Konzepts liegt auf der Hand: Das Verständnis der psychischen Ontogenese als Sozialisationsprozess geht zu einem guten Teil auf psychoanalytische Einflüsse zurück.

11.5 Zugänge des klassischen Behaviorismus zur Entwicklungspsychologie (Watson)

Der Begründer des Behaviorismus, John B. Watson (1878-1958), unternahm in seiner Programmschrift 'Psychology as the Behaviorist Views it' (1913) den gelegentlich als 'revolutionär' apostrophierten Versuch, Gegenstand und Methodik der Psychologie einer grundsätzlichen Neuorientierung zu unterziehen. Nicht Bewusstsein, sondern Verhalten sei die Untersuchungseinheit, und nur mittels einer exakten Erfassung von außen beobachtbaren Verhaltens könne die Psychologie „ein vollkommen objektiver, experimenteller Zweig der Naturwissenschaft" (Watson, 1968, 11) werden (vgl. Abschnitt 6.2.1 in diesem Buch). Die sich aus dieser radikalen Erneuerung des Gegenstandes ergebende Folgerung für die Entwicklungspsychologie müsste eigentlich darin bestehen, dass sie sich nicht mehr mit der Genese von Bewusstseinsprozessen zu beschäftigen hat, sondern mit der Genese des Verhaltens. Ihr Gegenstand wäre demzufolge Verhaltens*änderung* bzw. die Untersuchung von Mechanismen der Verhaltensänderung. Der Begriff für erfahrungsbedingte Modifikationen des Verhaltens von Organismen war der des *Lernens*. Entwicklungsprozesse werden in diesem Sinne als Lernprozesse beschrieben. Cum grano salis könnte man die 'Gleichung' aufstellen: Entwicklung = Lernen. Diese 'Gleichung' markiert die Gegenposition zur Auffassung von Entwicklung als Reifen. Nun kann man zwar keineswegs behaupten, in den nichtbehavioristischen (bisher behandelten) Konzeptionen werde Entwicklung ausschließlich als Reifen verstanden (Stern beispielsweise bot sein Konvergenzmodell an), aber eine radikale Reduzierung von Entwicklung auf von äußeren Einflussfaktoren ('Reizen') gesteuerte Lernprozesse war in der Tat etwas Neues. Die potentielle Wirksamkeit von angeborenen Dispositionen ('Anlagen') als Entwicklungsdeterminante wurde ausgeblendet. Zu welchen radikalen Folgerungen dieses Ausblenden führt, macht ein häufig angeführtes Zitat aus Watsons Buch 'Behavior' deutlich: „Gebt mir ein Dutzend gesunde, gut gebaute Kinder und meine eigene spezifizierte Welt, um sie darin großzuziehen, und ich garantiere, daß ich irgend eines aufs Gerate-wohl herausnehme und es so erziehe, daß es irgend ein beliebiger Spezialist wird, zu dem ich es erwähle: Arzt, Jurist, Künstler, Kaufmann, ja sogar Bettler und Dieb, ungeachtet seiner Talente, Neigungen, Absichten und Fähigkeiten und der Herkunft seiner Vorfahren" (Watson, 1914, zitiert nach Benesch et al., 1990, 173 f.).

Watson begründete den Behaviorismus als eine gesamtpsychologische Konzeption und nicht als eine explizit entwicklungspsychologische Theorie. Unter dem Aspekt einer Geschichte der Entwicklungspsychologie ist dennoch die Frage von Interesse, ob das Kind für Watson ein originärer Untersuchungs-gegenstand, möglicherweise sogar ein konstitutives Element seiner Gesamt-konzeption war. Wir erinnern uns, dass beispielsweise Freud die Begründung seiner Psychoanalyse nicht mit der eigenständigen Bearbeitung kinder-psychologischer Themen verband. Bei Watson scheint dies anders gewesen zu sein. Nach Cairns bildete die emotionale Entwicklung in der Kindheit den Schwerpunkt der experimentellen und Beobachtungsstudien Watsons im Zeit-raum 1916-1920, unterbrochen durch die Teilnahme am Ersten Weltkrieg (Cairns, 1983, 70). Die bekannteste publizistische Frucht dieser Arbeit war der Artikel ‚Conditioned Emotional Reactions' im ‚Journal of Experimental Psy-chology', der Bericht über eine mittels Konditionierungsversuchen erzeugte Phobie des 11 Monate alten Albert B. vor Ratten, Kaninchen, Pelzkleidung usw. (Watson & Rayner, 1920; ausführliche Darstellung und Bewertung dieser Studie z. B. bei Lück, 2002, 121 f.). Eine genauere Lektüre des Artikels zeigt deutlich, dass es Watson nicht primär um eine entwicklungspsychologische Fragestellung ging, sondern darum nachzuweisen, dass die mechanische Kopplung von Reiz und Reaktion (S-R-Theorie) auch als Erklärungsmodell für die Ätiologie psychopathologischer Phänomene nutzbar ist. Zugleich fungierte dieser ‚Nach-weis' als kritische Absetzung gegenüber einer psychoanalytischen Auffassung über die Entstehung von Neurosen bzw. i. e. S. von Phobien, wie sie Freud am Beispiel des ‚kleinen Hans' explizierte (Freud, GW VII). Bezeichnenderweise gehen Watson & Rayner am Schluss ihres Artikels in ausgesprochen ironisie-render Weise auf die psychoanalytische Herleitung von Phobien ein: Gesetzt den Fall, Albert B. würde als 20-jähriger wegen seiner Phobie zu einem Analytiker gehen, dann würde dieser dem armen Albert vermutlich beibringen, einen Traum gehabt zu haben, nämlich, dass er im Alter von 3 Jahren mit dem Schamhaar der Mutter spielen wollte und von der Mutter schroff zurückgewiesen wurde. Wenn der Analytiker den Patienten Albert hinreichend bearbeitet habe einzugestehen, einen solchen Traum gehabt zu haben, und wenn dieser Analytiker hinreichend Überzeugungskraft besitzt, dies seinem Patienten verständlich zu machen, dann könne in der Tat Albert zu der Einsicht gelangen, dass der Traum die Ursachen offen lege, die seine Ängste hervorrufen (vgl. Watson & Rayner, 1920, 14).

Die Annahme, dass es Watson ursprünglich nicht um eine entwicklungspsychologische Studie zur Emotionalität des Kindes ging, wird durch eine briefliche Mitteilung seines ehemaligen Mitarbeiters, des Physiologen K. S. Lashley (1890-1958), an E. R. Hilgard bestätigt. Laut Lashley wurde die Tierstation, die an Watsons Institut angeschlossen war, während des Weltkrieges an eine klinische Einrichtung angegliedert, so dass die Arbeit mit Ratten nicht mehr möglich war und statt dessen auf Kleinkinder zurückgegriffen wurde. Lashley berichtet: „Our whole program was then disrupted by the move to the lab in Meyer's clinic. There were no adequate animal quarters there. Watson started work with the infants as the next best material available" (nach Hilgard, 1987, 428). Die von Watson einige Jahre später (1926) gemachte Aussage, man müsse, um den Menschen zu verstehen, mit der Geschichte seines Verhaltens beginnen („,to understand man', one must begin with the history of this behavior", vgl. Cairns, 1983, 70), wird wahrscheinlich eher als eine nachträgliche Pseudoerklärung für ein angebliches kinderpsychologisches Interesse bewertet werden können. Ungeachtet des Fehlens eines originären Interesses am Kind als Gegenstand entwicklungspsychologischer Untersuchungen bei Wastson, hatte der Behaviorismus einen herausragenden Einfluss auf die Entwicklung der Entwicklungspsychologie, insbesondere in den USA. Zwar verringert sich der direkte Einfluss Watsons auf die akademische Szene, nachdem er 1920 von der Universität entlassen wurde, beträchtlich, aber sein programmatischer Ansatz von 1913 wurde durch prominente Fachkollegen in modifizierter Form weitergeführt und zu diversen Lerntheorien ausgebaut. Zu nennen sind hier vor allem E. L. Thorndike (1874-1949; Theorie des instrumentellen Konditionierens, Effekt-Gesetz) und C. L. Hull (1884-1952; Theorie der Verstärkung von Reaktionstendenzen).

Die Überzeugung Watsons vom Nichtbestehen einer „Trennungslinie zwischen Tier und Mensch" (Watson, 1968, 13) beibehaltend, waren die bevorzugten Untersuchungspopulationen, an denen diese Lerntheorien experimentell überprüft wurden, Ratten, nicht Kinder. Dass die von Ergebnissen tierexperimenteller Untersuchungen abgeleiteten Lerntheorien dann in den Dienst der Behandlung von Problemstellungen der Educational Psychology gestellt und mit erziehungspraktischen Folgerungen verknüpft wurden, lag bei der Orientierung des amerikanischen Wissenschaftsbetriebes auf konkrete Nutzanwendung nahe.

Aber auch für die auf Watson folgenden lernpsychologischen Ansätze erhebt sich die Frage, ob ihnen eine originär entwicklungspsychologische Perspektive eigen ist. Folgt man Montada, ist man geneigt, eine eher verneinende Antwort zu geben. Wenn man davon ausgehe – so Montada –, dass Gegenstand der Entwicklungspsychologie „die Analyse altersbezogener Veränderungen, und zwar als Funktion vorangegangener Veränderungen" sei, könne „die empiristische Lernpsychologie nicht als Entwicklungspsychologie gelten. ... Wo sie auf Entwicklungsphänomene stößt, [...] greift sie zur Erklärung auf Leistungen zurück (Sprache), deren *Erwerb* nicht Gegenstand ihres Forschungsinteresses ist" (Montada, 1978, 297, Hervorhebung: G. E.). Demzufolge gelange man zu der kritischen Einschätzung, „der Behaviorismus habe keine Entwicklungspsychologie" (ebda.).

11.6 Die Genfer Schule (Piaget)

Eine radikale Gegenposition zum Behaviorismus bezieht der Genfer Entwicklungspsychologe Jean Piaget (1896-1980) mit seinen Fragestellungen und Untersuchungsstrategien. Der Behaviorismus behauptet, dass die Entwicklung des Kindes durch Lernprozesse gesteuert wird, d. h. dass der Erwerb der Fähigkeit, sich zunehmend umweltangepasster zu verhalten, ein Ergebnis von S-R-Kopplungen ist. Das behavioristisch verstandene Kind reagiert, aber es agiert nicht. Entwicklung ist extern determiniert; ein „passiver Organismus, dessen Entwicklung unter völliger Kontrolle seiner Umwelt steht" (Montada, 1978, 291) wird vorausgesetzt.

In Abgrenzung zu einer solchen „passive interpretation of the act of knowledge" (Piaget, 1983, 104) vertritt Piaget eine Entwicklungskonzeption, in der das Moment der Eigenaktivität des Kindes als Subjekt hervorgehoben wird. Zwei wechselseitig aufeinander bezogene Gesichtspunkte sind wesentlich für das Verständnis dieser Konzeption:

1)   Die Ontogenese der kognitiven Funktionen kann nicht als ein von anderen psychophysischen Funktionen separierter Bereich behandelt werden, sondern sie wird in erster Linie erschlossen aus der Entwicklung der Handlungskompetenzen des Kindes; mit Piagets Worten: „Knowledge is constantly linked with actions or operations that is, with transformations" (Piaget, ebda.).
2)   Das Kind ist insofern Subjekt seiner eigenen Entwicklung, als seine Kognitionen keine passiven Widerspiegelungen, sondern aktive Konstruktionen sind; es *erzeugt* ein Bild von der Welt.

Diese leitenden Gesichtspunkte integriert Piaget in eine elaborierte Entwicklungstheorie, die sich einer spezifischen Begrifflichkeit bedient. Die folgenden

Begriffe bedürfen einer semantischen Erläuterung: Assimilation, Akkomodation, Adaption und Äquilibration.

Unter *Assimilation* versteht Piaget den Prozess, bei dem das Kind (bzw. der Organismus) (neue) Erfahrungen mit seiner Umwelt (Gegenstände, Situationen) in eine bereits verfügbare kognitive Struktur (Schema) integriert. Ein Beispiel zur Veranschaulichung: Das Kind, das für ‚Hund' bereits über ein kognitives Schema in Form des onomatopoietischen Lautgebildes ‚wau-wau' verfügt, bedient sich beim Auftauchen eines ähnlich aussehenden Tieres (z. B. Katze, Schaf usw.) des ‚altbekannten' Schemas, d. h. die Katze wird ‚wau-wau' genannt.

Akkomodation ist der zur Assimilation komplementäre Prozess. Von Akkomodation spricht Piaget bei einer Veränderung oder Neuorganisation kognitiver Strukturen (Schemata) aufgrund neuer Erfordernisse seitens der Umweltgegebenheiten (Gegenstände, Situationen usw.). Bezogen auf unser Beispiel heißt dies: Die Belegung der neuen Erfahrung ‚Katze' mit dem Lautgebilde ‚wau-wau' erweist sich als unzureichend, um dem Neuheitscharakter dieser Erfahrung gerecht zu werden. Die kognitive Organisation (das Schema) wird dem Neuheitswert bzw. der Andersartigkeit angeglichen: Für ‚Katze' wird ein eigenständiges Lautgebilde (z. B. ‚miau') verwendet.[19]

Das komplementäre Wechselspiel von Assimilation und Akkomodation bezeichnet Piaget als *Adaptation*. Adaptation meint nicht Determination des Individuums (des Organismus) durch die Umwelt, sondern Interaktion zwischen Individuum (Organismus) und Umwelt. Mit anderen Worten: Adaptation ist ein selbstregulatorischer Prozess des Organismus.

Schließlich zum zentralen Begriff *‚Äquilibration'*: Im Ergebnis des Wechselspiels von Assimilation und Akkomodation, der Diskrepanz zwischen Situationsverständnis des Kindes und (objektiv gegebenen) Anforderungen der Situation kommt es zu kognitiven Ungleichgewichten, die dazu tendieren ausgeglichen zu werden. Mit der Herstellung eines Gleichgewichts, der Äquilibration, geht eine Veränderung der kognitiven Strukturen im Sinne einer Höherentwicklung einher. Entwicklung ist somit eine phasisch gegliederte Aufeinanderfolge von Äquilibrationsprozessen.[20]

---

19   Bereits Ende des 19. Jahrhunderts hat Baldwin den Begriff ‚accomodation' in einem dem Piagetschen Sprachgebrauch sehr nahe stehenden Sinne verwendet. ‚Accomodation' bezeichnet bei Baldwin „die Anpassung des Organismus an *neue* Bedingungen, so dass er fortschreitend weitere nützliche Reaktionen für sich erbringt, die in früheren Stadien unmöglich gewesen sein würden" (Baldwin, 1898, 153; vgl. Eckardt, 2003, 93). Piaget selbst hat mehrfach auf die Vorläuferfunktion Baldwins in Bezug auf seine Entwicklungstheorie hingewiesen.

20   Ein Rückverweis auf die heuristische Fruchtbarkeit der Hegelschen Dialektik, die Funktion des Widerspruchs als Quelle der Entwicklung, bietet sich hier an.

Von einer dieserart universellen und invarianten Sequenz qualitativer Veränderungen der kognitiven Strukturen ausgehend, unterscheidet Piaget vier Stadien:

1)   das Stadium der sensumotorischen Intelligenz,
2)   das voroperative Stadium,
3)   das konkret-operative Stadium,
4)   das formal-operative Stadium.

Auf eine detaillierte Beschreibung der Strukturmerkmale der einzelnen Stadien kann mit dem Verweis auf ausführliche Darstellungen in gängigen Nachschlagewerken und Lehrbüchern (z. B. Oerter & Montada, 2001; Keller, 1998; Miller, 1993; Schmidt, 1980; Trautner, 1991) verzichtet werden. Auf ein Merkmal des präoperationalen Stadiums soll jedoch exemplarisch an dieser Stelle eingegangen werden, um im nächsten Abschnitt (11.7) eine vergleichende Analyse des theoretischen und methodologischen Herangehens in der Genfer und in der kulturhistorischen Schule vornehmen zu können. Die Rede ist vom ‚Egozentrismus'. Piaget spricht vom Egozentrismus im Zusammenhang mit der Unfähigkeit des Kleinkindes zur sog. Dezentrierung: Dem Kleinkind wird nicht bewusst, dass die Wahrnehmungs- und Denkweisen anderer Personen von den eigenen verschieden sein können. Der klassische Drei-Berge-Versuch (vgl. o. a. Literatur) etwa zeigt, dass das Kind der präoperativen Stufe nicht fähig ist zu erkennen, dass sich bei einer Veränderung der lokalen Position des Beobachters gegenüber einem räumlichen Gebilde (Berge) die Perspektive auf dieses Gebilde ändert. Vielmehr wird die aktuelle eigene Perspektive auch bei einer Veränderung der Beobachterposition beibehalten. In den Urteilen und im sozialen Verhalten fehlt die Fähigkeit, Perspektiven bzw. Rollen anderer Personen einzunehmen. Statt dessen bleibt die eigene Person (Position, Rolle) der dominierende Bezugspunkt, nach Piaget äußert sich der Egozentrismus auch im Sprechen. 35-40 % der Sprechakte des präoperativen Kindes seien egozentrisch. Faktisch kümmert sich das präoperative Kind beim egozentrischen Sprechen nicht darum, ob das, was es spricht, von anderen verstanden wird. Es hält Monologe, in der Gruppe ‚kollektive Monologe'. Piaget interpretiert egozentrisches Sprechen als im Grunde nutzlose Begleiterscheinung selbstbezogener Aktivitäten ohne Kommunikationsabsicht: „Das Kind empfindet nicht das Bedürfnis, auf den Gesprächspartner einzuwirken, ihm wirklich etwas beizubringen" (Piaget, 1979, 23). Mit fortschreitendem Alter werde dieses selbstbezogene Sprechen vom sozialisierten Gebrauch der Sprache als Kommunikationsmittel abgelöst.

     Was hat Piaget in das entwicklungspsychologische Denken eingebracht? Das für die Geschichte der Entwicklungspsychologie entscheidende Verdienst

Piagets dürfte darin bestehen, das wissenschaftliche Wissen über die Entwicklung der *kognitiven Funktionen* und ihrer Strukturmerkmale aus der Analyse der (äußeren und inneren) *Handlungen* des Akteurs Kind erschlossen zu haben. Der methodologische Königsweg zur Analyse der kognitiven Strukturebenen führt über die Handlung. Offenbar ist es dieses methodologische Konzept, das Miller zu dem ausgesprochen positiven Gesamturteil veranlasst: „Piagets Theorie ist die bedeutendste Stadientheorie der Entwicklungspsychologie" (Miller, 1993, 109). [21]

11.7 Die kulturhistorische Schule (Wygotski)

Die kulturhistorische Schule, deren Gründer und Hauptvertreter der sowjetische Psychologe Lew S. Wygotski (1896-1934) ist, hat mit dem Ansatz Piagets in einem zentralen Punkt eine Gemeinsamkeit: *Das menschliche Individuum ist, indem es tätig ist, das Subjekt seiner eigenen Entwicklung.* Während aber der von der Biologie herkommende Piaget diese zentrale Aussage von einem *biologischen* Modell, nämlich dem Organismus als sich selbst organisierendem System, herleitet, versucht Wygotski, für die Gültigkeit dieser Aussage eine *soziale* Erklärung zu geben, nämlich dass die Gesellschaftlichkeit von Anfang an konstituierendes Element des Menschseins sei.

Bevor wir Gemeinsamkeiten und Unterschiede bei Piaget und Wygotski beleuchten, sollen die Grundannahmen der kulturhistorischen Schule dargestellt werden. Wygotski grenzt sich bei der Konzipierung seiner theoretischen Positionen nach drei Seiten ab. Ähnlich wie Piaget kritisiert er erstens den Behaviorismus und plädiert für eine Psychologie des Bewusstseins. Im Frühwerk Wygotskis wird diese Kritik besonders nachdrücklich formuliert:

„Indem die Psychologie das Problem des Bewußtseins ignoriert, versperrt sie sich selbst den Zugang zur Erforschung komplizierter Probleme menschlichen Verhaltens. [...] Wenn wir das Bewußtsein aus der Psychologie vertreiben, schließen wir uns fest und für immer in den Kreis biologischer Ungereimtheiten ein" (Wygotski, 1985 [1925], Bd. 1, 280 u. 283).

---

21 Die Aussage Millers, Piagets Theorie habe „die zentrale Rolle der Kognition für die Entwicklung *erstmals* dargestellt" (Miller, 1993, 91; Hervorhebung: G. E.), lässt sich freilich historisch nicht halten. Immerhin hat K. Bühler bereits 1918 ein Buch mit dem Titel ‚Die geistige Entwicklung des Kindes' geschrieben und in diesem Buch u. a. die „Entwicklung des Denkens" (Kapitel 7) und „Ansätze einer allgemeinen Theorie der geistigen Entwicklung" (Kapitel 8) behandelt.

Zweitens hält Wygotski eine Beschränkung auf das Individuum bei der Analyse der Entwicklung kognitiver Prozesse für inakzeptabel:

> „Wer hofft, die Quelle der höheren psychischen Prozesse innerhalb des Individuums zu finden, verfällt in den selben Fehler wie der Affe, der versucht, sein Spiegelbild hinter dem Glas zu entdecken. Nicht innerhalb des Gehirns oder des Geistes, sondern in den Zeichen, in der Sprache, in den Werkzeugen, in den sozialen Beziehungen verbirgt sich die Lösung der Rätsel, welche die Psychologen neugierig machen" (Wygotski, zitiert nach A. A. Leontjew, 1990, 41).

Drittens wird gegenüber dominant biologischen Sichtweisen das Primat des Sozialen bei der Determination der psychischen Entwicklung betont:

Die psychische Entwicklung sei eine „Entwicklung, die in der Hauptsache nicht durch Gesetze der biologischen Evolution bedingt ist, sondern durch die Gesetze der historischen Entwicklung der Gesellschaft" (Wygotski, zitiert nach A. N. Leontjew, 2001, 326).

Die Konsequenz insbesondere aus dem letztgenannten Punkt ist, dass alle ‚höheren Bewusstseinsphänomene' aus sozialer Interaktion abgeleitet werden. Als geistiger Austausch von interagierenden Personen sei Denken ein Prozess, der *zwischen* Menschen stattfindet, d. h. ein intermentales Geschehen. Dies sei primär. Im Gefolge der Internalisierung durch das Kind wird das *Inter*mentale zum *Intra*mentalen. Wygotski unterscheidet also zwei Ebenen: In der Entwicklung erscheint die kognitive Funktion „*zunächst* [...] zwischen Menschen als intermentale Kategorie und *dann* innerhalb des Kindes als intramentale Kategorie" (Wygotski, 1960, zitiert nach Miller, 1993, 353; Hervorhebung: G. E.).

Auf eine kurze Formel gebracht, könnte man sagen: Kommunikation generiert Kognition. Hierbei wird vorausgesetzt, dass das menschliche Individuum bereits als soziales Wesen auf die Welt kommt. Das Neugeborene ist also kein a-sozialer Organismus. In einem postum erschienenen Artikel über das Säuglingsalter schreibt Wygotski:

„Diese Entwicklung [im Säuglingsalter, G. E.] ist vom ersten Augenblick an dadurch gekennzeichnet, daß alle Lebenserscheinungen des Säuglings eingesponnen und eingewoben sind in Soziales, daß in einer längeren Entwicklung beim Kind das Ur-Wir-Bewußtsein entsteht. [...] Das solipsistische Verhalten des Säuglings ist also in Wirklichkeit soziales Verhalten, das dem Ur-Wir-Bewußtsein des Säuglings entspringt" (Wygotski, 1985, Bd. 2, 156 u. 161).

Die Interaktionsmuster, in die das Kind von Geburt an eingebunden ist, sind a) kulturspezifisch, b) historisch geprägt. Kognitionen sind Produkte kulturhistorischer Entwicklungen. Daraus ergibt sich methodologisch: Die Entwicklungen, die das Kind bei der Ausübung seiner kognitiven Funktionen vollzieht, sind als Bestandteil historischer und kultureller Entwicklung zu untersuchen. In diesem Zusammenhang weist Wygotski auf die zentrale Bedeutung der in der jeweiligen Kultur verfügbaren materiellen und geistigen (Sprache) Werkzeuge für die psychische Entwicklung hin.

Kommen wir nochmals auf die Relation Kognition – Kommunikation zurück: Will man den kognitiven Entwicklungsstand des Kindes bestimmen, muss man der essentiellen Verschränkung von Kognition und Kommunikation Rechnung tragen. „Lernen initiiert eine Vielzahl innerer Entwicklungsprozesse, die nur dann ablaufen können, wenn das Kind mit Menschen seiner Umgebung interagiert und mit Kameraden kooperiert" (Wygotski, 1978, zit. nach Miller, 1993, 348). Von diesen Überlegungen ausgehend, prägt Wygotski den Begriff der ‚Zone der nächsten (proximalen) Entwicklung'. Dieser Begriff wird verwendet, um die Distanz zwischen dem selbständig verfüg- und aktivierbaren *aktuellen* und den durch Kommunikation (Unterweisung etc.) erzielbaren *potentiellen* kognitiven Entwicklungsniveau des Kindes zu umschreiben. Auf eine pädagogisch-psychologische Ebene transformiert heißt dies: „Die Zone der nächsten Entwicklung bezeichnet [...] den Unterschied zwischen dem, was das Kind selbständig zu tun vermag, und dem, wozu es mit Hilfe eines Lehrers imstande ist" (Leontjew, 1985, 48). Bei der Beurteilung des kognitiven Leistungsstandes müsse man sowohl die Fähigkeit, selbständig Aufgaben zu lösen, als auch die Fähigkeit, Aufgaben mit Hilfe Erwachsener zu bewältigen und diese Hilfe für künftige selbständige Aufgabenlösungen zu nutzen, in Betracht ziehen.

> „Was das Kind heute in Zusammenarbeit und unter Anleitung vollbringt, wird es morgen selbständig ausführen können. Und das bedeutet: Indem wir die Möglichkeiten des Kindes in der Zusammenarbeit ermitteln, bestimmen wir das Gebiet der reifenden geistigen Funktionen, die im allernächsten Entwicklungsstadium sicherlich Früchte tragen und folglich zum realen geistigen Entwicklungsniveau des Kindes werden" (Wygotski, 1987, zit. nach Lompscher, 1995, 526).

Die Folgerungen dieses Ansatzes beispielsweise für die Intelligenzdiagnostik (s. Abschnitt 10.3.2.3) liegen auf der Hand: Anstelle der statischen Messung des punktuellen Entwicklungsstandes kognitiver Leistungen in der traditionellen Intelligenzdiagnostik (*Statusdiagnose*) sind über die Zeit entwickelbare Potenzen (*Lernfähigkeitsdiagnose*) zu erfassen. Miller (1993, 358) paraphrasiert diesen Gedanken in anschaulicher Weise: „Ein Kind ‚ist', was es ‚sein kann'. Die dynamische Bewertung misst unmittelbar die Lernbereitschaft oder das Lernpotential von Kindern und weniger die Produkte ihres vorangegangenen Lernens, so wie es standardisierte Intelligenztests tun."

Der heuristische Wert des Wygotskischen Ansatzes für die Psychodiagnostik ist unbestreitbar. Versuche, diesen Ansatz in Form handhabbarer diagnostischer Verfahren zu operationalisieren, werden in der Lernfähigkeits-diagnostik (z. B. Guthke, 1974) unternommen.

Nach der skizzenhaften Beschreibung von Positionen der kulturhistorischen Schule kommen wir nochmals zurück auf den Vergleich zwischen Piaget und Wygotski. Der Vergleich soll am Beispiel der differenten Interpretation des ego-zentrischen Sprechens angestellt werden. Für Piaget ist egozentrisches Sprechen ein autismusähnliches Sprechen des Kindes mit sich selbst, das keine sozialen Funktionen hat. Es wird durch das sozialisierte Sprechen abgelöst. Für Wygotski ist jede Form von Sprechen per se sozial bestimmt, auch das egozentrische Sprechen. Es ist nur als noch „ungenügende Individualisierung einer ursprüng-lich sozialen Sprache" (Wygotski, 1964, 278) zu charakterisieren. Ego-zentrisches Sprechen wird verstanden als genetisches Vorstadium der inneren Sprache, der handlungsregulierende Funktion zukommt. Während also Piaget egozentrisches Sprechen als *Defizit* gegenüber dem sozialisierten Sprechen interpretiert, betrachtet es Wygotski von den ihm innewohnenden Progressions-*Potenzen* her. Um den sozialen Charakter des egozentrischen Sprechens nach-zuweisen, führte Wygotski experimentelle Studien durch. Er fand heraus, dass egozentrische Sprechaktivitäten beim Fehlen sozial-kommunikativer Bezugs-möglichkeiten (z. B. Sprechen in Gegenwart taubstummer oder fremdsprachiger Kinder, d. h. ohne potentielle Ansprechpartner) relativ rückläufig waren (Be-schreibung der Untersuchungsserien bei Wygotski, 1964, 280-283). Piaget, dem erst Ende der 1950er Jahre die Arbeiten Wygotskis bekannt wurden, hat die kritischen Einwände seines sowjetischen Kollegen partiell akzeptiert:

„When Vygotsky concludes that the early function of language must be that of global communcation and that later speech becomes differentiated into ego-centric and communicative proper, I believe I agree with him" (Piaget, 1962, 7). Worin besteht aber der Dissens zwischen Piaget und Wygotski? Piaget meint, der Dissens ergebe sich aus dem unterschiedlichen Verständnis von ‚sozial‘ bzw. ‚Sozialisation‘. Wenn das Kind A etwas spricht, unabhängig davon und ohne Rücksicht darauf, ob das Gesprochene vom Kind B verstanden wird oder ver-standen werden kann (egozentrisches Sprechen), dann könne es durchaus so etwas wie soziale Kontakte zwischen A und B geben, aber eben keine ‚intellektuelle Kooperation‘. Auf letztere komme es ihm (Piaget) an, wenn von sozialisiertem Sprechen die Rede ist.

"I cannot go along with him [=Vygotsky; G.E.] because the word socialisation be-comes ambiguous in this context: if an individal A mistakenly believes that an indi-vidual B thinks the way A does, and if he does not manage to understand the differ-ence between the two points of view, this is, to be sure, social behavior in the sense that there is contact between the two, but I call such behavior unadapted from the point of view of intellectual co-operation. This point of view is the only aspect of the problem which has concerned me but which does not seem to have interested Vygotsky" (Piaget, 1962, 8).

11.8 Die ökologisch orientierte Entwicklungspsychologie (Bronfenbrenner)

Die Arbeiten sowohl der Genfer als auch der kulturhistorischen Schule haben die internationale Forschungslandschaft der Entwicklungspsychologie nachhaltig beeinflusst. Zu den Gelehrten, die diesen Richtungen wichtige Anregungen verdanken, zählt auch der maßgebliche Protagonist einer ökologisch orientierten Entwicklungspsychologie, Urie Bronfenbrenner (1917-2005). In seiner ‚Ökologie der menschlichen Entwicklung' (1979, deutsch 1981) beruft er sich explizit u. a. auf Piaget und Wygotski als jener „Giganten", auf deren Schultern er mit seiner Arbeit stehe. Die erste Stelle unter den zehn „Giganten", die Bronfenbrenner nennt, nimmt freilich Kurt Lewin (1890-1947) ein. In der Tat hat Lewin mit der Kategorie ‚Lebensraum', der genial einfachen Formel V = f (P, U) und mit einer ersten programmatischen Annäherung an eine topologische Psychologie die entscheidenden Impulse für eine ökologisch orientierte Entwicklungspsychologie gegeben. Vor diesem Hintergrund ist nachvollziehbar, dass Bronfenbrenner sein Buch als „einen Versuch [bezeichnet], Lewins genialer Vorstellung der topologischen Territorien psychologische und soziologische Substanz zu geben" (Bronfenbrenner, 1981, 25). Die Verpflichtung gegenüber Lewin wird u. a. daran deutlich, dass Bronfenbrenner die Formel V = f (P, U) als Prüfkriterium zur Beurteilung entwicklungspsychologischer Forschung verwendet. Beim Anlegen dieses Kriteriums kommt er zu der kritischen Einschätzung, dass in der zeitgenössischen Forschung der Kategorie P wesentlich mehr Aufmerksamkeit geschenkt wird als der Kategorie U. Es gebe „ein Übermaß von Theorien und Untersuchungen über die Eigenschaften der Person, aber nur sehr rudimentäre Vorstellungen und Charakterisierungen ihrer Umwelt" (a.a.O., 32). „Das Angebot von Theorien und Daten über die Umwelt [...] ist dürftig" (ebda.). Nun ist es zwar wissenschaftshistorisch nicht gerechtfertigt, generell von einer Außerachtlassung des Umweltfaktors in der zeitlich vor Bronfenbrenner liegenden Entwicklungspsychologie zu sprechen. Wir erinnern etwa an W. Sterns Konvergenztheorie als Versuch, das Verhältnis von Anlage und Umwelt zu umschreiben, an H. Hetzers eindrucksvolle Untersuchungen über die depravierenden Wirkungen eines sozialökonomischen Mangelmilieus auf die kindliche Entwicklung oder an M. Muchows Studie über das Großstadtmilieu als Entwicklungsdeterminante. Bronfenbrenner stellt die Ergebnisse dieser Arbeiten keineswegs generell in Frage; ihm geht es im wesentlichen darum, ein differenzierteres Umweltkonzept in die (entwicklungs-) psychologische Forschung einzubringen. Versucht man, die Kerngedanken dieses differenzierteren Umwelt-konzepts als Alternativen zu charakterisieren, ergeben sich m. E. folgende Ge-sichtspunkte:

1. Umwelt darf nicht „als statische Struktur beschrieben" werden (a.a.O., 33), sondern selbst in Entwicklung begriffene Systemvariable.
2. Bei der Untersuchung der Beziehung zwischen Person und Umwelt ist es unzureichend, nur die unilaterale Richtung U → P im Blick zu haben (tabula-rasa-Modell nach Locke), sondern es muss „beachtet werden, daß die Interaktion zwischen Person und Umwelt in beiden Richtungen wirkt, daß sie durch Reziprozität charakterisiert ist" (a.a.O., 38).
3. Für die entwicklungspsychologische Forschung sind „nicht nur die objektiven Eigenschaften der Umwelten wissenschaftlich relevant, sondern auch die Art und Weise, wie diese Eigenschaften von der Person in den Umwelten wahrgenommen werden" (ebda.). Diese Unterscheidung zwi-schen *realer* und *phänomenaler* Umwelt geht wiederum auf Lewin zurück. Für die psychologische Untersuchung hat die phänomenale Umwelt erst-rangige Bedeutung: „Die phänomenale Umwelt steuert das Verhalten weit wirksamer als die reale; es ist unmöglich, dieses Verhalten aufgrund objek-tiver Umwelteigenschaften allein zu verstehen, ohne ihre Bedeutung für die Menschen in der Situation, im Lebensbereich, in Betracht zu ziehen" (a.a.O., 40). Methodisch ergibt sich daraus die Forderung, „auf empirischem Wege [zu] ergründen, wie Situationen von den Menschen, die an ihnen teilhaben, wahrgenommen werden" (a.a.O., 41).
4. Die entwicklungspsychologisch relevante Umwelt beschränkt sich nicht auf den „unmittelbaren Lebensbereich um die Person", sondern „umfaßt meh-rere Lebensbereiche und die Verbindungen zwischen ihnen, auch äußere Einflüsse aus dem weiteren Umfeld" (a.a.O., 38). In diesem Sinne wird Umwelt als „ein Satz ineinandergeschachtelter Strukturen" verstanden (a.a.O., 19).

Diese vier Punkte – Umwelt als in Entwicklung begriffene Systemvariable; Reziprozität des Person-Umwelt-Verhältnisses; phänomenale Umwelt als psy-chologische Analyseeinheit; Umwelt als Satz ineinandergeschachtelter Struk-turen – sind wesentliche Strukturelemente der ökologisch orientierten Ent-wicklungspsychologie.

Der viertgenannte Punkt erfährt bei Bronfenbrenner eine differenzierte Aus-arbeitung. Seine „erweiterte Umweltvorstellung" (a.a.O., 38) umfasst vier kate-gorial unterscheidbare, funktional aber in enger Wechselwirkung stehende ‚Ebenen': Mikro-, Meso-, Exo- und Makrosystem. Da bei Bronfenbrenner selbst sowie in einschlägigen Lehrbüchern diese ‚Ebenen' ausführlich dargestellt werden, begnügen wir uns hier mit einer skizzenhaften Umschreibung. Unter Mikrosystem wird „der unmittelbare Lebensbereich, der die sich entwickelnde Person umgibt" (a.a.O., 19), verstanden, z. B. Familie, Schule, Freizeitgruppe. Das Mesosystem „umfaßt die Wechselwirkung zwischen diesen Lebensbereichen, an denen die sich entwickelnde Person aktiv beteiligt ist" (a.a.O., 41), z. B. Beziehung Elternhaus – Schule. Als Exosystem werden ein oder mehrere Lebensbereiche bezeichnet, „an denen die sich entwickelnde Person nicht selbst beteiligt ist, in denen aber Ereignisse stattfinden, die beeinflussen, was in ihrem Lebensbereich geschieht, oder die davon beeinflußt werden" (a.a.O., 42), z. B. Berufstätigkeit bzw. Arbeitsplatz des Vaters. Mit Makrosystem sind schließlich „überwölbende, einer bestimmten Kultur oder Subkultur gemeinsame ideologische und organisatorische Muster sozialer Institutionen" gemeint (a.a.O., 24), vergröbert gesagt: kulturelle, soziale und historische Settings im weitesten Sinne.

Wir haben gesehen: *Die Interaktion von Person und Umwelt ist das zentrale Thema der ökologischen Entwicklungspsychologie.* Die Implikationen, die sich aus diesem zentralen Thema (vielleicht könnte man auch ‚Forschungsparadigma' sagen) ergeben, betreffen a) die Definition des Begriffs ‚Entwicklung', b) die Bestimmung des Gegenstandes der Entwicklungspsychologie, c) Spezifika entwicklungspsychologischer Methodik.

Zu a: In Bronfenbrenners Definition des Begriffs ‚Entwicklung' bildet die Relation ‚Person-Umwelt' das Kernstück des Definiens: Entwicklung ist die „dauerhafte Veränderung der Art und Weise, wie die *Person* die *Umwelt* wahrnimmt und sich mit ihr auseinandersetzt" (a.a.O., 19; Hervorhebungen: G. E.).

Zu b: Die Zäsuren, die in dem so definierten Prozess der Entwicklung auftreten, bezeichnet Bronfenbrenner als ‚ökologische Übergänge'. „Ein ökologischer Übergang findet statt, wenn eine Person ihre Position in der ökologisch verstandenen Umwelt durch einen Wechsel ihrer Rolle, ihres Lebensbereichs oder beider verändert" (a.a.O., 43). Zur Veranschaulichung führt Bronfenbrenner ein paar Beispiele für ökologische Übergänge an: „Eine Mutter hält ihr Kind zum erstenmal im Arm – Mutter und Kind kommen aus der Klinik nach Hause – Babysitter lösen einander ab – das Kind geht in den Kindergarten – ein Baby wird geboren – die Kinder kommen in die Schule, werden versetzt, bestehen die Abschlußprüfung oder gehen vorher ab – man sucht eine Anstellung, wechselt oder verliert sie – man heiratet, beschließt ein Kind zu bekommen, Verwandte ziehen ein (und aus). Die Familie kauft das erste Auto, ein Fernsehgerät, ein eigenes Haus – Ferien, Reisen, Umzug – Scheidung, neue Heirat, Berufwechsel, Emigration. Oder noch allgemeinere Themen: Man wird krank und geht ins Krankenhaus, wird wieder gesund und kehrt in den Beruf zurück – Pensionierung und schließlich der Tod als letzter Übergang für alle" (ebda.).

Aus der Tatsache, dass ökologische Übergänge von der Geburt bis hin zum Tod stattfinden, ergibt sich die Notwendigkeit, die gesamte Lebensspanne zum Untersuchungsgegenstand der Entwicklungspsychologie zu machen. Die ökologisch orientierte Entwicklungspsychologie hat auf diese Weise den seit Ende der 1960er Jahre beobachtbaren Trend der Entwicklungspsychologie zur life-span developmental psychology wesentlich befördert bzw. selbst mit initiiert.

Zu c: Aus der zentralen Stellung des ‚ökologischen Faktors' in der entwicklungspsychologischen Forschung ergeben sich methodische Konsequenzen. Die ‚Güte' entwicklungspsychologischer Forschung entscheidet sich am Kriterium der ‚ökologischen Validität'. „Ökologische Validität oder Gültigkeit bezeichnet das Ausmaß, in dem die von den Versuchspersonen einer wissenschaftlichen Untersuchung erlebte Umwelt die Eigenschaften hat, die der Forscher voraussetzt" (a.a.O., 46). Der untersuchungstechnischen Schwierigkeiten, der Forderung nach einer hohen ‚ökologischen Validität' gerecht zu werden, ist sich Bronfenbrenner durchaus bewusst.

12 Neuere Trends in der Entwicklungspsychologie

Die Beschreibung neuerer Trends in der Entwicklungspsychologie sollte man eigentlich dem rezenten Fachexperten überlassen. Er kann aus der professionellen Befassung mit dem Gegenstand am ehesten ein näherungsweise zutreffendes Bild von der entwicklungspsychologischen Forschungslandschaft seiner Zeit skizzieren; er kennt die zentralen Themenstellungen, theoretischen Konzepte, methodischen Strategien und empirischen Befunde. Der Wissenschaftshistoriker verfügt hingegen nur über eine Außenperspektive. Er ist auf Informationen aus zweiter Hand angewiesen, etwa Zeugnisse jetzt lebender Entwicklungspsychologen, bibliometrische Analysen usw. Vielleicht erweist sich ein Blick auf Entwicklungstendenzen in der Psychologie als Ganzes als hilfreich, Aussagen über Trends in der Subdisziplin Entwicklungspsychologie zu machen. Zu prüfen ist, ob im Gesamtgebiet auftretende Tendenzen sich auch in der Subdisziplin niederschlagen oder ob gegebenenfalls in der Subdisziplin abweichende Wege beschritten werden.

E. Scheerer (1989, 1644) kommt bei seinem Versuch einer Gesamtcharakterisierung der „Psychologie am Ende des 20. Jahrhunderts" zu dem Ergebnis, sie beschäftige sich „überwiegend mit der Bearbeitung von Detailproblemen und der Formulierung, Überprüfung und Revision von Theorien begrenzter Reichweite" und verfüge nicht „über ein allgemein anerkanntes Paradigma" (im Sinne Kuhns). Schaut man sich Äußerungen von heutigen Entwicklungspsychologen über Ist-Zustand und Perspektiven ihres Fachgebietes an (Rutter, Silbereisen, Trautner: s. u.), scheinen die Einschätzungen Scheerers auch auf die Entwicklungspsychologie zuzutreffen. Wie in der Psychologie als ganzer gehört auch in der Entwicklungspsychologie das Zeitalter der Schulen der Vergangenheit an. Eine engere Bindung der Fragestellungen, Methodiken und Interpretationen an orthodoxe Schulmeinungen ist kaum mehr anzutreffen. Ohnehin erfuhren die Ursprungsversionen der Schul-Systeme schon bald nach ihrer Begründung diverse Modifikationen, die mit der Vorsilbe ‚Neo-', gekennzeichnet wurden: Neobehaviorismus, Neoanalyse, Neopiagetianer usw. Die durch die ‚Neo'-Versionen herbeigeführten Veränderungen der ursprünglichen Konzeptionen brauchen an dieser Stelle nicht im einzelnen dargestellt zu werden. Einige exemplarische Andeutungen sollen genügen: Die Neobehavioristen lösten den streng mechanistischen Behaviorismus Watsons durch die Einführung intervenierender Variablen ab. Thorndike und Hull wurden bereits genannt (Abschnitt 11.5), und Bandura (1977, deutsch 1979) proklamierte im scharfen Gegensatz zu mechanistischen Auffassungen schließlich in seiner sozial-kognitiven Lerntheorie „die Freiheit des Menschen, sein Schicksal zu bestimmen".

Die biologistischen Positionen Freuds wurden durch die stärkere Orientierung auf soziale Determinanten der Entwicklung (Interaktion zwischen Ich und Gesellschaft) aufgeweicht. Für die Entwicklungspsychologie ist hier insbesondere auf den Neoanalytiker Erikson (1975, 1981, 1884) hinzuweisen. Mit der Orientierung am Informationsverarbeitungsansatz versuchte Case (1985, 1992), ein von Piagets Logik-Bezug abweichendes Modell kognitiver Strukturen einzuführen und definierte sich als Neo-Piagetianer. Die Frage, ob orthodoxe oder reformierte Schulauffassungen die Leitlinie der Forschung bilden, trifft jedoch nicht den Kern der Sache. Denn in der heutigen Entwicklungspsychologie zeichnet sich zunehmend die Tendenz ab, die Forschungsprogramme nicht primär an einer umfassenden schulenspezifischen Theorie zu orientieren, sondern von der definierten Problemstellung her zu bestimmen. In der Terminologie Th. Herrmanns (1976) heißt dies: Domain-Programme werden gegenüber quasi-paradigmatischen Forschungsprogrammen bevorzugt.

Bekanntlich zeichnen sich domain-Programme (auch Typ a-Programme genannt) dadurch aus, dass die Forschungsfrage (das Problem) invariant ist, und die Ansätze zur Beantwortung der Forschungsfrage (Theorien, Methoden) variieren. Quasi-paradigmatische Programme (auch Typ b-Programme genannt) gehen dagegen von einem invarianten Erklärungsmuster (einer Theoriekonzeption, einem [Quasi-] Paradigma) aus und versuchen, dieses auf verschiedene Forschungsfragen anzuwenden.

Domain-Programme implizieren Theorienpluralismus. Die gegenwärtig vielfach vernehmbaren Appelle, multitheoretische bzw. verschiedene Theorien miteinander verschränkende Ansätze zu verwenden, erscheinen in diesem Zusammenhang geradezu als Plädoyers für domain-Programme. Einige Beispiele sollen dies illustrieren: M. Rutter zieht in seiner Präsidial-Ansprache vor der ‚Society for Research in Child Development' im Jahre 2001 als ‚Lehre' aus der Rückschau auf die Ergebnisse der Entwicklungspsychologie in der 2. Hälfte des 20. Jahrhunderts u. a. folgendes Fazit: "Most important, it will require a bringing together of genetics, environmental studies, and developmental investigations. The three fields have remained, for the most part, distressingly separate up until to now, and it is crucially important that they become much better integrated. [...] To succeed in that gargantuan task, use of a diverse range of research strategies is necessary. The answers will not come from genetic research on its own, or from environmental studies, or developmental investigations; the combination of the three might do much, however. It will be necessary to recognize the range of different causal questions that have to be considered" (Rutter, 2002, 15). Ähnlich äußert sich Miller in den ,Abschließenden Überlegungen' ihres Theorienüberblicks: „Eine starre, egozentrische Sicht des kindlichen Verhaltens lässt sich vermeiden, wenn man beim Versuch, dieses Verhalten zu verstehen, eine Theorie nach der anderen heranzieht" (Miller, 1993, 399). Als Beispiel empfiehlt sie „eine Kombination aus den Themen Freuds (Emotionen), Piagets (kognitive Strukturen) sowie der Kontexttheorie und der sozialen Lerntheorie (Performanz des Kindes in spezifischen Situationen)", um ein „umfassenderes Verständnis des kindlichen Verhaltens [zu] ermöglichen" (a. a. O., 400).

Solche Sätze lesen sich geradezu als ein Aufruf zum Eklektizismus – ein Begriff, der im allgemeinen negativ besetzt ist.

So werden etwa dem Eklektiker vielfach „fehlende Systematik, mangelnde terminologische Präzision sowie nicht vorhandene Kreativität und Originalität" unterstellt (vgl. Plaum, 1988, 177). Indes ist Eklektizismus per se durchaus kein suspektes Unternehmen, jedenfalls dann nicht, wenn er als in sich konsistente Integration von Theorien oder als metatheoretische Synthese verstanden und gehandhabt wird. In diesem positiven Sinn sieht der Eklektizist Theorienvielfalt „nicht in einem Verhältnis von Konkurrenz, Wettbewerb und gegenseitigem Ausschluss, sondern der Ergänzung, Kooperation und wechselseitiger Differenzierung. Die ,Scientific Community' ist für den Eklektiker eher eine Solidargemeinschaft zur Arbeit an gemeinsamen Aufgaben „als eine nach den Gesetzen der freien Marktwirtschaft funktionierende Wettbewerbsgesellschaft" (a. a. O., 180). Während „im monolithischen Wissenschaftsbetrieb [...] Fragestellungen aus der Theorie abgeleitet [werden], deren Aufgabe es ist, die Empirie zu stimulieren", präferiere der Eklektiker „einen lebensweltorientierten Ansatz" (ebda.).

Auf unseren Themenbereich bezogen heißt dies: Eine problemorientierte Zusammenführung unterschiedlicher Theorien und Methoden ist potentiell geeignet, zu einer Verbreiterung der Analyseebenen von Entwicklungsprozessen beizutragen. Verwendet man unterschiedliche Theorien als Heuristiken für Problemlösungen, dürfte dies einer vertieften Erkenntnisgewinnung zugute kommen.

Im Zusammenhang mit der zunehmenden Präferenz für domain-Forschungsprogramme ist es naheliegend, dass bei Trendbeschreibungen oder Prognosen oder auch Rückblicken, die aus heutiger Sicht gegeben werden, kaum Aussagen über bevorzugte theoretische Orientierungen, sondern in erster Linie über Inhalte und methodische Strategien gemacht werden. Auch hierfür einige Beispiele.

Beispiel 1: Trautner (1992, I, 12-14) nennt als „neuere Trends seit den 70er und 80er Jahren des 20. Jahrhunderts":

- stärkere Berücksichtigung des ökologischen Kontextes von Entwicklungsprozessen
- Aufwertung der Längsschnittmethode
- Hinwendung zu einer differentiellen Entwicklungspsychologie
- Einbeziehung des historischen Wandels von Entwicklungsphänomenen
- Hinwendung zu Aufgaben einer angewandten Entwicklungspsychologie
- Wiederentdeckung der Beobachtungsmethode unter Zuhilfenahme moderner technisch-instrumenteller Möglichkeiten.

Beispiel 2: Silbereisen versucht, die Frage „Was wird aus der Entwicklungspsychologie?" zu beantworten, indem er – sich des Risikos eines solchen Versuches bewusst – „Perspektiven für die nähere Zukunft" skizziert (Silbereisen, 1996, 35-40):

- Zunahme intergenerativer Analysen von Entwicklungsverläufen
- Bereitstellung neuer Mess- und Darstellungsverfahren
- Neue interdisziplinäre Arbeitsteilungen und Bezüge (Neurowissenschaften, Anthropologie, Evolutionsbiologie)
- Verstärkung komparativer Perspektiven
- Besondere Beachtung gesellschaftlicher Transformationsprozesse
- Integration der Entwicklungspsychopathologie in die Entwicklungspsychologie
- Ausweitung anwendungsorientierter entwicklungspsychologischer Forschung[22].

---

22   Ein formales Anzeichen für die stärkere Gewichtung anwendungsorientierter Forschung ist z.B. in dem von Oerter & Montada herausgegebenen deutschsprachigen Standardlehrbuch ‚Entwicklungspsychologie' erkennbar. Der prozentuale Anteil des Teils ‚Angewandte Entwicklungspsychologie' am Gesamtvolumen des Buches hat sich von der 1. bis zur 6. Auflage um mehr als das Doppelte erhöht. Zugleich ist eine zunehmende thematische Differenzierung zu registrieren (s. Tabelle). Oerter/Montada: Entwicklungspsychologie. Anteil des Teils ‚Angewandte Entwicklungspsychologie' am Gesamtvolumen des Lehrbuches

Auflage (Erscheinungsjahr)	Gesamtseitenzahl (ohne Literaturverzeichnis und Register)	Seitenzahl des Teils ‚Angewandte Entwicklungspsychologie'	Prozentualer Anteil des Anwendungsteiles	Anzahl der thematischen Teilkapitel des Anwendungsteils
1. (1982)	830	112	13,49 %	5
2. (1985)	1060	246	23,21 %	8
5. (2002)	1028	285	27,72 %	17
6. (2008)	955	268	28,06 %	14

Beispiel 3: Anlässlich der Jahrhundert- (bzw. Jahrtausend-) Wende wurde im International Journal of Behavioural Development eine Artikelserie unter dem Motto ,stocktaking exercises' veröffentlicht. Bezeichnenderweise war diese Jubiläumsserie nicht in der Weise strukturiert, dass Vertreter möglichst unterschiedlicher theoretischer Orientierungen zu Wort kamen, sondern es wurden einfach Berichte über repräsentative Forschungsgebiete, ihre Vergangenheit, Gegenwart und Zukunft gegeben. M. a. W.: Keine (quasi-) paradigmatiche, sondern eine domain-orientierte Auswahlstrategie wurde verfolgt. Im übrigen ist diese Artikelserie für unsere Fragestellung (,Neuere Trends') insofern relevant, als sie cum grano salis als ein Spiegelbild von gegenwärtig im Blickpunkt des Interesses stehenden entwicklungspsychologischen Forschungsgebieten gelten kann. Folgende Themen waren Gegenstand der neun Abhandlungen (Übersicht bei Hartrup, 2000): die Bedeutung der ersten frühkindlichen Erfahrungen für die Entwicklung (H. R. Schaffer); Entwicklung des kindlichen Wissens über mentale Sachverhalte (J. H. Flavell), Entwicklung von aggressiven Verhalten im Kindesalter (R. E. Tremblay); Einfluss von Längsschnittstudien auf das Verständnis der Entwicklung vom frühen Erwachsenenalter bis zum Greisenalter (K. W. Schaie); bereichsspezifische Hindernisse in der Begriffsentwicklung (G. Hatano & K. Inagaki); Persönlichkeitsentwicklung über die Lebensspanne (C. F. M. van Lieshout); Entwicklung der Motorik (E. Thelen); Entwicklung der Geschlechter (E. E. Maccoby); Entwicklung des Gedächtnisses (W. Schneider).

In prospektiven Aussagen gegenwärtiger Entwicklungspsychologen ist zugleich das Moment einer Kontinuität traditioneller Denkmuster erkennbar. Das seit den frühesten Anfängen beherrschende Thema entwicklungspsychologischen Denkens und Forschens, das grob mit dem Begriffspaaren Anlage – Umwelt, Person (Subjekt) – Umwelt, Biologisches (Evolution, Genetik) – Soziales (Kultur, Ökologie) umschrieben werden kann, ist nach wie vor zentraler Diskussionsgegenstand, wobei allerdings die lange Zeit vorherrschende bipolare Entgegensetzung zwischen beiden Begriffen durch ein interaktionistisches Verhältnis abgelöst wurde. Rutter gibt der bereits erwähnten Präsidialansprache den Titel „Nature, Nurture, and Development ..." (Rutter, 2002, 1). Silbereisen glaubt, dass in der künftigen Entwicklungspsychologie „ein Leitthema die Untersuchung der Art und Weise sein wird, wie biologische Prozesse und ihre genetische Basis mit ökologischen und kulturellen Aspekten der Umwelt zusammenwirken in der Entwicklung lebenslanger Adaptionen (Silbereisen, 1996, 36).

III.

Das Verhältnis von Individuum und Gesellschaft und die Geschichte der Sozialpsychologie

Vorbemerkungen

Um Aussagen über die historische Entwicklung der Sozialpsychologie machen zu können, sind zwei notwendige Vorüberlegungen anzustellen: die eine betrifft den Gegenstand, die andere vorwissenschaftliche Voraussetzungen.

Ad 1: Eine notwendige Bedingung für eine Historiographie der Sozialpsychologie ist eine allgemein akzeptierte Bestimmung ihres Gegenstandes. Ein solches allgemein verbindliches Verständnis gibt es aber nicht. Aus psychologischer Sicht ist – knapp formuliert – das Individuum in seinen sozialen Beziehungen der Gegenstand. Man kann aber auch von den sozialen Phänomenen ausgehen und das Individuum als abgeleitete Größe behandeln. Das würde auf ein soziologisches Verständnis von Sozialpsychologie hinaus laufen. Beide Varianten spielten in der wissenschaftshistorischen Entwicklung eine Rolle. Hinzu kommen diverse Mischformen, bei denen es schwierig ist, eine scharfe Abgrenzung psychologisch vs. soziologisch vorzunehmen. In der folgenden Darstellung konzentrieren wir uns auf ein psychologisches Verständnis von Sozialpsychologie.

Ad 2: Das Wissen um Phänomene, die man heute als sozialpsychologisch oder sozialpsychologisch relevant bezeichnet, sowie Erklärungsversuche für diese Phänomene sind älter als die Sozialpsychologie, welcher Couleur auch immer. Diese vorwissenschaftlichen Erfahrungen, Denkansätze und Erklärungsversuche sind zweifellos wesentliche Voraussetzung und Einflussfaktor für die Disziplingenese der Sozialpsychologie. Insofern ist es nicht nur legitim, sondern auch notwendig, vorwissenschaftliche Ansätze in eine wissenschaftshistorische Darstellung einzubeziehen.

13 Unsystematische Reflexionen sozialpsychologisch relevanter Themen in der Antike

Der erste uns bekannte Autor, der eine zusammenfassende Schrift psychologischen Inhalts verfasste, war der griechische Universalgelehrte Aristoteles (384-322 v.Chr.). Die Initialbedeutung seiner Abhandlung ‚Peri psychēs‘ (‚Über die Seele‘; Aristoteles, 1995c) wird zu Recht in der psychologiegeschichtlichen Literatur hervorgehoben. Vergeblich sucht man aber in diesem Werk irgendeine Bemerkung über die soziale Existenzweise des Menschen. Vielmehr wird der Mensch als Individuum beschrieben, das zur Sinneswahrnehmung fähig ist, das Begierden, Triebe, Affekte hat und das sich durch den Besitz von Vernunft (leidende und schaffende Vernunft) gegenüber anderen Lebewesen auszeichnet. Erstaunlicherweise stößt man aber bei der Lektüre nichtpsychologischer Schriften des Aristoteles auf die Charakterisierung des Menschen als eines gesellschaftlichen Wesens. In der ‚Politeia‘ (‚Politik‘), einer Schrift, in der eine Theorie des Staates entworfen wird, ist vom Stadtbürger als einem ‚zōon politikón‘ (‚gesellschaftliches Wesen‘) die Rede (Aristoteles, 1995b, 4). Ein zōon politikón ist allerdings nicht jeder Mensch, sondern nur der besitzende Bürger des Stadtstaates, der pólis. Den Sklaven wird das Prädikat gesellschaftliches Wesen zu sein, nicht zuerkannt. Vielmehr gelten sie als sprechende Werkzeuge, die nicht imstande sind, ein tugendhaftes Leben zu führen. Zudem wird dem Begriff ‚zōon politikón‘ bei Aristoteles die nähere Bestimmung ‚physei‘ (‚von Natur aus‘) vorangestellt. Der Stadtbürger ist zōon politikón, weil es seiner Natur entspricht. Die sozialschicht-gebundene Exklusivität wird somit durch die Annahme seiner Naturgegebenheit gerechtfertigt. Da die Stadtbürger ihrer Natur nach gesellschaftliche Wesen sind, gründen sie eine diesem Wesen adäquate Institution: den Staat. Das Verhältnis von Individuum und Gesellschaft wird damit klar festgelegt: Das Individuum bestimmt die Formen seiner gesellschaftlichen Existenzweise. Anders ausgedrückt: Der Staat ist das Produkt des Individuums. In der späteren Sekundärliteratur (z.B. Hofstätter, 1959) wird diese Bestimmung des Verhältnisses von Individuum und Gesellschaft als ‚individuozentrisch‘ bezeichnet. Auf eine methodische Ebene transformiert, könnte man sagen: Das Individuum ist die unabhängige Variable, die Gesellschaft die abhängige.

Bei Platon wird das Verhältnis von Individuum und Gesellschaft in entgegengesetzter Richtung bestimmt. Der Mensch gewinnt seine Individualität durch die gesellschaftliche Institution. Die Gerechtigkeit des Einzelnen bemisst sich an der Gerechtigkeit im Staate. Die psychischen Grundvermögen des Individuums (sinnlicher, wollender, vernünftiger Teil) werden hergeleitet aus der Dreigliederung des Staates bzw. seiner Stände (Ackerbauer, Handwerker, Regenten). Soweit die Argumentation in der platonischen ‚Politeia' (Platon, 1998c, 157f. = Politeia 435). Der gesellschaftliche Makrokosmos determiniert den individuellen Mikrokosmos. Diese Variante der Verhältnisbestimmung von Individuum und Gesellschaft bezeichnet man als ‚soziozentrisch'.

Wir ziehen ein vorläufiges Fazit: Der wissenschaftlichen Bearbeitung des Gegenstandes ‚Individuum in seinen sozialen Beziehungen' gingen staatstheoretische bzw. sozialphilosophische Versuche der Bestimmung des Verhältnisses von Individuum und Gesellschaft voraus. Zwei Hauptrichtungen dieser Verhältnisbestimmung standen sich gegenüber: die individuozentrische und die soziozentrische. Obwohl bei diesen Bestimmungsversuchen keine empirisch-psychologischen Aspekte des Problembereiches ‚Individuum in seinen sozialen Beziehungen' thematisiert wurden, kann davon ausgegangen werden, dass die Bipolarität ‚individozentrisch' vs. ‚soziozentrisch' eine wissenschaftshistorische Hintergrund-Variable für die duale Begründung einer wissenschaftlichen Sozialpsychologie (psychologische vs. soziologische Sozialpsychologie) bildete. Zweifelsohne besteht eine inhaltliche und methodische Affinität zwischen individuozentrischer Verhältnisbestimmung und psychologischer Sozialpsychologie auf der einen Seite und soziozentrischer Bestimmung und soziologischer Sozialpsychologie auf der anderen.

Bis in die jüngere Vergangenheit und Gegenwart hinein sind die Auffassungen zum Verhältnis von Individuum und Gesellschaft durch die Polarität individuozentrisch vs. soziozentrisch gekennzeichnet. Über die Zeit von der Antike bis zur Gegenwart bemerkt G.W. Allport (1968, 6): „...every subsequent writer, philosopher, or scientist takes either a Platonic or an Aristotelian approach to the study of man and society. [...] Platonic and Aristotelian strands of thought are found in all western theory, past and present." Im 19. Jahrhundert spielte das Verhältnis Individuum – Gesellschaft insbesondere im Zusammenhang mit philosophischen Diskussionen der Werte-Problematik eine wichtige Rolle. Nach Windelband (1957, 570f.) stand im 19. Jahrhundert „im Vordergrunde aller ethischen Überlegungen in viel bewußterer und ausgeprägterer Weise als je zuvor das Verhältnis des Individuums zur Gesellschaft – sei es in der positiven Form, dass die Unterordnung des ersteren unter die letztere als die Norm einer Wertung in irgendeiner Art vorgetragen und begründet wird -, sei es in der negativen Form, dass die Auflehnung des einzelnen gegen das erdrückende Übergewicht der Gattung gepriesen und gerechtfertigt wird." Als prototypische Beispiele für die divergente Erörterung des Individuum – Gesellschaft – Verhältnisses auf philosophischer Ebene im ausgehenden 18. und im 19. Jahrhundert sei auf den objektiven Idealismus Hegels auf der soziozentrischen und den Hedonismus Benthams auf der individuozentischen Seite verwiesen. Während bei Hegel (1770-1831) der Staat die Verkörperung des objektiven Geistes ist, von dem das Individuum erst seine Bestimmung erfährt, propagiert Bentham (1748-1832) das Luststreben des Individuums als Ausgangspunkt der Organisation seiner sozialen Verhältnisse.

14 Systematische Reflexionen sozialpsychologisch relevanter Themen in philosophisch-psychologischen und soziologischen Kontexten

Wesentlich für den Gegenstand unserer Darstellung (Vorgeschichte der Sozialpsychologie) ist das 19. Jahrhundert insofern als ein neuer Entwicklungstrend zutage tritt: Das Verhältnis Individuum – Gesellschaft avanciert zu einem Topos psychologischer (genauer: philosophisch-psychologischer) Abhandlungen. Hinzu kommt das Aufgreifen dieser Thematik in der aufkeimenden Soziologie. Wir beschränken uns auf die kursorische Behandlung zweier Strömungen, die als potentielle Faktoren für die Anbahnung einer wissenschaftlichen Sozialpsychologie in Frage kommen könnten: die (frühe) Völkerpsychologie und die Massenpsychologie.

14.1 Völkerpsychologie

In ihrer Initialpublikation von 1859/60 weisen M. Lazarus (1824-1903) und H. Steinthal (1823-1899) auf die Notwendigkeit hin, die Gesellschaftlichkeit des Menschen zum Gegenstand einer *psychologischen* Untersuchung zu machen: „Die Psychologie lehrt, dass der Mensch durchaus und seinem Wesen nach gesellschaftlich ist, d.h. dass er zum gesellschaftlichen Leben bestimmt ist. [...] Auch ist thatsächlich kein Mensch das, was er ist, rein aus sich geworden, sondern nur unter dem bestimmenden Einflusse der Gesellschaft, in der er lebt" (Lazarus & Steinthal, 1860, 3). In Anlehnung an Hegels Lehre vom objektiven Geist wird das Verhältnis Individuum – Gesellschaft soziozentrisch bestimmt. Die Instanz, die diesem Verhältnis ihr Gepräge gibt, ist der objektive Geist Hegelscher Provenienz, der als ‚Volksgeist' seinen spezifischen Zuschnitt erhält. ‚Volksgeist' wird definiert als „das allen Einzelnen Gemeinsame der inneren Thätigkeit" (a.a.O. 29, 2). Um die Frage zu entscheiden, ob die Völkerpsychologie als potentielle Vorbereiterin einer Sozialpsychologie im modernen Sinne gelten kann, ist es angebracht, ihre *proklamierten* Aufgabenstellungen und ihre *tatsächlichen* Untersuchungsgegenstände in den Blick zu nehmen und beide zu vergleichen. Lazarus und Steinthal stellen sich die Aufgabe, „diejenigen Gesetze zu entdecken, welche zur Anwendung kommen, wo immer Viele als eine Einheit zusammen leben und wirken" (Lazarus, 1862, 396). Diese Selbstverpflichtung könnte darauf hinaus laufen, dass soziale Wechselwechselwirkungen von Individuen untersucht werden, mithin sozialpsychologische Fragestellungen bearbeitet werden sollen. Betrachtet man jedoch die in den 20 Bänden der ‚Zeitschrift für Völkerpsychologie und Sprachwissenschaft' (1860-1890) veröffentlichten Aufsätze, muss man feststellen, dass es sich nahezu ausschließlich um sprachwissenschaftliche, ethnologische, literaturgeschichtliche, kulturgeschichtliche und ähnliche Themen handelt. In Ansehung dieser Sachlage zieht Woodward (1982, 8) das kritische Fazit: „There was a tension here between what they said and did." Das heißt: In Wirklichkeit untersuchte die Völkerpsychologie nicht die soziale Wechselwirkung von Individuen in ihrer *empirischen Faktizität*, sondern sie setzte bei den *Objektivationen* dieser interpersonellen Wechselwirkung an, wie z.B. Sprache, Mythen, Religion, Volksdichtung, diverse Kulturleistungen usw. Selbst wenn Lazarus und Steinthal ihre oben zitierte Ankündigung (Untersuchungen zum Zusammenleben und -wirken von Individuen im sozialen Kontext) wahr zu machen beabsichtigt hätten, wären sie mit diesem Vorhaben gescheitert, und zwar aus methodischen Gründen, denn bekanntlich lässt sich – um es in methodentheoretischer Terminologie auszudrücken – aus ex-post-facto-Analysen von Verhaltensprodukten keine gesicherte Rekonstruktion der Bedingungen des Verhaltens herleiten (vgl. Sprung & Sprung, 1984, 250). M.a.W.: Von den Ergebnissen interindividueller Wechselwirkungen her sind keine gesicherten Schlüsse auf die diesen zugrunde liegenden psychischen Prozesse möglich. Methodisch gesehen konnte von der Völkerpsychologie kein Weg zu einer empirischen Sozialpsychologie führen. Angesichts dieses negativen Fazits könnte man natürlich die Frage aufwerfen, warum dann überhaupt der Völkerpsychologie ein Platz in der (Vor-) Geschichte der Sozialpsychologie eingeräumt wird. Nun, ein entscheidendes Verdienst der Völkerpsychologie bestand darin, eine soziale und historische Dimension in den Gegenstand der Psychologie einzubringen. Sie hat eine Beschränkung der Psychologie auf sog. ‚individuelle Bewusstseinstatsachen' als unzulänglich erkannt und die Einbeziehung sozialer, historischer, kultureller usw. Variablen in die psychologische Analyse eingefordert. Ein tragfähiges methodisches Konzept dafür lieferte sie nicht, aber sie hat diesen für das thematische Spektrum der künftigen Psychologie als Wissenschaft wichtigen Problemhorizont eröffnet.

14.2 Massenpsychologie

Ein etwas anderes Fazit können wir in Bezug auf die Massenpsychologie ziehen, denn im Gegensatz zur Völkerpsychologie wurden Probleme, die in der modernen Sozialpsychologie Gegenstand von Untersuchungen sind, bereits von ihr aufgegriffen. Solche heute gebräuchlichen Stichworte wie ‚Aggression‘, ‚Deindividuation‘, ‚kollektives Verhalten‘ und ähnliches sind hier zu nennen. Zudem gibt es Autoren, die Massenpsychologie auch heute noch für einen „Forschungsbereich der Sozialpsychologie" (Bergius, 2004, 577) oder der „Politischen Psychologie" halten. Kann man demzufolge die Massenpsychologie – gemeint ist die romanische Massenpsychologie der 2. Hälfte des 19. Jahrhunderts – als eine direkte Vorläuferin der modernen Sozialpsychologie bezeichnen? Um diese Frage zu entscheiden, sind zunächst einige Basisinformationen über Grundannahmen, Vorgehensweisen, Hintergründe und Zielstellung zu geben. ‚Romanisch‘ wird die Massenpsychologie – nicht ganz korrekt – deshalb genannt, weil sie insbesondere in Italien (Sighele, 1891) und Frankreich (Tarde, 1890; Le Bon, 1895) verbreitet war. Massenpsychologische Ansätze gab es aber auch – übrigens schon früher (Lazarus, 1862; Fresenius, 1866) – in Deutschland. Das publikumswirksamste ‚Manifest‘, das ein Bestseller werden sollte und eine Art Quintessenz vorheriger Ansätze darstellte, war die Schrift ‚La psychologie des foules‘ (1895; Die Psychologie der Massen) von G. Le Bon (1841-1931). Le Bon beschreibt die Wirkungen der Masse auf das Individuum als durchweg negativ: Das Individuum verliert in der Masse seine Individualität; es bleibt anonym und verliert jegliches persönliches Verantwortungsbewusstsein; das ‚Unbewusste‘ erlangt die Vorherrschaft über intellektuelle Kontrollinstanzen; Gedanken und Gefühle werden durch Suggestion und psychische Ansteckung auf das gleiche (meist auf destruktive Ziele gerichtete) Niveau gedrückt („la loi de l'unité mentale des foules"); die in der Massensituation suggestiv gebildeten Vorstellungen drängen nach bedenkenloser Umsetzung in Taten. Die dieserart chaotische Masse bedarf eines Führers (Hirt-Herde-Metapher), um ihr Richtung und Ziel vorzugeben.

An der wissenschaftlichen Dignität wurden schon zu Lebzeiten Le Bons erhebliche Zweifel erhoben: Es seien zwar Besonderheiten individuellen Verhaltens in sozialen Ausnahmesituationen beschrieben worden, aber diese Beschreibungen seien nicht interessenneutral, sondern mit extrem negativen Bewertungen aufgeladen: Die Masse werde verteufelt. Dass beispielsweise Kooperation von Individuen in Gruppen leistungs- und persönlichkeitsfördernde Wirkungen haben kann, bleibt in der Tat außerhalb des Gesichtskreises von Le Bon. Vielmehr extrapoliert er von Ausnahmesituationen auf das soziale Verhalten schlechthin. Diese Einseitigkeiten sind im Zusammenhang mit historischen Kontextbedingungen zu sehen: In Wirklichkeit ging es der Massenpsychologie nicht um unbefangene Analysen, sondern um eine mit psychologischen Elementen ausgestattete politisch-ideologische Abwehr gegen revolutionäre Erhebungen, die insbesondere in Frankreich (1789, 1830, 1871) die bestehende gesellschaftlich-staatliche Ordnung bedrohten. Die sog. (revolutionären) ‚Massen' wurden deshalb kriminalisiert (‚verbrecherische Masse') und pathologisiert (‚psychische Ansteckung', destruktive Neigungen). Fassen wir zusammen: Der wissenschaftliche Wert der Massenpsychologie ist – abgesehen von einem methodisch ungesicherten Vorgehen – insbesondere zufolge einer engen Verflechtung mit politsch-ideologischen Zielstellungen gering zu veranschlagen. Die Massenpsychologie hat zwar Themen aufgegriffen, die später Untersuchungsgegenstände der modernen Sozialpsychologie waren, sie kann aber nicht als ihre Vorläuferin gelten.

15 Die Suche nach dem Gegenstand der Sozialpsychologie

In einer relativ lange anhaltenden ersten Phase wurde das Wort ‚Sozialpsychologie' in einer semantisch mehr oder weniger unbestimmten Weise für ein erst noch zu begründendes Wissensgebiet verwendet, im deutschsprachigen Bereich erstmals 1871. In einer zweiten Phase, beginnend im Jahre 1908, begegnet uns der Begriff als Titel von lehrbuchähnlichen Standardwerken.

15.1 Erste Phase: Verwendungen des Begriffs ‚Sozialpsychologie' (Lindner; Simmel)

In der Monografie ‚Ideen zur Psychologie der Gesellschaft als Grundlage der Sozialwissenschaft' (1871) des Prager Schulmannes und pädagogischen Schriftstellers G.A. Lindner (1828-1887) ist erstmalig mit gewissen konzeptionellen Ansprüchen von ‚Sozialpsychologie' die Rede. Faktisch versteht Lindner unter Sozialpsychologie nichts anderes als die auf Analogisierung basierende Umschreibung soziologischer Kategorien mit (individual-) psychologischen Begriffen. In Anlehnung an A. Comtes (1798-1857) Vorstellung von der Gesellschaft als Organismus (Comte, 1830-1842) bildet bei ihm das Individuum das Analogon, von dem aus Aussagen über Struktur und Funktion des gesellschaftlichen Lebens abgeleitet werden. Beispielsweise wird die Gesellschaft als ‚vorstellendes Wesen', ‚wollendes Wesen' oder gar als ‚psychische Persönlichkeit' bezeichnet. In diesem Sinne obliege der Sozialpsychologie die Aufgabe einer „Beschreibung und Erklärung jener Erscheinungen, welche von der psychischen Wechselwirkung der Individuen abhängen und auf welchen das gesamte Geistesleben der Gesellschaft beruht" (zit. nach Geck, 1929, 11). Wir betonen: Es geht um *„Erscheinungen"*, die von Wechselwirkungen *„abhängen"*; die Analyse der ‚psychischen Wechselwirkungen zwischen Individuen' selbst ist nicht das Thema. M.a.W.: Lindners Sozialpsychologie ist soziologisch ausgerichtet. Bei dieser Sachlage ist es im Übrigen nicht verwunderlich, dass beispielsweise W. Wundt in seiner Konzeption von Psychologie mit dem Begriff ‚Sozialpsychologie' nichts Rechtes anzufangen weiß. Er werde, schreibt er, bei der Verwendung des Begriffs ‚Sozialpsychologie' „zunächst an die moderne Soziologie erinnert" (Wundt, 1913, 4); Diese bewege sich aber „im allgemeinen nur auf dem Boden modernen Kulturlebens" (ebda.), d.h. habe mit Fragen des Bewusstseins nichts zu tun.

Indes war es gerade ein Soziologe, G. Simmel (1858-1918), der andeutungsweise schon in früheren Arbeiten (z.B. Simmel, 1890), dann aber explizit in einem speziellen ‚Exkurs über Sozialpsychologie' (Simmel, 1908) betont, die Sozialpsychologie sei nicht der Soziologie zuzurechnen, sondern eine psychologische Teildisziplin, denn sie behandle psychologische Fragestellungen. Ihre Fragestellung laute: „welche Modifikation erfährt der seelische Prozess eines Individuums, wenn er unter bestimmten Beeinflussungen durch die gesellschaftliche Umgebung verläuft?" (Simmel, 1958 [1908], 423). In der Tat weist diese Fragestellung auf ein Gegenstandsverständnis hin, das auch dem der modernen Sozialpsychologie entspricht.

Interessanterweise können wir also konstatieren, dass die angestammte Profession keineswegs quasi automatisch über das Verständnis von Sozialpsychologie entscheidet – in der Weise, dass Soziologen eine soziologische Sozialpsychologie und Psychologen eine psychologische vertreten. Vielmehr hält der Psychologe Wundt Sozialpsychologie für ein soziologisches Unternehmen und der Soziologe Simmel für ein psychologisches.

15.2 Zweite Phase: Ansprüche auf den Status einer Wissenschaftsdisziplin (Mc Dougall; Ross)

Wie bereits oben angedeutet, erschienen im Jahre 1908 zwei Publikationen, die im Titel den Namen ‚Sozialpsychologie' führten und die – zumindest ansatzweise – als systematisch angelegte Gesamtdarstellungen des neuen Wissenschaftsgebietes konzipiert waren:

W. Mc Dougall: Introduction to Social Psychology
E.A. Ross: Social Psychology.

Die im vorhergehenden Abschnitt beschriebene Zweigleisigkeit (psychologisch vs. soziologisch) setzt sich ungebrochen fort. Mc Dougall repräsentiert die psychologische, Ross die soziologische Variante von Sozialpsychologie. Es wäre ein Irrtum anzunehmen, dass mit dem Erscheinen einer geschlossenen Gesamtdarstellung der psychologischen Variante (Mc Dougall) zumindest der Versuch einer empirischen oder gar experimentellen Untersuchung real ablaufender sozialpsychischer Prozesse (im Sinne interpersoneller Wechselwirkung) unternommen worden wäre. Vielmehr ging es Mc Dougall – um das Fazit vorwegzunehmen – um eine mit Anleihen an Darwins Evolutionspsychologie garnierte, letztlich spekulative Interpretation der Genese (im Sinne von ‚Triebkräften') menschlichen Sozialverhaltens. Das zentrale Bestandstück dieser Interpretation ist der Instinktbegriff, der ursprünglich allgemeinpsychologisch verwendet wurde: Instinkte seien die eigentlichen Grundlagen menschlichen Verhaltens und Erlebens. Innerhalb dieses allgemeinpsychologischen Rahmens wird der Instinktbegriff dann zur Interpretation *sozialen* Verhaltens herangezogen. An sog. Hauptinstinkten, die für das Zusammenleben von Menschen Bedeutung haben, werden z.b. der Herdeninstinkt, die Instinkte der Selbsterniedrigung (oder Selbstunterwerfung) und der Selbstbehauptung (oder Selbstentfaltung), der Instinkt der Fürsorge und – für gesellschaftspolitische Wertorientierungen durchaus belangvoll – der Erwerbsinstinkt genannt. Analogien zum Sozialverhalten von Tieren werden als bestätigende Hinweise geltend gemacht, denn letztlich sei „das Leben der Tiere genauso tief in Instinkten verwurzelt wie das der Tiere" (Mc Dougall, 1947). Die evolutionstheoretische Argumentation Mc Dougalls lässt sich in etwa folgendermaßen nachzeichnen: Der Mensch steht am Endpunkt einer langen Evolutionskette. Diese Evolutionskette ist eine kontinuierlich-lineare Veränderungsreihe. Die Organisation des Verhaltens bei Tier und Mensch unterscheidet sich nur in quantitativer Hinsicht, etwa bezüglich des Komplexitätsgrades. Das Verhalten von Tieren wird von Instinkten bestimmt, folglich auch das des Menschen.

Ein empirischer Nachweis der Triebfaktoren ‚Instinkte', denen letztlich *die* kausale Determination des Verhaltens zugeschrieben wird, erfolgt nicht.

Das zeitlich parallele Gegenstück zu Mc Dougall, E.A. Ross' (1866-1951) ‚Social Psychology', war weit weniger von systematischen Ambitionen bestimmt als das seines Psychologie-Kollegen. Ross' ‚Social Psychology' war eher anekdotisch angelegt (‚large anecdoted', Hilgard, 1987, 578). Betrachtungen über sog. Massenphänomene, über historische Veränderungen von Kleidung und Mode, über den menschlichen Hang zur Nachahmung und ähnliches wurden angestellt. Ross' Einfluss auf die Soziologie war wesentlich geringer als der Mc Dougalls auf die Psychologie.

16 Die Anfänge einer experimentellen Sozialpsychologie als eigenständiger psychologischer Subdisziplin (W. Moede, F.H. Allport)

Überblickt man die Entwicklungen, die sich seit der 2. Hälfte des 19. Jahrhunderts bis in die ersten beiden Jahrzehnte des 20. Jahrhunderts vollzogen haben, aus heutiger Perspektive, wird man zweifelsohne ein programmatisches Problembewusstsein für die Notwendigkeit, soziale Parameter in die psychologische Analyse einzubeziehen, konstatieren können. Aber wesentliche Voraussetzungen für eine Verwissenschaftlichung sozialpsychologischer Erkenntnisbemühungen waren nicht gegeben. Man verfügte weder über eine klare Definition der konkreten Gegenstände noch ein spezifisches methodisches Instrumentarium zur empirischen oder gar experimentellen Untersuchung dieser Gegenstände noch eine fachspezifische Terminologie. Dies war die Situation, die sowohl in den USA als auch in Deutschland bestand. Bezüglich der USA berichtet Allport: „The decade following the appearance of the Dougall's *Introduction to Social Psychology* was almost wholly dominated by instinct theory" (Allport, 1968, 57). Noch 1917 fordert J. Dewey in seiner Präsidialansprache auf dem APA-Kongress, es sei an der Zeit, eine Sozialpscholgie auf der Basis der Instinkttheorie zu begründen (Dewey, 1917, 266-277; Hilgard, 1987, 873).

In Deutschland reklamierte die überragende Autorität in Sachen Psychologie, W. Wundt, „den Menschen in allen Beziehungen, die über die Grenzen des Einzeldaseins hinausführen" (Wundt, 1900, 2), für den Gegenstand der Völkerpsychologie. Die Völkerpsychologie untersuchte aber die über die Grenzen des Einzeldaseins hinausgehenden „Beziehungen" selbst nicht, sondern die Erzeugnisse, die aus diesen „Beziehungen" hervorgehen: Sprache, Mythus und Sitte. M.a.W.: Nicht die interpersonelle Wechselwirkung selbst, sondern die Objektivationen derselben sollten den Untersuchungsgegenstand bilden. Damit schien der Weg zu einer empirischen Sozialpsychologie im modernen Sinne versperrt zu sein.

Wie konnte man aus dieser Sackgasse herauskommen? Bei der Beantwortung dieser Frage müsste man eigentlich erst ausführlich auf außerwissenschaftliche Faktoren Bezug nehmen, d.h. auf politische, ökonomische, kulturelle Variablen (Kriegsereignisse, Wirtschaftsentwicklung, soziokulturelle Trends, gesamtgesellschaftliche Verhältnisse usw.). Im Rahmen der vorliegenden mehr theorie- und problemgeschichtlichen Darstellung gehen wir nur – dieser Beschränkung bewusst – auf wissenschaftsinterne Entwicklungstrends ein. So gesehen, ist für die USA der kometenhafte Aufstieg des sich ‚revolutionär‘ gerierenden Behaviorismus zu nennen. In Deutschland werden die rigiden Festlegungen der ‚Autorität‘ Wundt über die begrenzte Anwendbarkeit des Experiments und über die von praktischen Anwendungen abstrahierende Psychologie als ‚reine Wissenschaft‘ schon zu Lebzeiten des ‚Altmeisters‘ zunehmend in Frage gestellt. Der Wundt-Schüler O. Külpe und die Vertreter der Würzburger Schule versuchen, das Denken einer experimentell kontrollierten Introspektion zu erschließen. Andere Wundt-Schüler nutzten ihr methodisches Know-how für den Auf- und Ausbau von Bereichen einer Angewandten Psychologie (Kraepelin: Psychopathologie, Klinische Psychologie; Meumann: Pädagogische Psychologie; Münsterberg: Psychotechnik). Genau in diesen Kontext einzuordnen sind auch die bereits 1913 durchgeführten, aber erst 1920 zusammenfassend publizierten experimentellen Vergleichsstudien des Wundt-Schülers W. Moede (1888-1958) zu verschiedenen psychischen Leistungen, die von Versuchspersonen entweder in Einzel- oder in Gruppensituation erbracht wurden (Moede, 1920). Moedes Untersuchungsgegenstände und -methoden waren die im Leipziger Psychologischen Institut traditionell praktizierten: Ermittlung von Schwellenwerten für diverse Wahrnehmungsmodalitäten (u.a. Schmerzsensibilität), Aufmerksamkeits- und Gedächtnisleistungen usw. mittels der gängigen experimentellen Verfahren. Das einzig Neue, das Moede einführte, war die Variation der Versuchsbedingungen ‚Einzelsituation‘ vs. ‚Anwesenheit anderer Personen‘. Moede registrierte, dass in den meisten Fällen psychische Leistungen, die unter der Versuchsbedingung ‚Anwesenheit anderer Personen‘ erzielt wurden, höher bzw. besser waren als die in der Einzelsituation erbrachten. Er sprach von einer anregenden Funktion, die die Gemeinschaft auf die Leistungsfähigkeit des einzelnen ausübe. Obwohl diese Ergebnisse im Grunde genommen ein schlagender Gegenbeweis sind gegen die von der Massenpsychologie Le Bonscher Prägung vertretene These, dass die Wirkung der ‚Masse‘ auf die psychische Konstitution des Individuums generell negativer, depravierender Art sei, veröffentlichte Moede seine Arbeiten unter dem Titel ‚Experimentelle Massenpsychologie‘. Das ist insofern – aus heutiger Sicht – erstaunlich, als sich das Programm Moedes von dem der Massenpsychologie gravierend unterscheidet. Sein Ziel ist, „durch systematische Beobachtung die aktuellen Wechselwirkungen der Mitglieder einer Gruppe auf Gesetz und Regel" zu bringen, und zwar mit Hilfe von „Maß und Zahl verwendenden Methoden" (Moede, 1920, 4f.). Angesichts dieser Zielstellung dürfte der Untertitel des Buches – ‚Beiträge zur Experimentalpsychologie der Gruppe‘ – zutreffender sein als der Haupttitel.

Ein vorläufiges Fazit ziehend, kann man mit Fug und Recht sagen, dass Moede bei der Erschließung des Experiments für sozialpsychologische Fragestellungen eine wichtige Pionierfunktion zukommt. Allerdings war die Resonanz auf Moedes Untersuchungen im deutschsprachigen Bereich vergleichsweise gering; eine systematische Weiterführung des Forschungsprogramms blieb zunächst aus.

Weit eher erkannte man in den USA insbesondere die praktischen, angewandt-psychologischen Potenzen dieses Ansatzes. Der schon 1892 in den USA tätige, aus Deutschland stammende Wundt-Schüler und Pionier der Psychotechnik, H. Münsterberg (1863-1916), regte den jungen F.H. Allport (1890-1978) zu einer Replikation und Erweiterung der Moedeschen Arbeiten an und veröffentlichte die Ergebnisse im ‚Journal of Experimental Psychology‘ (Allport, 1920). Vier Jahre später folgte eine systematische Gesamtdarstellung des neuen Forschungsgebietes (Allport, 1924). Der theoretische Rahmen, in den Allports Konzeption von Sozialpsychologie eingepasst wurde, unterschied sich jedoch grundsätzlich vom theoretischen Hintergrund Moedes. Während sich Moede der Tradition der Wundtschen Bewusstseinspsychologie immer noch verpflichtet fühlte, stülpte Allport seinen experimentellen Befunden – der Modeströmung seiner Zeit entsprechend – ein behavioristisches ‚Erklärungs‘- Konzept über. Dieses ‚Überstülpen‘ ließ sich relativ leicht bewerkstelligen: Die klassische Definition J.B. Watsons vom Verhalten (behavior) als mechanische Verknüpfung von Reiz und Reaktion (S-R-Schema) musste einfach um das Attribut ‚sozial‘ erweitert werden. So lesen wir bei Allport: „Soziales Verhalten umfasst die Reize und Reaktionen, die zwischen einem Individuum und dem sozialen Bereich seiner Umgebung stattfinden, d.h. zwischen dem Individuum und seinen Mitmenschen. [...] Der Einfluss eines Individuums auf ein anderes ist immer eine Sache des Verhaltens. Eine Person stimuliert und eine andere reagiert: in diesem Prozeß haben wir es mit dem Wesentlichen der Sozialpsychologie zu tun" (Allport, 1924, 3f., 11, Übersetzung: G.E.). So nahtlos wie es auf den ersten Blick den Anschein hat, ließ sich der Gegenstand der Sozialpsychologie allerdings nicht in ein orthodoxes behavioristisches Schema einpassen. Allport unterscheidet zwischen sozialem Verhalten (Beispiele: „die Reaktionen auf Sprache, Gesten und andere Bewegungen unserer Mitmenschen", a.a.O., 3) und nicht-sozialem Verhalten (Beispiele: „Reaktionen gegenüber nicht-sozialen Objekten, wie Pflanzen, Mineralien, Werkzeugen usw.", ebda.). Für das *soziale* Verhalten konnte er offensichtlich der rigiden Forderung Watsons, „jeden Bezug auf das Bewußtsein aufzugeben" (Watson, 1913), nicht nachkommen. Ganz und gar nicht im Sinne Watsons schreibt er: „Psychologie ist die Wissenschaft, die Verhalten *und Bewußtsein* untersucht. Von diesen zwei Begriffen wird Verhalten an die erste Stelle gesetzt, weil es ein Erklärungsprinzip und daher fundamentaler Art ist" (a.a.O., 1). Für die ‚Erklärung‘ psychischer Funktionen sei die

Abfolge Reiz – nervale Transformation – Reaktion das Entscheidende; „das Bewußtsein begleitet oft diese Ereignisreihe, aber niemals bildet es ein Glied in dieser Kette selbst" (a.a.O., 2). Immerhin wird also die Existenz eines Bewusstseins, wenn auch als sekundär und für ‚Erklärungs'- Zwecke ungeeignet anerkannt. Am ‚Fall' Allport bestätigt sich somit das, was man ohnehin dem Behaviorismus nachsagte: Er wollte das Bewusstsein vertreiben, wurde es aber nicht los (vgl. Boring, 1957, 658f.; Pongratz, 1984, 322). Analog einem ‚sozialen Verhalten' als Spezialfall von Verhalten überhaupt wird auf Seiten der sekundären Begleiterscheinung Bewusstsein ein ‚soziales Bewusstsein' zugestanden. Es wird definiert als „Bewusstsein, das soziale Einstellungen [attitudes] und sichtbare Reaktionen auf Reize begleitet. Es ist das Gewahrwerden [awareness] der verschiedenen sozialen Beziehungen" (Allport, 1924, 329). In Abgrenzung zu Watson fügte er hinzu: Man dürfe, „um soziales Verhalten zu verstehen, nicht nur den Reiz und die Reaktion betrachten, sondern auch die Vorbereitungen zwischen Reaktionen [preparations for response] berücksichtigen" (a.a.O., 320). Wenn auch dem ‚sozialen Bewusstsein' nach Allport kein Erklärungswert beizumessen ist, so ist es doch ein Faktor, der in die Relation S - R (stimulus - response) ‚intervenierend' eintritt. ‚Attitude' als Element des ‚sozialen Bewusstseins' hat faktisch die Funktion einer ‚intervenierenden Variablen' im Sinne des Neobehaviorismus (Tolman; Hull). Wir sehen: Bei Einführung sozialer Parameter in die psychologische Analyse konnte der orthodoxe Behaviorismus keinen geeigneten Interpretationsrahmen anbieten. Neobehavioristische Konzepte dagegen eigneten sich durchaus, insbesondere über das Konstrukt ‚intervenierende Variable', als gewisse ‚Erklärungs'- Muster. In der US-amerikanischen sozialpsychologischen Forschung (und Theoriebildung) entwickelte sich seit Ende der 20er Jahre des 20. Jahrhunderts eine breite Traditionslinie, die in der einschlägigen Literatur als ‚stimulus-response-theory' (Berger & Lambert, 1968, 81-178; Jones, 1985, 71-75) oder ‚reinforcement theory' (Deutsch & Kraus, 1965, 77-125) bezeichnet wird.

17 Die Erarbeitung gegenstandsspezifischer theoretischer und methodischer Grundlagen, dargestellt an Fallbeispielen

Um sich als relativ eigenständige psychologische Subdisziplin im US-amerikanischen Wissenschaftsbetrieb zu etablieren bzw. zu behaupten, bedurfte die Sozialpsychologie unter anderem a) tragfähiger fachspezifischer theoretischer Grundlagen und ebenso b) handhabbarer methodischer Ansätze. Was die theoretische Arbeit anbelangt, machte man es sich anfangs – wie wir bereits bei F.H. Allport gesehen haben – ziemlich einfach. Man arbeitete keine gegenstandsspezifischen Konzeptionen aus, sondern beschränkte sich auf die Übernahme bzw. Adaptation von Leitprinzipien des mainstream der (insbesondere Allgemeinen) Psychologie, und dieser mainstream war der Behaviorismus. Nun war der Behaviorismus von Anfang an kein monolithischer Block, sondern erfuhr sehr bald nach seiner bombastischen Propagierung durch J.B. Watson (1913) zahlreiche Modifikationen (vgl. Abschnitt 6.2.2). Gemeinsam war den verschiedenen Reformversuchen, die in den seinerseits facettenreichen Neobehaviorismus mündeten, dass sie die radikal-orthodoxen Positionen des Watsonschen Gründungsprogramms aufweichten und letztlich sogar die zumindest impliziten Voraussetzungen für die sog. ‚kognitive Wende' als scheinbarer Selbstaufgabe des Behaviorismus legten. Die Tendenz der frühen wissenschaftlichen Sozialpsychologie, sich in ihren theoretischen Erklärungsversuchen am jeweiligen Hauptstrom der Psychologieentwicklung als ganzer zu orientieren, soll im Folgenden an einem begriffsgeschichtlichen Beispiel demonstriert werden: am Begriff der Nachahmung (imitation).

17.1 Fallbeispiel ‚Nachahmung' (theoretisch) (Miller & Dollard; Bandura)

Der Begriff ‚Nachahmung' spielte nicht nur in der Allgemeinen Psychologie (insbesondere Lernpsychologie) und in der Entwicklungspsychologie (Lernen am Modell) eine wichtige Rolle, sondern aufgrund seiner sozialen Dimension auch in der Sozialpsychologie. Nachahmung ist beschreibbar als soziale (dyadische oder mehrgliedrige) Beziehung zwischen einer Person, die nachgeahmt wird („Modell'), und einer Person, die nachahmt (Nachahmer, ‚Beobachter'). Bereits vor der Entstehung einer i.e.S. wissenschaftlichen Sozialpsychologie gab es diverse Theorien, die davon ausgingen, dass angeborene Instinktmechanismen die Grundlage menschlichen (und z.T. tierischen) Verhaltens seien. Hintergrund dieser Deutungen waren darwinistische Axiome: Instinkte, so auch Nachahmungsinstinkte, als evolutionäre Anpassungsleistung zur Gewährleistung der biologischen Existenz höherer Organismen. Was speziell das soziale Verhalten anbelangt, hielt beispielsweise G. Tarde (1843-1904), der französische Massenpsychologe, die sog. ‚imitativité' für den zentralen Regulationsmechanismus. Und auch in Mc Dougalls Instinkttheorie spielte im Kontext des sog. ‚Herdentriebes' die Nachahmung die entscheidende Rolle für die Ausprägung menschlichen Sozialverhaltens. Mit dem zunehmenden Erstarken des Behaviorismus in den 20er Jahren des 20. Jahrhunderts wird der Einfluss der Instinkttheorien zurückgedrängt. Auf die Phase der ‚Nachahmung als naturgegebene Verhaltenstendenz' folgt die Phase der ‚Nachahmung als erlerntem Verhalten' (Scheerer, 1984, 319ff.). Auch in dieser neuen Phase beobachten wir wiederum eine enge Anlehnung der theoretischen Bemühungen in der jungen Sozialpsychologie am mainstream, d.h. einen Nachvollzug der sukzessive auftretenden Spielarten des Behaviorismus; die aufeinanderfolgenden Nachahmungstheorien sind „ein Spiegelbild der jeweils herrschenden psychologischen Hauptströmungen" (a.a.O., 326). Im orthodoxen Frühstadium des Behaviorismus wird Nachahmung als ein nach dem klassischen S-R-Schema erlerntes Verhalten interpretiert. Nach E. Humphrey (1921) wird Nachahmung durch die Bildung bedingter Reflexe erworben. Für Holt (1931) ist Nachahmung ein „bedingter Reflex, der sich nach dem ‚Echo-Prinzip' aus der Selbstnachahmung entwickelt" (Scheerer, ebda.). Genau diese Vorstellungen werden in Publikationen, die sozialpsychologische Gegenstände behandeln, relativ unreflektiert repliziert (Dashiell, 1928; Young, 1932; Murphy, Murphy & Newcomb, 1937; Katz & Schanck, 1938; vgl. dazu Scheerer, a.a.O.).

Auf den klassischen Behaviorismus folgten mehr oder weniger weit reichende Reformversuche, die als ‚Neobehaviorismus' bezeichnet werden. Ein klassisches Beispiel für die zeitlich verzögerte Übernahme neobehavioristischer Interpretationsmuster durch Sozialpsychologen sind die bekannten empirischen Untersuchungen von N. E. Miller und J. Dollard (1941) über Nachahmungslernen. Der theoretische und methodische Bezugsrahmen dieser Untersuchungen ist das sog. ‚hypothetisch-deduktive System' von C. L. Hull (vgl. Abschnitt 6.2.2.2). Hull arbeitete eine hochgradig formalisierte Verhaltens- und Lerntheorie aus, in deren Zentrum – verkürzt gesagt – die Bildung von Gewohnheiten (habits) durch Bekräftigung (reinforcement) stand (Hull, 1940). Zunächst arbeiteten Miller & Dollard in typisch behavioristischer Manier mit Ratten.

Hungrige Albino-Ratten wurden belohnt, wenn sie im T-Labyrinth in die gleiche Richtung gingen, wie die Vorgänger-Ratte (das Modell), die bereits vorher mit Futter belohnt wurde. Eine andere Gruppe hungriger Ratten wurde belohnt, wenn sie die entgegengesetzte Richtung wie das ‚model' einschlugen. Die erste Gruppe lernte nachzuahmen, die zweite lernte, nicht nachzuahmen. Modifizierte Versuchsanordnungen mit Kindern nach dem gleichen Schema führten zu parallelen Ergebnissen. Miller & Dollard nannten die von ihnen untersuchte Art der Nachahmung matched-dependent behavior. Matched-dependent behavior liegt vor, wenn in einer dyadischen Situation das Verhalten eines Individuums (‚model') das Entscheidungskriterium für das Verhalten eines anderen Individuums (‚observer') ist. Der ‚observer' wird belohnt (‚bekräftigt'), wenn er die gleiche Reaktion ausführt wie das ‚model'. Lerntheoretisch formuliert: Das Verhalten des ‚model' ist der Signalreiz (‚cue') für die Reaktion des ‚observer'. Voraussetzung für das Erlernen der Nachahmungsreaktion des ‚observer' ist, dass sie positiv bekräftigt wird. Die Bekräftigung des Nachahmungsverhaltens ist das *Instrument* für die Verhaltensregulation des ‚observer'. Nachahmung wird erlernt durch instrumentelles (operantes) Konditionieren.

Zweifellos haben Miller & Dollard mit ihrer Theorie des Nachahmungs-*lernens* der alten Auffassung von Nachahmung als *Instinkt*verhalten eine überzeugende empirisch belegte Alternative entgegengesetzt. Ihre These aber, dass der ‚observer' bei hinreichender Bekräftigung des vom ‚model' übernommenen Verhaltens dieses Verhalten gewissermaßen automatisch erlernt (im Sinne einer operanten Konditionierung), stieß bald von verschiedenen Seiten her auf Kritik. In erster Linie ist hier auf die Arbeiten von A. Bandura und seinen Mitarbeitern hinzuweisen. Bandura macht erstens geltend, dass nicht immer und nicht jede durch Beobachtung erlernte Reaktion auch tatsächlich ausgeführt wird. Die Ausführung hänge z.B. davon ab, ob die betreffende Verhaltensweise „als befriedigend empfunden" wird (Bandura, 1979, 38). Es sei auch möglich, dass der ‚observer' nicht nachahmt, weil er „die modellierten Ereignisse in einer für die Gedächtnisrepräsentation nicht angemessenen Weise kodiert" hat (ebda.). Zum anderen wirft er Miller & Dollard vor, dass ihre Theorie nicht erkläre, „wie eine *neue* Reaktion durch Beobachtung erworben werden kann" (a.a.O., 45). Nach Bandura „vollzieht sich das Beobachtungslernen auf der Grundlage von *symbolischen Prozessen*, die stattfinden, *während* die modellierten Tätigkeiten dargeboten werden und *noch bevor* irgendeine Reaktion ausgeführt wurde" (a.a.O., 45f.). Man müsse deshalb unterscheiden zwischen Erwerb (acquisition) und Ausführung (performance) des (Nachahmungs-) Verhaltens. Der entscheidende Punkt im Vergleich zum Miller-Dollardschen Ansatz besteht darin, dass nach Bandura „innere" Faktoren das Beobachtungslernen steuern: Aufmerksamkeit (attention), Behaltensprozesse (retention), motorische Reproduktionsprozesse (reproduction) und Motivation (motivation). Das Zustandekommen von Nach-ahmungsverhalten nach dem Prinzip der instrumentellen Konditionierung wird zwar nicht ausgeschlossen, aber lediglich als ein „Sonderfall" betrachtet (a.a.O., 47): „In der sozial-kognitiven Lerntheorie gelten Bekräftigungen als förderlicher Faktor, nicht als notwendige Bedingung" (a.a.O., 46). Wesentlich für Bandura ist, dass das Verhalten des ‚model' beim ‚observer' sog. ‚meditionale' (innere) Reaktionen hervorruft. Damit sind wir angekommen bei einer kognitivistischen Interpretation des Nachahmungslernens, freilich in einem sich neobehavioris-tisch nennenden Gewand. Dieser Versuch einer Symbiose wurde als ‚kognitiver Behaviorismus' bezeichnet, ein Begriff, der den Anschein erweckt, in sich widersprüchlich zu sein. Die Wurzeln dieser Symbioseversuche reichen zurück auf Ansätze, die lange vor Bandura entwickelt wurden. In erster Linie kann man als eine Art ‚geistigen Vater' Banduras auf E.C. Tolman (1932) verweisen, dessen Theorie ebenfalls bereits als ‚kognitiver Behaviorismus' betitelt wurde (vgl. Abschnitt 6.2.2.1). Das von Tolman inaugurierte System von inter-venierenden Variablen (‚demands', ‚goal objects', ‚expectation', ‚incentive motivation') erfährt bei Bandura eine Wiederbelebung auf sozialpsychologischer Ebene.

Wir fassen zusammen: Wie bei Allport in Bezug auf Watson, bei Miller & Dollard in Bezug auf Hull, haben wir es auch bei Bandura in bezug auf Tolman mit einer Adaptation allgemeinpsychologischer Theorieentwürfe auf sozial-psychologische Erklärungsversuche zu tun. Eine eigenständige gegenstands-spezifische Theoriebildung gab es im Bereich der Sozialpsychologie (noch) nicht. Sie sollte – wie noch zu zeigen sein wird – einer nicht am Behaviorismus orientierten Richtung vorbehalten bleiben.

17.2 Fallbeispiel ‚Einstellung' (methodisch) (Thurstone; Likert)

Ein weiterer Faktor, der die Zuerkennung von Wissenschaftlichkeit der Sozial-psychologie durch die (US-amerikanische) scientific communitiy mitbestimmte, war die Entwicklung und Anwendung von hinreichend bewährungsfähigen methodischen Standards. In den Anfangsjahren wurden die klassischen psycho-physischen Untersuchungen, wie sie etwa in Wundts Leipziger Institut durch-geführt wurden, lediglich mit einem sozialen Aspekt angereichert (Moede, 1920); analog wurde die Untersuchung von Reiz-Reaktions-Ketten, wie sie im klassischen Behaviorismus üblich waren, um die Relation sozialer Reiz – soziale Reaktion erweitert (F.H. Allport). Von einer Konstruktion relativ eigenständiger sozialpsychologischer Methoden kann eigentlich erst ab 1928 gesprochen werden. Der sozialpsychologische Gegenstandsbereich, für den fachspezifische

Methoden entwickelt wurden, war die Einstellungsforschung. Zweifellos waren die von L.L. Thurstone (1887-1955) erarbeiteten Skalierungsverfahren zur Messung von Einstellungen ein genuin sozialpsychologisches methodisches Instrumentarium, und es ist durchaus kein Zufall, dass der Sozialpsychologe Allport den ‚Psychometrie'-Experten Thurstone anregte, solche Skalen zu konstruieren (vgl. Hilgard, 1987, 584). Indes liegen die historischen Wurzeln dieser Verfahren bereits in der klassischen Psychophysik Fechners: nämlich der Messung von subjektiv angegebenen Empfindungsunterschieden, wobei man unterstellte, dass die Unterschiede ‚äquidistant' und somit messbar sind. Ausgehend von dieser Grundannahme, konnten Einstellungsforscher auf ihrem Gebiet die auf einer vorher geeichten Skala ermittelten Werte quantitativ bestimmen. Der Unterschied zur klassischen Psychophysik bestand freilich darin, dass es für ‚subjektive' Empfindungsunterschiede eine Vergleichsgröße gab: das ‚objektiv' definierbare Maß des physikalischen Reizes. In bezug auf Einstellungen fehlte aber ein solches physikalisches Pendant. Das einzige vermeintliche Objektivitätskriterium war die Urteilsübereinstimmung von ‚Experten' bei der Konstruktion von Skalen. Die Abfolge der Schritte, die Thurstone bei der Konstruktion seiner Skalen für erforderlich hielt, soll kurz dargestellt werden: zunächst legte er eine größere Anzahl von Aussagen (qualitativ unterschiedlichen Wertungen) zu einem bestimmten Bereich von Einstellungen (‚Einstellungsobjekt') solchen Personen vor, die er für ‚Experten' hielt (z.B. Psychologen, Soziologen, andere Sozialwissenschaftler). Die ‚Experten' hatten die Aufgabe, unabhängig von ihrer eigenen Einstellung den vermeintlichen positiven (pro) bzw. negativen (contra) Gehalt der einzelnen Aussagen in bezug auf das ‚Einstellungsobjekt' zu beurteilen. Die Beurteilung erfolgte in der Weise, dass einer bestimmten Aussage ein bestimmter Stellenwert auf einer mehrstufigen, meist elfstufigen Skala zugeordnet wurde. Bei hoher Urteilsübereinstimmung der ‚Experten' wurde die Aussage in die ‚finale Skala' (‚geeichter' Fragebogen) aufgenommen. Bei Urteilsdivergenz wurde die betreffende Aussage (Item) ausgeschieden. Die ‚finale Skala' wurde den zu dem ‚Einstellungsobjekt' befragten (Test-) Personen vorgegeben. Mit Hilfe der Berechnung des Medians aller Skalenwerte wurde schließlich die positive bzw. negative Einstellung der Testpersonen zum ‚Einstellungsobjekt' *quantitativ* bestimmt.

Aus wissenschaftshistorischer Perspektive betrachtet, sind die von Thurstone und seinen Mitarbeitern entwickelten methodischen Verfahren also ein wichtiger Schritt in der Entwicklung der Sozialpsychologie zu einer mit Maß und Zahl arbeitenden Subdisziplin zu bewerten. Obwohl methodische Schwächen dieses Erstlingsansatzes (Expertenurteile werden relativ bedenkenlos als Objektivitätskriterium verwendet; die Distanzen zwischen den Skalenwerten werden ungeprüft als gleich groß angenommen usw.) nicht zu übersehen sind und sehr bald kritisch reflektiert wurden, kann man insgesamt doch resümieren, dass Thurstone eine methodische Pionierarbeit leistete, die Ausgangspunkt und Voraussetzung für Modifikationen oder auch Alternativen war. Bereits 1932, vier Jahre nach Thurstone, entwickelte R. Likert (1903-1981) eine verbesserte, leichter handhabbare Technik: die Methode der summierten Einschätzungen (Likert, 1932). Das heißt: An die Stelle einer indikator-orientierten Messung (stimulus-centered approach) tritt eine personen-orientierte (subject-centered). In der Folge fand eine rege Weiterentwicklung diverser Skalentypen statt. Der Trend ging in Richtung einer Integration von ‚subject-centered' und ‚stimulus-centered' (vgl. Petermann, 1980; Bortz & Döring, 2006, 222-224).

18 Die Begründung der ‚neueren‘ Sozialpsychologie (Lewin; Festinger)

18.1 Die Eigenständigkeit des Lewinschen Ansatzes

Kurt Lewin (1890-1947) wird das Prädikat ‚Begründer der neueren Sozialpsychologie‘ zugeschrieben (z.B. von Graumann, 1991). Wir werden die Berechtigung der Zuschreibung des Attributs ‚neu‘ bzw. ‚neuer‘ zu prüfen haben. Zunächst könnte man den Eindruck gewinnen, der von der Gestaltpsychologie herkommende Lewin verfahre nicht viel anders als Allport: War es bei Allport die Adaption theoretischer Leitsätze des Behaviorismus auf sozialpsychologische Sachverhalte, so bot sich für Lewin die Übertragung gestaltpsychologischer Prinzipien an. In der Tat war eine ganze Reihe gestaltpsychologischer Sätze dafür bestens geeignet. Deutsch & Krauss geben anschaulich einige Beispiele für solche Übertragungen mittels einfacher Analogisierung: Ein erstes Beispiel, die Übertragung des Theorems von der Transformierbarkeit von Gestalten: „Wenn alle Noten in einem Lied um eine halbe Oktave erhöht werden, wird die Melodie als Struktureinheit nicht verändert werden. […] Analog kann man in der Sozialpsychologie annehmen, dass bei organisierten sozialen Interaktionen einige der Interaktionsmuster invariant bleiben werden, selbst wenn man die Individuen, die an der Interaktion beteiligt sein, auswechselt. So wird man ein Fußballspiel selbst dann noch als solches bezeichnen, wenn man die ursprünglichen Spieler durch Ersatzleute austauscht. Eine Bürokratie wird viele wiedererkennbare Züge behalten, selbst wenn eine vollständige Veränderung in ihrem Personalbestand stattfindet“ (Deutsch & Krauss, 1965, 17; Übersetzung: G.E.).

Ein zweites Beispiel: Die gestaltpsychologischen Befunde zur Abhängigkeit der Wahrnehmung von den Umgebungsbedingungen im Sehfeld und ihre Übertragung auf soziale Kontexte per Analogie: „Ein und dieselben Worte haben eine unterschiedliche Wertigkeit, wenn sie einerseits vom einfachen Soldaten gebraucht werden, der über seinen Offizier ‚meckert‘, oder andererseits von einem Offizier, der den Soldaten tadelt. Ein Mensch, der sich im verschließbaren Raum einer Turnhalle entkleidet, wird wesentlich anders beurteilt werden als einer, der das gleiche am Times Square tut“ (ebda.). Ähnliche Analogiebildungen wurden vom gestaltpsychologischen Grundgesetz, dem ‚Gesetz der guten Gestalt‘, her vollzogen: Wie die wahrnehmungsmäßige Strukturierung im phänomenalen Feld zu möglichst einfachen, prägnanten und geschlossenen Gebilden tendiert, so neigen widerstreitende Kräfte im ‚sozialen Feld' (z.B. Spannungen zwischen Einstellungen und Realität, zwischen Einstellung und Verhalten, Spannungen in interpersonellen Beziehungen) zu Spannungsreduktion, d.h. zu möglichst konsonanten, harmonischen, kongruenten Verhältnissen. So jedenfalls könnte man die Botschaft, die in den in Anlehnung an Lewin ausgearbeiteten Konsistenztheorien (siehe Kapitel 18.3) formuliert wird, umschreiben.

Würden die von der Gestaltpsychologie herkommenden sozialpsychologischen Ansätze lediglich auf Analogie zur Köhler-Wertheimer-Koffkaschen Ursprungstheorie beruhen, wäre es freilich nicht opportun, sie als etwas qualitativ Neues, Eigenständiges zu bezeichnen. Analogisierungen gab es – wie bereits erwähnt – auch im behavioristischen ‚Lager' (F.H. Allport). Lewins Verdienst besteht nun gerade darin, dass er den Gestaltgedanken gewissermaßen als ‚Sprungbrett' benutzt, um einen völlig *eigenständigen* theoretischen Ansatz zu entwickeln, der sich für die Behandlung einer Vielzahl von sozialpsychologischen Fragestellungen (aber nicht nur dieser) als effizient erweist. Die Eigenständigkeit Lewins äußert sich insbesondere darin, dass er sich von den Anleihen der klassischen Gestaltpsychologie an die Physik, genauer an das Strukturierungsgeschehen im elektromagnetischen Feld (Köhler, 1920), abgrenzt. Er hebt den *ausschließlich psychologischen* Charakter seines Feldbegriffs hervor: „Das Feld, durch welches ein Individuum bestimmt ist", sei „nicht in ‚objektiven, physikalischen' Begriffen zu beschreiben, sondern in der Art und Weise, wie es für das Individuum zu der gegebenen Zeit existiert" (Lewin, 1963b [1942], 103f.), und er betont „das Recht und die Notwendigkeit, in der Psychologie psychologische Begriffe zu gebrauchen" (a.a.O., 104). Damit distanziert er sich nicht nur explizit vom „weitverbreiteten Irrtum des physikalistischen Behaviorismus" (ebda.), sondern implizit auch vom Köhlerschen Feldbegriff: Während Köhler – so kommentiert Lohr (1963, 15) – „gleichzeitig auf psychologischer wie auf physiologischer Ebene erklärt", möchte Lewin „eine völlig autochthone Psychologie entwickeln". Insofern wäre es präziser, in Lewins Ansatz weniger eine Ausweitung der klassischen Gestaltpsychologie zu sehen (wie etwa Irle [1991, 138]: Lewin „stößt ... in empirische Felder vor, die von der klassischen Gestalttheorie noch nicht beachtet wurden"), als vielmehr eine kategoriale Umgestaltung des Feldbegriffs.

18.2 Feldtheorie und Lebensraum

Das zentrale Bestandstück der Feldtheorie ist der Begriff ‚Lebensraum'. ‚Lebensraum' ist „die Person und ihre psychologische Umwelt, *wie diese für jene* existiert" (Lewin, 1963c [1943], 99, Hervorhebung: G.E.). Die ‚psychologische Umwelt' ist Teil des ‚Lebensraumes' und wird von der ‚objektiven Umwelt' unterschieden. Die Eigenschaften der ‚psychologischen Umwelt' werden nicht nur durch die Merkmale der ‚objektiven Umwelt' bestimmt, sondern auch durch die Merkmale der Person. Beispiele für die Nichtübereinstimmung von ‚objektiver' und ‚psychologischer Umwelt' sind etwa Wahrnehmungsverzerrungen, die bei einer Person unter den Bedingungen eines intensiven Bedürfnisses auftreten, oder positiv-attraktive vs. negativ-abstoßende Wirkungen, die ein Gegenstand oder Ereignis auf eine Person ausübt.

Das Geschehen im ‚Lebensraum' ist gekennzeichnet durch eine lebhafte innere Dynamik. Zwischen den verschiedenen ‚Regionen' bzw. ‚Bereichen' des Lebensraumes finden ständige Wechselwirkungen (Interdependenzen) statt. Die Struktur und Dynamik des ‚Lebensraumes', wie etwa die Lagebeziehungen und Bewegungen (‚Lokomotionen') in und zwischen den ‚Regionen', versuchte Lewin graphisch darzustellen und mathematisch zu formulieren. Zu diesem Zweck arbeitete er eine ‚Topologie' (Lehre von den Lagebeziehungen im Lebensraum) und eine Vektorpsychologie (Lehre von den Streberichtungen im Lebensraum) aus. Freilich handelte es sich bei diesen Versuchen um nicht mehr als eine Veranschaulichung nichtmetrischer Relationen. Das Entscheidende aber ist, dass Lewin Verhalten als eine a priori ‚soziale Tatsache' begreift. Berühmt dafür ist seine einfache, aber fundamentale ‚Formel':

$V = f (LR) = f (P, U)$. Verhalten ist eine Funktion des Lebensraumes, mithin Ergebnis der Interaktion von Person und (psychologischer) Umwelt.

Diese Formel markiert den gravierenden Unterschied zu behavioristischen bzw. neobehavioristischen Verhaltenskonzepten. Verhalten wird nicht als (ggf. vermittelte) Reaktion auf (‚objektive') Reizsituationen verstanden, sondern als Ergebnis der Interaktion von Person und (psychologischer) Umwelt. Lewin offeriert eine radikale Antithese zu behavioristischen Herangehensweisen. Der soziale Aspekt wird nicht einem vorhandenen Konzept hinzugefügt, sondern das Soziale ist integrativer Bestandteil des Verhaltens per se. Insofern ist es berechtigt, Lewin als Pionier einer qualitativ neuen Ära einer wissenschaftlichen Sozialpsychologie zu bezeichnen.

Nach Graumann (2002, 17) ist Lewins Ansatz „weniger eine Theorie als eine allgemeine Methodologie". Dies entspricht dem Selbstverständnis Lewins: „Die Feldtheorie kann wahrscheinlich gar nicht in derselben Weise wie Theorien im gewohnten Wortsinn als richtig oder falsch beurteilt werden. Man definiert sie besser als eine Methode, nämlich eine Methode der Analyse von Kausalbeziehungen und der Synthese wissenschaftlicher Konstrukta" (Lewin, 1963c [1943], 88). Was sind das für ‚Konstrukta', die in der Feldtheorie zur Anwendung kommen? Es sind ‚Konstrukta', „die Gegenstände und Ereignisse in Ausdrücken der Interdependenz statt ihrer phänotypischen Ähnlichkeit oder Unähnlichkeit beschreiben" (Lewin, 1963a [1939], 185). M.a.W.: Es geht nicht um die Analyse von Gegenständen und Ereignissen als solchen, sondern um die Interdependenzen zwischen diesen. Die ‚Konstrukta' „stellen gewisse Typen wechselseitiger Abhängigkeit dar" (a.a.O., 182).

Aus diesen methodologischen Grundaussagen lassen sich bestimmte Folgerungen für die Sozialpsychologie ableiten. Zwei davon sollen erläutert werden:

1. Wenn als vordringliche Aufgabe der Sozialpsychologie die Untersuchung von „Problemen dynamischer Interdependenz" (Lewin, 1963a, 168) bzw. „der Wirkung sozialer Tatsachen auf das Verhalten" (ebda.) bestimmt wird, dann liegt es nahe, dem Feldexperiment gegenüber dem Laborexperiment den Vorzug zu geben. Die Präferenz für das Feldexperiment wird mit den Erfordernissen des Forschungsgegenstandes begründet: „Die Untersuchung sozialer Phänomene muss nach Einheiten genügender Größe Ausschau halten" (Lewin, 1963d, 194); man müsse „mit den einfachen Dingen des Alltagslebens beginnen" (a.a.O., 193). Der Schwierigkeiten, die das „Experimentieren innerhalb von ‚Lebenssituationen'" (a.a.O., 201) mit sich bringt, ist sich Lewin bewusst. Als Schwierigkeiten nennt er „die Zusammenstellungen vergleichbarer Kontrollgruppen" und „die Konstanthaltung von Bedingungen während kürzerer Zeitabschnitte" (ebda.). Indes liegen die Vorteile der Feldforschung auf der Hand: Sie zeichnet sich durch ‚Lebensnähe' aus.

2. Lewin beansprucht für die von ihm verwendeten ‚Begriffe', dass sie „*Gesetz und Einzelfall* umfassen" (Lewin, 1969, 27). Das heißt: Auf der einen Seite wird die Einmaligkeit und Unverwechselbarkeit der Person hervorgehoben (Person als Individualität), auf der anderen unterliegen die Lagebeziehungen und -veränderungen im Lebensraum bestimmten Regelhaftigkeiten (Person als Punkt im Lebensraum). Die Feldtheorie als „Methode der Analyse von Kausalbeziehungen lässt sich in Form einer Anzahl *allgemeiner Sätze* über das Wesen der Bedingungen von Veränderungen darlegen" (Lewin, 1963c, 88). Unter problemgeschichtlichem Aspekt ist dieser zweitgenannte Punkt bemerkenswert: Der

Lewinsche Versuch einer Synthese von „Gesetz und Einzelfall" impliziert tendenziell die Aufhebung der althergebrachten Dichotomie von nomothetisch und idiographisch bei der wissenschaftstheoretischen Verortung der Psychologie.
    Der feldtheoretische Ansatz bietet ein außerordentlich breites Spektrum der empirischen bzw. experimentellen Erforschung sozialpsychologischer Fragestellungen. Der Haupttopos Lewins ist die Gruppe. Wenn er von „sozialen Tatsachen", „sozialen Beziehungen", „sozialem Lebensraum" usw. spricht, geht es ihm in erster Linie um *Gruppendynamik*, ein 1936 von ihm geprägter Begriff. Solle (1969, 158) hat die verschiedenen Aspekte der Lewinschen Gruppenpsychologie benannt:

- die interne Dynamik der Gruppe
- die Gruppe als Umwelt des Individuums
- die Wirkungen des Individuums auf die Gruppe
- die Wirkungen der Umwelt auf die Gruppe.

Eine unsystematische Aufzählung von Begriffen und Themen vermittelt einen Eindruck vom Umfang der von Lewin aufgegriffenen Fragestellungen: Leistungsanspruchsniveau, Führungsstile, Minoritätenprobleme, Kleingruppenforschung, Aktionsforschung, Konfliktlösungsstrategien.

18.3 Fortführung und Modifikation des Lewinschen Ansatzes, dargestellt an der Theorie der kognitiven Dissonanz

Der unmittelbare und mittelbare Einfluss Lewins auf die Entwicklung der (insbesondere US-amerikanischen) Sozialpsychologie wurde nach seinem Tode (1947) noch wesentlich verstärkt und zugleich modifiziert durch seine prominenten Schüler und Kollegen (vgl. Lück, 1996, 18f.). Exemplarisch für die Wahrung und Weiterführung des Lewinschen Erbes soll auf Leon Festinger (1919-1989) verwiesen werden.
    Festinger ist Begründer der ‚Theorie der kognitiven Dissonanz', einer sog. ‚Konsistenztheorie' (andere Konsistenztheorien: Heiders Balancetheorie, Newcombs Theorie der kommunikativen Akte). In seinem Hauptwerk ‚A Theory of Cognitive Dissonance' (1957, deutsch 1978) geht er explizit auf den wissenschaftshistorischen Hintergrund seines Forschungsansatzes ein: „Der dieser Theorie zugrundeliegende Gedanke ist der, dass der menschliche Organismus bestrebt ist, eine Harmonie, Konsistenz oder Kongruenz zwischen seinen Meinungen, Attitüden, Kenntnissen und Wertvorstellungen herzustellen. Das heißt, es besteht ein Antrieb, Konsistenz unter den Kognitionen herzustellen"

(Festinger, 1978, 253). Das liest sich geradezu wie eine Reformulierung des klassischen Gesetzes der guten Gestalt, angewendet auf die Organisation menschlicher Kognitionen. Allerdings entfällt bei Festinger – ebenso wie schon bei Lewin – der Bezug auf eine physikalische Ebene. Festinger hat die Beeinflussung seines Wissenschaftsverständnisses durch Lewin selbst bezeugt: Ebenso wie für Lewin liegen auch für ihn „in der Wissenschaft *Erklärungen* auf der gleichen Ebene wie die *Phänomene*, die es zu erklären gilt" (a.a.O., 13). Das entspricht genau der Forderung Lewins, „in der Psychologie psychologische Begriffe zu gebrauchen" (Lewin, 1963b, 104). Der psychologische Begriff ‚Dissonanz' bezeichnet „das Bestehen von nicht zueinander passenden Beziehungen zwischen Kognitionen" (a.a.O., 17). ‚Kognition' hat bei Festinger einen breiten Bedeutungsumfang. Nicht nur Wissen und Kenntnisse, sondern auch „Überzeugungen, Wertvorstellungen und Einstellungen" sind „kognitive Elemente" (a.a.O., 23). Sie beziehe sich auf „Dinge, die eine Person über sich selbst, über ihr Verhalten und ihre Umwelt weiß" (ebda.). Dissonant sind zwei kognitive Elemente, wenn sie „nicht zusammenpassen" (a.a.O., 25). Das vielstrapazierte Beispiel für ‚Dissonanz': Eine Person ist Raucher (Verhalten), die gleiche Person weiß, dass Rauchen schädlich ist (Wissen). Zwischen den kognitiven Elementen „ich bin Raucher" und „ich weiß, dass Rauchen schädlich ist" besteht eine dissonante Beziehung. Dissonanz ist „psychologisch unangenehm" (a.a.O., 16). Folglich erzeugt „die Präsenz von Dissonanz [...] Druck zur Reduktion der Dissonanz und zur Vermeidung von Dissonanzzunahme" (a.a.O., 42). Dissonanzreduktion ist „ein grundlegender menschlicher Prozess" (a.a.O., 17). Wie findet Dissonanzreduktion statt? Festinger nennt drei Mechanismen bzw. Strategien (a.a.O., 42): erstens Verhaltensänderungen (der Raucher erzeugt Konsonanz, indem er zu rauchen aufhört), zweitens „Änderungen von Kognitionen" (der Raucher behält das Rauchen bei und präferiert solche ‚kognitiven Elemente', die dem Rauchen eine positive Seite abgewinnen), drittens „Vorsicht bei der Konfrontierung mit neuen Informationen und neuen Meinungen" (bei der Konfrontation mit neuen Argumenten macht sich der Raucher die seinen Standpunkt bestätigenden zu eigen).

Wirkungsgeschichtlich hat die Theorie der kognitiven Dissonanz ein breites Spektrum von Forschungsarbeiten hervorgebracht. Festinger selbst hat bereits eine Fülle von Problemstellungen skizziert, für die seine Theorie Beiträge leisten könnte: Entscheidungsprozesse, Verbreitung von Gerüchten, Einstellungsänderungen, Informationsverarbeitung (a.a.O., 12). Das von der Dissonanztheorie wohl am stärksten befruchtete Forschungsgebiet dürfte der Zusammenhang von Einstellung und Verhalten sein. Irle und Möntmann haben in einem Anhangskapitel zur deutschen Ausgabe der Monographie Festingers einen Überblick über theoretische und empirische Forschungen zur Theorie der kognitiven Dissonanz im Zeitraum 1957-1976 gegeben (Irle & Möntmann in: Festinger, 1978, 274-413). Anlässlich des 50-jährigen Bestehens der Dissonanztheorie führen E. & C. Harmon-Jones (2007) die wirkungsgeschichtliche Analyse bis in die jüngere Vergangenheit fort. Neuerdings sind beispielsweise Phänomene der Dissonanzreduktion Gegenstand neurowissenschaftlicher Untersuchungen (Näheres dazu in Kapitel 20). Die Festingersche These, *dass* Inkonsistenz Unbehagen erzeugt, werde präzisiert durch den Versuch, motivationale Erklärungen für Dissonanzeffekte zu geben, d.h. zu ermitteln, *warum* Dissonanzreduktion stattfindet.

19 Die Schärfung eines eigenständigen Forschungsprofils, dargestellt am Beispiel des social-perception-Konzepts

Mit der fortschreitenden Entwicklung spezifischer Methoden und der Bearbeitung eigenständiger Forschungsbereiche in den 30er Jahren gewann die aufstrebende Sozialpsychologie von ihrem Selbstverständnis her den Status einer relativen Autonomie. Dieser Anspruch auf Autonomie wurde noch dahingehend ausgeweitet, dass ehemals klassische Problembereiche der Allgemeinen Psychologie (Wahrnehmung, Kognition, Motivation) einer spezifisch-sozialpsychologischen Forschungsperspektive unterzogen wurden. M.a.W.: Die Sozialpsychologie versuchte, sich aus dem Schlepptau der Allgemeinen Psychologie zu befreien und ihrerseits Einfluss auf die Allgemeine Psychologie zu nehmen. Diese Einflussnahme gestaltete sich in der Weise, dass in der Allgemeinen Psychologie vernachlässigte Fragestellungen zum Gegenstand gezielter Forschungsbemühungen gemacht wurden. Ein klassisches Beispiel, dem eine gewisse Initialfunktion zukam, sind die 1935 publizierten Studien von M. Sherif zur ‚social perception‘. Bekanntlich waren Wahrnehmungstäuschungen, insbesondere optische Täuschungen, eines der viel bearbeiteten Themen der Allgemeinen Psychologie, so auch der sog. autokinetische Effekt. Der autokinetische Effekt entsteht, wenn eine Person in einem völlig dunklen Raum einen einzelnen Lichtpunkt optisch zu fixieren versucht und dabei örtliche Veränderungen (Scheinbewegungen) dieses Lichtpunktes wahrnimmt. Sherif knüpft an diesem Täuschungsphänomen an. In einem ersten Schritt forderte er die Vpn. auf, in Einzelversuchen die wahrgenommene Schwankungsbreite des Lichtpunktes zu schätzen. Die Schätzurteile wiesen eine hohe Variabilität auf. In einem zweiten Schritt wurden Gruppenversuche durchgeführt. Die anfangs allein im Raum befindliche Vp war nun von einer Reihe anderer (‚gezinkter‘) Vpn. umgeben, die jeweils ihre (abgesprochenen) Schätzurteile kommunizierten. Die Schätzungen der ursprünglichen (echten Vp) näherten sich dem Durchschnitt der Schätzurteile der Gruppe an. In einem dritten Schritt führte die Vp ihre Schätzungen wieder im Einzelversuch durch. Es zeigte sich, dass sie – gewissermaßen ohne Not – den Schätzwert des Gruppendurchschnitts beibehielt. Sherif glaubte, mit dieser Untersuchung wichtige Mechanismen, die der Entstehung ‚sozialer Normen‘ und ihrer Auswirkung auf subjektive Schätzurteile zugrunde liegen, aufgeklärt zu haben.

In dem uns interessierenden Zusammenhang (Verhältnis Sozialpsychologie – Allgemeine Psychologie) ist hervorzuheben, dass mit dieser Untersuchung de facto seitens der Sozialpsychologie markante Schwachstellen der traditionellen allgemeinpsychologischen Wahrnehmungsforschung (Beschränkung auf physiologisch-psychologische Parameter) aufgezeigt wurden, im konkreten Fall durch den Nachweis, dass der Grad der Wahrnehmungstäuschungen nicht nur von physikalischen Umgebungsbedingungen, sondern auch von sozialen abhängt.

Ob der in der Gruppensituation entstehende ‚soziale Druck' direkt auf die Wahrnehmungs*leistung* selbst Einfluss hat oder nur auf das per Konformitätsneigung entstandene Wahrnehmungs*urteil*, ist eine offene Frage (Diskussion bei Irle, 1975, 68), die aber für die Bewertung des Einflusses der Sozialpsychologie auf die Allgemeine Psychologie nicht relevant ist.

Den experimentellen Ansatz Sherifs modifizierend, stellte Asch (1951) eine Untersuchung zur Abhängigkeit individueller Wahrnehmungsurteile von Gruppennormen (Asch sprach von ‚Gruppendruck' [‚group pressure']) an. Den Versuchspersonen wurden in einem Vorversuch (Einzelversuch) drei deutlich verschieden lange Linien optisch dargeboten. Von diesen drei Linien sollte von der Vp diejenige bestimmt werden, deren Länge einer gleichzeitig dargebotenen vierten (Vergleichs-) Linie entsprach. Diese sehr einfache Aufgabe wurde von den Vpn. ohne Schwierigkeiten richtig gelöst. Um die Wirkungen des sog. 'group pressure' zu untersuchen, prüfte Asch im Hauptversuch, wie sich die ‚echten' Vpn. in ihren Wahrnehmungsurteilen verhalten, wenn sie sich in einer Gruppe von acht ‚gezinkten' Vpn. befinden, deren Mitglieder übereinstimmend und affirmativ fehlerhafte Wahrnehmungsurteile abgaben, d.h. eine falsche der drei dargebotenen Linien als gleich lang mit der Vergleichslinie bestimmten. Die Ergebnisse: In 32% der Fälle gleichen die ‚echten' Vpn. (Minderheit) ihre Vergleichsurteile den offensichtlich falschen Urteilen der ‚gezinkten' Vpn. (Majorität) an. Nur 25% der ‚echten' Vpn. behielten ihre ursprünglichen Urteile bei, d.h. ließen sich nicht von den Angaben der Majorität beeindrucken. In den übrigen Fällen schwankten die Vpn. zwischen Angleichung und Nichtangleichung. Bemerkenswert sind die beträchtlichen interindividuellen Unterschiede zwischen den Verhaltensweisen der Vpn. Asch interpretierte die entgegengesetzten Pole in den Verhaltensweisen als ‚Bedürfnis nach sozialer Anerkennung' vs. ‚Vertrauen in die eigene Wahrnehmungsgenauigkeit'.

In den Pionierarbeiten von Sherif (1935) und Asch (1951) wird der Begriff ‚social perception' in einem engeren Sinne verwendet: Es wird die Beeinflussung der Wahrnehmung durch soziale Faktoren (Wertungen, Urteile, [Gruppen-] Normen usw.) bezeichnet. Später wird dem Begriff eine zweite Bedeutungsvariante zugeordnet (social perception i.w.S.). Unter social perception verstand man die Wahrnehmung, die sich auf soziale Objekte (Personen, Gruppen, Ereignisse usw.) bezieht. Der Schwerpunkt der Arbeiten war die ‚Person(en)-wahrnehmung‘ (‚person perception‘). Wegbereiter der Untersuchungen zu diesem Thema war wiederum S.E. Asch. 1946 veröffentlichte er den Bericht zu den mittlerweile klassisch zu nennenden Untersuchungen zur ‚Eindrucksbildung‘ (‚Forming impressions of personality‘) (kurze Besprechungen dieser Arbeiten u.a. bei Deutsch & Krauss, 1965; Frey & Greif, 1997).

In beiden Bedeutungsvarianten von social perception wurden in der Folge zahlreiche, den ursprünglich engeren Untersuchungsbereich erweiternde Forschungen angestellt. Zur social perception i.e.s. ist exemplarisch hinzuweisen auf die Arbeiten von Bruner & Goodman (1947) zur Abhängigkeit der Wahrnehmungsurteile vom sozialen Status der Wahrnehmenden. Tajfel (1969) eröffnet eine noch weitergehende Forschungsperspektive, indem er das breite Spektrum kultureller und ethnischer Faktoren in ihrem Einfluss auf die Wahrnehmung untersucht. Auch auf die Untersuchungen Aschs zur social perception i.w.S. (Wahrnehmung von sozialen ‚Objekten‘) folgte ein breiter Strom einschlägiger Forschungsaktivitäten und theoretischer Überlegungen, wie z.B. die Theorie N.H. Andersons (1965) zur Informationsintegration bei der Eindrucksbildung.

In den genannten Arbeiten zur social perception wird deutlich, dass sie von einem Wahrnehmungsbegriff ausgehen, der sich nicht auf den Aspekt einer sinnlichen Abbildung von Zuständen der Außenwelt beschränkt. Wahrnehmung schließt vielmehr Prozesse des Urteilens, Wertens, Erkennens ein. Insofern ist Wahrnehmung zugleich Kognition bzw. eine Form von Kognition. Die in der älteren Allgemeinen Psychologie übliche kategoriale Trennung von ‚Wahrnehmung‘ und ‚Denken‘ wird hinfällig bzw. für unangemessen erachtet. Unter diesem Blickwinkel ist es nur folgerichtig, dass die social-perception-Forschung zum Bestandteil des übergreifenderen Themenkomplexes ‚social cognition‘ wurde. Im Zuge der in der Psychologie insgesamt konstatierbaren zunehmenden Akzentuierung des Kognitions-Konzepts (Stichwort ‚kognitive Wende‘) erhielten auch solche klassischen sozialpsychologischen Problembereiche wie ‚Attribution‘, ‚Einstellungen/Einstellungsänderungen‘, ‚Stereotypbildung‘, ‚Vorurteil‘, ‚Konformität‘, ‚Selbstaufmerksamkeit‘ in dem übergreifenden Konstrukt ‚social cognition‘ ihren theoretischen Bezugspunkt.

So positiv nach dem Gesagten die einheitsstiftende Funktion des Kognitionskonzepts zu sein scheint, als so bedenklich wird von Kritikern die damit einhergehende Fokussierung der Betrachtungsweise auf das (vereinzelte) Individuum eingeschätzt. Die Kritiker einer solchen Überbetonung im social-cognition-Ansatz sind der Meinung, dass der Konzentration auf das Individuum bzw. *intra*psychische Prozesse eine relative Vernachlässigung der Interaktions- und Gruppenforschung, also *inter*personelle und *inter*gruppale Prozesse, korrespondiere und dass auf diese Weise das originär Soziale menschlichen Verhaltens und Erlebens aus dem Blickfeld zu geraten drohe (Graumann, 1978). Exemplarisch für diese kritische Sichtweise sei auf eine „Standortbestimmung" D. Freys verwiesen: „Nach wie vor ist die Sozialpsychologie – wie auch die gesamte Psychologie – zu sehr am Einzelindividuum, weniger an Interaktionen zwischen Individuen orientiert. Die Mainstream-Sozialpsychologie ist international stark geprägt durch die Untersuchung des Individuums – die social-cognition-Forschung überwiegt erheblich gegenüber Interaktions- und Gruppenforschung" (Frey, 1996, 51f.).

20 Expansion und Krise. Trends in neuerer Zeit

In den späten 50er bis 70er Jahren des 20. Jahrhunderts nahm die Sozialpsychologie eine zwiespältige Entwicklung: Auf der einen Seite fand eine bemerkenswerte Expansion statt, auf der anderen spricht man weitverbreitet von Krise. Beide Seiten sollen kurz beleuchtet werden:

Die Expansion umfasst sowohl die institutionelle als auch die inhaltliche Dimension. Auf die zunehmende Konsolidierung und rasante Verbreiterung der institutionellen Basis der Sozialpsychologie in den USA (Institute, Lehrstühle, Fachzeitschriften, Lehr- und Handbücher usw.) soll hier nicht im einzelnen eingegangen werden. Inhaltlich fand eine Expansion in dem Sinne statt, dass das Forschungsfeld um viele Problembereiche erweitert wurde. Damit einher ging u.a. die Bildung bereichsspezifischer Theorien. Eine differenzierte Übersicht über die Vielzahl theoretischer Ansätze geben Frey & Irle (2002) in einem opulenten dreibändigen Werk. Sie unterscheiden sieben Klassifikationstypen von Theorien und theoretischen Modellen: Kognitive, Gruppen-, Interaktions-, Lern-, Motivations-, Selbst- und Informationsverarbeitungs-Theorien.

- Dem Cluster ,Kognitive Theorien' werden u.a. zugeordnet Theorien sozialer Vergleichsprozesse, Selbstaufmerksamkeits-, Attributions- und Gerechtigkeitstheorien sowie die bereits oben exemplarisch erörterte Theorie der kognitiven Dissonanz. Analog werden mehrere Teilbereichstheorien den übrigen sechs Theorietypen subsumiert.
- Zu Gruppentheorien: u.a. Theorien zum sozialen Einfluss von Mehrheiten und Minderheiten, Theorie sozialer Interdependenz.
- Interaktionstheorien: u.a. Theorien zu den Teilbereichen intergruppales Verhalten, interpersonale Attraktion, hilfreiches Verhalten, aggressives Verhalten, soziale Macht, soziale Bindung.
- Von den lerntheoretisch orientierten Ansätzen ist die sozial-kognitive Theorie von A.L. Bandura (1977) der bekannteste.
- Motivationstheoretische Ansätze betreffen solche Bereiche wie kognizierte Kontrolle, Zielbildung, Autoritarismus und soziale Dominanz, Bewältigung.
- Aspekte von Selbsttheorien sind Selbstwertschutz, Selbstwerterhöhung, Selbstergänzung, Selbstdarstellung, Selbstbestimmung.

- Informationsverarbeitungstheorien reichen von der sog. ,Laienepistemologie' bis zu linguistischen Kategorien und Urteilsheuristiken.

Zur Systematisierung der genannten Theorien eine Randbemerkung: Eine unilaterale Zuordnung von Einzeltheorien oder theoretischen Modellen zu Theorietypen stößt in vielen Fällen auf Schwierigkeiten. Als Beispiel soll die ,Verortung' der Theorie der kognitiven Dissonanz betrachtet werden. Zweifellos geht es in dieser Theorie in erster Linie um Beziehungen zwischen Kognitionen bzw. – so Festinger – ,kognitiven Elementen'. Dissonante Beziehungen zwischen kognitiven Elementen erzeugen einen psychologischen Druck, der die Person motiviert, die Dissonanz zu reduzieren. Von daher hat diese Theorie – trotz des Namensschildes ,kognitiv' – eine wesentliche motivationspsychologische Komponente und könnte auch unter dem label ,motivationspsychologische Theorien' ,verbucht' werden. Und schließlich verarbeitet die Person bei ihrer Dissonanzreduktion Informationen, manche werden verwertet, andere abgewehrt. So gesehen, könnte man Festingers Theorie auch als einen Informationsverarbeitungs-Ansatz oder zumindest als implizite Vorwegnahme eines solchen bewerten.

Ein Blick auf die oben angeführte Liste zeigt, dass die Theorien sich jeweils auf *Teil*bereiche oder *Teil*aspekte der Sozialpsychologie beziehen. Mit anderen Worten: Es handelt sich um Theorien ,kleiner', allenfalls ,mittlerer Reichweite'. Eine allgemeine, den gesamten Gegenstand der Sozialpsychologie umfassende, forschungsleitende Theorie, der die Funktion eines von der scientific community anerkannten und benutzten Paradigmas im Kuhnschen Sinne (logisches Primat der Theorie vor der Empirie) zukommt, gibt es nicht.

Von hier aus gelangen wir zur zweiten Seite der ambivalenten Entwicklung in den 50er bis 70er Jahren des 20. Jahrhunderts: der sog. ,Krise' oder (unter dem Aspekt der Selbstreflexion) dem ,Krisenbewusstsein'. Die Krise bzw. das Krisenbewusstsein ist nicht nur wissenschaftsinternen Gründen geschuldet, sondern ganz wesentlich sind gewichtige wissenschaftsexterne (gesamtgesellschaftliche) Gründe dafür geltend zu machen. Wir beschränken uns im hiesigen Kontext dennoch nur auf ausgewählte wissenschaftsinterne Faktoren (dass dies problematisch ist, muss zugestanden werden).

Ein in den 60er Jahren wesentlicher Krisen-Indikator war wissenschaftsethischer Art. Auslöser waren die bekannten Milgram-Studien (1965). Darf der Forscher für die Gewinnung von Erkenntnissen über die situative Verführbarkeit zu unethischen (inhumanen) Verhaltensweisen Versuchspersonen unter massiven Druck setzen? Ist es generell berechtigt, Versuchspersonen nach Belieben zu täuschen? Ist es andererseits überhaupt möglich, bei bestimmten Fragestellungen (z.B. Werthaltungen) valide Ergebnisse zu erzielen, wenn die Versuchsperson vorher informiert wird über das Ziel der Untersuchung? Wenn man beispielsweise die Konformitätsneigung (etwa in bezug auf Urteilsbildung) unter der Bedingung von Gruppendruck untersucht, sollte man – so das methodische Argument – doch eher die Versuchsperson über das tatsächliche Untersuchungsziel im unklaren lassen oder ein nicht zutreffendes Untersuchungsziel vorgeben? Wo liegen die ethischen Grenzen bei der Planung und Durchführung sozialpsychologischer Experimente? All diese Fragen, die nicht nur wissenschaftsintern, sondern in einer breiten Öffentlichkeit kritisch diskutiert wurden, führten in den Reihen der scientific community zu einer gewissen Verunsicherung.

Die Milgram-Studien und die öffentliche Reaktion auf diese haben wesentlich dazu beigetragen, ethische Standards für psychologische Forschung (und Praxis) zu erarbeiten und zu kodifizieren.

Ein anderer Indikator, der ein Krisenbewusstsein erzeugte, waren die Diskussionen über das Verhältnis von Versuchsleiter (Vl) und Versuchsperson (Vp). Kritiker monierten, dass häufig in sozialpsychologischen Experimenten bei der Interpretation der Daten mögliche Einflüsse des Vl auf die Vp keine oder keine hinreichende Berücksichtigung fänden. Gerade in sozialpsychologischen Experimenten seien Vl-Artefakte zu gewärtigen. Bereits 1966 analysierte Rosenthal systematisch die sog. experimenter effects (Rosenthal, 1966). Die Interaktion von Vl und Vp sei als eine soziale Situation zu begreifen, die beim klassischen naturwissenschaftlichen Laborexperiment in dieser Form nicht gegeben ist. Dem Vl als Person werden – gewollt oder ungewollt – bestimmte ‚demand characteristics‘ (Anforderungsmerkmale) zugeschrieben, die zu nicht vorhersehbaren Artefakten führen.

Auch heutzutage werden die Chancen einer Artefaktkontrolle eher gering eingeschätzt, etwa von Bungard: „Die Möglichkeiten einer effizienten Artefaktkontrolle beim Vl sind […] begrenzt" (Bungard, 1997, 377).

Ein drittes Monitum, das im Rahmen der Krisendiskussion eine wichtige Rolle spielte, betrifft die mangelnde Einbeziehung der Kultur- und Geschichtsbedingtheit sozialpsychischer Prozesse in die mainstream-Forschungsprogrammen. Weder in der Untersuchungsplanung noch bei der Interpretation der Ergebnisse werden historische und/oder kulturspezifische Aspekte mitbedacht. Mit anderen Worten: Psychische Phänomene werden von ihrem historischen und kulturellen Kontext getrennt. Maßgebliche Protagonisten dieser Kritik, die sich auch als europäische Alternative zum amerikanischen Forschungsbetrieb verstanden wissen wollte, waren H. Tajfel (1919-1982) und S. Moscovici (geb. 1925). Sie warfen der Mehrheit ihrer amerikanischen Kollegen vor, soziales Verhalten in einem ‚sozialen Vakuum‘ untersuchen zu wollen. Das Ergebnis einer solchen Praxis sei eine ‚Sozialpsychologie des netten Menschen‘ oder auch – eingeschränkter – des amerikanischen Durchschnittsbürgers. Die gängige Interpretationspraxis, nämlich eine unbekümmerte Generalisierung von Befunden, die ohne eine Integration kultureller und historischer Parameter gewonnen wurden, sei inakzeptabel. Ein Ausweg aus dieser Sackgasse sei eine kulturvergleichende Sozialpsychologie. Tromsdorff (2002, 394) zieht in ihrem Überblick zu dieser Forschungsrichtung das folgende Fazit: „Zahlreiche kulturvergleichende Studien haben die Grenzen der westlichen ‚mainstream'-Sozialpsychologie deutlich gemacht". Beispielsweise sei entgegen den Generalisierungen der gängigen Attributionsforschung nachgewiesen worden, dass es kulturspezifisch sehr unterschiedliche Attributionsmuster gebe (ebda.). Tajfel (1969) hat zahlreiche Belege für den Einfluss kultureller Faktoren auf Wahrnehmungsleistungen (Objekterkennung, geometrisch-optische Täuschungen usw.) geliefert.

Auf zwei übergreifende theoretisch-methodologische Trends in der Psychologie im allgemeinen und der Sozialpsychologie im besonderen in neuerer Zeit sei zum Schluss kurz verwiesen: 1. die neurowissenschaftliche Perspektive, 2. die evolutionäre Perspektive.

Ad 1: Wie in der Allgemeinen Psychologie fungiert auch in der Sozialpsychologie die kognitionswissenschaftliche Orientierung, in erster Linie in Gestalt des Informationsverarbeitungsansatzes, als eine Art ‚Sprungbrett' zu neurowissenschaftlichen Fragestellungen. Einer Sozialpsychologie, die sich neurowissenschaftlicher Methoden bedient, geht es – kurz gesagt – darum, neuronale Grundlagen sozialer Informationsverarbeitung zu untersuchen. Wichtige bisherige Untersuchungsgebiete dieses Forschungszweiges, der als soziale oder als sozial-kognitive Neurowissenschaft bezeichnet wird, sind: soziale Wahrnehmung, kognitive Dissonanz, soziale Unterstützung bzw. Zurückweisung, Kooperation und Kompetition (vgl. Kerschreiter & Mojzisch, 2006, 267-272). Die Methodologie der sozial-kognitiven Neurowissenschaft erfordert von ihrem Gegenstand her hochgradige interdisziplinäre Vernetzung: Soziale, kognitive und neuronale Parameter bzw. Analyseebenen gehen in ihrer Wechselwirkung in die Untersuchungen ein (vgl. Ochsner & Lieberman, 2001). Cacioppo et al. (2004) schreiben der sozial-kognitiven Neurowissenschaft die Funktion eines „bridging social and biological systems" zu.

Als Beispiel für die Gewinnung neuer Perspektiven auf sozialpsychologische Problemstellungen und Theorien durch neurowissenschaftliche Methoden sei auf eine Arbeit von Lieberman et al. (2001) verwiesen. Lieberman et al. unterziehen die in der Theorie der kognitiven Dissonanz (siehe Abschnitt 18.3) implizit postulierte Annahme, dass Dissonanzreduktion das bewusste ‚Erleben' einer kognitiven Dissonanz zur Voraussetzung habe, einer kritischen Prüfung. Sie erzeugten durch ein geeignetes experimentelles Verfahren bei Patienten mit anterograder Amnesie kognitive Dissonanz. Obwohl sich diese Versuchspersonen infolge ihres Krankheitsbildes nach der Durchführung des Experiments nicht mehr an die dissonanzerzeugende Situation erinnern konnten, fand bei ihnen – ebenso wie bei der ‚normalen' Kontrollgruppe – Dissonanzreduktion statt, nachweisbar in Form von Einstellungsänderungen. Die Autoren ziehen aus diesen Befunden die Schlussfolgerung, „that behavior induced attitude change can be a relatively automatic process that does not require explicit memory for, or consciously controlled processing of, the discrepance between attitude and behavior" (Lieberman et al., 2001, 135); mit anderen Worten: Die „Bewusstheit einer kognitiven Dissonanz" ist keine notwendige Bedingung „für das Auftreten einer Dissonanzreduktion" (Kerschreiter & Mojzisch, 2006, 269).

Ad 2: Seit den 80er Jahren des 20. Jahrhunderts spielt in Untersuchungen, die klassische sozialpsychologische Themen betreffen, die evolutionspsychologische Perspektive eine zunehmend gewichtigere Rolle. Anfangs ging es vor allem um die Aufklärung der genetischen Wurzeln bestimmter Bereiche sozialer Kognition und sozialen Verhaltens, etwa evolutionäre Wurzeln prosozialen Verhaltens (z.B. Altruismus), sozialer Einstellungen (z.B. Fremdenfeindlichkeit), Kooperation und Wettbewerb (Axelrod, 1984), Prägungen geschlechtsspezifischer Verhaltens- und Einstellungsmuster (Buss, 1989). In den 90er Jahren wurde der Anspruch dahingehend ausgeweitet, dass der evolutionäre (evolutionstheoretische) Ansatz als universelle Option für alle Gegenstände der Sozialpsychologie geltend gemacht wurde. Man sprach von einem ‚neuen Paradigma' (Buss, 1995), einer ‚new science of the mind' (Buss, 2004), einer ‚new cognition' (Kenrick, Schaller & Simpson, 2006). Die innovative Funktion der evolutionary psychology (im Sinne der Generierung von Hypothesen) soll nicht bestritten werden. Ob man aber von einem ‚echten' Paradigmenwechsel im Kuhnschen Sinne sprechen kann, bleibt fraglich.

Literaturverzeichnis

Ach, N. (1905). *Über die Willenstätigkeit und das Denken*. Göttingen: Vandenhoeck & Ruprecht.

Aland, K. (1963). *Die Säuglingstaufe im Neuen Testament und in der alten Kirche*. München: Kaiser.

Aland, K. (1967). *Die Stellung der Kinder in den frühen christlichen Gemeinden – und ihre Taufe*. München: Kaiser.

Allgemeine Literatur-Zeitung (ALZ) (1785 – 1803). Bd. 1 ff. Jena: ‚in der Expedition der Zeitschrift'.

Allgemeine Literatur-Zeitung. Ergänzungsblätter (1801 – 1803). Revision der Literatur für die Jahre 1785 – 1800. Jena: ‚in der Expedition der Zeitschrift'.

Allport, F.H. (1920). The Influence of the Group upon Association and Thought. *Journal of Experimental Psychology, 3,* 45-67.

Allport, F.H. (1924). *Social Psychology*. Boston: Riverside.

Allport, G.W. (1968). The Historical Background of Modern Social Psychology. In G. Lindzey & E. Aronson (eds.), *The Handbook of Social Psychology, 1,* 1-80- Reading/Mass.: Addison-Wesley.

Ament, W. (1899). *Die Entwicklung von Sprechen und Denken beim Kinde*. Leipzig: Wunderlich.

Anastasi, A. (1958). Heredity, environment, and the question ‚how'? *Psychological Review, 65,* 197-208.

Anderson, J.R. (2007). *Kognitive Psychologie*. 4. Aufl., Heidelberg: Spektrum.

Anderson, N.H. (1965). Studies of Information Integration. *Journal of Experimental Psychology, 70,* 394-400.

Ariès, P. (1975). *Geschichte der Kindheit*. München: Hanser.

Aristoteles (1924). *Über die Seele.* (Übersetzung: A. Lasson.) Jena: Diederichs.

Aristoteles (1934). *Hauptwerke* (Übersetzung: W. Nestlé). Stuttgart: Kröner.

Aristoteles (1991). Problemata Physica (Übersetzung: H. Flashar). *Werke, Bd. 19.*

Aristoteles (1995 a). Nikomachische Ethik. *Philosophische Schriften* Bd. 3. Hamburg: Meiner.

Aristoteles (1995 b). Politik. *Philosophische Schriften* Bd. 4. Hamburg: Meiner.

Aristoteles (1995 c). Über die Seele. *Philosophische Schriften* Bd. 6. Hamburg: Meiner.

Aristoteles (1998). Erste Analytik (Übersetzung: H.G. Zekl). *Werke, Bd. 3&4,* 2-187. Hamburg: Meiner.

Aristoteles (1999). Physiognomica (Übersetzung: S.Vogt). *Werke, Bd. 18/VI.* Berlin: Akademie-Verlag.

Asch, S. E. (1946). Forming impressions of personality. *Journal of Abnormal and Social Psychology, 41,* 258-290.

Asch, S.E. (1951). Effects of group pressure on the modification and distortion of judgments. In H. Guetzkow (ed.), *Groups, leadership and men.* p. 177-190.

Ash, M. G. (1987). Psychology and Politics in Interwar Vienna: The Vienna Psychological Institute, 1922 – 1942. In M. G. Ash & W. R. Woodward, *Psychology in Twentieth Century Thought and Society*, pp. 143-164. Cambridge: University Press.

Ash, M.G. (1999). Die Würzburger Schule – Kontext, Praxis, Rezeption. In W. Janke & W. Schneider (Hrsg.), *Hundert Jahre Institut für Psychologie undWürzburger Schule der Denkpsychologie, S. 57- 72.* Göttingen: Hogrefe.

Axelrod, R. (1984). *The evolution of cooperation.* New York: Basic Books.

Baader, M. S. (1996). *Die romantische Idee des Kindes und der Kindheit.* Neuwied: Luchterhand.

Baldwin, J. M. (1898). *Die Entwickelung des Geistes beim Kinde und bei der Rasse* (Übersetzung aus dem Englischen). Berlin: Reuther & Reinhard.

Baltes, P. B. (1983). Life-Span Developmental Psychology: Observations on History and Theory Revisited. In R. M. Lerner (ed.), *Developmental Psychology: Historical and philosophical perspectives,* pp. 79-111. Hillsdale/N. J.: Erlbaum.

Baltes, P. B. (Hrsg.) (1979). *Entwicklungspsychologie der Lebensspanne.* Stuttgart: Klett – Cotta.

Bandura, A. (1977). *Social Learning Theory.* Englewood: Prentice Hall (Deutsche Übersetzung: Sozial-kognitive Lerntheorie, 1979, Stuttgart: Klett-Cotta).

Bartenhewer, O.; Schermann, Th. & Weymann, K. (Hrsg.) (1912).*Tertullians Ausgewählte Schriften.* Bd. 1: Über die Taufe. Kempten: Kösel.

Bartholomäi, F. (1870). Der Vorstellungskreis der Berliner Kinder beim Eintritt in die Schule. *Berliner Städtisches Jahrbuch, 4,* 59-77.

Bauer, M. (2002). *Die Kongresse der Gesellschaft für experimentelle Psychologie von 1904 – 1914. Entwicklungslinien und Kontextbedingungen.* Unveröffentl. Diplomarbeit, Jena: FSU

Baumgartner, E. & Baumgartner, W. (1999). Die Anfänge der wissenschaftlichen Psychologie an der Universität Würzburg: Franz Brentano und Carl Stumpf. In W. Janke & W. Schneider (Hrsg.), *Hundert Jahre Institut für Psychologie und Würzburger Schule der Denkpsychologie. S. 75-106.* Göttingen: Hogrefe.

Benesch, H., Cremerius, J., Dorsch, F. & Mossau, E. (Hrsg.) (1990). *Psychologie-Lesebuch. Historische Texte im Überblick.* Frankfurt/M.: Fischer.

Berger, S.M. & Lambert, W.W. (1968). Stimulus-Response-Theory in Contemporary Social Psychology. In G. Lindzey & E. Aronson (eds.), *Handbook of Social Psychology, 1,* 81-178.

Bergius, R. (1959). Entwicklung als Stufenfolge. In H. Thomae (Hrsg.). *Handbuch der Psychologie.* Bd. 3: Entwicklungspsychologie, 104-195.

Bergius, R. (2004). Stichwort ‚Massenpsychologie‘. In F. Dorsch (Hrsg.), *Psychologisches Wörterbuch,* 14. Aufl., Bern: Huber.

Bernoulli, Ch. (1925). *Die Psychologie von Carl Gustav Carus und deren geistesgeschichtliche Bedeutung.* Jena: Diederichs.

Binet, A. & Henri, V. (1894). Le développement de la mémoire visuelle chez les enfants. *Revue philosophique, 37,* 348-350.

Binet, A. & Simon, T. (1905 a). Sur la nécessité d' établir un diagnostic scientifique des états inférieurs de l' intelligence. *Année Psychologique, 11,* 163-190.

Binet, A. & Simon, T. (1905 b). Méthodes nouvelles pour le diagnostic du niveau intellectuel des anormaux. *Année Psychologique, 11,* 191 – 241.

Binet, A. & Simon, T. (1905 c). Application des méthodes nouvelles au diagnostic du niveau intellectuel chez les enfants normaux et anormaux d'hospice et d'école primaire. *Année Psychologique, 11,* 245-336.

Binet, A. & Simon, T. (1908). Le développement de l'intelligence chez les enfants. *Année Psychologique, 14,* 1-94.

Binet, A. (1890). Perceptions d'enfants. *Revue philosophique,* 30, 582-611.

Binet, A. (1911). Nouvelles recherches sur la mesure du niveau intellectuel chez les enfants d'école. *Année Psychologique,* 17, 145-201.

Bonnet, Ch. (1764). *Considérations sur les corps organisés.* 2 Bde. Amsterdam.

Boring, E. G. (1957). *A History of Experimental Psychology,* 2nd ed., New York: Appleton.

Bortz, J. & Döring, N. (2006). *Forschungsmethoden und Evaluation für Sozialwissenschaftler.* 4. Aufl., Berlin: Springer.

Brauns, H.P. (1997). *Entwicklungslinien der Psychologie im 19. Jahrhundert.* Habil.-Schrift. Berlin: FU.

Brentano, F. (1929). *Über die Zukunft der Philosophie.* Leipzig: Meiner.

Brentano, F. (1973). *Psychologie vom empirischen Stadpunkt.* 4. Aufl., Hamburg: Meiner (1. Aufl. 1874).

Breuer, F. (1991). *Wissenschaftstheorie für Psychologen. Eine Einführung.* München: Aschendorff.

Bridgman, P.W. (1927). *The Logic of Modern Physics.* New York: Macmillan.

Broadbent, D.E. (1954). The role of auditory localization in attention and memory span. *Journal of Experimental Psychology,* 47, 191-196.

Broadbent, D.E. (1958). *Perception and Communication.* London: Pergamon.

Bronfenbrenner, U. (1981). *Die Ökologie der menschlichen Entwicklung* (amerikan. Original 1979). Stuttgart: Klett-Cotta.

Bruner, J.S. & Goodman, C.C. (1947). Value and need as organizing factors of perception. *Journal of Abnormal and Social Psychology,* 42, 33-44.

Bühler, Ch. (1928). *Kindheit und Jugend. Genese des Bewußtseins.* Leipzig: Hirzel.

Bühler, Ch. (1932). Der menschliche Lebenslauf als psychologisches Problem. In G. Kafka (Hrsg.), *Bericht über den 12. Kongreß der Deutschen Gesellschaft für Psychologie.* S. 305-312, Jena: Fischer.

Bühler, Ch. (1933). *Der menschliche Lebenslauf als psychologisches Problem.* Leipzig: Hirzel.

Bühler, Ch. & Hetzer, H. (1927). Inventar der Verhaltensweisen des ersten Lebensjahres. In Ch. Bühler, H. Hetzer & B. Tudor-Hart (Hrsg.), *Soziologische und psychologische Studien über das erste Lebensjahr,* S. 125-150, Jena: Fischer.

Bühler, Ch. & Hetzer, H. (1929). Zur Geschichte der Kinderpsychologie. In E. Brunswik et al. (Hrsg.), *Beiträge zur Problemgeschichte der Psychologie. Festschrift für K. Bühler,* 204-224. Jena: Fischer.

Bühler, Ch. & Hetzer, H. (1932). *Kleinkindertests. Entwicklungstest für das erste bis sechste Lebensjahr.* Leipzig: Barth.

Bühler, Ch. (1921). *Das Seelenleben des Jugendlichen. Versuch einer Analyse und Theorie der psychischen Pubertät.* Jena: Fischer. 5. Aufl. 1929

Bühler, Ch. (1925). *Zwei Knabentagebücher. Mit einer Einleitung über die Bedeutung des Tagebuches für die Jugendpsychologie.* Jena: Fischer.

Bühler, K. (1907). Tatsachen und Probleme zu einer Psychologie der Denkvorgänge I. *Archiv für die gesamte Psychologie, IX,* 297-365.

Bühler, K. (1908 a). Tatsachen und Probleme zu einer Psychologie der Denkvorgänge II. *Archiv für die gesamte Psychologie, XII*, 1-92.

Bühler, K. (1908 b). Nachtrag. Antwort auf die von W. Wundt erhobenen Einwände gegen die Methode der Selbstbeobachtung an experimentell erzeugten Erlebnissen. *Archiv für die gesamte Psychologie, XII*, 93-123.

Bühler, K. (1909). Zur Kritik der Denkexperimente. *Zeitschrift für Psychologie, 51*, 108-118.

Bühler, K. (1918). *Die geistige Entwicklung des Kindes.* Jena: Fischer. 3. Aufl. 1922, 4. Aufl. 1924.

Bühler, K. (1927). *Die Krise der Psychologie.* Jena: Fischer.

Bungard, W. (1997). Artefakte. In D. Frey & S. Greif (Hrsg.), *Sozialpsychologie. Ein Handbuch in Schlüsselbegriffen.* 4. Aufl., S. 375-380. Weinheim: Psychologie Verlags Union.

Burnham, J.C. (1968). The new psychology: from narcissm to social control. In J. Braeman, R. Bremner & D. Brody (eds.), *Change and Continuity in twentieth-century America.* New York: New York University Press.

Buss, D.M. (1989). Sex differences in human mating preferences: Evolutionary hypotheses tested in 37 cultures. *Behavioral and Brain Sciences, 12*, 39-49.

Buss, D.M. (1995). Evolutionary Psychology: A new paradigm for psychological science. *Psychological Inquiry, 6*, 1-30.

Buss, D.M. (2004). *Evolutionary Psychology: The new science of the mind.*, 2nd ed., Englewood Cliffs: Prentice Hall.

Cacioppo, J.F. et al. (2004). Social neuroscience: Bridging social and biological systems. In C. Sansone, C.C. Morf & A.T. Panter (eds.), *The Sage handbook of methods in social psychology*, 383-404. Thousand Oaks: Sage Publications.

Cairns, R. B. (1983). The Emergence of Developmental Psychology. In P. H. Mussen (ed.), *Handbook of Child Psychology*, vol. I, 41-102. New York: J. Wiley & Sons.

Carus, C. G. (1831). *Vorlesungen über Psychologie.* Leipzig: G. Fleischer.

Carus, F.A. (1808). *Geschichte der Psychologie.* Leipzig: Barth & Kummer. Reprint 1990. Berlin: DVW.

Case, R. (1985). *Intellectual Development: Birth to Adulthood.* New York: Academic Press.

Case, R. (1992). *The Mind's Starecase.* Hillsdale/N.J.: Erlbaum.

Chamberlain, A. F. (1900). *The child : a study in the evolution of the man.* London & New York.

Cherry, E.C. (1953). Some experiments on recognition of speech, with one and with two ears. *Journal of the Acoustical Society of America, 25*, 975-979.

Comte, A. (1830ff.). *Cours de philosophie positive.* Paris.

Crowe, D.W. (1956). The n-dimensional cube and tower of Hanoi. *American Mathematical Monthly, 63*, 29-30.

Danziger, K. (1983). Origins and basic principles of Wundt's Völkerpsychologie. *British Journal of Social Psychology, 22*, 303-313.

Danziger, L. (1933). *Der Schulreifetest. Wiener Arbeiten zur pädagogischen Psychologie.* Wien: Deutscher Verlag für Jugend und Welt.

Darwin, Ch. (1990). *Die Entstehung der Arten durch natürliche Zuchtwahl.* Leipzig: Reclam (engl. Erstausgabe 1859).

Darwin, Ch. (1998). Biographische Skizze eines Kindes. In Ch. Darwin, *Sind Affen Rechtshänder?*, S. 139-157. Berlin: Friedenauer Presse (engl. 1877).

Darwin, Ch. (2000). *Der Ausdruck der Gemütsbewegungen bei dem Menschen und den Tieren.* Frankfurt/M.: Eichborn (engl. 1872).

Darwin, Ch. (2002). *Die Abstammung des Menschen.* Stuttgart: Kröner (engl. 1871).

Dashiell, J.F. (1928). *Fundamentals of objective psychology.* Boston: University Press.

Descartes, R. (1990 [1637]). *Von der Methode des richtigen Vernunftgebrauchs und der wissenschftlichen Forschung.* Hamburg: Meiner.

Descartes, R. (1992 [1644]). *Meditationen über die Grundlagen der Philosophie.* Hamburg: Meiner.

Descartes, R. (1996[1649]). *Die Leidenschaften der Seele.* Hamburg: Meiner.

Dessoir, M. (1911). *Abriß einer Geschichte der Psychologie.* Heidelberg: Winter.

Deutsch, M. & Krauss, R.M. (1965). *Theories in Social Psychology.* New York: Basic Books.

Dewey, J. (1917). The need for social psychology. *Psychological Review, 24,* 266-277.

Dietrich, F. (Hrsg.) (1900 ff.). Internationale Bibliographie der Zeitschriftenliteratur. Reihe C: Bibliographie der Rezensionen und Referate. Leipzig: Dietrich.

Dilthey, W. (1990[1894]). Ideen über eine beschreibende und zergliedernde Psychologie. *Gesammelte Schriften, V,*139-240. Göttingen: Vandenhoeck & Ruprecht.

Dilthey, W. (2005 [1906]). Das Erlebnis und die Dichtung. Lessing, Goethe, Novalis, Hölderlin. *Gesammelte Schriften, XXVI,* Göttingen: Vandenhoeck & Ruprecht.

Dix, K. W. (1911). *Körperliche und geistige Entwicklung eines Kindes.* 1. Heft: Die Instinktbewegungen der ersten Kindheit. Leipzig: Wunderlich.

Dix, K. W. (1912). *Körperliche und geistige Entwicklung eines Kindes.* 2. Heft: Die Sinne. Leipzig: Wunderlich.

Dix, K. W. (1914). *Körperliche und geistige Entwicklung eines Kindes.* 3. Heft: Vorstellen und Handeln. Leipzig: Wunderlich.

Dörner, D. (1989). Die *Logik des Mißlingens.* Reinbek: Rowohlt.

Dörner, D., Drewes, W. & Reither, F. (1975). Über das Problemlösen in sehr komplexen Realitätsbereichen. In W. H. Tack (Hrsg.), *Bericht über den 29. Kongreß der DGPs, Bd. 1,* 339-340. Göttingen: Hogrefe.

Dorsch, F. (1963). *Geschichte und Probleme der Angewandten Psychologie.* Bern: Huber.

Droysen, J.G. (1868). *Grundriß der Historik.* Leipzig: Veith & Comp.

Duncker, K. (1935). *Zur Psychologie des produktiven Denkens.* Berlin: Springer.

Ebbinghaus, H. (1896). Über erklärende und beschreibende Psychologie. *Zeitschrift für Psychologie, 9,* 161-205.

Ebbinghaus, H. (1908) *Abriß der Psychologie,* Leipzig: Veit & Comp.

Ebbinghaus, H. (1919) *Grundzüge der Psychologie, Bd. 1,* 4. Aufl., Leipzig: Veit & Comp.

Ebbinghaus, H. (1966 [1885]). *Über das Gedächtnis.* Amsterdam: Bonset (Reprint).

Ebbinghaus, H. (1983 [1880]). Urmanuskript „Über das Gedächtniß". *Passauer Schriften zur Psychologiegeschichte, Bd. 1.* Passau: Passavia.

Eber, H. (1896). Zur Kritik der Kinderpsychologie, mit Rücksicht auf neuere Arbeiten. *Philosophische Studien,* 12, 587-600 und 610-628.

Eckardt, G. (Hrsg.) (1979). *Zur Geschichte der Psychologie.* Berlin DVW.

Eckardt, G. (1988). Wolfgang Köhler, Gestaltpsychologie und „Naturphilosophie der Gestalt". *Zeitschrift für Psychologie, 196,* 3-25.

Eckardt, G. (1989). Einleitung zu W. Th. Preyer: *Die Seele des Kindes* (Reprint), S. 11-87. Berlin: Deutscher Verlag der Wissenschaften.

Eckardt, G. (2001). Vom Nutzen der Psychologiegeschichte für Psychologie und psychologische Praxis. In R. Miller (Hrsg.), *Psychologie zwischen Theorie und Praxis.* Festschrift für H. E. Lück, 123-132. München u. Wien: Profil.

Eckardt, G. (2003). Deutsch-amerikanische Wechselbeziehungen in der Frühphase der Entwicklungspsychologie. In H.-P. Brauns (Hrsg.), *Zentenarbetrachtungen. Historische Entwicklungen in der neueren Psychologie bis zum Ende des 20. Jahrhunderts,* S. 91-104. Frankfurt/M.: Lang.

Eckardt, G., Bringmann, W. G. & Sprung, L. (eds.) (1985). *Contributions to a History of Developmental Psychology.* Berlin, New York, Amsterdam: Mouton.

Eckardt, G., John, M., van Zantwijk, T. & Ziche, P. (2001). *Anthropologie und empirische Psychologie um 1800. Ansätze einer Entwicklung zur Wissenschaft.* Köln & Weimar: Böhlau.

Eckardt, G. & Sprung, L. (eds.) (1983). *Advances in Historiography of Psychology.* Berlin DVW.

Ehrenfels, Ch. v. (1890). Über „Gestaltqualitäten". *Vierteljahresschrift für wissenschaftliche Philosophie, 14,* 242-292.

Ekman, P. (2000). Einführung in die Kritische Edition. In Ch. Darwin, *Der Ausdruck der Gemütsbewegungen bei dem Menschen und den Tieren,* S. XV – XXXIII. Frankfurt/M.: Eichborn.

Erikson, E. (1975). *Der junge Mann Luther. Eine psychoanalytische und historische Studie.* Berlin: Ullstein.

Erikson, E. (1981). *Jugend und Krise. Die Psychodynamik im sozialen Wandel.* Berlin: Ullstein.

Erikson, E. (1984). *Kindheit und Gesellschaft.* Stuttgart: Klett-Cotta

Fechner, G. Th. (1851). *Zend-Avesta oder über die Dinge des Himmels und des Jenseits: vom Standpunkt der Naturbetrachtung.* 2 Bde. Hamburg u. Leipzig: Voß

Fechner, G. Th. (1860). *Elemente der Psychophysik.* Zwei Teile in einem Band. Leipzig: Breitkopf & Härtel.

Festinger, L. (1978). *Theorie der kognitiven Dissonanz.* Bern: Huber (engl. Original 1957).

Fitzek, H. & Wittmann, S. (2003). Die Psychologische Anstalt im Nationalsozialismus unter Friedrich Sander. In G. Eckardt (Hrsg.), *Psychologie vor Ort – ein Rückblick auf vier Jahrhunderte,* S. 337-401. Frankfurt/M.: Lang

Flugel, J. C. (1950). *Probleme und Ergebnisse der Psychologie.* Stuttgart: Klett.

Freud, S. (1983 – 1991). *Gesammelte Werke (GW), Bd. I – XVII + Nachtragsband.* Frankfurt/M.: Fischer.

Freud, S. (1983 [1938]). Abriß der Psychoanalyse. *GW XVII,* 63-138. Frankfurt/M.: Fischer.

Freud, S. (1987 [1923]). Das Ich und das Es. *GW XIII,* 235-289. Frankfurt/M.: Fischer.

Freud, S. (1991 [1905]). Drei Abhandlungen zur Sexualtheorie. *GW V,* 27-145. Frankfurt/M.: Fischer.

Freud, S. (1991 [1914]). Brief an Frau Dr. Hermine von Hug- Hellmuth. *GW X,* 456. Frankfurt/M.: Fischer.

Freud, S. [1900]. Die Traumdeutung. *GW II/III,* 1- 642.

Freud, S. [1913a]. Das Interesse an der Psychoanalyse. *GW VIII,* 389-420.

Freud, S. [1913b]. Einige Bemerkungen über den Begriff des Unbewußten in der Psychoanalyse. *GW VIII,* 429-439.

Freud, S. [1914]. Zur Einführung des Narzissmus. *GW X,* 137-170.

Freud, S. [1915a]. Triebe und Triebschicksale. *GW X*, 209-232.

Freud, S. [1915b]. Das Unbewußte. *GW X*, 262-304.

Freud, S. [1922]. Etwas vom Unbewußten. *GW, Nachtragsband*, 730.

Freud, S. [1934 – 1938]. Der Mann Moses und die monotheistische Religion. *GW XVI*, 100-246.

Frey, D. (1996). Anmerkungen zur Sozialpsychologie – eine persönliche Stellungnahme. In PVU-Team (Hrsg.), *Perspektiven der Psychologie*, S. 43-64. Weinheim: Beltz-PVU.

Frey, D. & Greif, S. (1997). *Sozialpsychologie. Ein Handbuch in Schlüsselbegriffen*. 4. Aufl., Weinheim: Beltz-PVU.

Frey, D. & Irle, M. (Hrsg.) (1993.2002). *Theorien der Sozialpsychologie*. 3 Bde, 2. Aufl., Bern: Huber.

Funke, J. & Frensch, P. A. (Hrsg.) (2006). *Handbuch der Allgemeinen Psychologie-Kognition*. Göttingen: Hogrefe.

Gardner, H. (1989). *Dem Denken auf der Spur*. Stuttgart: Klett-Cotta.

Gaus, H. (1958). *Philosophischer Handkommentar zu den Dialogen Platos, Bd. 2*. Bern: Lang.

Geck, L.H.A. (1929). *Sozialpsychologie in Deutschland*. Berlin: Rothschild.

Gesell, A. (1925). *The Mental Growth of the Pre-School Child*. New Haven: Macmillan.

Gesell, A. (1931). *Infancy and Human Growth*. New Haven: Macmillan.

Giering, H. (1905). Das Augenmaß bei Schulkindern. *Zeitschrift für Psychologie, 39*, 42-87.

Glick, J. A. (1992). Werner's Relevance for Contemporary Developmental Psychology. *Developmental Psychology, 28/4*, 558-565.

Goethe, J. W. von (1988). Morphologie, allgemein. In *Werke in 12 Bänden, Bd. 12*. Berlin und Weimar: Aufbau.

Gottschaldt, K. (1933). *Der Aufbau des kindlichen Handelns. Vergleichende Untersuchungen an gesunden und psychisch abnormen Kindern*. Leipzig: Barth (verbesserte Neuauflage, 1954).

Graumann, C. F. (1980). Wundt vor Leipzig – Entwürfe einer Psychologie. In W. Meischner & A. Metge (Hrsg.), *Wilhelm Wundt – Progressives Erbe, Wissenschaftsentwicklung und Gegenwart*, S. 63-77. Leipzig: Karl-Marx-Universität.

Graumann, C.F. (1991). Lewin 1990. In D. Frey (Hrsg.), *Bericht über den 37. Kongreß der DGPs, Bd 2*, 205-214.

Graumann, C.F. (2002). Eine historische Einführung in die Sozialpsychologie. In W. Stroebe et al. (Hrsg.), *Sozialpsychologie*. 4. Aufl., S. 4-24. Berlin: Springer.

Graumann, C. F. & Sommer, M. (1983). The Theorem of Unconscious Inference. In G. Eckardt & L. Sprung (eds.), *Advances in Historiography of Psychology*, p. 61-77. Berlin: DVW.

Grimm, H. (1999). *Störungen der Sprachentwicklung*. Göttingen: Hogrefe.

Groffmann, K. J. (1983). Die Entwicklung der Intelligenzmessung. In K. J. Groffmann & L. Michel (Hrsg.), *Intelligenz- und Leistungsdiagnostik*. Enzyklopädie der Psychologie, Bd. B II/2, 1-103. Göttingen: Hogrefe.

Groos, K. (1896). *Die Spiele der Thiere*. Jena: Fischer.

Groos, K. (1899). *Die Spiele der Menschen*. Jena: Fischer.

Groos, K. (1930). *Der Lebenswert des Spieles*. Jena: Fischer.

Gundlach, H. (1993). *Entstehung und Gegenstand der Psychophysik*. Berlin: Springer.

Gundlach, H. (1999). Oswald Külpe und die Würzburger Schule. In W. Janke & W. Schneider (Hrsg.), *Hundert Jahre Institut für Psychologie und Würzburger Schule der Denkpsychologie*, S. 107-122. Göttingen: Hogrefe.

Gundlach, H. & Stöwer, R. (2004). Die Gesellschaft für experimentelle Psychologie, später Deutsche Gesellschaft für Psychologie und ihre Kongresse 1904 – 1931. *Psychologische Rundschau, 55.* Suppl. 1

Guthke, J. (1977). *Zur Diagnostik der intellektuellen Lernfähigkeit.* 3. Aufl., Berlin: Deutscher Verlag der Wissenschaften.

Guthrie, E. R. (1935). *The Psychology of Learning.* New York: Harper & Row.

Haeckel, E. (1866). *Generelle Morphologie der Organismen.* 2 Bände. Berlin: Reimer.

Haeckel, E. (1874). *Anthropogenie oder Entwicklungsgeschichte des Menschen.* Leipzig: Engelmann.

Hall, G. St. (1883). The contents of Chidren's Minds. *Princeton Review,* 11, 249-272.

Hall, G. St. (1904). *Adolescence. Its Psychology and its Relation to Physiology, Anthropology, Sociology, Sex, Crime, Religion and Education.* New York: Appleton.

Hall, G. St. (1914). *Die Begründer der Modernen Psychologie.* Leipzig: Meiner.

Hamberger, G. Ch. & Meusel, J. G. (Hrsg.) (1800). *Das gelehrte Teutschland oder Lexikon der jetzt lebenden teutschen Schriftsteller.* Bd. 8. Lemgo: Meyer.

Hammacher, K. (1996). *Einleitung Descartes: Die Leidenschaft der Seele.* Hamburg: Meiner.

Harmon-Jones, E. & Harmon-Jones, C. (2007). Cognitive Dissonance Theory after 50 Years of Development. *Zeitschrift für Sozialpsychologie, 38,* 7-16.

Harris, M. (1968). *The Rise of Anthropological Theory.* New York: Crowell.

Hartrup, W. W. (2000). Developmental Science in tue Millennium. *International Journal of Behavioral Development, 24/1,* 2 - 4.

Hassebrauck, M. (2004). Editorial. *Zeitschrift für Sozialpsychologie, 35,* 105-106.

Hebb, D. O. (1949). *The organization of behavior.* New York: Wiley.

Hehlmann, W. (1967). *Geschichte der Psychologie.* 2. Aufl., Stuttgart: Kröner.

Heidelberger, M. (1994). Helmholtz´Erkenntnis- und Wissenschaftstheorie im Kontext der Philosophie und Naturwissenschaft des 19. Jahrhunderts. In L. Krüger (Hrsg.), *Universalgenie Helmholtz,* S. 168-185. Berlin: Akademie-Verlag.

Heiss, A. (1930). Zum Problem der isolierenden Abstraktion. *Neue Psychologische Studien,* Bd. 4.

Helmholtz, H. v. (1856 – 1867). *Handbuch der Physiologischen Optik.* 3 Lieferungen. Leipzig: Voß.

Helmholtz, H. v. (1895 [1850]). Über die Fortpflanzungsgeschwindigkeit der Nervenreizung. *Wissenschaftliche Abhandlungen, Bd. 3,* 1ff. Leipzig: Barth.

Helmholtz, H. v. (1903 a[1862/63]). Über die Erhaltung der Kraft. *Vorträge und Reden, I,* 187-230.

Helmholtz, H. v. (1903 b [1869]). Die neuen Fortschritte in der Theorie des Sehens. *Vorträge und Reden, I,* 265-365.

Helmholtz, H. v. (1903 c [1878]). Die Tatsachen in der Wahrnehmung. *Vorträge und Reden II,* 213 - 247. Braunschweig: Vieweg & Sohn.

Herbart, J. F. (1989 a [1813]). Lehrbuch zur Einleitung in die Philosophie. *Sämtliche Werke, Bd. 4,* 1 - 294. Aalen: Scientia.

Herbart, J. F. (1989 b [1816]). Lehrbuch zur Psychologie. *Sämtliche Werke, Bd. 4,* 295 - 436.

Herbart, J. F. (1989 c [1822]). Über die Möglichkeit und Notwendigkeit, Mathematik auf Psychologie anzuwenden. *Sämtliche Werke, Bd. 5,* 91 - 122.

Herbart, J. F. (1989d [1824]). Psychologie als Wissenschaft neu gegründet auf Erfahrung, Metaphysik und Mathematik. I: Synthetischer Teil. *Sämtliche Werke, Bd, 5,* 177 - 434.

Herbart, J. F. (1989e [1825]). Psychologie als Wissenschaft neu gegründet auf Erfahrung, Metaphysik und Mathematik. II: Analytischer Teil. *Sämtliche Werke, Bd. 6*, 1 - 338.

Herder, J. G. (1784 – 1791). Ideen zur Philosophie der Geschichte der Menschheit. In *Herders Sämmtliche Werke (SWS)*, hrsg. von Suphan. Bd. XIII u. XIV. Reprint 1994.

Herrmann, Th. (1976). *Die Psychologie und ihre Forschungsprogramme*. Göttingen: Hogrefe.

Hetzer, H. (1929). *Kindheit und Armut. Psychologische Methoden in Armutsforschung und Armutsbekämpfung*. Leipzig: Hirzel.

Hetzer, H. (1982). Kinder- und jugendpsychologische Forschung im Wiener Psychologischen Institut von 1922 bis 1938. *Zeitschrift für Entwicklungspsychologie und Pädagogische Psychologie, 14*, 175-224.

Heynig, J. G. (1796). Über den Begriff des Jünglingsalters. *Psychologisches Magazin,2*. Stück, 102-109. Altenburg: Richter.

Hilgard, E. R. & Bower, G. H. (1971) *Theories of Learning*, 4.ed., New York: Appleton.

Hilgard, E. R. (1987). *Psychology in America. A Historical Survey*. San Diego: Jovannovic.

Hoffrage, U. & Vitouch, O. (2002). Evolutionspsychologie des Denkens und Problemlösens. In J. Müsseler & W. Prinz (Hrsg.), *Allgemeine Psychologie*, S. 735 - 794. Heidelberg: Spektrum.

Hofstätter, P.R. (1959). *Einführung in die Sozialpsychologie*. Stuttgart: Kröner.

Höhn, E. (1959). Geschichte der Entwicklungspsychologie und ihrer wesentlichen Ansätze. In H. Thomae (Hrsg.), *Entwicklungspsychologie*, S. 21-45. Göttingen: Hogrefe.

Hollingworth, H. L. (1927). *Mental growth and decline: A survey of developmental psychology*. New York: Appleton.

Holt, E.B. (1931). *Animal drive and the learning process*. New York: Holt.

Hug-Hellmuth, H. (1919). *Tagebuch eines halbwüchsigen Mädchens*. Leipzig: Internationaler Psychoanalytischer Verlag.

Hull, C. L. (1943). *Principles of Behavior*. New York: Appleton.

Humphrey, G. (1921). Imitation and the conditioned reflex. *Pedagogical Seminary, 28*, 1-21.

Irle, M. & Möntmann, V. (1978). Die Theorie der kognitiven Dissonanz: Ein Resümee ihrer theoretischen Entwicklung und empirischen Ergebnisse. In L. Festinger. *Theorie der kognitiven Dissonanz*, S. 274-365.

Irle, M. (1991). Gestaltpsychologie und Utilitarismus – Von Lewin zu Heider und Festinger. *Gestalt Theory, 13*, 134-147.

Jahn, I., Löther, R. & Senglaub, K. (1982). *Geschichte der Biologie*. Jena: Fischer.

Jahnke, J. (1996). Wilhelm Wundt als Psychologiehistoriker. In H. Gundlach (Hrsg.), *Untersuchungen zur Geschichte der Psychologie und der Psychotechnik*, S. 7 - 24. München und Wien: Profil.

James, W. (1890). *Principles of Psychology*. New York: Holt.

Jones, E. (1978). *Das Leben und Werk von Sigmund Freud*. 3 Bände, 2. Aufl., Bern: Huber.

Jones, E.E. (1985). Major Developments in Social Psychology during the Past Five Decades. In G. Lindzey & E. Aronson (eds.), *The Handbook of Social Psychology, 1*, 47-107. 3d ed., New York: Random House.

Kant, I. (1998 a [1781]). Kritik der reinen Vernunft. *Werke in sechs Bänden, Bd. II*. Darmstadt: Wissenschaftliche Buchgesellschaft.

Kant, I. (1998 b [1786]). Metaphysische Anfangsgründe der Naturwissenschaft. *Werke in sechs Bänden, Bd. V,* 11 - 135. Darmstadt: Wissenschaftliche Buchgesellschaft.

Kant, I. (1998 c [1796]). Aus Sömmering. Über das Organ der Seele. *Werke in sechs Bänden, Bd. VI,* 253 - 259. Darmstadt: Wissenschaftliche Buchgesellschaft.

Kaplan, B. (1983). A Trio of Trials. In R. M. Lerner (ed.), *Developmental Psychology. Historical and Philosophical Perspectives,* pp. 185-228. Hillsdale: Erlbaum.

Katz, D. & Schanck, R.L. (1938). *Social Psychology.* New York: Harper.

Keller, H. (Hrsg.) (1998). *Lehrbuch Entwicklungspsychologie.* Bern: Huber.

Kendrick, D.T., Schaller, M. & Simpson, J.A. (2006). Evolution in the New Cognition. In M. Schaller et al. (eds.), *Evolution and Social Psychology.* New York: Psychology Press.

Kerschreiber, R. & Mojzisch, A. (2006). Sozial-kognitive Neurowissenschaft. In H.-W. Bierhoff & D. Frey (Hrsg.), *Handbuch der Sozialpsychologie und Kommunikationspsychologie,* S. 267-272. Göttingen: Hogrefe.

Klix, F. (1971). *Information und Verhalten.* Berlin: DVW.

Klix, F. (1979 a) Hermann Helmholtz; Beitrag zur Theorie der Wahrnehmung - Bleibendes und Vergängliches in einem großen Lebenswerk. In G. Eckardt (Hrsg.), *Zur Geschichte der Psychologie,* S. 85 - 109. Berlin: DVW.

Klix, F. (1979 b). Hermann Ebbinghaus - Ursprünge und Anfang psychologischer Forschungen an der Berliner Universität. In G. Eckardt (Hrsg.), *Zur Geschichte der Psychologie,* S. 85 - 109. Berlin: DVW.

Klix, F. (1992). *Die Natur des Verstandes.* Göttingen: Hogrefe.

Klix, F. (1993). *Erwachendes Denken.* 4. Aufl., Heidelberg: Spektrum (1. Aufl. 1980).

Klix, F. (2000). Stichwort „Evolutionspsychologie". *Lexikon der Psychologie, Bd. 1,* 440 - 444. Heidelberg: Spektrum.

Koch, M. (1964). Versuche über Abstraktion. In K. Gottschaldt (Hrsg.), *Handbuch der Psychologie I/2,* 53 - 75. Göttingen: Hogrefe.

Koelsch, W. A. (1987). *Clark University 1887 – 1987. A Narrative History.* Worcester, MA.: Clark University Press.

Koffka, K. (1921). *Die Grundlagen der psychischen Entwicklung. Eine Einführung in die Kinderpsychologie.* Osterwieck: Zickfeldt. 2. Aufl., 1925.

Köhler, W. (1920). *Die physischen Gestalten in Ruhe und im stationären Zustand.* Braunschweig: Vieweg.

Köhler, W. (1921). *Intelligenzprüfungen an Menschenaffen.* 2. Aufl., Berlin: Springer.

Köhler, W. (1924). *Die physischen Gestalten in Ruhe und im stationären Zustand.* 2. Aufl., Erlangen: Verlag der Philosophischen Akademie.

Köhler, W. (1933). *Psychologische Probleme.* Berlin: Springer.

Köhler, W. (1967). Gestalt Psycholgy. *Psychologische Forschung, 31,* XVIII - XXX.

Köhler, W. (1971). *Die Aufgaben der Gestaltpsychologie.* Berlin u. New York: de Gruyter.

Köhler, W. & Held, R. (1949). The corticale correlate of pattern vision. *Science, 109,* 442 & *110,* 414 - 419.

Köhler, W. & Restorff, H. v. (1933, 1937). Analyse von Vorgängen im Spurenfeld I u. II. *Psychologische Forschung, 18,* 299 - 342 & *21,* 56 - 112.

Kroh, O. (1924). Rezension zu Koffka: Die Grundlagen der psychischen Entwicklung. *Zeitschrift für Psychologie, 94,* 102.

Krueger, F. (1915). *Über Entwicklungspsychologie. Ihre sachliche und geschichtliche Notwendigkeit.* Leipzig: Engelmann.

Krug, J. (1926). Kritische Bemerkungen zu dem ‚Tagebuch eines halbwüchsigen Mädchens'. *Zeitschrift für angewandte Psychologie, 27*, 370-381.

Kuczynski, J. (1975). *Studien zu einer Geschichte der Gesellschaftswissenschaften.* Berlin: Akademie-Verlag.

Külpe, O. (1904). Versuche über Abstraktion. In F. Schumann (Hrsg.), *Bericht über den 1. Kongreß für experimentelle Psychologie in Gießen,* S. 56 - 68. Leipzig: Barth.

Külpe, O. (1912). Über die Bedeutung der modernen Denkpsychologie. In F. Schumann (Hrsg.), *Bericht über den V. Kongreß für experimentelle Psychologie in Berlin,* S. 117 - 118. Leipzig: Barth.

Külpe, O. (1922). *Vorlesungen über Psychologie.* 2. Aufl., Leipzig: Hirzel.

Lachmann, R. (1989). Artikel ‚Kind'. In *Theologische Realenzyklopädie (TRE),* Bd. 18, 156-174. Berlin & New York: de Gruyter.

Lander, H.-J. & Huth, M. (2003). Hermann Ebbinghaus – ein Pionier der Gedächtnisforschung. In L. Sprung & W. Schönpflug (Hrsg.), *Zur Geschichte der Psychologie in Berlin.* 2. Aufl., S. 153 - 167. Frankfurt/M.: Lang.

Lange, K. (1879). Der Vorstellungskreis unserer sechsjährigen Kleinen. *Allgemeine Schulzeitung, 56,* 327-329.

Lazarus, M. & Steinthal, H. (1860). Einleitende Gedanken über Völkerpsychologie. *Zeitschrift für Völkerpsychologie und Sprachwissenschaft, 1,* 1-73.

Lazarus, M. (1862). Über das Verhältniß des Einzelnen zur Gesammtheit. *Zeitschrift für Völkerpsychologie und Sprachwissenschaft, 2,* 393-453.

Le Bon, G. (1964 [1895]). *Psychologie der Massen.* Stuttgart: Kröner.

Leibniz, G. W. (1986 a [1703 - 1705]). *Neue Abhandlungen über den menschlichen Verstand. Bd. I.* Frankfurt/M.: Insel.

Leibniz, G. W. (1986 b). *Kleine Schriften zur Metaphysik.* Frankfurt/M.: Insel.

Leibniz, G. W. (1996). *Hauptschriften zur Grundlegung der Philosophie. Teil 1.* Hamburg: Meiner.

Leontjew, A. A. (1990). *Lew Semjonovi`c Vygotsky.* Moskau: APN.

Leontjew, A. N (1985). Der Schaffensweg Wygotskis. In L. S. Wygotski, *Ausgewählte Schriften, Bd. 1,* 9 - 55. Berlin: Volk und Wissen.

Leontjew, A. N. (2001). *Frühschriften,* hrsg. von Rückriem. Berlin: Pro Business.

Lewin, K. (1963). *Feldtheorie in den Sozialwissenschaften.* Bern: Huber.

Lewin, K. (1963a [1939]). Feldtheorie und Experiment in der Sozialpsychologie. In Lewin (1963). 168-191.

Lewin, K. (1963b [1942]). Feldtheorie und Lernen. In Lewin (1963). 102-125.

Lewin, K. (1963c [1943]). Definition des ‚Feldes zu einer gegebenen Zeit'. In Lewin (1963). 86-101.

Lewin, K. (1963d [1943/44]). Forschungsprobleme der Sozialpsychologie. In Lewin (1963). 192-205.

Lewin, K. (1969). Grundzüge der Topologischen Psychologie. Bern: Huber.

Lieberman, M.D. et al. (2001). Do Amnesics exhibit dissonance reduction? *Psychological Science, 12,* 135-140.

Liebmann, O. (1894). Artikel ‚Tiedemann, Dietrich'. In *Allgemeine Deutsche Biographie (ADB),* Bd. 38, 276-277.

Likert, R. (1932). A technique for the measurement of attitudes. *Archives of Psychology, No. 140.*

Lindenberger, U. & Baltes, P. B. (1999). Die Entwicklungspsychologie der Lebensspanne (Lifespan-Psychologie): Johann Nicolaus Tetens (1736 – 1807) zu Ehren. *Zeitschrift für Psychologie, 207*, 299-323.

Lindner, G.A. (1871). *Ideen zur Psychologie der Gesellschaft als Grundlage der Sozialwissenschaft.* Wien: Gerold's Sohn.

Locke, J. (1970 [1693]). *Gedanken über Erziehung.* Stuttgart: Reclam.

Locke, J. (2000 [1690]). *Versuch über den menschlichen Verstand.* 5. Aufl., Hamburg: Meiner.

Lohr, W. (1963). Einführung zur deutschsprachigen Ausgabe. In K. Lewin; *Feldtheorie in den Sozialwissenschaften.* S. 15-46. Bern: Huber.

Lompscher, J. (1995). Artikel ‚Zone der nächsten Entwicklung'. In G. Clauß (Hrsg.), Fachlexikon ab. Psychologie. 5. Aufl., Thun & Frankfurt/M: H. Deutsch.

Lück, H.E. (1996). *Die Feldtheorie und Kurt Lewin.* Weinheim: Psychologie Verlags Union.

Lück, H. E. (2002). *Geschichte der Psychologie.* 3. Aufl., Stuttgart: Kohlhammer.

Lüer, G. (1987). *Allgemeine Experimentelle Psychologie.* Stuttgart: Fischer.

Lüer, G. (1991). Psychologie im Spiegel ihrer wissenschaftlichen Gesellschaft. In D. Frey (Hrsg.), *Bericht über den 37. Kongreß der Deutschen Gesellschaft für Psychologie. Bd. 2,* 30 - 43.

Mace, C. A. (1948/49). Some Implications of analytic behaviorism. *Aristotelian Society Proceedings, 49,* 1 - 16.

Major, D. R. (1906). *First Steps in Mental Growth.* New York: Macmillan.

Mauchart, I. D. (Hrsg.) (1792 – 1801). *Allgemeines Repertorium für Empirische Psychologie und verwandte Wissenschaften.* 6 Bände. Nürnberg: Felssecker.

Mausfeld, R. (1994). Hermann von Helmholtz. Die Untersuchung der Funktionsweise des Geistes als Gegenstand einer wissenschaftlichen Psychologie. *Psychologische Rundschau, 45,* 133-147.

Mc Dougall, W. (1908). *An Introduction to Social Psychology.* London: Methuen.

Mc Dougall, W. (1947). *Aufbaukräfte der Seele.* Stuttgart: Kröner.

Mertens, W. (1990). *Psychoanalyse.* 3. Aufl., Stuttgart: Kohlhammer. 6. Aufl., 2005.

Metzger, W. (1960). Gustav Theodor Fechner. *XVI. Internationaler Kongreß für Psychologie.* Bonn (Sonderdruck).

Metzger, W. (1975). *Gesetze des Sehens.* 3. Aufl. Frankfurt/M.: Kramer.

Milgram, S. (1963). Behavioral Study of Obedience. *Journal of Abnormal and Social Psychology, 69,* 137-143.

Milgram, S. (1965). Some conditions of obedience and disobedience to authority. *Human Relations, 18,* 56-76.

Miller, G. A. (1979). A very personal history. *Workshop on Cognitive Science.* Cambridge/Mass.: MIT.

Miller, N.E. & Dollard, J. (1941). *Social learning and imitation.* New Haven: Yale University Press.

Miller, P. (1993). *Theorien der Entwicklungspsychologie.* Heidelberg: Spektrum.

Moede, W. (1920). *Experimentelle Massenpsychologie. Beiträge zur Experimentalpsychologie der Gruppe.* Leipzig: Hirzel.

Montada, L. (1978). Piaget und die empiristische Lernpsychologie. In G. Steiner (Hrsg.), *Piaget und die Folgen,* S. 290 - 305. Zürich: Kindler.

Moore, K. C. (1896). The Mental Development of a Child. *Psychological Review.*

Moritz, K. Ph. (Hrsg.) (1783 – 1793). *Magazin zur Erfahrungsseelenkunde.* 10 Bände. Berlin: Mylius.

Müller, H. J. & Krummenacher, J. (2006). Aufmerksamkeit. In J. Funke & P. A. Frensch (Hrsg.), *Handbuch der Allgemeinen Psychologie-Kognition,* S. 118 - 126. Göttingen: Hogrefe.

Murphy, L.B., Murphy, G. & Newcomb, T.M. (1937). *Experimental Social Psychology.* New York: Harper.

Müsseler, J. & Prinz, W. (Hrsg.) (2002). *Allgemeine Psychologie.* Heidelberg: Spektrum.

Neumann, O. (1985). *Perspektiven der Kognitionspsychologie.* Berlin. Springer.

Neumann, O. (1996). Theorien der Aufmerksamkeit. In O. Neumann & A. F. Sanders (Hrsg.). *Enzyklopädie der Psychologie, C II/2,* 559 - 643. Göttingen: Hogrefe.

Nisbet, H. B. (1996). Die Naturgeschichte der Nationen. Naturgeschichtliche und naturwissenschaftliche Modelle in Herders ,Ideen zur Philosophie der Geschichte der Menschheit'. In R. Otto (Hrsg.), *Nationen und Kulturen,* S. 153-164. Würzburg: Königshausen & Neumann.

Ochsner, K.N. & Lieberman, M.D. (2001). The emergence of social cognitive neuroscience. *American Psychologist, 56,* 717-734.

Oerter, R. & Montada, L. (Hrsg.) (2002). *Entwicklungspsychologie.* 5. Aufl., Weinheim: Beltz/PVU. 6. Aufl., 2008.

Oppolzer, S. (1967). Das Kind in der Erziehungslehre John Lockes. *Pädagogische Blätter. Festschrift H. Döpp-Vorwald,* S. 141-167. Ratingen: Henn.

Oster, H. (1978). Facial Expression and Affect Development. In M. Lewis & L. Rosenbaum (eds.), *The Development of Affect.* New York: Plenum.

Oster, H. (1997). Facial Expression as a Window on Sensory Experience and Affect in Newborn Infants. In P. Ekman & E. Rosenberg (eds.), *What the Face Expresses.* New York: Plenum.

Pérez, B. (1878) *La Psychologie de l'Enfant. Les Trois Premières Années de l'Enfant.* Paris: Bailliere.

Pérez, B. (1886). *La Psychologie de l'Enfant. L'Enfant de Trois à Sept Ans.* Paris: Alcan.

Petermann, F. (Hrsg.) (1980), *Einstellungsmessung. Einstellungsforschung.* Göttingen: Hogrefe.

Piaget, J. (1979). *Sprechen und Denken des Kindes.* 4. Aufl., Düsseldorf: Schwann.

Piaget, J. (1983). Piaget's Theory. In P. H. Mussen(ed.), *Handbook of Child Psychology, 4th* ed., vol. 1, 103 - 128. New York: Wiley & Sons.

Platon: (1998 a). Phaidon oder Über die Unsterblichkeit der Seele (Übersetzung: O. Apelt). *Sämtliche Dialoge, Bd. II.* Hamburg: Meiner.

Platon: (1998 b). Phaidros (Übersetzung: C. Ritter). *Sämtliche Dialoge, Bd. II.* Hamburg: Meiner.

Platon: (1998 c). Der Staat [Politeia] (Übersetzung: O. Apelt). *Sämtliche Dialoge, Bd. V.* Hamburg: Meiner.

Platon: (1998 d). Timaios (Übersetzung: O. Apelt). *Sämtliche Dialoge; Bd. VI.* Hamburg: Meiner.

Platon (1998 e). *Sämtliche Dialoge.* Bd. VII: Die Gesetze (Übersetzung: O. Apelt). Hamburg: F. Meiner.

Plaum, E. (Hrsg.) (1988). *Eklektizismus in der Psychologie. Aktuelle Diskussionsbeiträge.* Heidelberg: Asanger.

Poggi, S. (2005). Psyche - Lokalisation - Gehirn bei Carus und Burdach. In K. Regenspurger & T. van Zantwijk (Hrsg.), *Wissenschaftliche Anthropologie um 1800?,* S. 115 -125. Stuttgart: Steiner.

Pongratz, L. J. (1984). *Problemgeschichte der Psychologie.* 2. Aufl., München: Francke.

Pressey, S. L., Janney, J. E. & Kuhlen, R. G. (1939). *Life. A psychological survey.* New York: Harper.

Preyer, W. Th. (1874). Rezension zu W. Wundt: Grundzüge der physiologischen Psychologie. *Jenaer Literaturzeitung,* Nr. 5 und Nr. 38.

Preyer, W. Th. (1882). *Die Seele des Kindes. Beobachtungen über die geistige Entwickelung des Menschen.* Leipzig: Grieben. 4. Aufl., 1895; 5. Aufl., 1900. Reprint der 1. Aufl.: 1989. Berlin: Deutscher Verlag der Wissenschaften.

Preyer, W. Th. (1893). *Die geistige Entwicklung des Kindes in der ersten Kindheit, nebst Anweisung für Eltern, dieselbe zu beobachten.* Leipzig: Grieben.

Preyer, W. Th. (1897). Die Psychologie des Kindes. In *Dritter Internationaler Kongreß für Psychologie in München vom 4. - 7. August 1896.* München: Lehmann.

Rapp, Ch. & Horn, Ch. (2001). Stichwort ‚Vernunft/Verstand', II: Antike. In J. Ritter, K. Gründer & G. Gabriel (Hrsg.), *Historisches Wörterbuch der Philosophie, Bd. 11,* 750 - 763. Basel: Schwabe.

Reinert, G. (1976). Grundzüge einer Geschichte der Human-Entwicklungspsychologie. In H. Balmer (Hrsg.), *Die Psychologie des 20. Jahrhunderts. Bd. 1,* 862-896. Zürich: Kindler.

Ritter, C. (1931). *Die Kerngedanken der platonischen Philosophie.* München: Reinhardt.

Rohracher, H. (1987). *Einführung in die Psychologie.* 13. Aufl., München: PVU.

Ross, D. (1972). *G. Stanley Hall. The Psychologist as Prophet.* Chicago: University of Chicago Press.

Ross, E.A. (1908). *Social Psychology: An Outline and Source Book.* New York: Macmillan.

Rothschuh, K. E. (1968). *Physiologie. Der Wandel ihrer Konzepte, Probleme und Methoden vom 16. bis 19. Jahrhundert.* Freiburg und München: Alber.

Rousseau, J.-J. (1995 [1762]). *Emil oder Über die Erziehung.* Paderborn: Schönigh.

Rubin, E. (1920). Die Nichtexistenz der Aufmerksamkeit. In K. Bühler (Hrsg.), *Bericht über den 9. Kongreß für experimentelle Psychologie,* S. 211 - 212. Jena: Fischer.

Rumelhart, D. E. & Mc Clelland, J. L. (1986). *Parallel Distributed Processing.* Cambridge/Mass.: MTI Press.

Rutter, M. (2002). Nature, Nurture, and Development: From Evangelism through Science toward Policy and Practice. *Child Development, 73,* 1 - 21.

Sander, F. (1928). Experimentelle Ergebnisse der Gestaltpsychologie. In E. Becher (Hrsg.), *Bericht über den X. Kongreß für experimentelle Psychologie,* S. 23-88. Jena: Fischer.

Sanders, C. (1978). *Die behavioristische Revolution in der Psychologie.* Salzburg: O. Müller.

Sarris, V. & Wertheimer, Mich. (1987). Max Wertheimer (1880 - 1943) im Bilddokument – ein historiografischer Beitrag. *Psychologische Beiträge, 29,* 469 - 493.

Schaller, M., Simpson, J.A. & Kenrick, D.T. (eds.) (2006).*Evolution and Social Psychology.* New York: Psychology Press.

Scheerer, E. (1984). Stichwort ‚Nachahmung'. In J. Ritter & Kf. Gründer (Hrsg.), *Historisches Wörterbuch der Philosophie, 6,* 319-335. Basel & Stuttgart: Schwabe.

Scheerer, E. (1989). Stichwort ‚Psychologie'. In J. Ritter & K. Gründer (Hrsg.), *Historisches Wörterbuch der Philosophie, Bd. 7,* 1599 - 1653. Basel: Schwabe.

Schenk-Danzinger, L. (1984). Zur Geschichte der Kinderpsychologie: Das Wiener Institut. *Zeitschrift für Entwicklungspsychologie und Pädagogische Psychologie, 16,* 85-101.

Schiemann, G. (1994). Die Hypothetisierung des Mechanismus bei Hermann von Helmholz. In L. Krüger (Hrsg.), *Universalgenie Helmholtz,* S. 149-167. Berlin: Akademie-Verlag.

Schiller, F. (1968). Über die ästhetische Erziehung des Menschen in einer Reihe von Briefen. *Sämtliche Werke,* Bd. V, 311-408. München: Winkler.

Schmid, C. Ch. E. (1791). *Empirische Psychologie.* Jena: Croeker.

Schmidt, H.-D. (1970). *Allgemeine Entwicklungspsychologie.* Berlin: Verlag der Wissenschaften.

Schmidt, H.-D. (1983). Die Entwicklungsidee im Kontext der philosophischen Anthropologie J. G. Herders. *Zeitschrift für Psychologie. 191,* 310-324.

Schneider, W. (1999). Introspektion und Metakognition in der Sicht der ‚Würzburger Schule' und zeitgenössischer Forschung. In W. Janke & W. Schneider (Hrsg.), *Hundert Jahre Institut für Psychologie und Schule der Denkpsychologie,* S. 387 - 397. Göttingen: Hogrefe.

Schönpflug, W. (2000). *Geschichte und Systematik der Psychologie.* Weinheim: Beltz-PVU.

Schorr, A. (1993). Behaviorismus und Neobehaviorismus. In. H. E. Lück & R. Miller (Hrsg.), *Illustrierte Geschichte der Psychologie,* S. 113 - 117. München: Quintessenz.

Schreier, W. (1979). Über historische Wurzeln von Fechners Psychophysik. In G. Eckardt (Hrsg.), *Zur Geschichte der Psychologie,* S. 61 - 71. Berlin: DVW.

Schwann, Th. (1839). *Mikroskopische Untersuchungen über die Übereinstimmung in der Struktur und dem Wachsthum der Thiere und Pflanzen.* Berlin: Sandersche Buchhandlung.

Scupin, E. (1910). *Bubi im vierten bis sechsten Lebensjahr. Ein Tagebuch über die geistige Entwicklung eines Knaben während der ersten sechs Lebensjahre.* Leipzig: Grieben.

Scupin, E. & Scupin, G. (1907). *Bubis erste Kindheit. Ein Tagebuch über die geistige Entwicklung eines Knaben in den ersten drei Lebensjahren.* Leipzig: Grieben.

Scupin, E. & Scupin, G. (1931). *Lebensbild eines deutschen Schuljungen.* Leipzig: Grieben.

Shannon, C. E. & Weaver, W. (1949). *The mathematical theory of communication.* Urbana: Univ. of Illinois Press.

Shannon, C. E. (1948). A mathematical model of communication. *Bell System Technical Journal, 27,* 379 - 423 & 623 - 656.

Sherif, M. (1935). A Study of some factors in perception. *Archives of Psychology, No. 187,* 1-60.

Shinn, M. W. (1893). *Notes on the Development of a Child.* Berkeley: University of California Publications.

Shinn, M. W. (1907). *Notes on the Development of a Child II: The Development of the Senses in the First Three Years of Childhood.* Berkeley: University of California Publications.

Sighele, S. (1891). *La folla delinquente* (Deutsche Übersetzung 1897: Psychologie des Auflaufs und der Massenverbrechen. Dresden: Reissner).

Silbereisen, R. K. (1996). Was wird aus der Entwicklungspsychologie? In PVU-Team (Hrsg.), *Perspektiven der Psychologie. Eine Standortbestimmung.* S. 29 - 41. Weinheim: PVU.

Simmel, G. (1890). Über soziale Differenzierung. *Staats- und sozialwissenschaftliche Forschungen, 10.*

Simmel, G. (1958 [1908]). *Soziologie. Untersuchungen über die Formen der Vergesell-schaftung.* Berlin: Duncker & Humblot.

Skinner, B. F. (1938). *The Behavior of Organisms. An Experimental Analysis.* New York: Appleton.

Skinner, B. F. (1948). *Walden Two.* New York: Macmillan. (Deutsche Übersetzung: Futurum Zwei. Reinbek: Rowohlt).

Skinner, B. F. (1953). *Science and Human Behavior.* (Deutsche Übersetzung 1973: Wissenschaft und menschliches Verhalten. München: Kindler).

Skinner, B. F. (1959). Are Theories of Learing necessary? *Psychological Review, 57,* 69 - 100.

Skinner, B. F. (1971). *Beyond Freedom and Dignity.* New York: Knopf (Deutsche Übersetzung 1973: Jenseits von Freiheit und Würde. Reinbek: Rowohlt).

Solle, R. (1969). Der feldtheoretische Ansatz. *Handbuch der Psychologie, 7/1,* 133-179. Göttingen: Hogrefe.

Solso, R. L. (2005). *Kognitive Psychologie.* Heidelberg: Spektrum.

Spranger, E. (1921). *Lebensformen. Geisteswissenschaftliche Psychologie und Ethik der Persönlichkeit.* Halle/S.: Niemeyer.

Spranger, E. (1924). *Psychologie des Jugendalters.* Leipzig: Quelle & Meyer.

Sprung, H. (2006). *Carl Stumpf – Eine Biographie.* München & Wien: Profil.

Sprung, L. (1979). Wilhelm Wundt – Bedenkenswertes und Bedenkliches auf seinem Lebenswerk. In G. Eckardt (Hrsg.), *Zur Geschichte der Psychologie,* S. 73 - 82. Berlin: DVW.

Sprung, L. & Sprung, H. (1984). *Grundlagen der Methodologie und Methodik der Psychologie.* Berlin: Deutscher Verlag der Wissenschaften.

Stach, P. (1993). Das Seelenleben junger Menschen. Zwei Tagebücher der Jahrhundertwende in der Kontroverse zwischen Psychoanalyse und Psychologie. *Psychologie und Geschichte, 5,* 183-207.

Städtler, Th. (1998). *Lexikon der Psychologie.* Stuttgart: Kröner.

Stern, C. & Stern, W. (1907). *Die Kindersprache: Eine psychologische und sprachtheoretische Untersuchung.* Leipzig: Barth.

Stern, W. (1900). *Über Psychologie der individuellen Differenzen (Ideen zu einer differentiellen Psychologie).* Leipzig: Barth.

Stern, W. (1906). *Person und Sache.* Bd. 1: *Ableitung und Grundlehre.* Leipzig: Barth.

Stern, W. (1908). Tatsachen und Ursachen der seelischen Entwicklung. *Zeitschrift für Angewandte Psychologie, 1,* 1-43.

Stern, W. (1911). *Die Differentielle Psychologie in ihren methodischen Grundlangen.* Leipzig: Barth.

Stern, W. (1914). *Psychologie der frühen Kindheit bis zum sechsten Lebensjahr.* Leipzig: Quelle & Meyer.

Stern, W. (1919). *Person und Sache.* Bd. 2: *Die menschliche Persönlichkeit.* Leipzig: Barth.

Sully, J. (1895). *Studies in Childhood.* London: Longmans (deutsch 1897).

Taine, H. (1876). Note sur l'Acquisition du Language chez les Enfants et dans L'Espèce Humaine. *Revue Philosophique, 1,* 3-23.

Tajfel, H. (1969). Social and Cultural Factors in Perception. In G. Lindzey & E. Aronson (eds.), *The Handbook of Social Psychology, 3,* 315-394. Reading/Mass.: Addison-Wesley.

Tarde, G. (1890). *Les Lois de l'imitation* (Deutsche Übersetzung: Die Gesetze der Nachahmung).

Tertullian (1890). De baptismo. In *Corpus Scriptorum Ecclesiasticorum Latinorum (CSEL)*, vol. 20: Tertulliani opera, pars I, hrsg. von A. Reifenscheid & G. Wissow. Prag: Tempsky.

Tertullian (1890). De anima. In *CSEL*, vol. 20 (s. o.). Prag: Tempsky.

Tetens, J. N. (1777). *Philosophische Versuche über die menschliche Natur und ihre Entwickelung*. Bd. 2. Leipzig: Weidmanns Erben.

Teuber, H.-L. (1867): Wolfgang Köhler zum Gedenken. *Psychologische Forschung, 31*, VII - XIV.

Thorndike, E. L. (1898). Animal Intelligence: An experimental study of the associative processes in animals. *Psychological Review. Monograph Supplements, 2*.

Thurstone, L.L. (1928). Attitudes can be measured. *American Journal of Sociology, 19*, 441 – 453.

Thurstone, L.L. & Chave, E.J. (1929). *The measurement of attitude*. Chicago: University Press.

Tiedemann, D. (1786/87). Beobachtungen über die Entwickelung der Seelenfähigkeiten bei Kindern. *Hessische Beyträge zur Gelehrsamkeit und Kunst*. Bd. II, Stück 2 u. 3.

Tinker, M. A. (1980). Wundt's Doctorate Students and their Theses 1875 – 1920. In W. G. Bringmann & R. D. Tweney (eds.), *Wundt Studies*, S. 269 - 279. Toronto: Hogrefe.

Tolman, E. C. (1922). A new formula of behaviorism. *Psychological Review, 29*, 44-53.

Tolman, E. C. (1925). Behaviorism and Purpose. *Journal of Philosophy, 22*, 36-41.

Tolman, E. C. (1927). A behaviorist's definition of consciousness. *Psychological Review, 34*, 433-439.

Tolman, E. C. (1932) *Purposive behavior in animals and men*. New York: Appleton.

Tolman, E. C. (1936). An operational analysis of „Demands". *Erkenntnis, 6*, 383-392.

Trautner, H. M. (1992). *Lehrbuch der Entwicklungspsychologie. Bd. 1*, 2. Aufl., Göttingen: Hogrefe.

Traxel, W. (Hrsg.) (1987). *Ebbinghaus - Studien 2*. Passau: Passavia.

Traxel, W. (1995). *Geschichte für die Gegenwart II*. Passau: Passavia.

Traxel, W. & Gundlach, H. (Hrsg.) (1986). *Ebbinghaus - Studien 1*. Passau: Passavia.

Tromsdorff, G. (2002). Kulturvergleichende Sozialpsychologie. In D. Frey & M. Irle (Hrsg.), *Theorien der Sozialpsychologie, 2*, 388-408. Bern: Huber.

Vogt, S. (1999). Einleitung zu Aristoteles: Physiognomica. In *Aristoteles Werke, Bd. 18/VI*, 35-247.

Volkelt, H. (1926). Fortschritte der experimentellen Kinderpsychologie. In K. Bühler (Hrsg.), *Bericht über den IX. Kongreß der Gesellschaft für experimentelle Psychologie*, S. 80-135. Jena: Fischer.

Vygotsky, L. S. (1960). *Development of the Higher Pychological Functions*. Moscow: APN.

Vygotsky, L. S. et al. (eds.) (1978). *Mind in Society*. Cambridge/Mass.: Harvard University Press.

Watson, J. B. (1913). Psychology as the Behaviorist views it. *Psychological Review, 20*, 158 - 177. (Deutsche Übersetzung: Psychologie wie sie der Behaviorist sieht).

Watson, J. B. (1914). *Behavior: An introduction to comparative psychology*. New York Holt.

Watson, J. B. (1919). *Psychology from the standpoint of a behaviorist*. Philadelphia.

Watson, J. B. (1926). What tue nursery has to say about Instincts. In C. Murchison (ed.), *Psychologies of 1925*. Worcester/Mass.: Clark University Press.

Watson, J. B. (1968 [1913]). Psychologie, wie sie der Behaviorist sieht. In C. F. Graumann (Hrsg.), *Behaviorismus*, S. 11 - 30. Berlin: Kiepenheuer & Witsch.

Watson, J. B. & Rainer, R. (1920). Conditioned Emotional Reactions, *Journal of Experimental Psytology, 3,* 1 - 13.

Watson, R. I. (1977): Prescriptions as Operative in the History of Psychology. In R. I. Watson, *Selected Papers,* p. 113 - 129. Hannover/N. H.: University of New Hampshire.

Watson, R. I. (1978): *The Great Psychologists,* 4th ed., Philadelphia: Lippincott.

Weber, E. H. (1834). De pulsu, resorptione, auditv et tactu. *Annotationes anatomicae et physiologiae.* Leipzig: Köhler.

Weber, E. H. (1846). Der Tastsinn und das Gemeingefühl. In. R. Wagner (Hrsg.), *Handwörterbuch der Physiologie mit Rücksicht auf physiologische Pathologie, Bd. III/2,* 481-588.

Weiller, C. (1800). *Versuch einer Jugendkunde.* München: Lindauer.

Welford, A. T. (1952). The 'psychological refractory period' and the timing of high-speed performance. *British Journal of Psychology, 43,* 2 - 19.

Werle, J. M. (1989). *Franz Brentano und die Zukunft der Philosophie.* Amsterdam: Atlanta.

Werner, H. (1923). *Einführung in die Entwicklungspsychologie.* Leipzig: Barth. 4. Aufl., 1959.

Wertheimer, Mich. (1971). *Kurze Geschichte der Psychologie.* München: Piper.

White, S. H. (1992). G. Stanley Hall. From Philosophy to Developmental Psychology. *Developmental Psychology,* 28 (1), 25-34.

Wiener, N. (1948). *Cybernetics or Control and Communication in the Animal and the Machine.* New York: Wiley.

Windelband, W. & Heimsoeth, H. (1957). *Lehrbuch der Geschichte der Philosophie.* 15. Aufl., Tübingen: Mohr.

Wolff, C. F. (1759). *Theoria generationis.* Halle: Hendel.

Woodward, W.R. (1982). From the Science of Language to Völkerpsychologie: Lotze, Steinthal, Lazarus and Wundt. *Bericht aus dem Archiv für die Geschichte der Psychologie, 2.* Heidelberg: Manuskriptdruck.

Wozniak, R. H. (ed.) (1995). *Mind, Adaption and Childhood.* London: Routledge/Thoemmes.

Wundt, W. (1862). *Beiträge zur Theorie der Sinneswahrnehmung.* Leipzig: Winter.

Wundt, W. (1863). *Vorlesungen über die Menschen- und Thierseele.* 2 Bde., Leipzig: Voss (Reprint 1988, Berlin: DVW).

Wundt, W. (1873/74). *Grundzüge der physiologischen Psychologie.* Leipzig: Engelmann. 7. Aufl., 1923.

Wundt, W. (1885). Gehirn und Seele. *Essays,* S. 88 - 126. Leipzig: Engelmann.

Wundt, W. (1894). Über psychische Kausalität und das Prinzip des psychophysischen Parallelismus. *Philosophische Studien, 9,* 1 -124.

Wundt, W. (1897). *Grundriß der Psychologie.* 2. Aufl., Leipzig: Engelmann.

Wundt, W. (1900). *Völkerpsychologie. Eine Untersuchung der Entwicklungsgesetze von Sprache, Mythos und Sitte, 1.* Leipzig: Engelmann.

Wundt, W. (1907 a). *System der Philosophie. Bd. 2,* 3. Aufl., Leipzig: Engelmann.

Wundt, W. (1907 b). Über Ausfrageexperimente und über die Methoden zur Psychologie des Denkens. *Psychologische Studien, 3,* 301 - 360.

Wundt, W. (1908 a). *Grundzüge der physiologischen Psychologie. Bd. 1,* 6. Aufl., Leipzig: Engelmann.

Wundt, W. (1908 b). Kritische Nachlese zur Ausfragemethode. *Archiv für die gesamte Psychologie, XI,* 445- 459.

Wundt, W. (1912). *Elemente der Völkerpsychologie. Grundlinien einer psychologischen Entwicklungsgeschichte der Menschheit.* Leipzig: Engelmann.

Wundt, W. (1913). Die Psychologie im Kampf ums Dasein. *Kleine Schriften. Bd. 3.* Stuttgart: Kröner.

Wundt, W. (1913). *Elemente der Völkerpsychologie.* Leipzig: Kröner.

Wundt, W. (1921). *Erlebtes und Erkanntes.* 2. Aufl., Stuttgart: Kröner.

Wygotski, L. S. (1964). *Denken und Sprechen.* Berlin: Akademie-Verlag.

Wygotski, L. S. (1985). *Ausgewählte Schriften,* hrsg. von J. Lompscher. 2 Bände. Berlin: Volk und Wissen.

Wygotski, L. S. (1985). Die Krise der Psychologie in ihrer historischen Bedeutung. *Ausgewählte Schriften. Bd. 1.* Berlin: Volk und Wissen.

Young, K. (1932). Imitation. In E.R.A. Seligman (ed.), *Encyclopedia of the Social Science.* New York: Harper.

Zusne, L. (1984). *Biographical Dictionary of Psychology.* London: Aldwick.

Methoden

Basiswissen Psychologie

Herausgegeben von Jürgen Kriz

Ralf Brand
Sportpsychologie
2010. ca. 120 S. Br. ca. EUR 12,90
ISBN 978-3-531-16699-5

Mark Helle
Psychotherapie und Beratung
2010. ca. 120 S. Br. ca. EUR 12,95
ISBN 978-3-531-16709-1

Margarete Imhof
**Psychologie für
Lehramtsstudierende**
2010. 152 S. Br. EUR 12,95
ISBN 978-3-531-16705-3

Thomas Kessler / Immo Fritsche
Sozialpsychologie
2010. ca. 120 S. Br. ca. EUR 14,90
ISBN 978-3-531-17126-5

Bernd Marcus
**Einführung in die Arbeits-
und Organisationspsychologie**
2010. ca. 120 S. Br. ca. EUR 12,90
ISBN 978-3-531-16724-4

Klaus Rothermund / Andreas Eder
Motivation und Emotion
2010. ca. 120 S. Br. ca. EUR 14,90
ISBN 978-3-531-16698-8

Karl-Heinz Renner / Gerhard Ströhlein /
Timo Heydasch
**Forschungsmethoden
der Psychologie**
Von der Fragestellung zur Präsentation
2010. ca. 120 S. Br. ca. EUR 12,90
ISBN 978-3-531-16729-9

Erich Schröger
Biologische Psychologie
2010. ca. 120 S. Br. ca. EUR 12,95
ISBN 978-3-531-16706-0

Thomas Schäfer
Statistik I
Deskriptive und Explorative Datenanalyse
2010. ca. 140 S. Br. ca. EUR 14,90
ISBN 978-3-531-16939-2

Dirk Wentura / Christian Frings
Kognitive Psychologie
2010. ca. 120 S. Br. ca. EUR 12,95
ISBN 978-3-531-16697-1

Matthias Ziegler / Markus Bühner
**Grundlagen der
Psychologischen Diagnostik**
2010. ca. 120 S. Br. ca. EUR 14,90
ISBN 978-3-531-16710-7

Erhältlich im Buchhandel oder beim Verlag.
Änderungen vorbehalten. Stand: Januar 2010.

www.vs-verlag.de

VS VERLAG FÜR SOZIALWISSENSCHAFTEN

Abraham-Lincoln-Straße 46
65189 Wiesbaden
Tel. 0611.7878-722
Fax 0611.7878-400

Beratung – Supervision – Coaching

The manufacturer's authorised representative in the EU is Springer
Nature Customer Service Centre GmbH, Europaplatz 3, 69115 Heidelberg,
Germany. If you have any concerns regarding our products, please
contact ProductSafety@springernature.com

Printed and bound by CPI Group (UK) Ltd, Croydon, CR0 4YY
27/04/2026
02097610-0004